Sabiduría eterna

Las enseñanzas de Sri Mata Amritanandamayi

Recopilado por
Swami Jnanamritananda Puri

Mata Amritanandamayi Center, San Ramon
California, Estados Unidos

Sabiduría eterna

Las enseñanzas de Sri Mata Amritanandamayi

Edición completa

Publicado por:

Mata Amritanandamayi Center
P.O. Box 613
San Ramon, CA 94583
Estados Unidos

En España :

www.amma-spain.org

Internacional :

www.amma.org

Madre,

Que todas mis acciones
sean una adoración a ti,
con entrega total.

Que cada sonido que brote de mis labios
sea la recitación de tu gran mantra.

Que cada gesto de mis manos
sea una mudrā que te rinda culto.

Que cada uno de mis pasos
sea una circunambulación de ti.

Que todo lo que coma y beba se convierta
en una ofrenda en tu fuego sagrado.

Que mi descanso
sea una postración ante ti.

Madre, que cada uno de mis actos
y de mis alegrías sean una adoración a ti.

Índice

Prólogo **12**

Capítulo 1 **19**

Lunes, 3 de junio de 1985 19
La madre que nunca descansa 19
Consejos a los seglares 21
La vida espiritual purifica la conducta 22
Lunes, 10 de junio de 1985 25
Las instrucciones del guru 25
Martes, 11 de junio de 1985 27
Océano de compasión 27
Miércoles, 12 de junio de 1985 31
El bhakti yōga 31
La importancia de la actitud correcta 34
Para los buscadores espirituales 35
El peligro de la riqueza 36
Miércoles, 19 de junio de 1985 40
La madre del universo 40
Sábado, 22 de junio de 1985 48
La meditación 48
Los sufrimientos de la vida mundana 50
Detalles sobre la sādhanā 51
Consejos a los seglares 55

Capítulo 2 **81**

Miércoles, 26 de junio de 1985 81
La devoción 81
La naturaleza del guru 83
La sādhanā es indispensable 84

La grandeza de la devoción 86
Las instrucciones de Amma 88
La mānasa pūjā (adoración mental) 91
Viernes, 5 de julio de 1985 92
Los principios de la vida espiritual 94
Lunes, 8 de julio de 1985 100
Las alegrías y sufrimientos de la vida mundana 100
Sábado, 20 de julio de 1985 103
Sin concesiones en la disciplina 103
La sēvā de Amma con la vaca 105
Consejos a los seglares 106
Martes, 6 de agosto de 1985 112
El estado divino de bhakti de Amma 113
El pasado es un cheque anulado 115
El origen y el remedio del sufrimiento 117
Capítulo 3 **121**
Miércoles, 7 de agosto de 1985 121
La meditación 121
La que elimina todos los peligros 122
¿Está predestinado el futuro? 123
Sábado, 10 de agosto de 1985 127
El viaje espiritual 128
Lunes, 12 de agosto de 1985 133
Sábado, 24 de agosto de 1985 135
Amma aclara las dudas de los brahmachārīs 136
Una experiencia sorprendente 140
Jueves, 5 de septiembre de 1985 142
La madre infatigable 142
Explicación de la labor misionera 144
Uṇṇiyappam 147

Viernes, 6 de septiembre de 1985 148
El renunciante y su familia 150
A orillas del mar 152
Instrucciones a los brahmachārīs 154
Recuerdos de la infancia de Amma 159

Capítulo 4 **163**

Viernes, 20 de septiembre de 1985 163
Brahmachārīs y seglares 163
Unos momentos con los brahmachārīs 168
Da de comer a sus hijos 169
Amma y Ottur 172
Sēvā y sādhanā 173
La no dualidad en la vida diaria 176

Martes, 24 de septiembre de 1985 177
Una lección de cocina 177
Amma bendice una vaca 179
La adoración de las divinidades y del guru 180

Domingo, 13 de octubre de 1985 182

Sábado, 19 de octubre de 1985 184
Practicad el principio en el que se basan los rituales 184
Cómo encarar el elogio y la censura 187

Domingo, 20 de octubre de 1985 189
Un percance ocasionado por un perro 189
Amma otorga bendiciones invisibles 192
El tesoro interior 193

Miércoles, 23 de octubre de 1985 195
Iniciados por la diosa del saber 195
Dad a los necesitados 198
No existe la pobreza para el verdadero devoto 200
Pon en práctica la fe 201
Fe en Dios y fe en uno mismo 204

Capítulo 5 **207**

Viernes, 25 de octubre de 1985 207
La madre que derrama sus bendiciones 207

Martes, 29 de octubre de 1985 210
Amma bebe leche envenenada 210
La verdadera forma de Amma 213
Entregarse a Dios 214
Cuando no hay tiempo para la sādhanā 216

Sábado, 2 de noviembre de 1985 218
Amma en Ernakulam 218
Enseñar el dharma desde la infancia 220

Domingo, 3 de noviembre de 1985 224
¿De dónde proviene el karma de los niños discapacitados? 224
Consejos a los brahmachārīs 225
¿Quién está preparado para el conocimiento? 227
La verdadera naturaleza de Amma 230
Las reglas para hacer servicio 231

Lunes, 4 de noviembre de 1985 233
Verdades y falsedades sobre el vēdānta 233
El bhakti bhāva (estado devocional) de Amma 235

Viernes, 8 de noviembre de 1985 237
Brahma muhūrta 237
Amma cuenta algunas historias antiguas 240
Amma escucha la lectura del Bhāgavatam 244
Tyāga 247
Consejos sobre el japa 248

Capítulo 6 **251**

Viernes, 15 de noviembre de 1985 251
El secreto del karma 252
Ser iniciado al mantra por un guru 256

La importancia de hacer sādhanā en soledad 259
Sábado, 16 de noviembre de 1985 264
Brahmacharya 264
Martes, 7 de enero de 1986 270
Adorar una forma 271
Amma y el erudito 273
Abhyāsa yōga (el yōga de la práctica) 275
El amor es lo más importante 279
Miércoles, 15 de enero de 1986 282
Amma con sus devotos 282
Las preocupaciones de la madre compasiva 286
Viernes, 17 de enero de 1986 287
Amma, el río de la compasión 287
Miércoles, 22 de enero de 1986 292
El sādhak y el científico 293
Preguntas sobre la sādhanā 295
Entregarse al guru 299
Capítulo 7 **303**
Viernes, 7 de febrero de 1986 303
La que disipa las dudas 303
La encarnación de las escrituras 307
Domingo, 16 de febrero de 1986 311
Su saṅkalpa es la verdad misma 311
Martes, 25 de febrero de 1986 314
La que tira de hilos invisibles 314
La educación de los niños 316
Dónde buscar la felicidad 317
Los beneficios de los yajñas 318
Más preguntas de los devotos 321
Miércoles, 26 de febrero de 1986 325
Amma aplica disciplina con una vara 325

El sannyāsa es para valientes 326
Viernes, 28 de febrero de 1986 330
El principio de ahiṁsā 330
Los signos del recuerdo 331
El culto en los templos 333
Lunes, 10 de marzo de 1986 335
Sādhanā con el guru 335
Capítulo 8 **339**
Miércoles, 12 de marzo de 1986 339
El trabajo realizado con śhraddhā es meditación 339
Unidireccionalidad 341
El egoísmo de las relaciones mundanas 344
Desempeñar un papel en la sociedad 346
El secreto del karma yōga 347
Vuélvete hacia Dios ahora mismo 349
Miércoles, 16 de abril de 1986 352
«Y, sin embargo, actúo» 352
Satsaṅg de camino 355
Sábado, 19 de abril de 1986 360
Abogados que buscan justicia 360
Sábado, 10 de mayo de 1986 363
Pruebas inesperadas 363
Domingo, 18 de mayo de 1986 365
Empatía con los pobres 366
Amma pide limosna para sus hijos 367
Jueves, 25 de mayo de 1986 370
El primer alimento sólido 371
Viernes, 30 de mayo de 1986 372
Un tratamiento para Amma 372
Sábado, 31 de mayo de 1986 374
La sādhanā debe brotar del corazón 374

La misma verdad con diferentes nombres 375
Realizar cada acción como una forma de adoración 377

Capítulo 9 **381**

Lunes, 9 de junio de 1986 381
No basta con hacer sādhanā para nosotros mismos 383
Miércoles, 11 de junio de 1986 386
Los que se refugian totalmente en ella siempre están protegidos 386
Viernes, 13 de junio de 1986 388
Una lección de śhraddhā 389
Los brahmachārīs y los lazos familiares 393
Domingo, 15 de junio de 1986 397
Un devoto pone a prueba a la Dēvī 400
Instrucciones a los discípulos 401
Miércoles, 18 de junio de 1986 403
Amma quiere ver llorar a sus hijos 403
Miércoles, 25 de junio de 1986 405
Un desapego pasajero 405
Querer aprobar sin estudiar 408
Espiritualidad y mundanidad 409
Sábado, 28 de junio de 1986 413
¿Era Kṛiṣhṇa un ladrón? 413
Bhāva darśhan 416

Capítulo 10 **421**

Martes, 1 de julio de 1986 421
Los que cometen errores también son sus hijos 421
El hogar debe convertirse en un āśhram 424
Cada uno según su saṁskāra 426
Contacto con mujeres 427

Jueves, 10 de julio de 1986 430
La meditación debe practicarse con concentración 431
Adorar una forma 433
Jueves, 7 de agosto de 1986 436
Vairāgya 436
Las reglas son importantes en un āśhram 440
Cómo eliminar los defectos 441
Cómo distinguir entre el bien y el mal 445
Miércoles, 20 de agosto de 1986 448
Venced la ira 448
Sábado, 23 de agosto de 1986 449
Realizar acciones 451
La paciencia 453
Capítulo 11 **461**
Lunes, 25 de agosto de 1986 461
Darśhan al borde de la carretera 466
Martes, 2 de septiembre de 1986 467
Meditación a orillas del canal 469
Domingo, 14 de septiembre de 1986 471
Amma consuela a un joven ciego 474
Lunes, 15 de septiembre de 1986 476
La fiesta de Ōṇam en el āśhram 476
Renunciantes que van a casa 480
Dios está en el templo 482
Las diferencias de casta carecen de sentido 483
Miércoles, 17 de septiembre de 1986 485
El satsaṅg es importante; la sādhanā, indispensable 486
Glosario **490**
Guía de pronunciación de las lenguas indias **515**

Prólogo

Son en verdad excepcionales los mahātmās (almas grandes) capaces de ver el universo entero en el ātman (el Yo Supremo)[1] y el ātman en el universo. Aun siendo reconocidos, pueden no tender a comunicarse con nosotros o a instruirnos, al estar sumergidos en el silencio eterno del Yo. Por esa razón, es para nosotros una maravillosa oportunidad conocer a un mahātmā con un conocimiento pleno y dispuesto a guiarnos y adiestrarnos con el tierno amor de una madre y la compasión inexplicable de un guru. Hoy en día y en todo el mundo, el darśhan y las nectáreas palabras de Sri Mata Amritanandamayi Devi transforman la vida de cientos de miles de personas. Este libro, aunque incompleto, es solo una preciosa recopilación de conversaciones entre la santa madre y sus discípulos, devotos y visitantes. Abarca un período comprendido entre junio de 1985 y septiembre de 1986.

La sabiduría de los mahātmās, cuya misión es la de elevar la conciencia del mundo, tiene un significado a la vez actual e intemporal. Aunque arrojan luz sobre los valores eternos, están en armonía con la época en la que viven y sus palabras sintonizan con los agitados corazones de aquellos que los escuchan.

---

[1] Traducimos *self/Self* como yo/Yo para incluir la referencia subjetiva a «uno mismo» o «el ser propio» en el término, que no incorporan otras traducciones como ser/Ser. En este contexto, «yo» con minúscula se refiere al yo individual (*jivātman*); con mayúscula, al Yo Supremo (*Paramātman*). (N. del T).

Las palabras inmortales que pronuncia Amma transforman a la sociedad en una época en la que el ser humano ha perdido los valores tradicionales, los nobles sentimientos y la paz espiritual, en un intento frenético de volcarse en el mundo exterior del poder, el prestigio y los placeres sensoriales. Mientras el hombre se empeña insensatamente en buscar estas distracciones, ignora su propio Yo y con ello se ve privado de la armonía y la belleza de la vida. La falta de fe, el miedo y las rivalidades han destruido los vínculos personales y las relaciones familiares. El amor ya no es más que un espejismo en una sociedad entregada a un consumismo excesivo.

El amor desinteresado a Dios cede su lugar a una devoción interesada que proviene únicamente de los deseos. El ser humano concede una importancia desmesurada al intelecto, que busca el rendimiento inmediato, dejando de lado la gloria perdurable que solo proviene de la verdadera sabiduría. Los principios espirituales superiores y las experiencias nobles ya no se viven, han quedado convertidos en letra muerta. Es en esta coyuntura donde Amma nos habla con un lenguaje de devoción pura, el lenguaje del corazón, de la sabiduría y del amor que es su vida entera. El valor de sus palabras de ambrosía es a la vez actual y eterno.

La sabiduría de Amma, que ha escuchado personalmente innumerables problemas de cientos de miles de personas, muestra su profundo conocimiento de la naturaleza humana. Ella reconoce las necesidades de la gente y se pone al nivel del racionalista, el creyente, el científico, el hombre corriente, el ama de casa, el hombre de negocios, el erudito y el ignorante, para dar a cada uno –hombre, mujer o niño– la respuesta adecuada y de acuerdo con lo que ellos esperan.

Amma da ejemplo con su vida y afirma: «Al contemplar todo como la Verdad o Brahman, me postro ante esta Verdad. Me postro ante mi propio Yo. Sirvo a todos y todas, viéndolos como el Yo». Ella acepta el advaita (no dualidad) como la verdad última; pero el camino que indica a la mayoría de sus devotos es una combinación armoniosa de mantra japa, meditación en una forma divina, canto devocional, archana (letanías), satsaṅg y servicio desinteresado al mundo.

Sus consejos no son teóricos, sino sumamente prácticos y enraizados en la vida cotidiana. Sus instrucciones arrojan luz sobre la necesidad de un aprendizaje espiritual y de una sādhanā (práctica espiritual) en la vida del individuo y de la sociedad. En la búsqueda del Yo Supremo, destaca la importancia del servicio desinteresado y de la oración sincera, realizada con devoción y amor puro. Amma también se preocupa por los aspectos relacionados con el código de conducta de las familias, los problemas de la vida diaria, el dharma (acción correcta) de la relación entre hombre y mujer y ofrece orientaciones prácticas a los buscadores espirituales, que a veces proponen enigmas de naturaleza filosófica.

La oímos exhortar a sus hijos e hijas a seguir la vía espiritual, a renunciar al lujo, a eliminar los malos hábitos y a servir a los que sufren: «Hijos, el verdadero objetivo de la vida es conocer a Dios». La espiritualidad no es una fe ciega, es el ideal que elimina las tinieblas. Es el principio que nos enseña a acoger con una sonrisa los obstáculos o circunstancias adversas. Es una enseñanza para la mente. Amma nos señala que solo podremos hacer uso efectivo de todos los demás conocimientos si adquirimos este saber.

La sabiduría infinita de Amma se expresa por medio de sus palabras de consuelo a los que sufren, de sus respuestas a los curiosos en materia de espiritualidad y en las instrucciones que da a sus discípulos. Cada respuesta corresponde a las características y a la situación del que plantea la pregunta. Incluso si este último no puede expresar plenamente su idea, Amma, que conoce el lenguaje del corazón, le responde adecuadamente. Es frecuente que los que acuden a ella reciban la respuesta a sus dudas sin haber tenido siquiera que formularlas.

Cuando Amma responde la pregunta de una persona, suele aprovechar la ocasión para aconsejar a alguien que escucha en silencio. Solo este comprenderá que la respuesta le iba dirigida a él. Es preciso tener esto en cuenta cuando se estudian las enseñanzas de Amma.

Las palabras de un mahātmā poseen varios niveles de significado, pero debemos captar el más adecuado para nosotros. Una historia muy conocida de las upaniṣhad cuenta que cuando Brahmā (el dios creador) pronunció la palabra «da», los demonios lo interpretaron como un consejo para mostrar más compasión (dayā), los humanos como una invitación a dar (dāna) y los seres celestiales como una exhortación a practicar el autocontrol (dama).

Qué dulce resulta escuchar a Amma y contemplarla mientras habla con vivas expresiones y gestos, en un lenguaje sencillo, bellamente salpicado de oportunas historias y analogías extraídas de la vida diaria. El amor que brilla en sus ojos, su rostro radiante y lleno de compasión permanecen vivos en la mente de los oyentes, transformándose en objeto de meditación.

Hoy en día abunda la literatura espiritual; sin embargo, es triste constatar que la gente habla de ideales nobles sin llevarlos a la práctica. Amma, por el contrario, habla basándose en su experiencia cotidiana, nunca ofrece un consejo del que su propia vida no sea un ejemplo. A menudo nos recuerda que los principios espirituales y los mantras no están hechos solo para ser pronunciados, sino para ser expresados también en nuestra vida. Amma nunca estudió las escrituras ni ha seguido las enseñanzas de un guru. La fuente secreta de los principios espirituales profundos que incesantemente brotan de sus labios se halla en su experiencia directa del Yo Supremo.

La vida de los mahātmās es el cimiento mismo de las escrituras. Cuando Amma habla, sus palabras son siempre reflejo de su vida. Por eso, puede afirmar: «el mundo entero le pertenece a aquel que conoce la Realidad»; «la bondad con los pobres es nuestro deber para con Dios»; «si os refugiáis en Dios, Él os dará lo que necesitéis cuando lo necesitéis». Cada uno de sus movimientos es una danza de compasión por el mundo entero y una declaración de amor a Dios. Amma se basa en esta unidad entre pensamiento, palabra y acción cuando afirma que sus hijos e hijas no necesitan estudiar las escrituras si analizan la vida de Amma y la estudian con atención. Amma brilla en medio de nuestra sociedad como la viva encarnación del vēdānta (filosofía no dualista tradicional).

Los mahātmās, que santifican el mundo con su presencia, son tīrthas (lugares de peregrinación) móviles. Así como las peregrinaciones y el culto en los templos purifican nuestra mente si los practicamos durante muchos años, un solo darśhan, contacto o palabra de un mahātmā nos santifica y deposita en nosotros las semillas de un saṁskāra (impresión inconsciente, cultura) elevado.

Las palabras de un mahātmā no son simples sonidos sino el vehículo mediante el cual derraman su gracia. Sus palabras tienen como objetivo despertar la conciencia, incluso en aquellos que escuchan sin comprender su sentido. Cuando nos llegan en forma de libro, su estudio se convierte en el mejor satsaṅg (encuentro espiritual) y meditación. Los mahātmās como Amma, que poseen la experiencia de la Realidad, trascienden el tiempo y el espacio. Leer u oír sus palabras inmortales nos ayuda a mantener un vínculo interior invisible con ella y nos prepara para recibir su bendición. Ahí es donde reside la grandeza de esa clase de libros. Ofrecemos humildemente a los lectores esta recopilación de palabras inmortales de Amma, con el deseo de que esta lectura les impulse a avanzar en el camino de la Verdad Suprema, a inspirarse en los nobles ideales espirituales que resplandecen en la vida de Amma.

Los editores

Capítulo 1

Lunes, 3 de junio de 1985

Amanece. Se pueden oír las dulces notas de la taṁbūrā (instrumento indio de cuerda) que proceden de la habitación de Amma[1]. Desde que un devoto le había regalado este instrumento, Amma lo tocaba un rato por la mañana, no sin antes tocarlo con veneración y postrarse ante él. Al final volvía a postrarse antes de guardarlo. Para Amma todo es una forma de Dios. A menudo nos dice que consideremos que todos los instrumentos musicales son encarnaciones de Saraswatī (la diosa del saber). Durante los bhajans (cantos espirituales) es imposible precisar con exactitud en qué momento deja de tocar los címbalos, por el respeto y cuidado con que los deja.

La madre que nunca descansa

Amma llegó a la cabaña del darśhan (encuentro con una deidad o maestro), donde ya la esperaban unos cuantos devotos, poco después de las nueve de la mañana.

Amma: «Hijos, ¿hace mucho rato que esperáis?».

Un devoto: «Solo un poco. Hoy hemos tenido mucha suerte porque hemos oído a Amma cuando tocaba la taṁbūrā».

---

[1] Amma significa madre en *malayāḷam* (la lengua de Kerala, un estado situado en el sur de la India).

Amma: «Al tocarla, Amma pierde la noción del tiempo. No ha tenido tiempo para dormir después del bhāva darśhan (encuentro con Amma identificada con una deidad) de la noche pasada. Tenía que leer muchas cartas, y cuando terminó ya era de día. La brahmachāriṇī que está con ella le ha pedido varias veces que fuese a dormir, pero Amma siempre respondía: "Solo una más". Después, al ver la carta siguiente, no podía resistirse a abrirla y leerla. El sufrimiento de esos hijos le traspasa el corazón. Muchos de ellos ni siquiera esperan una respuesta; tan solo desean confiarle su dolor. ¿Cómo podría ella ignorar sus ruegos? Cuando piensa en los sufrimientos de sus hijos, se olvida completamente de sus propias necesidades.

»Así que cuando Amma ha terminado, ya era de día. No se ha acostado. Después de ducharse, ha sentido la necesidad de estar sola y se ha puesto a tocar la taṁbūrā. Su sonoridad cautiva su mente. Cuando la toca, se olvida del tiempo que pasa. Cuando en el reloj dieron las nueve, se acordó de vosotros, sus hijos, e inmediatamente se dispuso a bajar».

No había nada extraño aquel día en la rutina de Amma. Así suelen pasar la mayor parte de los días. A menudo le falta tiempo para ir a dormir o comer. Las noches de bhāva darśhan se retira muy tarde a su habitación y es cuando se pone a leer las cartas que la aguardan, siempre en grandes cantidades. Casi todas ellas contienen historias llenas de dolor. Amma las lee todas antes de acostarse. Algunos días logra sacar un poco de tiempo hacia el mediodía para leer. Pero ¿cómo podría descansar, si dedica tanta atención a los problemas de sus hijos e hijas, que son varios cientos de miles? En general, no suele dormir más de dos horas. En ocasiones no descansa en absoluto. Cuando se acuerda de que los devotos la esperan, se olvida de todo y se apresura a bajar las escaleras. En esos momentos desaparece de su rostro toda huella de fatiga.

Consejos a los seglares

Una joven, con las ropas sucias y los cabellos en desorden, fue a postrarse ante Amma. Llevaba un bebé en los brazos y en su rostro podía verse la huella del sufrimiento.

Amma: «¿Te marchas hoy, hija mía?».

La joven: «Sí, Amma, hace ya tres días que salí de casa».

Apoyó la cabeza en el pecho de Amma y rompió en sollozos. Amma le tomó la cabeza y secó sus lágrimas diciendo: «No te preocupes, hija. Todo irá bien». La mujer se postró de nuevo y se fue.

Un devoto: «Conozco a esta mujer. Ha cambiado mucho».

Amma: «Su marido tenía un buen trabajo, pero empezó a frecuentar malas compañías y a emborracharse. Pronto se quedó sin dinero y le pidió a ella sus joyas para pagarse la bebida. Al ver que se oponía, le dio una paliza. Ella, por miedo a los golpes, terminó entregándoselas. Él las vendió todas y se gastó el dinero en bebida. Noche tras noche volvía borracho a casa, le arrancaba el pelo y la golpeaba. ¡Ya la veis ahora en qué estado se encuentra, después de tantas palizas! Hace unos días volvieron a pelear por una pequeña cadena de oro que su bebé llevaba en el cuello, y una vez más salió muy mal parada. A continuación, tomó al bebé y vino aquí a refugiarse. Al principio era una familia muy feliz. ¿Puede salir algo bueno del consumo de alcohol? Todo se pierde: la salud, la riqueza y la paz del hogar».

Otra devota: «Uno de nuestros vecinos bebe. No hace mucho volvió borracho a casa, cogió a su hija, un bebé de un año y medio, y la arrojó violentamente al suelo. ¿Qué clase de padre en su sano juicio haría algo así? Su mujer se halla en un estado lamentable por las palizas que recibe».

Amma: «Hijos, cuando un hombre se embrutece con el alcohol, es incapaz de reconocer a su mujer y a sus hijos. Tal vez se enzarzó en una pelea poco antes de volver a casa. ¿Qué beneficio puede producir el alcohol? Aunque las drogas produzcan placer, ¿se puede decir que la felicidad se encuentra en el tabaco, el alcohol o los estupefacientes? Hay personas que se gastan varios cientos de rupias al mes en cigarrillos. Esa cantidad de dinero bastaría para financiar los estudios de un niño. Es posible que las drogas nos permitan olvidarnos de todo durante un instante, pero, en realidad, le quitan a nuestro cuerpo su vitalidad, arruinan nuestra salud y nos conducen a una muerte prematura. Los que deberían ser el sostén de su familia y de su país, acaban destruyéndose a sí mismos y dañando a los demás».

Un devoto: «Amma, ¿por qué esas personas se empeñan en destruirse a sí mismas?».

Amma: «Hijos, es la búsqueda egoísta del placer la que empuja a un hombre a fumar y a beber. Cree que eso le hace feliz. Debemos explicarle a la gente los principios de la espiritualidad. Pero para ello hace falta que vivamos de acuerdo con estos principios. Solo así los demás nos imitarán. Eso transformará su corazón y reducirá su egoísmo.

»Vemos que la gente se gasta miles de rupias para rodearse de comodidades, de lujo excesivo, mientras tal vez su vecino ni tan siquiera tiene para comer, o se ha tenido que anular la boda de una hija porque sus padres no tenían dinero para la dote. En otra familia, devuelven a una nuera a sus padres por no haber recibido una parte suficientemente importante de la herencia del padre. Pero, en ese mismo instante, sus vecinos se gastan millones en la boda de su hija. Los que tienen medios, pero no quieren ayudar a los que padecen necesidad, hacen un gran daño a la sociedad y también traicionan a su alma».

La vida espiritual purifica la conducta

El rostro de Amma adoptó una expresión grave y manifestó con firmeza: «Hijos, solo los pensamientos espirituales pueden hacer que una mente egoísta se vuelva generosa. Por ejemplo: "Todos somos el mismo Yo Supremo; todos somos hijos de la misma Madre, la Madre del universo. Todos respiramos el mismo aire". "Cuando nací, no tenía nombre ni clase social. La clase social y la religión llegaron mucho después; por lo tanto, mi deber consiste en romper esas barreras y amar fraternalmente a cada uno. Solo podré encontrar la felicidad amando y ayudando a los demás. La verdadera adoración a Dios consiste en ayudar a los que sufren". Esa clase de pensamientos abre el corazón y eleva nuestra conciencia. Si comprendemos estos principios, nuestro carácter se transformará profundamente y nos llenaremos de compasión.

»Hoy en día, a casi nadie le importa otra cosa que no sea el "yo" y "lo mío". Solo les preocupa su propio bienestar y el de su familia. Eso es mortal. Solo les llevará a su destrucción y a la de la sociedad. Hijos, ¡debemos explicarles que así no se puede vivir! No sois charcas de agua estancada y contaminada, sino ríos destinados a fluir para el bien del mundo. No habéis nacido para sufrir, sino para experimentar el éxtasis.

»Si el agua de la charca fluye hacia el río, se limpia; pero si va a parar a la alcantarilla, se vuelve más sucia. La alcantarilla es la imagen de la actitud egoísta del "yo" y "mío". El río es la imagen de Dios. Hijos, refugiémonos en Él. Esta actitud nos beneficiará siempre, tanto si la vida nos trae éxito o fracaso. Al refugiarnos en Dios, encontramos el gozo y la paz del alma. La paz y la prosperidad se incrementarán en nuestra familia y en el mundo».

Al ver a un devoto que estaba sentado un poco más lejos, Amma manifestó: «Cuando este hijo vino por primera vez a ver a Amma, estaba más borracho que una cuba. Algunos le trajeron hasta aquí». Amma se reía.

El devoto: «Desde que vine a ver a Amma, no he vuelto a beber. Algunos de mis amigos siguieron mi ejemplo. Ya no quiero ni oír hablar de alcohol».

Amma: «Hijo, desde que has cambiado, los demás se han beneficiado también y han recuperado la paz en sus familias, ¿no es así? Hijos, nacemos y procreamos. Pero, además de eso, ¿qué hacemos para mejorar el mundo? Es verdad que cuidamos de nuestra familia, pero con ello solo cumplimos con nuestra obligación. Si nos conformamos con ello, ¿cómo podemos estar en paz? Cuando llegue la muerte, ¿estaremos satisfechos? Si vivimos ignorando los principios de una vida recta, sufrimos nosotros y además hacemos sufrir a los demás. Traemos al mundo hijos que a su vez conocen el dolor y el sufrimiento. Esa es la forma de vivir en estos tiempos, ¿no es así?».

Un devoto: «¿Quiere decir Amma que no debemos tener mujer ni hijos?».

Amma: «No, Amma no lo entiende así. Deberíamos alcanzar la paz en esta vida, en lugar de vivirla como los animales. En vez de buscar el placer, es preciso comprender el objetivo de la vida y consagrarnos a él. Vivid con sencillez, dad a los demás lo que os sobra después de haber cubierto vuestras propias necesidades. Vivid sin hacer mal a nadie y enseñad a los demás estos mismos principios. Nos corresponde a nosotros contribuir a crear una cultura en la que estos principios se vivan y florezcan. Sepamos ser buenos y virtuosos. Que nuestros corazones se ensanchen para ayudar a que los demás también sean más bondadosos. Eso es lo que hace falta. Si actuamos así, conoceremos siempre el gozo y la paz, aunque carezcamos de comodidades materiales.

»Si no podemos ayudar a los demás, al menos debemos evitar causarles mal. Eso en sí es ya un gran servicio, pero no basta. Tratad de emplearos en actividades que beneficien a los demás. Conformaos con lo estrictamente necesario y no emprendáis nada superfluo. Tanto el alimento como los pensamientos, el sueño y las palabras, deben limitarse a lo esencial. Si adoptamos esta disciplina, solo habrá buenos pensamientos en nuestra mente.

Los que viven así, lejos de contaminar la atmósfera, la santifican. Deberíamos tomar ejemplo de ellos».

Los expresivos rostros de los devotos revelaban la emoción producida por los consejos de Amma sobre el bienestar individual y de la sociedad. Sentían que ella les orientaba con claridad hacia una nueva forma de vivir su vida a partir de ese momento. Estos instantes valiosos que pasaban en su presencia dejaron en ellos un sentimiento de plenitud; después se postraron ante ella antes de marcharse.

Lunes, 10 de junio de 1985

A las diez de la mañana, algunos brahmachārīs (novicios o estudiantes célibes) y devotos se hallaban con Amma delante del Kaḷari (el antiguo templo del āśhram o lugar de retiro espiritual). A la derecha del Kaḷari estaba el pequeño edificio que albergaba la oficina, la biblioteca, la cocina y el comedor. En la parte de atrás había tres habitaciones pequeñas para los brahmachārīs. La familia de Amma había vivido anteriormente en esta casa. A la izquierda del Kaḷari estaban la escuela de vēdānta, algunas cabañas, la habitación de Amma y la sala de meditación.

Las instrucciones del guru

Amma: «Hoy Amma ha reprendido severamente a uno de sus hijos». Al decir esto, señalaba a uno de los brahmachārīs.

Un devoto: «¿Por qué, Amma?».

Amma: «El otro día se fue a Kollam (ciudad situada a unos 40 km al sur del āshram) para que repararan el coche. Antes de salir, Amma le recomendó que volviera el mismo día, estuviese o no terminada la reparación del coche. Sin embargo, pasó la noche en Kollam porque no habían terminado. De modo que cuando volvió al día siguiente, Amma le reprendió. Ayer volvió a marcharse a Kollam sin decirle a Amma una palabra ni dejarle una nota. Hoy, Amma le riñó de nuevo. No es agradable para Amma, pero en la obediencia es donde se ve la virtud de un buscador espiritual. ¿Qué puede hacer Amma? A veces puede parecer que es cruel con sus hijos.

»Hay enfermos que, por miedo al dolor, no dejan que el médico les ponga una inyección. Pero el médico sabe que sin ella nunca podrá curarse. Por lo tanto, se la pone, aunque tenga que emplear la fuerza para sujetarlo mientras lo hace. Si el médico renunciara a aplicar un tratamiento por no hacerle sufrir, el enfermo moriría. El tratamiento es indispensable para que sane. De igual manera, un verdadero guru se asegura de que el discípulo le obedezca. Es indispensable para que este alcance su objetivo. El deber del guru es lograr que el discípulo haga lo que sea preciso. El herrero pone al rojo vivo un trozo de hierro y le da forma golpeándolo repetidas veces. No es por crueldad, sino para darle la forma deseada. Si se quiere hacer una bonita flor de papel, hacen falta unas tijeras para cortarlo. Del mismo modo, si el guru (maestro) reprende al discípulo y le impone disciplina, solo es para que se le revele la naturaleza del Yo Supremo. Todo castigo infligido por el maestro es un acto de compasión pura. El discípulo debe ejercitarse en la humildad y el abandono de sí, experimentar el sentimiento de ser el servidor de su guru. Solo entonces le concederá su gracia y lo elevará hasta el mundo en el que él vive. La actitud del discípulo debe ser: "Yo no soy nada, Tú lo eres todo. No soy más que un instrumento tuyo".

»Todo le pertenece a Dios, salvo el ego, que es nuestro. No es fácil desembarazarse de él. Solo podemos destruirlo mediante nuestra obediencia al guru. Si seguimos sus instrucciones y nos sometemos a su voluntad, por su gracia desaparecerá el ego.

»El tronco de un árbol que flota río abajo sigue la corriente. Así mismo, el discípulo debe comportarse según la voluntad del guru, con una actitud de abandono de sí mismo y la convicción: "Tú lo eres todo". Esa es la única forma de eliminar el ego. ¿Poseemos algún poder que podamos llamar "nuestra voluntad"? Un hombre se encuentra en lo alto de las escaleras y manifiesta: "Voy a bajar", pero antes de alcanzar el último peldaño, cae muerto. Hay incontables ejemplos como este. Si realmente existiera "nuestra voluntad", ¿no habría llegado esa persona hasta el final de las escaleras como lo había anunciado? Pero no lo consiguió. Tenemos que comprender que todo es voluntad de Dios».

Amma unió las manos y clamó: «Oh Dēvī (la Diosa), te suplico, a partir de hoy, que tengas la bondad de no obligarme a reprender a mis hijos. Concédeles inteligencia y discernimiento. Otórgales tu bendición».

Amma se quedó unos momentos en silencio. Los que la rodeaban unieron también sus manos, cerraron los ojos y rezaron.

Martes, 11 de junio de 1985

Océano de compasión

A las cuatro de la tarde, Amma bajó a la cabaña para el darśhan. Por un lado de la cabaña había aparecido una serpiente y los devotos y brahmachārīs se empeñaban en hacerla salir. Amma se acercó y les dijo: «¡Hijos, no le hagáis daño! Bastará con echarle un poco de arena».

Como si la serpiente hubiese oído sus palabras, se alejó lentamente. Las escrituras afirman: Inclinaos una y mil veces ante Dēvī, que habita en todos los seres vivos en forma de compasión.

Amma se sentó en la cabaña y dio comienzo al darśhan. Los devotos se postraron uno tras otro, dejando sus angustias a los pies de Amma. Le murmuraban al oído sus deseos y los problemas que les atormentaban. Algunos se deshacían en lágrimas al verla. Los que venían a ella agobiados por las dificultades de la vida, salían llenos de paz y de dicha.

Después de haberse ido los devotos, los brahmachārīs se reunieron en torno a Amma.

Un brahmachārī: «Hoy Amma no ha hablado de espiritualidad».

Amma: «Hijo, los que vinieron hoy estaban agobiados por el sufrimiento. Un niño hambriento no necesita discursos sobre el vēdānta o los principios espirituales. Démosles primero un poco de alivio a sus penas. Después podremos hablarles de espiritualidad. ¿Cómo podrían asimilarlo ahora?

»Por otra parte, los que tienen sed de Dios no quieren hablar de otra cosa, aunque tengan que enfrentarse a grandes sufrimientos. En el gozo o en los sufrimientos, siempre conservan el mismo estado de ánimo. Cuando les llega la felicidad, no pierden la cabeza deleitándose en ella, ni se derrumban en tiempos de sufrimiento. Aceptan lo uno y lo otro como voluntad de Dios y para ellos tanto la dicha como el sufrimiento son bendiciones suyas. Si al andar se te clava una espina en el pie, en adelante tendrás más cuidado al pisar, evitando así caer en una zanja que está frente a ti. Dios nos da el dolor para salvarnos. Los verdaderos creyentes se mantienen a los pies del Señor incluso en el dolor. En sus oraciones nunca piden la felicidad. Nunca piensan en su bienestar personal. Pero cuando un ser que sufre viene a nosotros, nuestro deber es reconfortarlo y tomarnos el tiempo necesario para hablar con él y consolarle».

Amma siente el dolor de los demás como propio y asume gustosa las cargas de los que sufren. Para todos, ella es el fuego del sacrificio que recibe su prārabdha (los resultados de las acciones pasadas) como ofrenda, la llama de luz y de esperanza.

Cuando Amma salió del templo después del bhāva darśhan, los devotos la rodearon. Casi todos ellos querían marcharse en el autobús matinal y se arremolinaban ansiosos a su alrededor para postrarse una última vez y recibir su bendición antes de partir. Pero había un joven devoto que se mantuvo apartado. Solo, lejos de la multitud, permaneció sentado a la entrada de la sala de meditación. Un brahmachārī le preguntó: «¿No quieres ir a ver a Amma?».

Joven devoto: «No».

Brahmachārī: «Todos se muestran ansiosos por estar cerca de Amma y hablar con ella, mientras tú te quedas aquí solo, ¿por qué?».

Joven devoto: «Como los demás, suelo quedarme frente al Kaḷari para ser el primero en postrarme a los pies de Amma cuando sale. Pero hoy mi conciencia no me permite acercarme a ella, pues he cometido una terrible falta».

Brahmachārī: «No lo creo. Tal vez es tu imaginación. ¿Qué falta has podido cometer que te impida acercarte a Amma?».

Joven devoto: «Vivo en Kollam. Durante varios años me di a la bebida, lo que me llevaba a reñir con mi mujer. La obligué a regresar a casa de sus padres. Mi familia y mis vecinos me odiaban. Cuando ya no me quedó ni un solo amigo en el mundo, estuve a punto de suicidarme. Fue entonces cuando tuve la inmensa suerte de conocer a Amma y de recibir su darśhan. Fue un momento decisivo en mi vida.

»Después de ese primer darśhan dejé de beber. Mi comportamiento cambió radicalmente, al igual que la opinión de la gente sobre mí. Pero hoy he vuelto a caer. Asistí a una boda con unos amigos y, cuando volvíamos, ellos quisieron beber. Insistieron en que bebiera con ellos y cedí. Pero enseguida me invadió un insoportable sentimiento de culpa y vine aquí directamente. Antes nunca me sentía culpable cuando bebía. Pero ahora es distinto. (Se le hizo un nudo en la garganta que le impedía continuar).

En estos momentos no me atrevo siquiera a mirar el rostro de Amma».

Brahmachārī: «Tu arrepentimiento basta por sí solo para expiar tu falta. Cálmate. Ve a contárselo a Amma y te quedarás en paz».

Joven devoto: «Sé por experiencia que mi desazón desaparecerá si me postro ante ella. Pero no es eso lo que me molesta en este momento. Si vuelvo a casa, sé que mis amigos no me dejarán tranquilo. Me gustaría quedarme unos días aquí, pero no tengo valor para pedírselo a Amma. Siento que he sido débil por haber caído de nuevo a los ojos de mi Madre, que derrama en mí más amor que la que me llevó en su vientre».

Tenía los ojos arrasados por el llanto. El brahmachārī no hallaba las palabras convenientes para consolarle, pero estaba allí y comprendía el dolor desgarrador de este corazón tan apesadumbrado.

Después de indicar a los demás devotos el lugar donde podían dormir, Amma vino a ver al joven. De inmediato este se levantó con respeto y unió las manos. Amma las tomó entre las suyas y dijo: «¿Tan débil eres, hijo mío?».

Las lágrimas le rodaban por las mejillas. Amma las enjugó y continuó: «Hijo, deja de preocuparte. No te lamentes más por el pasado. Si esos amigos vienen a buscarte de nuevo, no vayas con ellos.

»Un loro vivía en un templo y otro en una cantina. Mientras el loro del templo recitaba mantras, el de la cantina soltaba obscenidades. Hijo, nuestra conducta está determinada por la gente que frecuentamos. Si nos quedamos sentados en una habitación con la televisión encendida, terminaremos por verla. Si queremos evitarlo, la apagamos y nos vamos a otra habitación. Adquiriremos hábitos nefastos, si vivimos con malas compañías. Por lo tanto, debemos estar atentos y evitar a aquellos que han corrompido sus costumbres. Hijo, si te preocupa algo, puedes contárselo a Amma. Ella está aquí para ti. Quédate unos días. Pide libros en la biblioteca y aprovecha para leer».

Amma se dirigió al brahmachārī: «Ocúpate de lo necesario para que este hijo se aloje en el piso superior de la casa, en la parte norte del āśhram».

Al escuchar las palabras tan afectuosas de Amma, que conocía cada uno de sus pensamientos, el joven devoto no pudo evitar echarse a llorar de nuevo.

Con sus manos amorosas, Amma le secó las lágrimas y le consoló: «Ahora vete a dormir, hijo mío. Amma hablará contigo por la mañana».

Tras enviar al joven con el brahmachārī, se dirigió al bosquecillo de cocoteros que había enfrente del āśhram en compañía de una joven que desde hacía tiempo esperaba la ocasión de hablar con ella en privado. Cuando Amma volvió a su habitación eran más de las tres de la madrugada.

Miércoles, 12 de junio de 1985

El bhakti yōga[2]

Amma llegó al Kaḷari acompañada por tres o cuatro brahmachārīs y algunos devotos seglares que venían al āśhram por primera vez. Amma destacó la importancia de que nuestra devoción a Dios sea pura.

Amma: «La oración habitual de Amma era: "Oh Dēvī, solo quiero amarte. Si no recibo tu darśhan, lo aceptaré, ¡pero dame un corazón lleno de amor para todos los demás! Si tú no me amas, nada me importa, pero, por favor, ¡déjame amarte!" El que ama a Dios de verdad es como alguien que tiene fiebre. No le atrae

---

[2] El yoga de la devoción.

la comida. No saborea ni los platos salados ni ácidos, e incluso los dulces le resultan amargos. El alimento le tiene sin cuidado. Pero, en nuestros días, es raro que un buscador experimente este amor desde el principio. Por lo tanto, hay que controlar nuestros diferentes hábitos con śhraddhā (atención), sobre todo, en relación con la comida. Si la mente se dispersa en cosas externas, debemos hacerla volver una y otra vez al pensamiento de Dios. No hay tiempo que perder».

Un devoto: «Amma, yo no pierdo el tiempo. O vengo a verte o voy al templo. ¿No es eso lo que debo hacer?».

Amma: «Es bueno venir aquí o frecuentar los templos, pero nuestro objetivo es purificar la mente. Si no lo hacemos, todo es inútil. No creas que es posible encontrar la paz sin purificar nuestras acciones y nuestra mente. Tengámoslo presente cuando vayamos a ver a un mahātmā o entremos en el templo. Tendríamos que practicar el abandono de nosotros mismos y mantener una actitud de entrega. Pero, hoy en día, la gente se preocupa por reservar previamente una habitación de hotel cuando emprenden un viaje de peregrinación. Desde el inicio del viaje se entretienen hablando de su familia y de sus vecinos. Cuando vuelven a casa, continúan. Y, en medio de todo eso, Dios ha quedado olvidado.

»Podemos multiplicar los encuentros con los mahātmās, las visitas a los templos y las ofrendas; pero solo obtendremos un beneficio auténtico a través de nuestra sādhanā. Nuestro corazón tiene que sintonizarse con lo divino. No basta con ir a Tirupati o a Kāśī (lugares de peregrinación en la India) para encontrar la liberación. Hacer una gira visitando templos o bañarse en los lugares sagrados no forzosamente confiere un beneficio material o espiritual. Si la sola visita a Tirupati nos liberara, lo mismo ocurriría con todos los hombres de negocios que viven allí, ¿no es cierto?

»Adonde quiera que vayáis, recordad siempre el nombre de Dios. Fijaos en el hierro especial que se mezcla con el cemento para construir carreteras. El hormigón fragua si el metal está limpio. De igual manera, no podemos instalar a Dios en el templo de nuestro corazón sin purificarlo mediante japa (repetición de un mantra o palabras sagradas). No existe mejor medio para purificar la mente que la repetición del nombre de Dios.

»No podemos ver los programas de televisión que se emiten desde un estudio si no encendemos el aparato. Sería absurdo culpar a los demás de no poder ver la televisión si tú no la enciendes. La gracia de Dios se derrama sin cesar sobre nosotros; pero para recibirla debemos ponernos en la misma longitud de onda de su mundo. ¿Qué interés puede haber en encerrarse y quejarse de la obscuridad mientras afuera resplandece el sol? Basta con abrir la puerta del corazón para recibir la gracia que Dios derrama continuamente sobre nosotros.

»Cuando llueve, la tierra se convierte en barro, lo cual causa problemas a todo el mundo; la lluvia que cae sobre la arena también se pierde. Pero la gota de agua que recoge la ostra se convierte en una perla de gran valor. Dios nunca deja de mostrarnos su compasión; la manera de beneficiarnos de ella depende de nuestra actitud interior para recibirla.

»Hijos, si no nos sintonizamos con el mundo de Dios, solo produciremos las notas discordantes de la ignorancia y no una música divina. Tenemos que aceptar nuestra imperfección. De nada sirve culpar de ella a los demás.

»Estamos dispuestos a esperar el autobús durante horas o a pasar el día en el juzgado por un asunto legal. Pero no tenemos paciencia cuando nos encontramos con un mahātmā o vamos al templo. Si vais a un āśhram o a un templo, quedaos allí un rato y pensad en Dios con devoción. Repetid su nombre, meditad o ayudad desinteresadamente. Si no, de nada os servirá vuestra visita».

La importancia de la actitud correcta

Amma: «Si nuestra mente es pura y pensamos en Dios en todo lo que hacemos, su gracia estará siempre con nosotros, aunque no vayamos nunca a un templo. Por el contrario, si nos resulta imposible dejar de ser egoístas o intolerantes con los demás, por muchas visitas que hagamos al templo no nos servirán de nada.

»Había una vez dos mujeres que eran vecinas. Una dedicaba su tiempo a adorar a Dios y la otra era prostituta. La devota le decía a su vecina: "Lo que haces es un gran pecado que te llevará al infierno". La prostituta derramaba lágrimas cada día acordándose de estas palabras y pensaba: "¡Soy una gran pecadora! Lo hago porque no tengo otra forma de ganarme la vida. ¡Oh, Dios! ¡Lo lamento profundamente! ¡Al menos concédeme que en mi próxima vida pueda tener la oportunidad de ofrecerte mis oraciones y adorarte a diario, como lo hace mi amiga! ¡Te lo suplico, perdona mis pecados!".

»Incluso cuando estaba en el templo, la vecina seguía despreciando a la prostituta y la vida que llevaba. Finalmente, las dos mujeres murieron y llegaron los servidores del cielo y del infierno. La prostituta iba a ser llevada al cielo y la devota al infierno. La que se suponía piadosa no lo pudo soportar. Les preguntó a los seres celestiales: "Os lleváis al cielo a una mujer que durante toda su vida vendió su cuerpo, mientras que yo adoraba a Dios todos los días e iba a rezar al templo. Sin embargo, a mí me lleváis al infierno. ¿Qué clase de justicia es esta? Seguro que estáis cometiendo un error".

»Los servidores celestiales respondieron: "No hay tal error. Cuando estabas en el templo haciendo pūjā (adoración ceremonial), pensabas en las malas acciones de la prostituta. Por otra parte, ella, a pesar de lo que hacía, nunca se identificó con su trabajo; sus pensamientos estaban puestos en Dios. No pasaba un solo día sin que experimentara un profundo arrepentimiento por sus errores, suplicando el perdón de Dios. Su devoción era sincera, a pesar de haber tenido que prostituirse para vivir. Por eso va al cielo"».

Para los buscadores espirituales

Los bhajans habían terminado. Al salir del templo, Amma se recostó sobre la arena, entre el Kaḷari y la sala de meditación. Se oyó el toque de campana para la cena y Amma pidió a los devotos que fuesen al comedor. Uno tras otro se marcharon; solo se quedaron uno o dos brahmachārīs para meditar en presencia de Amma.

Después de la cena, los devotos volvieron a sentarse cerca de ella. Una mujer colocó los pies de Amma sobre sus rodillas y empezó a masajearlos.

Amma: «¿Habéis cenado, hijos míos?».

Devoto: «Sí, Amma, ya hemos cenado».

Amma: «En casa habríais comido sabrosos platos. Pero aquí no hay nada de eso. Seguro que os habéis quedado con hambre».

Otro devoto: «Hemos comido hasta saciarnos, Amma. La comida que abunda en nuestra casa no es tan sabrosa como la que nos sirven aquí».

Amma (riéndose): «Hijo, eso lo dices solo por amor a Amma». Todo el mundo se echó a reír.

Un devoto: «Amma, me gustaría preguntarte algo».

Amma: «Hijos, podéis preguntarle a Amma todo lo que queráis».

Devoto: «El otro día te oí decirle a un brahmachārī que debemos hacer voto de ahimsā (no violencia). No debemos enfadarnos con nadie. Aunque otro se enfade con nosotros, la actitud correcta es ver a Dios en él y mostrarle amor. ¿No es eso muy difícil de practicar?».

Amma: «Hijo, lo importante no es conseguirlo sino intentarlo con un esfuerzo sincero. Los que han dedicado su vida a la espiritualidad deben estar dispuestos a hacer algunos sacrificios. Su vida ya está comprometida en este camino. Si alguien se enfrenta a ellos, deben recibirlo como una ocasión que Dios les brinda para eliminar su sentido del ego. No deben reaccionar con hostilidad impulsados por el ego. Un sādhak (aspirante espiritual) solo puede crecer si ve a Dios en todos y les muestra amor».

Un devoto: «Amma, he renunciado a muchas cosas por Dios, pero no encuentro la paz».

Amma: «Hijo, hablamos de nuestros sacrificios. Pero ¿realmente poseemos algo a lo que podamos renunciar? ¿Qué nos pertenece de verdad? Lo que hoy llamamos nuestro no lo será mañana. Todo le pertenece a Dios. Solo podemos disfrutar de las cosas por su gracia. Si hay algo nuestro, es nuestro deseo y nuestra ira. A eso es a lo que hay que renunciar. Mientras siga habiendo apego, habrá dolor, por más que renunciemos a muchas cosas. La verdadera renuncia solo se produce cuando estamos profundamente convencidos de que ni la familia, ni la riqueza ni el éxito social o la fama nos darán una paz duradera. La enseñanza de la Bhagavad Gītā (texto sagrado que enseña los distintos caminos espirituales, en especial el de la acción desinteresada) es actuar sin apego».

El peligro de la riqueza

Amma empezó a contar una historia: «Había una vez un hombre rico. Un día, algunos de sus amigos fueron a visitarle. Vieron a un criado delante de la casa y le preguntaron por su señor. El criado fue a ver, después volvió y les dijo que su señor estaba contando guijarros.

»"¿Cómo es que un hombre tan rico está contando guijarros?", se preguntaron, sorprendidos, los invitados. Cuando su anfitrión llegó poco después, le hicieron esa misma pregunta y él respondió: "Estaba contando dinero. ¿Es mi criado tan tonto como para creer que estaba contando guijarros? Lamento el malentendido".

»Cuando sus amigos se hubieron ido, reprendió severamente a su criado.

»Pocos días después, otro amigo se presentó para ver a nuestro hombre. Le pidió al criado que fuese a buscar a su señor. Después de informarse, el criado le anunció: "Está amando a su enemigo".

»En efecto, nuestro enamorado de las riquezas contaba su dinero antes de guardarlo en la caja fuerte. Pensó que el criado le había insultado deliberadamente. Su insolencia le encolerizó y, tras una buena paliza, le despidió. Cuando el criado estaba a punto de marcharse, el rico le entregó una muñeca diciéndole: "¡Si encuentras a alguien más tonto que tú, dale esta muñeca!". El criado se marchó sin decir nada.

»Pasaron varios meses. Una noche robaron en la casa del rico y le despojaron de toda su fortuna. Cuando trató de impedirlo, los ladrones le arrojaron desde lo más alto de la casa y huyeron llevándoselo todo. A la mañana siguiente, su familia lo encontró en el suelo delante de la casa. No podía levantarse. Se intentaron diferentes tratamientos, pero nada le devolvía la salud. Había perdido toda su fortuna y, por esta razón, su mujer y sus hijos también le abandonaron. El hombre sufría y no había nadie que se ocupara de él. No tenía nada para comer y aceptaba lo que le daban los vecinos.

»Su antiguo criado se enteró de la situación en la que se encontraba y vino a verle. Llevaba consigo la vieja muñeca. En cuanto llegó, se la entregó a su antiguo señor. Este comprendió su estupidez y le preguntó: "¿Por qué disfrutas con mi desgracia?".

El criado respondió: "Al menos ahora comprendes el sentido de mis palabras. ¿La fortuna que tenías tiene hoy más valor para ti que un guijarro? De hecho, ¿no resultó ser tu riqueza tu enemigo? Eso es lo que te ha reducido a este estado. ¿No lo has perdido todo por su causa? ¿Quién hay tan tonto como tú, que la convertiste en objeto de tu amor? Los que hasta ahora te amaban, en realidad amaban tu fortuna, no a ti. Cuando esta desapareció, a sus ojos habías muerto. Ahora no te quiere nadie. Comprende al fin que Dios es tu único amigo perdurable. ¡Pídele ayuda!".

»El criado cuidó de su antiguo señor con mucho amor. Este se hallaba lleno de remordimiento. "Ahora no sé qué hacer. La vida que he llevado hasta ahora ha sido completamente inútil. Creía que mi mujer, mis hijos y mi fortuna estarían siempre conmigo y yo vivía para ellos. En ningún momento he pensado en Dios. Pero ahora todo se ha ido. Los que se postraban ante mí con respeto ya ni me miran. Cuando me ven, me escupen para mostrar su desprecio". El criado lo consoló con estas palabras: "No pienses que nadie se preocupa por ti, el Señor está contigo". Y se quedó con su antiguo señor para cuidarlo».

Amma se quedó en silencio. Un hombre que se hallaba al fondo, entre los devotos, se echó a llorar. Era la primera vez que iba a ver a Amma. Lloraba con amargura, incapaz de controlar su dolor. Amma le pidió que se acercara y lo consoló. El hombre dijo entre sollozos: «Amma, acabas de contar mi propia historia. Mi fortuna ya no existe. Mi mujer y mis hijos me odian. Mi único consuelo es mi viejo criado».

Enjugándole las lágrimas, Amma dijo: «Lo perdido, perdido está, hijo mío. No te aflijas por ello. Solo Dios es eterno. Lo demás desaparece un día u otro. Basta que vivas con este pensamiento en tu alma. No te preocupes».

Amma le pidió al brahmachārī Balagopal[3], que estaba sentado cerca, que cantara

Manassē nin svantamāyi

Recuerda, mente, esta suprema verdad:
¡Nadie te pertenece!

Por actuar con insensatez vas errante
por el océano de este mundo.

Aunque la gente te alabe y exclame:
«Señor, Señor», solo será por un instante.

Tu cuerpo, que tanto tiempo has honrado,
tendrás que abandonarlo cuando la vida parta.

Hasta tu amada, por la que tanto has luchado
todo este tiempo, olvidándote de tu propia vida,
se atemorizará ante tu cadáver
y no te acompañará.

Aunque estés atrapado en la sutil red de māyā
no olvides el sagrado nombre de la Madre Divina.

El Señor atraerá a las almas empapadas de devoción
como un imán atrae el hierro.

La posición, el prestigio y la riqueza son pasajeros,
la única realidad es la Madre Universal.

Renunciando a todos los deseos,
dancemos en esa dicha
cantando el nombre de la madre Kālī.

---

[3] Ahora Swami Amritaswarupananda.

Miércoles, 19 de junio de 1985

La madre del universo

Un joven de barba y cabello largo llegó al āśhram. Se acercó a un brahmachārī y se presentó como periodista: «Hemos oído cosas buenas y malas sobre Amma. He venido a ver lo que realmente ocurre en este āśhram. He hablado con uno o dos de los residentes, pero hay algo que no acabo de entender».

Brahmachārī: «De qué se trata?».

Periodista: «¿Cómo se explica que personas con una educación como la vuestra crean en un Dios humano?».

Brahmachārī: «Qué entiendes por Dios? ¿Quieres decir un ser con cuatro brazos, que lleva una corona y que está sentado en un trono en un paraíso más allá del cielo?».

Periodista: «No. Cada uno tiene su propio concepto de Dios. Por lo general, solemos imaginar a Dios como la encarnación de todas las cualidades que consideramos sublimes».

Brahmachārī: «Entonces, ¿qué hay de erróneo en adorar como divino a alguien en quien constatamos la presencia de todas esas cualidades? Si lo negamos, reducimos a Dios a las estatuas que el hombre esculpe en la piedra e instala en los templos para adorarlas.

»Los textos espirituales de la India declaran que en realidad un ser humano, un alma individual (jivātman), no es diferente de Dios y toma conciencia de su propia divinidad cuando su ego (el sentimiento de ser limitado) es destruido por una práctica constante. Si el Yo Supremo omnipresente puede manifestarse por medio de una imagen, ¿por qué no habría de resplandecer en un individuo?».

El periodista no supo qué responder.

El brahmachārī prosiguió: «Todas las cualidades que las escrituras atribuyen a Dios, como el amor, la compasión, el altruismo, el perdón y una actitud igual con todos, las vemos en Amma. Por esa razón, algunos de nosotros la consideramos la Madre del universo. Otros la ven como una madre amorosa que nos ha acompañado en todas nuestras vidas. Algunos otros la consideran la guru que despierta el conocimiento del Yo. Ella no se proclama ni Dios ni guru ni nada por el estilo. Si quieres pescar un pez en el mar, sacarás el pez; pero, si quieres perlas, también podrás obtenerlas. Igualmente, todo está contenido en Amma. Si hacemos un esfuerzo, obtendremos lo que deseemos.

»El mensaje de las upaniṣhad (textos sagrados que enseñan la identidad del Ātman —el Yo— con Brahman —lo Absoluto—) es que cada uno de nosotros es la esencia del Yo Supremo. ¿No vinieron a este mundo Rāma y Kṛiṣhṇa (dos encarnaciones divinas) y Buda (un maestro espiritual de la India antigua) en forma humana? Si los adoramos, ¿por qué no adorar a un ser que manifiesta sus cualidades divinas y gloriosas mientras está entre nosotros, bajo una forma humana?».

Periodista: «¿No basta con considerarla una guru? ¿Por qué convertirla en Dios?».

Brahmachārī: «Exacto. Pero las escrituras dicen que el guru no es otro que Dios bajo forma humana. En cierta forma, nuestra tradición pone al guru por encima incluso de Dios».

Para entonces, Amma había llegado a la cabaña y había empezado a dar darśhan a los devotos. El brahmachārī invitó al periodista a que se acercara a ella: «Entremos. Tú mismo podrás plantearle a Amma directamente tus preguntas».

El visitante se sentó cerca de Amma, y la miraba asombrado mientras recibía uno a uno a los devotos, acariciando y dando consuelo a todos con un amor desbordante. Cuando le presentaron al periodista, Amma se rió.

Amma: «Amma no lee ni periódicos ni ninguna otra cosa, hijo mío. La mayoría de los hijos que viven aquí jamás leen un periódico».

Periodista: «Le preguntaba a este brahmachārī si Amma era Dios».

Amma: «¡Solo es una loca! Todas estas personas la llaman "Amma" ("madre"), y por eso ella los llama hijos».

Cuando Amma habla, oculta casi todo el tiempo su verdadera naturaleza. Para percibir, aunque solo sea una ínfima parte de su verdadero ser, es necesario haber adquirido un cierto discernimiento espiritual. Muchas personas se imaginan a un guru como alguien sentado en un trono espléndido, sonriente, servido siempre por sus discípulos y repartiendo bendiciones a todos. Los que vienen al āśhram se ven forzados a abandonar esa idea. El que ve a Amma por primera vez descubre que es una persona mucho más normal que la mayoría de la gente. Es fácil verla barriendo el patio, partiendo verduras, cocinando, llevando a los devotos a su habitación o acarreando arena. Pero quien conoce las escrituras sabrá reconocer en ella a la verdadera madre. Su humildad manifiesta claramente su grandeza.

Una vez, un brahmachārī le preguntó a Amma: «Casi todos aquellos que logran el menor siddhi (poder místico) van a todas partes proclamando que son Brahman y aceptando a numerosos discípulos. Y la gente confía en ellos. Si todo eso ocurre en todas partes, ¿por qué Amma engaña a sus hijos diciéndoles que ella no es nada?».

Amma respondió de la siguiente manera: «Los brahmachārīs que viven aquí en estos momentos tienen como objetivo salir al mundo el día de mañana. Su deber es convertirse en modelos para la sociedad. Toda palabra y acción de Amma es para ellos una enseñanza. Si en sus palabras y en sus actos aparece el mínimo rastro de ego, este se multiplicará por diez en cada uno de ellos. Pensarán: "Si Amma lo hace, ¿por qué no yo?". Y eso puede producir mucho daño en el mundo.

»¿Sabéis, hijos, lo difícil que le resulta a Amma vivir en vuestro nivel? Un padre se esfuerza por caminar junto a su bebé dando pasos minúsculos. No lo hace por él sino por su hijo. Sus pasos son pequeños para que su hijo pueda seguirle. El papel que Amma desempeña no es por ella, sino por todos vosotros, para favorecer vuestro crecimiento.

»Cuando un niño padece de ictericia, su madre, que le quiere, evita cocinar con especias y con sal y oculta todos los alimentos que las contienen. Si el niño los descubriera, se los comería, le podría subir la fiebre y hasta podría morirse. Por el bien del niño, la madre también toma los alimentos sin sazonar. No está enferma, pero renuncia a sus preferencias. Del mismo modo, todas las acciones y las palabras de Amma son por vuestro bien. En cada paso, ella piensa en vuestro crecimiento. Para que el enfermo acepte el consejo del médico y deje de fumar, hace falta que el médico no fume. Si el médico bebe, ¿cómo va a dejar el alcohol el paciente? Amma no hace nada para sí misma; todo lo que hace es por el bien del mundo, para ayudaros a avanzar».

El periodista le preguntó a Amma: «¿No estás guiando a todas estas personas como su guru?».

Amma: «Eso depende de la actitud de cada uno. Amma nunca tuvo un guru, ni ha aceptado a nadie como discípulo. Amma solo dice que todo ocurre según la voluntad de la Madre Divina».

Periodista: «Uno de mis amigos es un gran admirador de J. Krishnamurti (maestro espiritual indio contemporáneo)».

Amma: «Muchos de los hijos que vienen aquí son devotos suyos. Los hijos occidentales, en particular, le tienen un gran aprecio».

Periodista: «Krishnamurti no acepta discípulos. Nadie vive con él. Es posible visitarle y hablar con él. Dicen que una conversación con él nos aporta lo que buscamos. Su sola presencia es inspiradora. Es muy alegre y no se rodea del aura de un guru».

Amma: «Sin embargo, su afirmación de que no hay necesidad de un guru es en sí una enseñanza, ¿no es así? Y si hay alguien cerca de él que le escucha, ¿no tenemos ya allí a un guru y a un discípulo?».

Periodista: «No da consejos ni instrucciones».

Amma: «¿Y qué me dices de sus discursos, hijo?».

Periodista: «Parecen más bien conversaciones y son informales».

Amma: «Ningún guru insiste en que le obedezcamos o vivamos según sus palabras. Pero cada una de ellas es una enseñanza. Su vida misma es su enseñanza. Escuchamos lo que dice Krishnamurti y, al seguir sus palabras, conocemos nuestra verdadera naturaleza, ¿no es así? Y una actitud semejante nos convierte en discípulos. Promueve en nosotros la humildad y la buena conducta. Por lo general, solo los hijos que crecen siguiendo los consejos de sus padres se convierten en buenos adultos.

»La obediencia a nuestros padres nos infunde el sentido del deber y de la buena conducta. Amma no dice que el método de Krishnamurti sea malo. Él ha leído gran cantidad de libros, ha conocido a infinidad de hombres sabios y ha aprendido mucho de ellos. Además, ha practicado numerosos métodos. Gracias a eso, ha logrado llegar hasta el nivel en el que está y ha comprendido que todo estaba en el interior de sí mismo. Pero, hijo, tú no has llegado a ese estado.

»En la actualidad, nuestra atención se dirige básicamente hacia los objetos externos. Casi nunca miramos hacia adentro. Cuando los niños están en la escuela, solo piensan en jugar. Estudian, sobre todo, por temor a sus padres. Pero, cuando empiezan a tener un objetivo, sacar buenas notas en un examen para licenciarse en ingeniería, estudian por iniciativa propia. Aunque tengamos un objetivo espiritual, la mente se aleja de él presionada por las tendencias latentes o vāsanās. Nos es indispensable un sadguru (maestro perfecto) para controlar una mente así. Sin embargo, una vez alcanzado determinado nivel, la ayuda ya no es necesaria. Entonces el guru interior está despierto.

»Tal vez hayamos olvidado un himno que aprendimos en otra época; pero, si alguien nos dice el primer verso, seremos capaces de recitarlo entero. Del mismo modo, toda la sabiduría está contenida en nosotros. El guru nos la recuerda. Despierta aquello que está dormido.

»La afirmación misma de que no hace falta un guru implica su existencia, ya que, después de todo, alguien tuvo que decírnoslo. El guru es quien destruye nuestra ignorancia. Mientras nuestra mente no haya adquirido una cierta pureza, es esencial pasar algún tiempo bajo la guía de un guru. Aunque tengas un talento innato para la música, no lo desarrollarás plenamente si no practicas bajo la guía de alguien.

»La capacidad de los gurus ordinarios se limita a explicar los principios espirituales. Pero un sadguru, que ha conocido el Yo Supremo, transmite a sus discípulos una parte de su poder espiritual. Eso les permite llegar a la meta más rápidamente. Como la tortuga hace que sus huevos se abran por el poder del pensamiento, los pensamientos del sadguru despiertan el poder espiritual del discípulo.

»Los satsaṅgs y los libros espirituales tienen el poder de dirigir la mente hacia buenos pensamientos. Pero eso solo no nos permite avanzar con un ritmo regular. Un médico corriente examina al enfermo y le prescribe medicación; pero, si hace falta una operación, es preciso consultar a un cirujano. De igual modo, necesitamos refugiarnos en un guru para purificar la mente y avanzar hacia la meta suprema».

Periodista: «¿No dicen las escrituras que todo está en nuestro interior? ¿Para qué sirve entonces la sādhanā?».

Amma: «Aunque todo está en nuestro interior, no sirve para nada si no lo experimentamos. Por eso, la sādhanā es imprescindible. Los ṛiṣhis (videntes), que nos han transmitido los mahāvākyas (grandes frases) como "Yo soy Brahman" y "Tú eres Eso", habían logrado ese plano de experiencia. Su forma de vivir era muy distinta de la nuestra. Tenían una visión ecuánime de todos los seres vivos. Amaban y servían a todos sin distinción. A sus ojos, nada en el universo estaba separado de ellos. Mientras ellos tenían las cualidades de Dios, nosotros tenemos las de las moscas. Una mosca vive en la suciedad y los excrementos. Del mismo modo, nuestra mente solo puede ver defectos y errores en los demás. Eso debe cambiar. Tenemos que ser capaces de ver el bien en todo. Mientras no nos percatemos de la Verdad mediante la sādhanā y la contemplación, no tiene sentido decir que todo está ya dentro de nosotros.

»Hay personas que han venido aquí después de haber estudiado durante cuarenta o cincuenta años las escrituras y el vēdānta. Hasta ellos afirman que no han encontrado la paz mental. No basta con pegar en la pared la imagen de una lámpara para obtener luz. Si queremos ver algo, hay que encender una lámpara real. No basta con aprender de los libros y hacer discursos. Para experimentar la Verdad, hay que hacer sādhanā y descubrir nuestra el verdadero Yo. Para eso es esencial la ayuda de un guru».

Periodista: «¿Esa es la ayuda que Amma da aquí?».

Amma: «Amma no hace nada por sí misma. El Paramātman (Yo Supremo) hace que lo haga todo. Estas personas necesitan de ella en este momento; el buscador necesita al guru. ¿Por qué? Ahora su mente es débil. A los niños pequeños les gusta meter la mano en el fuego. Pero la madre les dice: "No lo toques, hijo mío, te quemarás la mano". Alguien le tiene que decir al niño que se aleje del fuego. Es lo que hace Amma. Al principio necesitamos que alguien nos señale nuestras faltas».

Periodista: «Si se obedece ciegamente al guru, ¿no es eso esclavitud?».

Amma: «Hijo, para conocer la Verdad tenemos que perder el sentido del "yo". Es muy difícil lograrlo haciendo sādhanā por nuestra cuenta. Para eliminar el ego es indispensable hacer prácticas espirituales bajo la guía de un guru. Cuando nos postramos ante el guru, no nos postramos ante ese individuo sino ante el ideal que él encarna. Actuamos así para poder alcanzar su nivel.

»Solo crecemos mediante la humildad. La semilla contiene el árbol; pero si permanece en el granero, se la comerán los ratones. Su verdadera forma solo se manifestará después de haber sido enterrada en la tierra. El paraguas se abre presionando un botón hacia abajo; entonces puede protegerte de la lluvia.

»Respetando y obedeciendo a nuestros padres, a nuestros mayores y a nuestros profesores es como hemos podido crecer y adquirir conocimiento. Así se han alimentado en nosotros las buenas cualidades y la buena conducta. Del mismo modo, la obediencia al guru facilita al discípulo el acceso a un plano más amplio y elevado.

»El discípulo asume el papel de criado primero, para más tarde convertirse en rey de reyes. Rodeamos un pequeño árbol de mango con una cerca, lo abonamos y lo cuidamos para después poder disfrutar de sus frutos. El discípulo muestra su respeto hacia el guru y le obedece para poder alcanzar la Verdad que él representa.

»Cuando subimos a un avión, nos piden que nos abrochemos los cinturones. No es para demostrarnos su poder, sino por nuestra seguridad. Igualmente, el guru le pide al discípulo que siga ciertas normas y se controle; pero solo para elevarlo y protegerlo de los peligros que podría tener que afrontar. El guru sabe que los impulsos del discípulo, que provienen del ego, son un peligro para él y para los demás. La carretera es para los vehículos; pero si cada uno conduce a su aire, seguro que hay accidentes. Por eso nos piden que respetemos las normas de tráfico. Obedecemos al policía que dirige el tráfico en un cruce, evitando con ello numerosos accidentes.

»La obediencia a los consejos del sadguru nos salva si nuestros sentidos del "yo" y "lo mío" están a punto de destruirnos. Él nos proporciona la instrucción necesaria para evitar esas circunstancias más adelante. La sola proximidad del guru nos infunde fuerza.

»El guru es la encarnación del altruismo. Podemos aprender lo que son la verdad, el dharma (rectitud), la renuncia y el amor porque los gurus viven con esas cualidades. El guru es la misma esencia de esas cualidades. Si le obedecemos y le imitamos, estas echarán raíces en nosotros. La obediencia al guru no es esclavitud. El objetivo del guru es solo la seguridad del discípulo. Nos muestra el camino. Un verdadero guru no considera jamás al discípulo como esclavo. Está lleno de amor por él y quiere verlo alcanzar su meta, aunque ello conlleve dificultades para él mismo. De hecho, verdaderamente, el guru es como una madre».

Las palabras de Amma quedaron profundamente grabadas en la mente del oyente, disipando dudas y sembrando las semillas de la fe. El periodista se fue, satisfecho por haber descubierto infinidad de cosas que antes ignoraba.

Sábado, 22 de junio de 1985

La meditación

Amma y los brahmachārīs estaban sentados en la sala de meditación. Cerca había también algunos devotos seglares. Un brahmachārī recién llegado no quiso perder la ocasión de estar cerca de Amma para saber más acerca de la meditación.

Brahmachārī: «Amma, ¿qué se entiende por meditación?».

Amma: «Imaginemos que vamos a preparar pāyasam (arroz con leche). Si alguien nos pregunta por qué ponemos agua en la cacerola, respondemos que es para el pāyasam; pero lo único que hacemos es poner agua a calentar. Cuando sacamos el arroz y la panela (azúcar de caña sin refinar), decimos que es para el pāyasam. En realidad, el pāyasam aún está por hacer. Del mismo modo, cuando nos sentamos con los ojos cerrados, decimos que estamos meditando. En realidad, eso no es meditación, sino una sādhanā cuyo objetivo es llegar a la verdadera meditación. La verdadera meditación es un estado mental, una experiencia que no puede describirse con palabras.

»Hablamos de sādhakam en relación con el canto. Esa palabra designa la práctica de las canciones. Hay que ensayar regularmente y adquirir destreza para cantar bien. De igual modo, en el camino espiritual, la sādhanā es la práctica y la meditación es el estado al que accedemos por ella.

»El pensamiento constante sobre Dios es meditación; es como la corriente de un río. A ese estado solo se llega mediante una concentración perfecta. Al principio es necesario purificar la mente, concentrarla y disolverla por medio del japa y los himnos, y a continuación podemos practicar la meditación.

»Sin sentir amor por Dios en nuestro interior es imposible fijar la mente en Él. La mente del que ha cultivado este amor no se distrae jamás con las cosas mundanas. Para él, los placeres mundanos son como excrementos de perro. Los bebés juegan con la suciedad y el barro y se lo llevan todo a la boca; pero cuando crecen y adquieren algo de discernimiento, ¿sienten la tentación de hacerlo?».

Los sufrimientos de la vida mundana

Un brahmachārī le trajo a Amma unas cartas que acababan de llegar y ella se puso a leerlas. Mientras lo hacía, les dijo a los devotos: «Basta con leer estas cartas para comprender la naturaleza de la vida. Casi todas ellas hablan de sufrimiento».

Brahmachārī: «¿Ninguna plantea preguntas sobre asuntos espirituales?».

Amma: «Sí, pero en su mayor parte hablan de historias dolorosas. Como esta carta que llegó hace unos días, escrita por una de mis hijas. Su marido vuelve borracho todas las noches y la golpea. Un día, su hijo de dos años se interpuso entre los dos. Para un hombre que está completamente embriagado, no hay diferencia entre un bebé y un adulto. Una patada bastó para romperle la pierna al bebé. Ahora la lleva escayolada. A pesar de ello, el marido ha seguido bebiendo como antes. La madre tiene que cuidar del pequeño y hacer todas las tareas domésticas. Escribió para pedir la bendición de Amma y que su marido dejara de beber».

Un devoto: «Amma, ¿realmente lees todas estas cartas? Solo en el correo de hoy, el volumen de cartas es enorme».

Amma: «Cuando Amma piensa en sus lágrimas, ¿cómo podría no leerlas todas? Ella responde personalmente algunas. Si el correo es excesivo, le explica a alguien lo que tiene que responder. Es difícil leer y contestar todas las cartas. Algunas tienen una extensión de hasta diez o doce hojas. Amma no tiene tiempo para leerlo todo. Tendría que permanecer en pie hasta el amanecer. Debería tener una carta en las manos mientras come. Es frecuente que tenga que dictar alguna respuesta mientras se ducha».

Amma le entregó las cartas a un brahmachārī diciendo: «Hijo, lleva todas estas cartas a la habitación de Amma; más tarde las leerá».

Detalles sobre la sādhanā

Amma le preguntó a un brahmachārī recién llegado: «Hijo, ¿estás leyendo algo en este momento?».

Brahmachārī: «Sí, Amma. Pero casi todos los libros dicen lo mismo e incluso las mismas cosas aparecen una y otra vez en distintas partes del mismo libro».

Amma: «Hijo, solo hay una cosa importante: ¿Qué es eterno? ¿Qué es efímero? ¿Qué es bueno? ¿Qué es malo? ¿Y cómo se llega a percibir lo eterno? La Gītā (la Bhagavad Gītā, el texto que recoge las enseñanzas de Kṛiṣhṇa) y los purāṇas (antiguos compendios de mitología) tratan de explicárnoslo. Los principios esenciales se explican allí una y otra vez. Es para mostrar su importancia. A fuerza de repeticiones, terminan por grabarse en la memoria de la gente. Entre los libros solo existen ciertas diferencias superficiales, nada más. Mientras que el Rāmāyaṇa (epopeya protagonizada por Rāma, la encarnación divina) narra la batalla entre Rāma y Rāvaṇa (un demonio), el Mahābhārata (epopeya protagonizada por Kṛiṣhṇa) habla de la guerra entre los Kauravas (cien hermanos que representan la maldad) y los Pāṇḍavas (cinco hermanos que representan la rectitud). El principio fundamental es el mismo. ¿Cómo aferrarse a él y seguir adelante en las diferentes situaciones que nos presenta la vida? Es lo que todos los mahātmās y todos los libros intentan enseñarnos».

Otro brahmachārī: «Amma, me siento físicamente muy débil desde que empecé a ir a clase de yōga».

Amma: «Hijo, en los primeros meses de práctica de posturas de yōga notarás una sensación de cansancio. Come bien. Cuando tu cuerpo se habitúe a la práctica, volverás a sentirte como siempre. También tus necesidades alimenticias volverán a ser normales para entonces. (Amma se rió.) Pero que no te vea atiborrándote bajo el pretexto de que "Amma me ha dicho que comiera bien..."».

Todos se echaron a reír.

Amma continuó: «Un sādhak debe ser muy cauteloso con sus hábitos alimenticios. Es preferible no comer nada por la mañana. Os debéis sumergir en la meditación hasta alrededor de las once. Comer demasiado aumenta la cualidad tamásica (embotada), que hace que la mente tenga tendencias malsanas. Si coméis por la mañana, que sea algo muy ligero. La mente debe concentrarse en la meditación».

Un joven que se hallaba sentado junto a la puerta de la sala de meditación escuchaba atentamente las palabras de Amma. Tenía un máster universitario y vivía desde hacía cuatro años en Rishikesh (ciudad sagrada del norte de la India). El mes anterior había oído hablar de Amma cuando visitaba a un amigo en Delhi (la capital de la India). Llevaba dos días en el āśhram.

Joven: «Amma, hago sādhanā desde hace algunos años y por el momento el resultado es decepcionante. Siento que las fuerzas me abandonan al pensar que aún no he logrado el conocimiento de Dios».

Amma: «Hijo, ¿sabes qué grado de desapego es necesario para conocer a Dios? Imagina que estás en tu casa, durmiendo profundamente. De repente, una sensación de calor te despierta y descubres que estás rodeado por las llamas. ¿No harías un desesperado esfuerzo por escapar del fuego? Piensa en la urgencia con la que pedirías socorro viendo a la muerte frente a ti. Hace falta implorar con la misma desesperación para obtener la visión de Dios. Imagínate cómo una persona que cae al agua sin saber nadar lucha para salir a respirar. Así es como hay que luchar para fundirse con el Yo Supremo. El dolor de no haber conseguido la visión de Dios debe ser constante y atenazarte el corazón en todo momento».

Amma guardó silencio un momento y continuó: «Hijo, simplemente por vivir en el āśhram no vas a obtener la visión de

Dios. Es preciso hacer sādhanā con sumo desapego. "No quiero nada que no sea Dios", es lo que hay que sentir. Al que padece fiebre hasta las golosinas le resultan amargas. Igualmente, la mente del que tiene la fiebre del amor a Dios no piensa en nada más. Sus ojos no desean ver más que la forma de Dios. Sus oídos anhelan oír el nombre divino y cualquier otro sonido le resulta estridente y desagradable. Su mente lucha como pez fuera del agua hasta que alcanza a Dios».

Amma cerró los ojos y se sumergió en meditación. Todos se quedaron con la mirada intensamente fija en ella.

Unos minutos más tarde, Amma se puso de pie y caminó junto a la pared exterior de la sala de meditación. El depósito de agua potable estaba en el lado sur, a medio metro de la pared de la sala, dejando un paso estrecho. El agua de este depósito se bombeaba a una cisterna situada más arriba, y de allí se distribuía a todo el āśhram.

Amma se asomó al depósito antes de dirigirse a la cabaña para dar el darśhan a las personas que la esperaban, y dijo a los brahmachārīs: «Hay musgo creciendo en las paredes del depósito, hijos. Hay que limpiarlo pronto».

Es la hora del crepúsculo. Amma, sentada en el pequeño lecho de su habitación, se halla sumergida en un éxtasis divino cantando un himno. Las llamas de las lámparas de aceite encendidas al atardecer, totalmente inmóviles, parecían inmersas en su canto.

Agamanta porule jaganmayi

Oh, esencia de los Vēdas, que llenas el universo,
tú que eres pura sabiduría, ¿quién te conoce?
Oh, Yo dichoso, ser eterno desprovisto de sufrimiento.
Oh, poder supremo y primordial, ¡protégeme!

Tú que moras en todos los corazones, conociendo todo,
deseoso de otorgar la dicha de la liberación.
Los malvados no pueden verte, pero brillas por siempre
en la meditación de los virtuosos.

Tú resplandeces plenamente
bajo la forma de la Verdad Eterna.
Oh Dēvī, la Eterna, muéstrame el camino de la liberación
y brilla en mí, una torpe persona.

Oh, Madre, te lo pido claramente:
dígnate a entrar y brillar en mi corazón.
Déjame proclamar tu gloria
y líbrame de esta māyā.

En la pared detrás de Amma estaba colgada una representación de la Dēvī Saraswatī con una vīṇā (instrumento indio de cuerda) en las manos. ¿Se movieron los dedos de la diosa para tocar este instrumento de cuerda y acompañar el canto de Amma? Antes de que el eco de la melodía se desvaneciera, Amma tomó la pintura y besó la imagen de Dēvī repetidas veces. Después se quedó inmóvil, apretando la imagen contra su corazón.

Permaneció en la misma posición sin hacer el menor movimiento. Cuando empezaron los bhajans vespertinos frente al Kaḷari, colocó con suavidad el cuadro sobre la cama. En él aún eran visibles las marcas que sus lágrimas habían dejado. Amma se levantó y se puso a caminar lentamente de un lado a otro, aún inmersa en su estado divino.

Los bhajans terminaron. También acabó el āratī (ceremonia de adoración con una llama que se mueve en círculos). Amma bajó y se puso a pasear por el pequeño patio frente a la sala de meditación.

Consejos a los seglares

Algunos devotos se acercaron a Amma. Ella los llevó hasta el Kaḷari y se sentó.

Un devoto dijo: «Amma, quiero preguntarte sobre algo que les dijiste esta mañana a los brahmachārīs».

Amma: «¿Qué es, hijo?».

Devoto: «Amma dijo que la vida mundana era como el excremento de un perro. ¿Hay que ver la vida mundana de esa forma tan negativa?».

Amma (riéndose): «En esos momentos Amma se dirigía a los brahmachārīs, ¿no es así? Necesitan esa clase de desapego para perseverar en el camino espiritual. Si la conciencia de su objetivo está firmemente anclada en él, un brahmachārī no se sentirá en absoluto atraído por la vida mundana. Es necesario que Amma le dé una visión negativa de la vida mundana para que tenga la fuerza necesaria para avanzar hasta la meta. De lo contrario, caería en las redes de los placeres físicos y perdería su fuerza.

»Un soldado deber recibir el adiestramiento necesario para su trabajo en el ejército y un policía el adecuado para su profesión. Del mismo modo, las instrucciones destinadas a los brahmachārīs son diferentes de las de los seglares. Aunque el objetivo sea el mismo, el grado de intensidad es distinto. El brahmachārī ya ha renunciado a todas sus relaciones y se ha consagrado por completo a este camino. A cada paso, recita el mantra del desapego.

»Amma nunca dirá que la condición de gṛihasthāśhrāma (vida como seglar) es inferior. ¿No eran seglares todos nuestros antiguos ṛiṣhis? ¿No abrazaron Rāma y Kṛiṣhṇa una vida de seglar? Pero el que ha hecho el voto de brahmachārya (celibato) debe ver la vida en el mundo como un excremento de perro. Solo así podrá mantener el nivel de desapego indispensable para permanecer en el sendero.

»Por lo tanto, un brahmachārī debe recibir los consejos necesarios para adquirir un desapego completo. Amma es muy feliz al ver que, entre sus hijos seglares, se despierta el sentido del desapego. Solo tienen que mantener siempre encendida esa llama para alcanzar su objetivo con el tiempo. Amma nunca le pedirá a nadie que lo abandone todo y se convierta en sannyāsī (renunciante) hasta que la persona misma experimente un total desapego.

»El camino que Amma propone no consiste en ir al Himalaya y sentarse con los ojos cerrados pensando solamente en mōkṣha (la liberación). Es necesario aprender a vivir según las circunstancias. En la jungla, el chacal se hace el propósito de no aullar la próxima vez que vea a un perro. Pero, en cuanto aparece uno, aúlla porque la costumbre es más fuerte. El verdadero valor consiste en no experimentar apego ni posesividad, aun viviendo en medio de las experiencias mundanas. Así debe ser el verdadero gṛihasthāśhramī (seglar).

»Igual que la flor cae cuando se forma el fruto, los deseos mundanos desaparecen cuando madura el desapego. Tanto si la persona vive en su hogar como en el bosque, ningún deseo podrá esclavizarla. Aquel cuyo objetivo es conocer a Dios no concede importancia alguna a lo demás. Ha llegado a comprender que todo lo físico es efímero y que la verdadera dicha está en el interior».

Devoto: «¿Cómo hacer volver la mente si esta vaga en busca de placeres externos?».

Amma: «Cuando el camello tiene hambre, come zarzas, y eso le hace sangrar por la boca. Si cuando tienes hambre comes guindillas porque te gustan, la boca te arderá, y también el estómago. Querías saciar el hambre, pero ahora deberás sufrir las consecuencias. Del mismo modo, si creemos que nuestra felicidad depende de las cosas materiales, terminaremos sufriendo.

»Tomemos como ejemplo el almizclero. Puede empeñarse durante largo tiempo en buscar el origen del aroma de almizcle, pero jamás lo encontrará porque está en su interior. La dicha no proviene de las cosas exteriores. Está en nuestro interior. Si reflexionamos sobre esto y adquirimos el suficiente desapego, la mente dejará de correr tras los placeres externos.

»Sabiendo que el zumo está en la fruta, la pelamos y tiramos la piel. Esa es la actitud que debe tener un sādhak. Así, su mente no se quedará en lo externo y será capaz de saborear la esencia de todas las cosas».

Devoto: «Amma, ¿no es posible disfrutar de la dicha espiritual quedándose en la vida mundana?».

Amma: «¿Cómo podrías conocer la plenitud de la dicha espiritual sin fijar la mente completamente en Dios? Si mezclas pāyasam con otros alimentos, ¿serías capaz de disfrutar plenamente de su sabor?

»Viṣhṇu (Dios como conservador del universo) pidió repetidas veces a Sanaka (un antiguo sabio) y a los demás sabios que se casaran; pero ellos le respondieron: "Cada instante de nuestra vida matrimonial transcurrirá sin recordarte. ¡Solo tenemos necesidad de ti, Señor, de nada más!".

»Como nada está separado del Señor, algunas personas afirman que la vida mundana está perfectamente bien. Eso es así si podemos recordar a Dios en todas las circunstancias. Pero, ¿podemos hacerlo? Cuando comemos una golosina, ¿saboreamos su dulzor o recordamos al Señor? Si lográis no pensar en otra cosa que no sea el Señor, incluso en ese instante, entonces no hay problema, podéis seguir ese camino».

Un devoto: «¿Las escrituras indican cuatro etapas de la vida: brahmachārya, gṛihasthāśhrama, vānaprastha (retiro) y sannyāsa? Después de haber llevado una vida de gṛihastha (seglar), se pasa a la fase de vānaprastha cuando se empieza a tener desapego, para convertirse en sannyāsi cuando el desapego es total. Para entonces se han roto ya todos los vínculos y uno se entrega completamente a Dios. Ese es el verdadero objetivo de la vida».

Otro devoto: «También se dice que, si el desapego es total, es posible pasar directamente de la etapa de brahmachārya a la de sannyāsa».

Amma (riéndose): «Desde luego, pero los padres no lo permiten, ese es el problema. Algunos de los hijos que viven en el āśhram han tenido que superar una fuerte oposición para poder quedarse aquí».

Un devoto: «Amma, ¿no merecemos alcanzar el conocimiento? Nos aflige tanto estar atrapados en esta vida mundana...».

Amma: «¡No penséis eso, queridos hijos míos! Pensad que esa vida tiene como fin eliminar todos los obstáculos en vuestro camino hacia Dios. Cuando se sale de viaje, si hay algún obstáculo en el camino, lo quitamos y después continuamos. Si no lo hacemos, el obstáculo seguirá siempre allí. La vida mundana nos permite ir desarraigando los deseos y la ira presentes en nosotros. A veces, Amma aconseja el matrimonio a los hijos que tienen vāsanās (tendencias latentes) muy marcadas. Si éstas se reprimen, tarde o temprano estallan. Necesitamos trascenderlas. La vida de familia crea las circunstancias adecuadas para ello. La mente se fortalece con la práctica de la contemplación. Si el bebé se cae mientras está aprendiendo a andar, tiene que levantarse y seguir andando. Si se queda en el suelo, no hará ningún progreso. La vida de familia no está hecha para alejarnos de Dios, sino para acercarnos a Él. Hijos, utilizadla con este fin y no os preocupéis inútilmente.

»La vida de familia nos permite superar nuestras vāsanās. No os ahoguéis en ellas. Comprended su naturaleza e ir más allá de ellas. No alcanzaremos el objetivo si no nos desapegamos de nuestras vāsanās. Con una ración de pāyasam quedamos satisfechos, pero poco después deseamos el doble. Cuando hayamos comprendido la verdadera naturaleza de esta ansia, la mente dejará de prestarle atención. Si una lagartija cae en el pāyasam, ¿quién deseará comérselo? Cuando las vāsanās tiran de nosotros, la mente se resiste si sabe que no dan la verdadera felicidad y que solo nos traen sufrimiento; pero este conocimiento tiene que estar firmemente plantado en la mente y el intelecto. Hijos, no dejéis que la tiranía de la mente os estropee la vida. No cambiéis una joya de incalculable valor por un caramelo. La mente se calmará si dejamos de dar tanta importancia a los placeres de los sentidos. No os preocupéis si no conseguís enseguida la fuerza necesaria para hacerlo. Buscad todos los días un momento para sentaros en soledad y reflexionad sobre esto adoptando la actitud de un testigo. Que se convierta en una costumbre. Sin duda descubriréis la fuerza que necesitáis. Es inútil ponerse a llorar diciendo que sois demasiado débiles. Encontrad la fuerza necesaria. Entonces podréis afrontar resueltamente cualquier dificultad. Hijos, no derraméis lágrimas pensando que sois indignos. Eso solo os debilitará.

»Hijo, no te lamentes por no ser un brahmachārī o por no vivir cerca de Amma. Todos los hijos sois como las hojas de una planta. Algunas hojas están cerca de la flor, otras más lejos, pero todas pertenecen a la misma planta. Así son los hijos de Amma; no lo dudéis nunca. Que no os entristezca no poder disfrutar de la presencia de Amma estando cerca de ella. También vosotros podéis llegar allí algún día».

El devoto: «Sin embargo, ¿no hemos desaprovechado nuestra vida estando atrapados en todos estos deseos materiales?».

Amma: «Hijo, ¿para qué atormentarse por el pasado? Avanza con fe.

»Había una vez un leñador muy pobre. Todos los días iba al bosque a cortar madera, con la que hacía carbón vegetal que luego llevaba a un almacén que lo vendía como combustible. Esa actividad le producía un magro beneficio, insuficiente para llenarle el estómago. Por casa tenía una vieja choza en mal estado y con goteras. Su salud no le permitía trabajar más y estaba siempre desesperado. Un día, el rey pasó por la aldea. Oyó hablar de la triste situación del leñador. El rey le dijo: "A partir de hoy ya no tendrás qué luchar para sobrevivir. Te regalo un bosque de madera de sándalo. Podrás vivir cómodamente de sus beneficios".

»Al día siguiente, el leñador fue a trabajar como de costumbre. Como ya tenía su propio bosque, no necesitaba buscar árboles para talar. Cortaba madera de sándalo, hacía carbón y lo llevaba al almacén, como siempre. No ganaba más de lo que ganaba antes.

»Varios años más tarde, el rey volvió a la aldea. Quiso ver al hombre al que había regalado el bosque de madera de sándalo. El rey esperaba ver a un hombre rico. Se quedó atónito al ver al leñador; inexplicablemente parecía más pobre aún que antes. Su rostro no expresaba ninguna felicidad y había olvidado lo que significaba la risa. Consternado, el rey le preguntó: "¿Qué te ha ocurrido? ¿Qué has hecho con el bosque que te regalé?". "He cortado los árboles, con ellos he hecho carbón y lo he vendido". ¡El rey no podía creer lo que oía! Este hombre había vendido los valiosos árboles por una cantidad despreciable. "¿Quedan árboles?", preguntó. "Sí, queda uno", respondió el hombre. Entonces el rey dijo: "¡Qué estúpido eres! Te he dado un bosque entero de madera de sándalo. ¡Esta madera no es para convertirla en combustible! Bueno, por lo menos te queda un árbol. Córtalo y véndelo sin convertirlo en carbón. Ganarás lo suficiente para vivir el resto de tu vida". El leñador siguió el consejo del rey y en adelante pudo vivir cómodamente.

»Hijos, deseáis conocer a Dios. Eso basta. Vuestra vida será realizada plenamente. Bastará que a partir de ahora la viváis de una manera adecuada».

Una mujer acompañada de dos niños se acercó a Amma y se postró ante ella. Apoyó la cabeza en su regazo y se echó a llorar amargamente, contándole la historia de sus desdichas.

Su marido había iniciado un negocio con un préstamo por el que le cobraban unos intereses exorbitantes. El negocio fracasó. Vendieron sus tierras y empeñaron las joyas de la mujer para pagar la deuda. No pudieron recuperarlas a tiempo y fueron subastadas. Presionados por los acreedores, se vieron obligados a vender su casa y a vivir en otra de alquiler. Ahora, no tenían el dinero necesario para pagar el alquiler. La joven se marchó con sus hijos con la idea de suicidarse, pero oyó hablar de Amma y fue a verla.

Entre lágrimas dijo: «Amma, teníamos una buena vida y mi marido lo ha estropeado todo. Ya no puedo vivir allí, ni siquiera hay dinero para pagar el alquiler. Todos mis parientes gozan de buena posición. La vergüenza no me dejaría nunca presentarme ante ellos. He decidido poner fin a mi vida y a la de mis hijos».

Amma: «Hija, no tienes que morir por esto. Además, tu vida no está en tus manos. ¿Con qué derecho dispondrías de la vida de tus hijos?

»No hay fuego sin humo, hija, ni deseo sin sufrimiento. Es como el Sol y su calor. Queríais vivir a lo grande y habéis montado un negocio que solo os ha causado sufrimiento. Si hubieseis aprendido a conformaros con lo que teníais, ahora no habría ningún problema. La vida está hecha de felicidad y de dolor. Ninguna existencia está constituida solo de felicidad o solo de sufrimiento.

»Hay un tiempo para todo. Hay etapas en la vida en las que todo lo que emprendemos fracasa. De nada sirve derrumbarse cuando eso ocurre. Aférrate a Dios con fuerza. Él es nuestro único refugio. No dejará de indicarnos una solución. Al menos tienes buena salud y puedes trabajar para ganarte la vida. Dios se encargará de ello. Es inútil quedarse llorando en un rincón. Solo perderás el tiempo y arruinarás tu salud. ¡No te entristezcas por lo que se ha perdido, hija mía! Afligirse pensando en el pasado es como abrazar un cuerpo sin vida.

»El pasado no volverá nunca, hija, e ignoramos el futuro. En lugar de perder el tiempo y la salud pensando en ellos, lo que tienes que hacer es fortalecer el presente. Lo estás estropeando, viviendo constantemente en el pasado y en el futuro. Solo el Paramātman conoce los tres —el pasado, el presente y el futuro—en su totalidad. Por eso, debes dejarlos en manos de Dios y seguir avanzando, recordándole siempre a Él. Entonces siempre estarás sonriendo.

»Imagínate a alguien que se come un helado. Mientras lo come, piensa: "En el restaurante donde comí ayer, toda la comida estaba sin tapar y a la vista. ¿Habrá caído en ella una cucaracha o una lagartija? ¿Habrá sido la jaqueca de esta mañana debida a esa comida? Esta mañana mi hijo ha vuelto a pedirme que le compre ropa nueva. ¿Cómo voy a poder comprarle nada? No tengo dinero. Hace mucho tiempo que sueño con una casa más bonita, pero no gano lo suficiente. ¡Si encontrara un trabajo mejor, todo cambiaría!". Para entonces, todo el helado se ha derretido. Sumergido en sus pensamientos, nuestro amigo ni siquiera ha podido comprobar cómo sabía. El pasado le agobiaba y el futuro le producía inquietud; así que perdió la ocasión de pasar un rato agradable en el presente. Si hubiese olvidado el pasado y el porvenir y hubiese prestado atención al presente, por lo menos habría podido degustar el helado. En consecuencia, saboread cada instante mientras avanzáis, hijos míos. Entregadlo todo en manos de Dios, o saludad toda situación con una sonrisa. Olvidad el pasado y el futuro, ocupaos con atención de lo que ocurre ante vosotros.

»Si os caéis, levantaos y seguid avanzando con entusiasmo. Pensad que la caída era para que os volvierais más cuidadosos. Ved el pasado como un cheque anulado. No sirve de nada cavilar sobre él. Es inútil quedarse sentado lamentándose de las heridas. Aplicad cuanto antes el remedio necesario.

»Hija, venimos al mundo con las manos vacías y nos vamos de la misma manera. Adquirimos objetos y después los perdemos. Eso es todo. Cuando hayamos comprendido que esa es la naturaleza de las cosas, no perderemos nuestra fuerza preocupándonos por ellas. La paz mental es el verdadero tesoro, hija mía. Esa es la riqueza que debemos proteger.

»Quédate aquí con los niños hasta que tu marido encuentre trabajo. ¡Y deja de preocuparte!» Amma enjugó con las manos las lágrimas de la mujer, disipando sus preocupaciones.

Otra mujer dijo: «Amma, me da tristeza ver que no consigo conectar la mente con Dios; surgen muchos malos pensamientos que me molestan».

Amma: «Hija, no te inquietes por ello. La mente es solo una colección de pensamientos. Considera que los malos pensamientos surgen porque les ha llegado la hora de desaparecer. Solo ten cuidado de no identificarte con ellos.

»Cuando viajamos en autobús, vemos muchas cosas agradables por el camino: casas hermosas, flores bonitas, jardines magníficos; pero no nos vinculamos con esos objetos. Solo pasamos a su lado, sabiendo que no son nuestro verdadero destino. Debemos aprender a considerar de la misma manera los pensamientos que pasan por nuestra mente. Obsérvalos, pero no te identifiques con ellos. No te aferres a ellos. Podemos quedarnos en la orilla y observar cómo fluye el río. El espectáculo es interesante, pero si saltamos a él, enseguida perderemos nuestra fuerza. Trata de adquirir la capacidad de quedarte al margen como un testigo mientras los pensamientos pasan por la mente. Eso la fortalecerá».

Una mujer que estaba escuchando las palabras de Amma desde el principio, dijo: «Amma, cuando estamos atrapados en la tela de araña de la vida familiar, es difícil soltarse, por muchos esfuerzos que hagamos».

Amma: «Hija, un pajarillo está posado en una ramita seca de un árbol comiendo un fruto que ha encontrado en algún lugar. Sabe que la ramita puede romperse en cualquier momento y, por eso, se mantiene muy alerta mientras está sobre ella. Comprended que la naturaleza de este mundo es igual de poco real. Podemos perderlo todo en cualquier instante. No lo olvidéis, hijos míos. Solo Dios es eterno, aferraos fuertemente a esta verdad y no conoceréis el sufrimiento.

»Si sabemos que hay fuegos artificiales cerca, la siguiente detonación no nos sobresaltará ni perderemos el equilibrio. Del mismo modo, si entendemos la verdadera naturaleza de este mundo, conservaremos la calma. Aprendamos a realizar cada acción considerándola como un deber que se nos ha asignado y avancemos sin identificarnos con nada. Tomad como ejemplo a un director de banco y a todos los empleados de los que es responsable. Debe prestarles atención y además negociar con aquellos que acuden a solicitar un préstamo y le entregan toda la documentación necesaria. Si el director se deja halagar por las sonrisas y lisonjas de los solicitantes y les concede el préstamo sin analizar a fondo sus documentos, terminará en la cárcel. Sabe que algunos han venido para conseguir dinero a toda costa. Sabe también que el dinero del banco no le pertenece, pero no se lo entrega al primero que llega. No se enfada con nadie ni duda en conceder un préstamo a los que lo merecen. Solo desea cumplir bien su deber, eso es todo, y por eso nunca tiene que lamentar lo que ha hecho. Todos deberíamos ser así. Debemos ser capaces de realizarlo todo con sinceridad y entusiasmo. No se trata de languidecer en el desaliento o la pereza pensando que no nos llevaremos nada a la tumba. Hagamos nuestro trabajo como un deber, con śhraddhā (atención), sin aversión alguna. Considerad todas las cosas como aspectos del Paramātman. Todo es ese principio último.

»Todos conocéis esos caramelos que vienen envueltos en papeles de diferentes colores, rojo, blanco, azul y verde. Aparentemente son distintos. Los niños se pelean por conseguir su color favorito: "Yo quiero el azul", "yo me pido el rojo", etc. El niño que reclama el caramelo rojo no estará contento si le damos uno azul. Llorará hasta que consiga el rojo. Pero cuando se quita la envoltura, todos los caramelos saben igual. Ahora nosotros somos como esos niños: no pensamos en el caramelo, nos dejamos fascinar por las envolturas y peleamos por ellas. En realidad, el principio que está presente en todos los seres vivos es el mismo. Las formas y los colores externos varían, pero el principio supremo no cambia. Ahora somos incapaces de captarlo porque hemos perdido nuestra inocencia infantil y nuestra pureza interior.

»Supongamos que alguien está enfadado con nosotros o actúa hostilmente. Si reaccionamos con ira o le castigamos, es como tocarle la llaga que tiene en una mano, agrandándola, en lugar de curarla aplicando un remedio. El pus de la herida nos caerá encima y oleremos mal. Su ego se verá reforzado y nuestra ignorancia aumentará. Por el contrario, perdonarle sería como curarle la herida. Nuestra mente se ampliará. Por lo tanto, hijos, llevad una vida de amor y perdón. Eso os puede parecer muy difícil, pero si lo intentáis, sin duda lo conseguiréis».

Un devoto: «Amma, ¿cómo puedo sacar tiempo para meditar y hacer japa con todas las responsabilidades familiares que tengo?».

Amma: «Nada es difícil para el que realmente lo quiere, pero el deseo tiene que ser auténtico. Pasad en soledad al menos un día a la semana y dedicadlo a hacer sādhanā. A pesar de vuestras responsabilidades y del trabajo que tengáis que hacer, debéis reservar un día. ¿No pedís una baja médica cuando no os encontráis bien, aun teniendo mucho trabajo sin terminar? ¿No pedís un día de permiso para asistir a una boda en vuestra familia? ¡Pues la sādhanā es mucho más importante! Así que, por lo menos una vez a la semana, id a un āśhram para hacer sādhanā y sēvā (servicio). Ese día será un entrenamiento para fortalecer el amor y la cooperación también en la familia.

»Si vuestros hijos se portan mal, explicadles las cosas con amor. La infancia es la base de la vida. Si no les prestamos atención y les mostramos amor, pueden extraviarse. En especial, los padres deben acordarse de darles amor cuando son pequeños, igual que se riega el tierno retoño de una planta. Cuando los hijos han crecido y tienen un empleo, los padres deben confiarles la responsabilidad de la familia y retirarse a un āśhram para hacer sādhanā en soledad. Purificad vuestra mente mediante el servicio. No es sensato aferrarse al hogar y los hijos hasta el último aliento. Una vez que los hijos se convierten en adultos, tendréis el intenso deseo de ver a los nietos y ayudar a criarlos. Todos los seres vivos sobre la tierra se las arreglan para crecer y sobrevivir, ¿verdad? No esperan ayuda. Dejad a vuestros hijos en manos de Dios. Es lo que deben hacer los padres amorosos. Ese es el verdadero amor.

»Hasta ahora hemos bregado "por mí y por mis hijos". En eso no nos diferenciamos de los animales. ¿Cuál es, pues, el fruto de esta preciosa encarnación humana nuestra? A partir de ahora, nuestro trabajo debe ser "por vosotros". Entonces, poco a poco, el "yo" desaparecerá por sí solo y, con él, nuestras preocupaciones y sufrimientos.

»Cuando nos hemos subido al tren, ¿qué sentido tiene seguir cargando con la maleta quejándonos de su peso? Podemos dejarla en el suelo. Igualmente, aprendamos a refugiarnos en el Yo Supremo y a entregarle todo completamente, hijos.

»Si nos resulta difícil encontrar un día a la semana, deberíamos pasar por lo menos dos días al mes en el ambiente de un āśhram para meditar, hacer japa y servir. El recuerdo de Dios es el verdadero cimiento de la vida. Así llegaremos a liberarnos de todos los vínculos, como una serpiente abandona su piel vieja, y a fundirnos en Él. Seguid una disciplina constante. Ciertas personas dicen que es inútil retirarse del mundo que nos rodea, puesto que este también es Brahman. Ciertamente todo es Brahman, pero ¿hemos alcanzado esa etapa? Dios no ve mal alguno en nadie. Solo ve el bien en todo. Cuando tengamos esa misma actitud, tendrá algún sentido que digamos que todo es Brahman. Si hay una sola cosa buena en medio de mil malas, Dios solo verá la buena.

»Un guru tenía dos discípulos. Solía confiar a uno de ellos más responsabilidades en el aśhram. Al segundo discípulo no le gustaba esto, porque se consideraba el mejor residente del aśhram. Empezó a sentir antipatía por el otro discípulo. Un día, le preguntó al guru: "¿Por qué no me encargas ninguna de las responsabilidades del aśhram? Puedo hacerlas mejor que él.

»El guru llamó a ambos discípulos y les pidió que salieran al mundo para que conocieran la naturaleza de la gente. Cuando el primer discípulo se puso en marcha, vio a un hombre junto al camino que consolaba a un niño y le daba un caramelo. Al informarse, se enteró de que ese hombre era en realidad un asesino. A pesar de todo, al discípulo le complació el lado bueno del hombre. Siguió su camino y vio que alguien le daba de beber a un anciano tumbado en el arcén, debilitado por el hambre y la sed. A continuación, le informaron de que el hombre era un ladrón. Se regocijó al ver que incluso ese pillo sentía compasión. Después vio que una mujer enjugaba las lágrimas y tranquilizaba a otra mujer. La mujer bondadosa era una prostituta. Al ver la compasión que mostraba la prostituta, el discípulo fue incapaz de despreciarla. Volvió con su guru y le contó todo, alabando las buenas acciones que había presenciado.

»El segundo discípulo volvió a la misma hora. Contó que había visto a un hombre que golpeaba a un niño, después a otro que reprendía a un mendigo y por último a una enfermera que se enfadaba con un enfermo. Solo sentía odio por la gente que había visto comportarse de esta forma. El hombre que le pegaba al niño tenía un gran corazón. De hecho, proporcionaba alimento y ropa a un gran número de niños pobres y les pagaba los estudios. Aquel niño tenía la costumbre de robar. No servía de nada hablar con él y el hombre terminó pegándole para hacerle comprender su error. Pero al discípulo le parecía injustificado. Pensaba: "Por muy buen corazón que tengamos, a un niño no se le debe golpear. ¡Qué hombre tan malvado!".

»El segundo hombre que había visto era un hombre que daba generosamente a los demás. Vio mendigar a alguien que tenía buena salud y trató de convencerle para que emplease la salud que Dios le había dado para trabajar y ganarse la vida. Al discípulo también esto le pareció mal. Pensaba: "Por muy generoso que uno sea, ¿qué derecho tiene a dar consejos? Si no quería darle nada al mendigo, bastaba con decirle que se fuera".

»Finalmente, la enfermera que el discípulo había visto quería mucho a sus pacientes. Los cuidaba día y noche. Este enfermo tenía la costumbre de quitarse los apósitos, lo cual retrasaba la curación de sus heridas. La enfermera le reñía porque le quería. Pues bien, esto tampoco le gustó al discípulo. "Seguro que la enfermera le había aplicado un remedio que le escocía y por eso se quitaba los apósitos. ¡Y ella lo riñe! ¡Qué mujer más mala!".

»Después de haber escuchado los relatos de los dos discípulos, el guru declaró: "Nadie es del todo malo en este mundo. Por mala que sea la reputación de una persona, hay algo bueno en ella. Uno de vosotros ha podido ver el bien en un asesino, en un ladrón y en una prostituta. Si hay bondad en nosotros, también la podremos ver en los demás. Esa mirada es la que necesitamos".

»Después, el guru le dijo al segundo discípulo: "Hijo mío, lo que has visto en los demás es tu propia naturaleza. Solo has podido percibir el mal, aun entre los más bondadosos. Cuando cambies, tú también podrás ver el bien en todas las cosas".

»Ahora nuestra mente se parece a la del segundo discípulo. Incluso ante mil acciones justas, no las vemos. Solo vemos el error que se ha cometido. Pero el Señor no ve en sus hijos más que lo bueno. No podremos decir que todo es Brahman o que todo es Dios mientras no tengamos esa actitud.

»Algunas personas preguntan: "¿No está el guru en nosotros? ¿No basta con hacer caso a nuestra mente? ¿Para qué hay que refugiarse en otra persona?". Es verdad que el guru está dentro de nosotros, pero en el momento presente somos esclavos de nuestras vāsanās. No somos nosotros sino nuestras vāsanās las que controlan nuestra mente; por eso, es peligroso seguirle a esta.

»Os voy a contar una historia: había una vez un hombre que había conocido a muchos gurus. Solo hablaban de humildad, fe y devoción. Al hombre no le gustaban sus palabras. "Yo no quiero ser esclavo de nadie", pensaba. Se sentó al borde del camino y se dijo: "Ninguno de los gurus que he visto es capaz de guiarme correctamente". Pensando en esto, levantó la cabeza y vio no lejos de allí un camello que pastaba, moviendo la cabeza arriba y abajo. El hombre se sorprendió de que el animal entendiera sus pensamientos. "Ese debe de ser el guru que buscaba". Se acercó a él y le preguntó: "¿Quieres ser mi guru?". El camello volvió a asentir con la cabeza igual que antes. Nuestro hombre se sintió feliz.

»A partir de ese momento, no hacía nada sin antes preguntarle a su guru camello. El animal lo aprobaba todo asintiendo con la cabeza. Un día le dijo: "He conocido a una joven. ¿Puedo amarla?". El camello asintió. Al cabo de unos días, volvió donde el camello y le preguntó: "¿Me casaré con ella?". El guru camello también dio su aprobación a esto.

»Pasaron unos días más. La siguiente pregunta fue: "¿Está bien beber un poco?". El camello, una vez más, asintió. Aquel día, el hombre volvió a su casa muy borracho. Pronto la bebida se convirtió en un hábito. Como a su mujer no le pareció bien, el hombre fue a ver al guru y le preguntó si podía pelearse con su mujer. De nuevo, el guru se mostró de acuerdo. Al cabo de poco tiempo, volvió para decirle: "Mi mujer no quiere que beba. ¿Puedo matarla?". Incluso a esta pregunta, el camello asintió con la cabeza. El hombre se dio prisa en volver a su casa y apuñaló a su mujer, hiriéndola gravemente. La policía acudió y le arrestó, y fue condenado a cadena perpetua.

»La mente es como este guru camello. No es una cuestión de bueno o malo. La mente aprueba todo lo que nos gusta, sin pensar en las consecuencias. Si nos fiamos de esa mente, que es esclava de las vāsanās, estaremos prisioneros para siempre. Ahora nuestro intelecto carece de discernimiento. Por eso, lo mejor es seguir los consejos de un verdadero guru. Ahora cometemos errores con el pretexto de que Dios nos obliga a hacerlos. No es correcto insistir en que el guru haga todo lo que le digamos. Solo el que sigue las instrucciones de un guru sin ponerlas en tela de juicio podrá alcanzar la meta. Ese es un verdadero discípulo.

»Al igual que la tortuga empolla sus huevos pensando en ellos, un pensamiento del guru basta para llevar al discípulo a la meta. Un sadguru es aquel que ha percibido la Verdad. Al seguir sus consejos, incluso si nos parecen incómodos ahora mismo, ascendemos. Los que aceptan todos los deseos de sus discípulos no son verdaderos gurus. Solo saben asentir, como el camello. No se preocupan del progreso de los discípulos».

Un devoto: «Amma, ¿no dicen las escrituras que todo es Brahman?».

Amma: «¡Pero aún no hemos llegado a esa etapa! Por eso, hay que actuar con discernimiento. Es una insensatez acercarse a un perro rabioso afirmando que todo es Brahman. El amigo que os pide que no os acerquéis al animal también es Brahman. Si en esa situación carecéis del discernimiento necesario para decidir la forma correcta de actuar, vuestra vida se echará a perder.

»Mientras no lo hayamos experimentado, ¿de qué sirve repetir: "Todo es Brahman"? Pensad en los objetos hechos de caña. Hay caña en una silla, una mesa, una cesta. Pero también la caña contiene en sí la silla, la mesa, la cesta. De igual manera, hay oro en el anillo, en el brazalete y en los pendientes. Pero nos atraen en especial las formas exteriores de estos objetos. Los que no se dejan fascinar por la forma ven el oro que hay en todos ellos. Esta mirada es la que tenemos que desarrollar, al entender que todo contiene la verdad última, Brahman. Los que están en este nivel no pueden hacer nada mal. Los que hablan de Brahman sin haberlo experimentado son los que cometen errores.

»El advaita (no dualidad) es un estado en el que no hay más de uno. En él se ve de forma espontánea a todos los demás como idénticos a uno mismo. No es algo de lo que se habla, sino un estado de ser.

»Una vez, un hombre pidió dinero prestado a varias personas y compró una isla en la que se construyó un palacio. A todos los visitantes les hablaba solo de su palacio y de su propia importancia. Un día llegó un sannyāsī a pedirle bhikṣhā (limosna). Nuestro hombre rico tuvo la sensación de que el sannyāsī no le mostraba el respeto suficiente y se sintió ofendido. Le dijo al sannyāsī: "¿Sabes quién es el propietario de esta isla, este palacio y todo lo que ves en él? Me pertenecen a mí. Soy el dueño de todo. ¡Nadie ha dejado de mostrarme respeto hasta ahora!".

»El sannyāsī le escuchó, y luego preguntó: "¿Todo lo que hay aquí te pertenece?".

»"Sí", respondió.

»"¿De verdad?".

»"Sí, de verdad".

»El sannyāsī dijo: "¿De quién era el dinero que te sirvió para comprarlo? Pregúntale a tu conciencia".

»El rico se sintió completamente avergonzado. Comprendió su error, y que en realidad nada de eso le pertenecía. Cayó a los pies del sādhu (monje).

»Los "conocimientos" que hoy poseemos no los hemos obtenido con la ayuda de la sādhanā. Nos hemos limitado a leer lo que otros han escrito, y estamos aquí sentados, diciendo las palabras "yo soy Brahman", sin mostrar compasión ni humildad, o incapaces de perdonar a los demás. Esa clase de personas ni siquiera tienen derecho a pronunciar la palabra "Brahman". Si lo adiestráis, un loro también repite: "Brahman, Brahman". Pero, en cuanto pase por allí un gato, el loro solo sabrá chillar de miedo y chillando morirá. En vez de repetir solo la palabra "Brahman", hay que asimilar este principio, fijarlo en nuestra mente por medio de una constante contemplación. Este principio es el símbolo de la compasión y la tolerancia. Solo nos lo revelará la experiencia. Aquellos que llegan a experimentarlo no necesitan repetir "yo soy Brahman". Basta con acercarnos a ellos para sentirlo. Su sonrisa nunca se borra, sean cuales sean las circunstancias. Ahora Brahman está en nosotros como el árbol en la semilla. Pero ¿qué diríamos de una semilla que proclamara: "yo soy el árbol"? El árbol está en la semilla, pero primero deberá sembrarse, germinar y finalmente crecer. Una vez convertida en árbol, podréis incluso atarle un elefante. Pero, si no protegemos la semilla, algún pájaro se la comerá. El principio supremo está realmente en nosotros, pero hay que llevarlo al plano de la experiencia mediante el estudio y una meditación constante.

»Un día, un joven acudió a un guru y le pidió que lo aceptara como discípulo. El āśhram tenía ya un gran número de aspirantes. El guru le dijo: "La vida espiritual es muy dura. Es mejor te vayas y vuelvas más adelante".

»El joven se mostró tan decepcionado que el guru le dijo: "Está bien. ¿Qué sabes hacer?". El maestro sugirió distintos trabajos, pero el joven no estaba acostumbrado a ninguno. Finalmente sugirió: "¿Por qué no te haces cargo de los caballos?". "Como tú desees", respondió el discípulo.

»Así que le hicieron responsable de los caballos. El nuevo discípulo realizaba su tarea con gran dedicación. Los caballos se volvieron más fuertes y su salud mejoró.

»Normalmente el guru no daba instrucciones particulares a los discípulos. Cada mañana, les entregaba una estrofa para reflexionar sobre ella y ponerla en práctica en su vida. Ese era su método de enseñanza.

»Un día, el guru empezó antes de lo acostumbrado. Dio a los discípulos sus estrofas diarias y, cuando estaba a punto de salir de viaje en uno de los caballos, el joven discípulo llegó corriendo para recibir su instrucción. No había podido acudir cuando el guru les había llamado porque estaba ocupado con su trabajo. "Maestro, ¿cuál es mi lección para hoy?". El guru respondió con severidad: "¿No sabes que me voy de viaje? ¿Es el momento de hacerme esta pregunta?". Se montó en el caballo y salió al trote. Sin embargo, aquello no le hizo perder el ánimo al joven. Se puso a meditar en las palabras del guru: "¿No sabes que me voy de viaje? ¿Es el momento de hacerme esa pregunta?".

»El guru volvió por la tarde y no vio al joven con los demás discípulos. Les preguntó y le respondieron en tono de burla: "Ese bobo está sentado en alguna parte farfullando frases como:

'¿no sabes que me voy de viaje? ¿Es el momento de hacerme esa pregunta?'". Y se desternillaron de risa. El guru comprendió lo sucedido. Llamó al joven y le preguntó qué hacía. Este respondió: "Maestro, meditaba en lo que me dijiste esta mañana". Los ojos del guru se llenaron de lágrimas. Puso las manos sobre la cabeza del discípulo y lo bendijo. A los demás discípulos aquello no les gustó nada. Se quejaron al guru: "Maestro, hace mucho tiempo que estamos aquí y tú nos ignoras. ¿Por qué le das tanto amor a ese tonto?".

»El guru le pidió a uno de ellos que fuera a buscar una sustancia estupefaciente. Cuando llegó, la mezcló con agua y les dio a beber un poco a cada uno, diciéndoles que la escupieran inmediatamente. Después les preguntó: "¿Alguno de vosotros se siente drogado?".

»"¿Cómo va a ser eso posible? ¿No nos has dicho que lo escupamos en seguida?".

»El guru dijo: "Es lo mismo que hacéis cuando os doy las instrucciones por la mañana. Oís lo que os digo y de inmediato lo olvidáis. Pero este joven del que os estáis quejando es distinto. Acepta lo que le digo sin ponerlo en absoluto en duda: tiene una gran inocencia. Además, cuando os ocupabais de los caballos, solo eran piel y huesos porque no los alimentabais correctamente. No los lavabais. Estaban nerviosos y daban coces a cualquiera que se les acercara. Desde que él está a cargo, tienen buena salud y han aumentado de peso. Si alguien se acerca a ellos, vienen a su encuentro moviendo la cabeza en señal de amor. No solo les ha dado comida, sino también amor. Ha cumplido su obligación con sinceridad y constancia, realizando cada acción como su deber, por sí misma. Y, sobre todo, fue capaz de asimilar mis palabras por completo, sin ningún pero".

»Hijos, debemos ser así. No debemos pensar que alguna palabra del guru carece de sentido. Debemos estar dispuestos a reflexionar sobre sus palabras y asimilarlas completamente. El guru no puede evitar derramar su gracia sobre un discípulo que se comporte de este modo».

Una mujer que estaba entre los devotos preguntó: «Amma, si alguien adquiere desapego después de casarse, ¿es correcto que abandone a su mujer y sus hijos?». Su marido, que estaba sentado a su lado, se echó a reír cuando oyó la pregunta de su esposa. Todos los demás se unieron a él.

Amma (riéndose): «No te preocupes, hija mía. Mōn (hijo) no te abandonará para venirse aquí. Si lo hace, haremos que vuelva corriendo». Todo el mundo se echó a reír.

Amma continuó: «Una vez casados, no podéis abandonarlo todo y marcharos. Pero podéis renunciar a todo si habéis conseguido un intenso desapego y vuestra familia tiene los medios suficientes para subsistir sin vosotros. Sin embargo, hace falta que el desapego sea real, como el de Buda o el de Ramatirtha (un maestro espiritual del siglo XX).

»No está bien hacerse sannyāsī para escapar de las propias responsabilidades. El desapego tiene que estar maduro. De lo contrario, sería como abrir un huevo antes de tiempo».

Un devoto: «Amma, ahora no tengo ninguna gana de ir al trabajo. Allí desprecian la verdad y el dharma y mis compañeros me fastidian de todas las formas posibles si no sigo su juego».

Amma: «Hijo, no eres el único con ese problema. Muchos de los hijos que vienen aquí se quejan de lo mismo. En estos tiempos no es fácil realizar honradamente un trabajo. La verdad y el dharma (deber) no valen nada y estamos padeciendo las consecuencias. Los que trabajan en el mundo tienen que superar muchos obstáculos. Si perseveran en la verdad y la honradez, es posible que las acciones de sus compañeros les molesten. Pero ¿de qué sirve lamentarse y ser débil? Hijo, no te fijes en lo que hacen los demás, actúa según tu conciencia y Dios nunca te abandonará. Los que actúan mal para conseguir ganancias rápidas no son conscientes del sufrimiento que les aguarda. Algún día, quizás hoy mismo, tendrán que sufrir el castigo por sus actos».

Amma hizo una breve pausa y después preguntó: «¿Qué hora es, hijos?».

Un devoto: «Acaban de dar las once».

Amma: «Debéis ir a dormir, hijos. Amma aún no ha leído las cartas que han llegado esta mañana. Es hora de que suba a su habitación».

Amma se levantó. Cuando estaba cerca de la escalera que conduce a su habitación, un devoto llegó corriendo y se postró ante ella.

Amma: «¿Qué ocurre, hijo?».

Devoto: «Mañana salgo de viaje muy temprano y no podré verte antes de marchar. Por eso te molesto ahora».

Amma (riéndose): «¿Cómo vas a molestar a Amma?».

Devoto: «No he tenido ocasión de hablarte del motivo de mi visita, Amma. La boda de mi hija es la semana que viene. Todo se ha desarrollado como tú habías anunciado. No he tenido que dar ni una paisa (céntimo de rupia) para la dote. El novio trabaja en el Golfo Pérsico y la llevará a vivir allí. Su familia vive con desahogo».

Hacía siete años que este hombre intentaba organizar la boda de su hija. El planeta Marte en su horóscopo ejercía una influencia poco favorable. Habían examinado numerosas propuestas, pero los horóscopos casi nunca armonizaban. Y, cuando cuadraban, la propuesta fracasaba por algún motivo. Esto llegó a preocupar al padre. Cuando oyó hablar de Amma, hace tres meses, trajo a su hija a verla. Amma le dio un mantra y le dijo: «Deja de ocuparte de este asunto. Hija, recita este mantra con devoción y todo irá bien». Tres semanas más tarde, llegó una propuesta de matrimonio por medio de un pariente lejano. Los horóscopos encajaban muy bien y pronto se fijó una fecha para la boda.

«He traído la alianza del novio. Amma, te ruego que la bendigas». Le dio un pequeño paquete que ella levantó hasta delante de sus ojos antes de devolvérselo.

Amma fue a su habitación. Lilabai, una devota seglar, la esperaba ante la puerta del cuarto. Estaba triste porque había extraviado su tāli (un pequeño colgante).

Amma dijo: «Hija, ¿no lo trajiste para dárselo a Amma? Piensa que Dios se lo ha llevado. ¿Para qué lamentarlo?».

Lila era de Kóttayam (ciudad situada a unos 70 km del āshram). La más pequeña de sus hijas vivía en el āśhram y desde allí acudía a la escuela. El padre de Lila no aprobaba que su nieta viviera en el āśhram.

Amma: «¿Cómo está tu padre?».

Lila: «No le gusta nada que vengamos aquí. Siempre nos riñe por eso».

Amma: «¡Es lógico! ¿A quién le agrada ver que las hijas de la familia emprenden el camino espiritual?».

Lila: «Amma, ¿No eres tú la que causa su disconformidad?».

Amma: «¿De verdad? ¿Quién lo dice?» (Se ríe).

»Por lo general, el que elige el camino de la espiritualidad suele encontrarse con numerosas objeciones. Solo cuando las supera y va más allá, demuestra la fuerza de su vínculo con Dios. Si tu padre se enfada contigo, es su saṁskāra. ¿Para qué preocuparte? Tu saṁskāra es venir al āśhram.

»Imagina que, en el momento en el que te dispones a salir, se desata un fuerte viento y empieza a llover a mares. Si te asustas y te quedas en casa, nunca llegarás a tu destino. Cuando a uno le mueve el deseo sincero de alcanzar la meta, tiene que ignorar tales obstáculos y avanzar. Si te quedas en casa, demuestras que no anhelas tanto la meta.

»Esfuérzate por llegar a la meta venciendo todas las dificultades que te salgan al paso. Ese es el verdadero valor. Los demás expresarán su opinión, cada uno según su origen. Concédeles solo la importancia que merecen y no se lo tomes a mal. No hay que preocuparse por lo que digan».

Amma entró en su habitación.

La luz de la Luna entraba furtivamente a través de las cortinas. Amma se puso a escribir a sus hijos del mundo entero, muchos de los cuales dormían profundamente a esa hora. Ella, con sus dulces palabras, enjugaba sus lágrimas.

»Al ver que la brahmachāriṇī (estudiante o novicia célibe) a quien dictaba las cartas se había quedado dormida sobre las hojas de papel, Amma tomó la pluma y empezó a aplicar la calmante pasta de sándalo de sus palabras de consuelo en las doloridas mentes de sus hijos e hijas de todas partes. Tal vez, también estuviera entrando en sus sueños, haciendo que sus resecos labios se iluminaran con una sonrisa.

Capítulo 2

Miércoles, 26 de junio de 1985

La devoción

Amma y los brahmachārīs se hallaban en la sala de meditación. Con ellos estaban también algunos devotos seglares como Padmanabhan y Divakaran.

Padmanabhan, que ocupaba un puesto en un banco de Kozhikode (ciudad del norte de Kerala, el estado del sur de la India donde se encuentra el āshram de Amma), mencionó la reciente visita al āśhram de un médico homeópata y su familia.

Amma: «Amma recuerda su visita. Él se considera un profundo creyente del advaita; pero la devoción de su mujer es inmensa. Tal vez él aceptó venir al darśhan porque ella se lo pidió. Al entrar, asumió aires de grandeza y declaró: "Ni Rāma ni Kṛiṣhṇa existen". Amma le respondió: "Al final todos llegan a lo mismo. Pero necesitamos un upādhi (instrumento o accesorio) para la sādhanā. ¿Cómo puedes afirmar que Kṛiṣhṇa o Rāma no existen? Aunque no veas Ochira (un lugar cerca del āśhram de Amma) en un mapa de la India, ¿puedes decir que ese lugar no existe? Nuestro sentido del advaita se reduce a palabras. Es imposible llegar a experimentarlo sin devoción". Después de oír aquello, él se quedó callado».

Amma tomó un bolígrafo y escribió en su propio antebrazo izquierdo: «Namaḥ Śhivāya» (saludo a Śiva). Al hacerlo, pareció entrar en un estado divino.

Padmanabhan estaba mirando intensamente el mantra que Amma se había escrito en el brazo. Amma le dijo: «En los primeros tiempos, Amma abrazaba la almohada contra su corazón cuando se acostaba. La cubría de besos, incapaz de ver en ella una almohada. La veía como Dēvī. A veces se quedaba allí, tendida, con los labios sobre la pared, imaginando que besaba a la Madre Divina. También escribía "Namaḥ Śhivāya" en la almohada y en la esterilla y besaba el nombre divino. No se dormía hasta que casi perdía el conocimiento de tanto llamar a Dēvī, llorándole».

Amma guardó silencio, inmóvil. Sus ojos se cerraron poco a poco. En su rostro eran visibles las oleadas de dicha que la invadían. Todos meditaban con los ojos puestos en Amma.

Un brahmachārī cantó la canción

Mauna ghanāmṛita śhāntiniketam.

La morada de silencio impenetrable
de paz y belleza eternas
donde se disolvió la mente de Gautama Buda,
el resplandor que destruye todas las ataduras,
la orilla de dicha
que está más allá del pensamiento.

El conocimiento que otorga armonía eterna,
la morada sin principio ni fin,
la dicha que solo se conoce
cuando la mente se aquieta
en el asiento del poder,
la región de la conciencia infinita.

La meta que nos da el dulce estado

de eterna no dualidad
descrito como «Tú eres Eso».
Ese es el lugar que anhelo alcanzar,
pero solo puedo hacerlo por tu gracia.

El canto terminó y, poco después, Amma abrió los ojos.

La naturaleza del guru

Divakaran: «Tengo un amigo que vivió durante algún tiempo con un swāmī (monje renunciante) del que recibió un mantra. Un día, el swāmī le reprendió por algo y mi amigo se marchó ese mismo día».

Amma: «Hijo, en la vida espiritual, si aceptas a alguien como tu guru, tu fe y tu entrega a él deben ser completas. A veces, el guru puede ser muy severo por el bien de sus discípulos; pero el discípulo no debe criticarle nunca. El guru se muestra severo sin identificarse con ello. Una madre que pega a su hijo para impedir que ponga la mano en el fuego no lo hace por desprecio hacia él, sino para salvarle del peligro. Tu amigo debió comprender que el guru le reñía por su bien».

Divakaran: «Dijo que se había ido porque no podía emular muchas de las cosas que hacía el guru».

Amma: «Los discípulos no deben hacer todo lo que haga el guru. Eso les impediría progresar. Nadie puede emular por completo al guru. Es preciso que usemos el discernimiento para copiar, entre las acciones del guru, solo aquellas que nos vayan a beneficiar, sin pensar nunca: "Si mi guru lo hace, ¿por qué no voy a hacerlo yo?". Nada esclaviza a los mahātmās, que han alcanzado el estado de perfección. Son como árboles gigantes a los que se puede atar hasta un elefante. No hace falta protegerlos rodeándolos con una valla. Pero nosotros tan solo somos como plantas pequeñas y necesitamos una barrera que nos proteja de las vacas y de las cabras. Las acciones de los mahātmās no son comparables a las nuestras y no debemos intentar imitarlas todas.

»Los actos de un ser humano normal surgen de la creencia "yo soy este cuerpo". Pero un mahātmā vive en la comprensión de que él es la conciencia pura. Por eso, muchas de sus acciones son difíciles de comprender para la gente corriente.

»Había una vez un mahātmā que cada mañana ponía a hervir aceite que de inmediato vertía sobre todo su cuerpo. Después se daba un baño. Al ver esto, uno de sus discípulos pensó que esa debía ser la fuente de todos los poderes del guru. A la mañana siguiente, también hirvió aceite y se lo echó encima. ¡Os podéis imaginar el resultado! (Todos se echaron a reír.) Si copiamos todo lo que hace el guru, podría ocurrirnos lo mismo. Por lo tanto, es necesario elegir solo aquello que nos beneficie a cada uno de nosotros».

La sādhanā es indispensable

Divakaran: «He visitado otros āśhrams y en ninguno de ellos he encontrado que tengan un programa como el de aquí. Veo que se da mucha importancia a la meditación y al karma yōga (acción dedicada a Dios). En muchos otros lugares se le da máxima prioridad al estudio de las escrituras».

Amma: «Mientras las cosas del mundo nos perturben, tenemos que practicar un estricto programa de japa y meditación para trascenderlos. Al principio hay que dedicar a esta práctica un gran esfuerzo, pero con el tiempo se vuelve natural. Solo la sādhanā nos hace progresar. Sin ella, no tenemos nada. ¿De qué sirve estudiar libros y hacer discursos? ¿Qué diferencia hay entre una persona que dé charlas y una grabadora? Solo declama lo que ha aprendido, nada más. ¿Podemos calmar el hambre leyendo libros de cocina? Hay que cocinar algo y comérselo. La ascesis (tapas) es necesaria porque fortalece las buenas vāsanās y cualidades en nosotros. La pureza y la concentración mental son esenciales.

»Amma no dice que no haya que estudiar las escrituras, pero debe ir a la par de la sādhanā, que es lo principal y que debe realizarse sin falta. La sādhanā debe llegar a ser parte de nuestra naturaleza, como lavarse los dientes y bañarse.

»Cuando hayamos concluido nuestra formación en el āśhram y salgamos al mundo con la ropa proporcionada por el āśhram, miles de personas nos mostrarán amor y respeto. No obstante, Amma les dice a sus hijos que aquellos que les insultan son sus mejores gurus. Solo ese trato desagradable hará que nos examinemos a fondo, lo que no ocurre si solo nos rodeamos de personas que nos quieren. Si alguien nos muestra hostilidad, preguntémonos: "¿Por qué es tan hostil conmigo? ¿Qué error he cometido para merecer semejante trato?". Por tanto, cualquier acusación contra nosotros nos hará crecer».

Padmanabhan: «Amma, ¿qué es mejor, buscar primero nuestra propia liberación o trabajar por el bien de los demás?».

Amma: «Antes de poder pensar solo en el bien de los demás, es necesario que nuestro egoísmo haya desaparecido por completo, ¿verdad? Tratemos primero de alcanzar este estado mental. Las oraciones y acciones que realizamos con este fin constituyen el camino de la liberación. Hay que olvidarse por completo de uno mismo y pensar solo en el bien de los demás. Cuando consagramos nuestra vida exclusivamente a los demás, nuestra mente se purifica».

Un brahmachārī que escuchaba la conversación hizo una pregunta respecto al poder del guru. Amma respondió: «Hay diferentes clases de gurus. Los sadgurus pueden conceder la liberación por su mero saṅkalpa (resolución). Hasta su aliento beneficia la naturaleza».

Brahmachārī: «Se dice que el guru protege a los discípulos de todo peligro. Pero, si un discípulo se encuentra en peligro cuando el guru está en samādhi (éxtasis), ¿cómo puede saberlo? ¿Cómo le protegerá?».

Amma: «De hecho, nadie está separado del Yo. ¿No estamos todos contenidos en Él? El río tiene dos riberas separadas, pero un solo cauce. Cuando el guru está en samādhi, está unido al Yo Supremo y conocerá la situación».

La grandeza de la devoción

Padmanabhan: «Amma, hay muchas personas que no admiten en absoluto la grandeza de la devoción. Muchas de las personas que van diariamente al templo para orar no parecen llevar una vida muy espiritual».

Amma: «Algunos creen que la devoción consiste en visitar muchos templos para adorar cientos de divinidades distintas. Esa forma de devoción solo es una fe ciega que no se basa en la comprensión de los principios. Los testigos de este comportamiento piensan que la devoción se reduce a eso y critican todo lo relacionado con ella. Las personas espirituales nunca se opondrán a la tattvattile bhakti (devoción basada en la comprensión de los principios espirituales). Hay que entender que el objetivo de la vida es el conocimiento de Dios, y adorarle manteniendo este objetivo siempre presente en la mente. La «devoción basada en los principios» consiste en reconocer que es el mismo Dios único quien se manifiesta en todos los seres vivos y en todas las deidades, bajo todos los nombres y formas, y entregarse a Él desinteresadamente. Esa es la clase de devoción que necesitamos.

»Sin devoción, es difícil acceder a jñāna (la sabiduría espiritual). Resulta imposible construir algo si solo tenemos grava. Hace falta añadir cemento para fabricar hormigón. Sin el cemento del amor, no podemos construir los peldaños que conducen a Dios.

»Hay una gran variedad de platos, pero quien padece indigestión u otra enfermedad no puede comer de todo. Pero el kāñjī (papilla hecha de arroz triturado) es bueno para todos los estómagos. Del mismo modo, el camino de la devoción sienta bien a todos.

»Mientras persista el sentido de "yo", necesitamos un centro (upādhi) en el cual fijar la mente para poder eliminar el ego. La devoción es el amor a ese centro; es el deseo ardiente de experimentar la meta. Es como la tintura que se emplea para limpiar una herida; la devoción purifica la mente.

»Para poder sembrar la semilla del conocimiento en el campo de la mente, hay que regarla con el agua de la devoción. Entonces podremos cosechar la liberación. Quien haya experimentado la prēma bhakti (devoción que es Amor Supremo), aunque solo haya sido un segundo, jamás se apartará de ella. Pero esa devoción no nace en todos. No todos los que juegan a la lotería ganan el primer premio; solo lo consigue uno entre millones. Del mismo modo, solo un devoto entre un millón accede a la verdadera devoción amorosa».

En pleno elogio de la grandeza de la devoción, Amma se quedó en silencio. Su mente abandonó el mundo exterior para elevarse hasta algún plano superior. Sentada, con los ojos entrecerrados, su inmóvil forma recordaba a todos a la Madre Divina, más allá de todo atributo, que, en su aparente inactividad, lo hace todo.

La dualidad que se abraza por devoción es, verdaderamente, mucho más hermosa que la no dualidad.

Poco después, Amma abrió los ojos; pero no le apetecía hablar. Su rostro mostraba que estaba en otro mundo. ¿Era esta la misma Amma que minutos antes había sido tan elocuente?

Al cabo de unos minutos, Amma se acercó a un niño y le dio dos chocolates de un paquete que le había regalado un devoto. Besó al pequeño en la frente y dijo: «Este chocolate te sabe dulce ahora, pero más adelante te estropeará los dientes. Si conoces a Dios, puedes disfrutar eternamente de su dulzura, ¡y encima no te estropea los dientes!».

Amma salió de la sala de meditación y fue a la cabaña del darśhan. Los devotos que la esperaban allí se le acercaron y se postraron uno a uno. Una mujer abrazó fuertemente a Amma y se puso a llorar. Llevaba varios años casada, pero no había tenido hijos. Esa era la causa de su dolor.

Amma: «Hija, lloras porque no tienes hijos. Pero los que los tienen, derraman lágrimas cuando ven cómo se portan».

Amma la levantó y le secó las lágrimas con la mano, diciendo: «No te preocupes, hija. Rézale a Dios. Amma va a hacer un saṅkalpa por ti».

La esperanza iluminó el rostro de la devota.

Las instrucciones de Amma

Amma le pidió a un pequeño que estaba sentado a su lado que cantara un kīrtan (canto devocional). La dulce melodía fluyó suavemente, sin rastro de timidez o de orgullo. Amma marcaba el ritmo con las manos y se unió a los cantantes. Algunos devotos estaban sentados meditando.

Dēvī Dēvī Dēvī Jaganmōhinī

Oh, Diosa, que encantas al mundo
oh, Chaṇḍikā, que mataste a los demonios Chaṇḍa y Muṇḍa,
oh, Chāmuṇḍēśhvarī[4]*, Madre Divina,*
muéstranos el camino recto
para cruzar el océano de la transmigración.

[4] Chaṇḍikā y Chāmuṇḍēśhvarī son nombres del aspecto feroz de la Diosa.

Terminado el canto, Amma rompió el silencio: «Tendríais que escuchar a Sugunacchan (el padre de Amma) cuando hace japa. Es muy interesante. Recita "Nārāyaṇa, Nārāyaṇa..." (otro nombre de Viṣṇu, Dios como conservador del universo) con mucha rapidez y sin detenerse a respirar». (Amma, al imitarle, hizo reír a todo el mundo.) «La mente no divaga si se hace de esta manera. Nadie le enseñó, él lo descubrió por sí solo».

Amma fue a su habitación, pero poco después bajó al patio y empezó a pasear por él. Después entró en la oficina del āśhram y se sentó, rodeada por tres o cuatro brahmachārīs.

La oficina era un espacio reducido. Amma tomó algunos de los sobres que había en la mesa. Eran respuestas a cartas, listas para ser enviadas por correo.

Amma: «Hijo, ¿quién ha escrito estas direcciones? ¿Es así como hay que escribir? ¡Mirad qué descuido! Hay que escribir correctamente las direcciones, aunque lleve más tiempo, ¿no os parece? O tal vez sea mejor que lo haga alguien que tenga mejor letra. ¿Quién va a descifrar las direcciones si no están escritas con claridad? Hay que rehacerlas. Un sādhak debe hacerlo todo con śhraddhā».

Amma se disponía a entregar los sobres a un brahmachārī cuando reparó en los sellos.

Amma: «¿En qué pensáis cuando trabajáis, hijos míos? ¡Todos estos sellos están pegados al revés! Eso es negligencia pura. Las acciones de una persona indican claramente la intensidad de su lakṣhya bōdha (su conciencia de la meta).

»Todos habéis venido aquí como buscadores de Dios. Sin paciencia ni vigilancia, no lo conseguiréis. ¿Cómo os vais a concentrar durante la meditación si no demostráis śhraddhā en las pequeñas cosas del plano material? La meditación es algo muy sutil. Es la śhraddhā y la paciencia que demostramos en las pequeñas cosas lo que nos permite conseguir grandes logros.

»Escuchad esta historia: había una vez un mahātmā que le pidió a su mujer que pusiera siempre un vaso de agua y una aguja junto a él cuando se sentara para comer. Su mujer lo hacía sin falta, sin preguntar la razón. Cuando el marido era ya muy anciano y la muerte se acercaba, le dijo a su mujer: "¿Deseas hacerme alguna pregunta?". Ella respondió: "No, no necesito nada; sin embargo, hay algo que me gustaría saber. Durante todos estos años he hecho lo que me pediste y he puesto un vaso de agua y una aguja a tu lado mientras comías. Pero nunca he comprendido para qué". El mahātmā le explicó: "Si un grano de arroz hubiera caído al suelo mientras me servías, o mientras yo comía, hubiera deseado recogerlo con la aguja y limpiarlo sumergiéndolo en el agua antes de comerlo. Pero, debido a tu vigilancia, ni un solo grano de arroz ha caído al suelo en todos estos años. Por lo tanto, no he tenido que hacer uso de la aguja ni del agua".

»Durante toda su vida tuvieron cuidado de no tirar ni un grano de arroz al servir o al comer. Solo los que son capaces de semejante śhraddhā se convierten en mahātmās».

Brahmachārī: «Haremos de nuevo los sobres para estas cartas antes de llevarlas al correo, Amma».

Amma: «¡Eso significaría que derrocharíamos esos sobres, hijo! ¿Podemos permitirnos tirar así el dinero? Tampoco echéis a perder más sellos. Bastará con escribir correctamente cada dirección en un trozo de papel y después pegarlo en el mismo sobre. Y, a partir de ahora, poned más atención, eso es todo».

Amma fue a la biblioteca, situada junto a la oficina, y se sentó en el suelo, sin dar tiempo a que los brahmachārīs extendieran algo para que se sentara. Tomó un libro ilustrado que contaba los juegos de Kṛiṣhṇa y se puso a examinar con detalle cada imagen. Una de ellas mostraba a Kṛiṣhṇa sosteniendo la montaña Gōvardhana con el dedo meñique. Llovía a mares y todas las vacas y pastores se guarecían bajo la montaña.

Un brahmachārī que estaba de pie al lado de Amma vio la imagen y le preguntó: «Amma, ¿manifestaba Śhrī (expresión de respeto) Kṛiṣhṇa una siddhi al levantar la montaña Gōvardhana?».

Amma: «El Señor Kṛiṣhṇa no levantó la montaña para convencer a los demás de su poder o ganarse su respeto. Las circunstancias exigían esa acción. Llovía a raudales y no había otro medio de proteger a sus compañeros. Por tanto, hizo lo que debía».

Amma hizo una breve pausa, y después continuó: «El objetivo de un mahātmā es guiar a la gente hacia la bondad. El darśhan de un mahātmā transforma el corazón de muchos malvados».

Al oír la campana del comedor, Amma dijo: «Id a comer, hijos. Amma tiene cosas que hacer». Después se dirigió a su habitación.

La mānasa pūjā (adoración mental)

Un brahmachārī esperaba a Amma en su habitación. Le leyó un artículo que había escrito para Matruvani, la revista del āśhram.

Amma: «¿Cómo va tu meditación, hijo?».

Brahmachārī: «No logro concentrarme, Amma».

Amma: «Intenta hacer mānasa pūjā (adoración mental), hijo. La mente es como un gato. Podemos ocuparnos de él con mucho cariño, pero en un momento de descuido meterá la cabeza en la cazuela para robar la comida. La mānasa pūjā es un método que ayuda a fijar la caprichosa mente en Dios. Realiza esta adoración, invocando "¡Amma! ¡Amma!" con amor, devoción y un anhelo intenso. Imagina que tomas de la mano a la Madre Divina y derramas agua sobre ella para darle un baño. Imagina cómo el agua corre por todas las partes de su cuerpo. Sigue llamándola, "¡Amma! ¡Amma!", y visualiza su forma. Imagina que haces abhiṣhēka (derramar líquidos sobre la imagen adorada) utilizando sucesivamente leche, miel, mantequilla, ghī (mantequilla clarificada), pasta de sándalo y agua de rosas. Cuando estas substancias se deslizan por todo su cuerpo, visualiza cada parte de su forma, de la cabeza a los pies. Háblale y rézale. Después de haberle bañado así, sécale el cuerpo con una toalla. Ponle un sari de seda y algunos adornos. Aplícale en la frente un punto de color bermellón».

Amma interrumpió la descripción y permaneció largo rato meditando.

Luego abrió los ojos y continuó: «Ponle ajorcas en los tobillos y una guirnalda en el cuello y disfruta de su belleza. Después, haz el archana (letanías) con flores. Toma la flor, que representa tu mente, e imagina que le ofreces a sus pies los pétalos uno por uno. O imagina que ofreces tus vāsanās, una por una, en un fuego que arde delante de ella. Después del archana, ofrécele el pāyasam de tu amor. En tu imaginación, realiza el āratī para ella y ve cómo cada parte de su cuerpo resplandece a la luz de la llama. Finalmente, imagina que circunambulas a Amma. No dejes de rezar durante toda la pūjā.

»Hijo, trata de hacer todo esto que Amma acaba de decirte con prēma (amor devocional). Entonces tu mente dejará de vagar».

Las palabras de Amma infundieron al brahmachārī una energía nueva en el camino de su sādhanā. Salió de la habitación de Amma con un sentimiento de plenitud. Acababa de ver algunos de los numerosos rostros de Amma: el guru omnisciente que muestra el camino a sus discípulos; la madre amorosa, siempre preocupada por el bien de sus hijos, y la capaz administradora que lleva los asuntos del āśhram con gran destreza.

Viernes, 5 de julio de 1985

Hacia las seis de la tarde, un profesor llegó de Kozhencheri (ciudad situada a unos 50 km del āshram), acompañado de un amigo, para ver a Amma. Después de lavarse las manos y los pies, entraron en el Kaḷari y se postraron. Los instrumentos musicales para los

bhajans ya estaban colocados. Uno de los visitantes le dijo al brahmachārī que estaba afinando el tablā (instrumento indio, que consta de dos tambores): «Hemos salido temprano de casa, pero llegamos tarde porque no conocíamos bien el camino. Nos gustaría ver a Amma y volver esta misma noche».

Brahmachārī: «Amma acaba de retirarse a su habitación. Se quedó hasta hace muy poco, conversando con todos. Tal vez podáis verla cuando baje de nuevo para los bhajans».

En los rostros de los visitantes se leía la desilusión: se habían perdido el darśhan por cuestión de minutos.

Brahmachārī: «Es difícil que podáis volver esta noche porque ahora es difícil tomar un autobús. ¿Por qué no os quedáis para ver a Amma y os vais por la mañana?».

El profesor: «Le he prometido a mi familia que volvería esta noche y no quiero preocuparles. Si pudiésemos ver a Amma... Estoy seguro de que, con su bendición, no tendremos problemas para volver».

Brahmachārī: «¿Cómo habéis sabido de Amma?».

Profesor: «Por el padre de uno de mis alumnos. Al hablarme de Amma, se le llenaban los ojos de lágrimas. Me contó que su mujer llevaba postrada en cama cuatro años. Ni siquiera podía levantarse sola. Habían probado muchos tratamientos, pero en vano. El año pasado vinieron a ver a Amma, y, con sus bendiciones, la mujer se curó por completo. También me dijo que habían venido a ver a Amma la semana pasada».

El brahmachārī extendió una esterilla de paja para los visitantes y les dijo: «Os podéis sentar aquí. Si realmente tenéis que volver esta misma noche, postraos ante Amma en cuanto llegue para los bhajans y os marcháis enseguida».

Profesor: «Hace poco vino a verme mi suegro. Acude con frecuencia a escuchar discursos espirituales. Cuando le hablé de

Amma, me preguntó si ella tenía el conocimiento del Yo. ¿Qué debo contestarle?».

Brahmachārī: «El otro día oí que alguien le hacía esa misma pregunta a Amma. Ella dijo: "¡Oh, Amma es solo una muchacha loca que no sabe nada!". Pero el hombre no se quedó satisfecho con esa respuesta e insistió. Finalmente, Amma le contestó: "¡No le preguntes a una madre de diez hijos si alguna vez ha dado a luz!"».

Era la hora de los bhajans. Los brahmachārīs estaban preparados. Amma llegó al Kaḷari y el profesor y su amigo se adelantaron y se postraron ante ella.

Amma les puso las manos sobre los hombros y les dijo: «¿Acabáis de llegar, hijos? Amma se quedó hasta hace poco y subió a su habitación un ratito».

El profesor: «Acababas de marcharte cuando llegamos, Amma. Somos muy afortunados al poder verte ahora. Prometimos volver a casa esta noche. De no ser así, con gusto nos quedaríamos hasta mañana».

Amma: «¿Queréis preguntarme algo, hijos?». Los condujo hasta el porche de la sala de meditación. Todos se sentaron. Los bhajans empezaron en el Kaḷari.

Los principios de la vida espiritual

El profesor: «No tengo problemas económicos, Amma, pero me preocupan mucho mis hijos. Mi alma no está en paz».

Amma: «Hijo, cuando tu mente esté inquieta, intenta recitar el mantra. Si buscas consuelo en cualquier otra cosa, todo se vendrá abajo. Si una cosa no te da paz, la buscarás en otra. Fracasando, buscarás otra cosa. Nada te dará paz. Pero si te acuerdas de Dios y recitas el mantra, te calmarás enseguida. Tu mente tendrá la fuerza necesaria para enfrentarse a cualquier situación».

El profesor: «Amma, a veces incluso pienso en hacerme sannyāsī».

Amma: «Es una decisión que solo puede tomarse tras mucha reflexión, hijo. No se trata de abrazar el estado de sannyāsa (renuncia) para escapar del sufrimiento que se nos presenta. Debe venir de la comprensión de los ideales. La vida espiritual solo es posible para alguien con mucha paciencia. De lo contrario, termina en decepción. En la vida espiritual, hace falta la misma clase de disciplina y autocontrol que en la cárcel. Pero más adelante esta cárcel se convertirá en el camino que conduce a la libertad. Un sādhak no debe desviar jamás su mirada de Dios. Solo entonces alcanzará su meta.

»Muchas personas les preguntan a los hijos que están aquí: "¿Por qué vivís en el āśhram? ¿No podéis encontrar un trabajo y llevar una vida cómoda?". Ellos responden: "Hemos vivido fuera, con holgura económica y todas las comodidades, pero no encontrábamos la paz mental. Pero aquí, sin nada de eso, encontramos la paz y la tranquilidad. Nos esforzamos por mantener siempre esta paz practicando japa y meditación. La experiencia nos ha demostrado que solo el recuerdo de Dios proporciona la verdadera paz. Esa experiencia es lo que nos hace quedarnos en el āśhram"».

El profesor: «Aunque sea nuestra primera visita, hemos hablado con personas que vienen aquí con frecuencia. Cada una de ellas tiene una visión diferente de ti, Amma. Algunos te ven como la Dēvī, otros como Kṛiṣhṇa, otros como su guru. Para unos, eres la madre, encarnación del amor y el cariño. Para otros, solo eres una mujer corriente. ¿Quién eres realmente, Amma? Nos gustaría saberlo».

Amma: «Hijos, cada uno ve las cosas desde su saṅkalpa. La misma mujer es la esposa para su marido, la madre para su hijo y la hermana para su hermano. Igualmente, a un hombre lo perciben de distinta manera su mujer, su madre y su hija, ¿no es así? Y la manera de comportarse de la misma persona es diferente cuando se trata de su madre y de sus hijos. La diferencia está en la idea que se tiene, en el saṅkalpa. Piensa en una bella flor. La abeja acude a ella por el néctar, el poeta le compone un poema, el artista pinta un cuadro. Para el gusano, es comida. El científico separa los pétalos, el polen y las semillas para llevar a cabo una investigación. El devoto se la ofrece a su deidad. Cada uno ve la flor según sus capacidades y su cultura».

Después de una breve pausa, Amma continuó: «Hijo, las etiquetas las ponen los demás. Amma no afirma que sea una mahātmā o que sea Dios. Su objetivo es simplemente proteger a la gente del calor agobiante de la vida mundana llevándola bajo la sombrilla de Dios; producir un cambio, si es posible, en la mente de los que hacen daño o de los que son débiles y ayudarlos a realizar buenas acciones que les beneficien tanto a ellos como al mundo. Para Amma, no hay ninguna diferencia entre los que la aman y los que la odian».

El profesor: «Algunos decían que en este lugar se desvía a los jóvenes del camino recto».

Amma: «Hijo, antes de dar nuestra opinión sobre cualquier cosa, ¿no debemos informarnos, observar y verificarlo? Sin embargo, muchos tienden a juzgar sin saber y sin experimentar nada. ¿Puede alguien que busque sinceramente la verdad aceptar la opinión de esas personas?

»Muchas personas, que solo tenían malos hábitos, se han reformado completamente después de venir aquí. Los que bebían han dejado el alcohol. ¿Así que cómo se puede decir que este sea un lugar malo? ¿Por qué dar importancia a cualquier cosa que se diga, sin saber ni experimentar lo que está pasando?

»Hay personas que están dispuestas a pagar lo que sea por un sari que no vale nada si les dicen que es de importación. No valoran nada que se fabrique en la India, por bueno que sea.

»Alguien escucha la radio y exclama: "¡Qué hermosa canción!". Si un amigo le revela que la que canta es la vecina, el oyente cambia de opinión: "¿Ah sí? Eso lo explica todo. La verdad es que creo que la canción es horrible". Así es la naturaleza humana, hijo. La gente está perdiendo la capacidad de distinguir entre el bien y el mal. De antemano deciden lo que van a ver y a decir».

El profesor (señalando al hombre que le acompañaba): «Este es amigo íntimo mío. Está afrontando graves problemas. Su negocio va mal y pierde dinero».

Amma: «Los períodos de la vida no siempre son favorables, hijo. Hay épocas malas. Pero recordar siempre a Dios te ayudará a aliviar tus problemas en gran medida».

El profesor: «Él no cree en los templos y esas cosas».

El amigo: «Amma, Dios está en todas partes ¿no es así? No se limita a los cuatro muros de un templo».

Amma: «No lo veas de ese modo, hijo. El viento sopla en todas partes y, sin embargo, utilizamos ventiladores, ¿no es así? ¿No es verdad que la sombra de un árbol proporciona un bienestar especial? El ambiente no es el mismo en todas partes. Al entrar en un templo, no experimentáis la misma sensación que si entráis en una oficina. ¿No reina en el recinto de un templo una paz especial, un frescor característico? El recuerdo constante de Dios crea esta clase de atmósfera.

»No creas que ir al templo es una pérdida de tiempo. Los niños que están en primer curso necesitan semillas o canicas para aprender a contar. Cuando saben hacerlo, ya no las necesitan. Es fácil aprender a nadar con un flotador. Cuando has aprendido, puedes deshacerte de él.

»Un ganador de una competición de salto de longitud puede saltar varios metros; pero antes de llegar a este resultado le hacen falta años de entrenamiento. Incluso practicando, no todo el mundo lo consigue. Algunos mahātmās ven a Dios en todo; puedes contarlos con los dedos de una mano. No necesitan templos. Pero hay que pensar en todos los demás, que solo pueden acceder a la Verdad Suprema con ayuda de estos medios».

Amma se levantó diciendo: «Hijos, ahora Amma va a ir a los bhajans. Esperad los dos hasta el final de los bhajans para volver a casa».

Antes de que pudieran responder, Amma se dirigió al Kaḷari y se unió a los cantos. La dulzura de la devoción llenaba la atmósfera.

Kannunirillatta kannukalenkilum

Mis ojos están secos,
pero mi corazón está roto de dolor.
De mi boca no sale ningún sonido,
pero está llena de tu mantra, oh, Madre.

Oh, árbol místico que concedes los deseos,
mi mente se posa constantemente en tus flores,
pero māyā, la cruel cazadora,
¡está dispuesta a abatirme!

Tú eres la propicia
que ha venido a poner
pasta de sándalo en mi alma.
Refréscame con la luz de luna de tu amor
y concédeme así la plenitud.

Terminado el āratī, una familia se acercó a Amma y se postró. Vivían en Kozhencheri.

Amma: «¿Habéis venido hoy de vuestra casa, hijos?».

Devoto: «Hemos venido a visitar a un pariente que vive en Kayámkulam (ciudad situada a unos 20 km del āshram). Entonces pensamos en pasar por el āśhram antes de volver a casa».

Amma: «Vinisteis hace un mes, ¿no es así?».

Devoto: «Así es. Nos ha sido imposible volver, estando mi padre postrado en cama por el reúma».

Amma: «¿Cómo se encuentra ahora?»

Devoto: «Está mejor; vendrá con nosotros la semana próxima».

Amma: «Amma os dará algo de prasād (comida bendecida) para él. ¿Volvéis a casa esta noche?».

Devoto: «Sí, Amma, mi hija tiene que trabajar mañana».

Amma: «Pero ¿cómo vais a ir a estas horas de la noche?».

Devoto: «Hemos venido en un todoterreno».

Amma: «Ah, pues aquí hay otros dos hijos que han venido de allí. Querían haberse ido antes, pero Amma les pidió que se quedaran a los bhajans».

Devoto: «Ningún problema. En el coche hay espacio de sobra. Solo somos tres».

Amma les presentó al profesor y a su amigo. El profesor dijo: «Estábamos a punto de irnos después de ver a Amma. Temimos perder el último autobús cuando ella nos pidió que nos quedáramos hasta el final de los bhajans. Ahora vemos que, si confiamos plenamente en Amma, todos nuestros problemas se resolverán».

Amma le pidió a una brahmachāriṇī que trajese vibhūti (ceniza sagrada) y la repartió entre todos como prasād. Entregó una porción especial para el padre del devoto. Después de dar instrucciones a la brahmachāriṇī para que se encargara de que todos cenaran, volvió a su habitación.

Lunes, 8 de julio de 1985

Eran las cinco de la tarde. Amma estaba sentada en el Kaḷari. Un brahmachārī que había ido a la ciudad a comprar verduras llegó con su carga. Llevaba un gran saco de arroz sobre la cabeza y otro lleno de verduras al hombro. Era evidente que la carga era demasiado pesada para él.

Viendo aquello, Amma tomó el saco de arroz y lo puso en el suelo. Le preguntó: «¿Has ido solo, sabiendo que tenías que comprar todo esto? ¿No pudiste ir con alguien?».

Brahmachārī: «No pensé que fuese a ser tan pesado».

Dos brahmachārīs se llevaron los sacos a la cocina.

Amma: «Claro, ¿cómo ibas a saber lo que pesarían las compras, si nunca has trabajado en tu casa, ni levantado una carga pesada? ¿Cómo has conseguido ponerte el saco sobre la cabeza?».

Brahmachārī: «El barquero me echó una mano».

Amma: «¡Pobre hijo! A partir de ahora, no vuelvas a ir solo al mercado».

Le pasó los dedos sobre la cabeza. El chico permanecía allí de pie, disfrutando de esa cariñosa caricia, olvidándose dichosamente de todo lo demás.

Las alegrías y sufrimientos de la vida mundana

Amma volvió al Kaḷari y se sentó. Una mujer se le acercó y se postró. Amma le dio un largo abrazo. La mujer puso la cabeza sobre el regazo de Amma y se echó a llorar. No dejaba de repetir: «Si Amma hiciera un saṅkalpa, todos mis problemas se acabarían».

Amma la consoló dándole palmaditas en la espalda.

Amma: «Hija, ¿y basta con que Amma haga un saṅkalpa? Hace falta que tú estés dispuesta a aceptarlo. Aunque Amma encienda la luz, tú tienes que abrir la puerta para que entre. Si todas las puertas están herméticamente cerradas, ¿cómo te va a llegar la luz? Aunque Amma tome una resolución en beneficio tuyo, tú tienes que pensar en Dios, hija. Dedica un tiempo todos los días a recitar el nombre de Dios. ¡Cuánto tiempo perdemos cada día! ¿Basta decir que Amma debe arreglarlo todo, si tú misma no haces ningún esfuerzo?».

Esa mujer estaba convencida de que todos sus problemas provenían de un maligno hechizo lanzado por sus vecinos y se empeñaba en convencer de ello a Amma, implorándole que castigara a sus enemigos y la protegiera. Se lo había pedido varias veces. La voz de Amma se volvió más severa cuando resultó evidente que la mujer no prestaba ninguna atención a lo que le decía. La mujer dejó de quejarse y empezó a escuchar a Amma con temor y veneración.

Amma: «Hay dos clases de alegrías y sufrimientos. Nos entristece no lograr lo que queremos; pero nos entristece aún más que otros consigan lo que quieren. Del mismo modo, nos alegramos cuando nuestros proyectos salen bien, pero nuestra alegría es aún mayor si los demás fracasan. Olvidándonos de todas nuestras penas, nos alegramos de ver las de los demás. Nuestra hija no se ha casado, pero nos alegra que la del vecino tampoco. El día de su boda, nos ponemos tristes. Hijos, eso es una depravación y un cáncer de la mente, una enfermedad grave que corroe nuestra paz interior.

»Dos vecinos fueron un día a comprar madera para construcción. Uno compró un tronco y el otro, tres. Cuando el primero cortó su tronco, descubrió que estaba hueco. La tristeza de haber perdido su dinero le quitó el apetito. Entonces su mujer vino a decirle que los tres troncos que había comprado el vecino estaban podridos por dentro. Su abatimiento se tornó en alegría: "¿De veras? ¡Tráeme un té!", dijo el hombre, riendo felizmente. "¡Lo tiene bien merecido! Es lo justo. Se cree muy rico por haber comprado tres troncos. Se lo merece"».

»Hijos, lo primero que hay que hacer es cambiar esta actitud. Mientras la mente se halle en este estado, por mucho japa que hagamos, no nos servirá de nada. No obtendremos la gracia de Dios, ni la paz mental. Antes de echar leche en un recipiente que haya contenido alimentos ácidos, hay que limpiarlo a fondo. De lo contrario, la leche se agriará. Hijos, pidamos a Dios, ante todo, que nos dé un corazón que se alegre de la felicidad ajena y comparta su sufrimiento.

»Si el vecino de al lado está loco, nosotros también tendremos problemas. El ruido que haga durante la noche nos impedirá dormir y quizá tampoco tengamos paz durante el día. Imaginad nuestra tristeza si nuestro hermano volviese borracho todas las noches y empezara una pelea. Eso acabaría con nuestra paz. Si, por el contrario, tiene buen carácter, todos compartiremos esa paz. Hay que comprender que cuando los demás llevan una vida tranquila y apacible, somos nosotros los que nos beneficiamos de ello. Al menos no nos causan problemas. Debemos ser capaces de alegrarnos de su felicidad y experimentar compasión por su dolor. Eso significa que nuestro corazón está creciendo. A Dios le gusta habitar en un corazón así. Los verdaderos hijos de Dios son los que consideran la alegría y el sufrimiento de los demás como propios».

La mujer se había echado a llorar y Amma hizo una pausa para enjugarle las lágrimas. «No te aflijas, hija. Recita con regularidad el mantra que Amma te dio. Todo irá bien».

Estas palabras consolaron a la mujer, que, después de postrarse, se levantó. Dijo adiós después de haberse liberado de su carga de pesares frente a Amma, que es refugio de todos los que sufren. Bañándonos en esa corriente ininterrumpida de paz que fluye hacia todos los corazones que sufren, ¿no estamos seguros de ser consolados?

Sábado, 20 de julio de 1985

Sin concesiones en la disciplina

Los brahmachārīs recitan el archana en la sala de meditación, mientras Amma camina de un lado a otro en el porche. Está muy seria mientras camina con las manos juntas en la espalda. Todavía no ha amanecido. Dos hombres provistos de linternas eléctricas pasan por la ribera del canal al sur del āśhram. Deben de ser pescadores preparándose para lanzar sus redes.

Un brahmachārī llegó corriendo para participar en el archana. Se habrá quedado dormido. Cuando abría suavemente la puerta de la sala de meditación, Amma lo detuvo alargando el brazo y cerrando la puerta de nuevo. Cabizbajo, el brahmachārī se quedó frente a la puerta.

Pasados unos minutos, Amma dijo: «¿No sabes que el archana empieza a las cinco? Si la gente llega uno a uno cuando ya ha empezado, los que están en pleno archana perderán la concentración. Hoy haces el archana fuera. A partir de mañana, vendrás a la sala de meditación a las cuatro y media. Sin disciplina en la sādhanā, no podrás progresar».

El brahmachārī colocó su alfombrilla en el porche y se sentó. Los mantras resonaban en la sala de meditación. El significado de cada mantra se le volvía claro mientras fijaba la mente en los pies sagrados de Amma, que con paso suave pasaba una y otra vez frente a él.

Ōm nakhadīdhitisaṁchhanna namajjana tamōguṇayai namaḥ

Nos postramos ante aquella cuyas radiantes uñas de los pies
eliminan la ignorancia de los devotos que le rinden homenaje.

Nos postramos ante aquella cuyos pies
son más resplandecientes que las flores de loto.

Nos postramos ante aquella cuyos benditos pies de loto
están adornados con ajorcas de oro en los tobillos,
engarzadas con piedras preciosas, que centellean dulcemente.

Nos postramos ante aquella cuyo paso
es tan majestuoso y suave como el de un cisne.

Al salir de la sala después del archana, los brahmachārīs tuvieron la agradable sorpresa de encontrarse con Amma. Todos se postraron ante ella.

Amma puso las manos sobre la cabeza del hijo que se había rezagado y lo bendijo.

Amma: «Hijo, ¿te ha apenado que Amma te impidiera unirte al archana?».

¿Qué sufrimiento puede haber cuando el corazón se derrite por el amor de Amma, como la piedra chandrakānta[5] ante la luz de la Luna llena?

Amma: «Esto es un āśhram, hijo. Cuando hacemos el archana en brahma muhūrta (la hora sagrada que precede al alba), todos los hijos deben participar. En ese momento no tiene que haber nadie durmiendo o bañándose. Todo el mundo debe estar sentado cinco minutos antes del comienzo del archana».

Brahmachārī: «Casi no salía agua del grifo; por eso, cuando terminé de bañarme, se había hecho tarde».

Amma: «Si tienes un examen o una entrevista de trabajo, no dirías que te has retrasado porque no había agua o electricidad. Debes hacer la sādhanā con la misma actitud.

»Cuando os reunís tantos de vosotros para hacer el archana, la Madre Divina está presente, no lo dudéis. Durante ese tiempo no hay que entrar, hablar o dormir. Por eso te dijo Amma que hicieras afuera el archana, porque ya habían empezado».

---

[5] Se dice que la piedra chandrakānta se derrite bajo la influencia de la Luna.

Amma subió a su habitación después de acariciar con su amorosa mirada a sus hijos. Volvió a aparecer a las siete, acompañada de una brahmachāriṇī, y se dirigió al lado norte del āśhram. Recogió todas las palmas de cocotero que había en el suelo allí. Un brahmachārī se las llevó junto a la cocina. No perdió la ocasión para aclarar ciertas dudas preguntándoselas directamente a Amma.

Brahmachārī: «Amma, ¿es posible eliminar por completo la mente?».

Amma: «La mente es una acumulación de pensamientos. Los pensamientos son como las olas del mar. Surgen una tras otra sin parar. No puedes detenerlas a la fuerza. Pero cuando el mar es profundo, las olas se apaciguan. Del mismo modo, intenta concentrar la mente en un solo pensamiento en lugar de querer detenerlos todos a la fuerza. Entonces el mar de la mente ganará en profundidad y se aquietará. Aunque en la superficie se formen pequeñas olas, en el fondo estará en paz».

La sēvā de Amma con la vaca

Amma llegó al establo. Un brahmachārī lavaba una vaca que acababa de ser adquirida. Se llamaba Śhāntinī (la que es pacífica), pero su nombre no tenía ninguna relación con su comportamiento. Hasta entonces, ninguno de los que habían intentado lavarla se había librado de recibir al menos un coletazo. Hacían falta tres personas para ordeñarla, y atarle las patas. Era una auténtica batalla. La vaca parecía haber hecho voto de que la leche terminara por el suelo o, al menos, empapara a los que se esforzaban por ordeñarla.

El brahmachārī, que conocía bien el carácter de Śhāntinī, vertía agua sobre ella con un cubo. Le mojaba el cuerpo dos veces. A eso le llamaba darle un baño. La suciedad y el barro seguían pegadas en el cuerpo del animal. A Amma no le gustó en absoluto esta forma de lavar a la vaca. Tomó el cubo de agua de las manos del brahmachārī. Este fue a la cocina a buscar un estropajo de fibra de coco. Amma le enseñó a su hijo cómo lavar a la vaca, despegando con cuidado el barro adherido al vientre y a las patas del animal para que quedara limpia.

Todos los que presenciaban la escena se quedaron sorprendidos de la repentina docilidad de Śhāntinī, algo jamás visto hasta entonces. Se quedó tranquila como un niño obediente. Tal vez esperaba una ocasión así...

Mientras la lavaba, Amma dijo: «Hijo, cuando laves a una vaca, nunca te sitúes detrás de ella, podría darte una coz. Esta es un poco rebelde, así que ten cuidado y colócate al lado». Amma le enseñó también a atar la vaca en el establo.

Al enterarse de que Amma estaba lavando a Śhāntinī, dos devotos se acercaron para verlo. Al salir del establo, Amma les dijo: «Estos hijos no están acostumbrados a esta clase de trabajos. Han venido directamente de la universidad, y antes han sido mimados por sus padres. Ni siquiera sabían lavar su propia ropa. Ayer Amma vio a uno de ellos intentando usar "Superblanco" (un tinte azul) para lavar la ropa. ¡Lo que nos hubiésemos reído si Amma no llega a tiempo! Había vaciado toda la botella del producto en medio cubo de agua y estaba a punto de meter allí toda su ropa. ¡Imaginad en qué estado la habría sacado! (Se ríe). Acabó con el suministro de todo un mes de una sola vez. Amma le enseñó cómo tenía que echar una gota de tinte en un cubo de agua y sumergir en él la ropa».

Consejos a los seglares

Amma estaba sentada en el porche de la sala de meditación, rodeada de devotos. El Sr. Menon, de Palakkad, inició la conversación.

Menon: «Amma, practico meditación, pero me siento constantemente atormentado por diversos problemas. He hablado con muchos seglares como yo y casi todos tienen las mismas dificultades. Incluso a veces me pregunto para qué sirven el japa y la meditación».

Amma: «Hijo, no basta con practicar japa y meditación. Es necesario asimilar los principios fundamentales. Cuando Amma era joven, cortaba ramas del árbol kampāṭṭi (un árbol cuya savia quema la piel). Tenía que trepar a él y todo su cuerpo sufrió quemaduras la primera vez que lo hizo. Tenía el rostro tan hinchado que no podía ver nada. Tardó dos o tres días en recuperar la normalidad. Entonces le dijeron que antes de hacer eso había que untarse el cuerpo con aceite. A partir de entonces nunca dejó de protegerse con aceite cuando tenía que cortar las ramas del árbol kampāṭṭi. Del mismo modo, vosotros necesitáis del aceite del amor a Dios antes de entrar en la vida de familia. Así no conoceréis el sufrimiento.

»Es necesario estar convencido de que Dios es nuestro único y verdadero pariente. Hijos, debéis saber que todas las demás relaciones y objetos de este mundo nos acaban dando dolor. Que vuestro vínculo interior sea solo con Dios. Eso no significa que tengáis que abandonar a vuestra mujer y a vuestros hijos, o considerarlos unos desconocidos. Cuidad bien de ellos, pero sabed que nuestro único pariente eterno es Dios. Tarde o temprano, todos los demás se irán de nuestro lado. Por lo tanto, que Él sea siempre vuestro refugio. Pensad que las dificultades que encontráis en la vida son por vuestro bien; entonces reinará la paz y la felicidad en la vida de familia».

Un devoto: «¿Podemos vivir como los que practican un gran tapas?».

Amma: «Amma no dice que los seglares tengan que hacer prácticas ascéticas severas, pero intentad recitar el nombre divino mientras realizáis cualquier acción. No os preocupéis por la pureza del cuerpo cuando recitáis. El Señor está en todas partes; siempre está en nuestro corazón, solo que no lo sabemos. Un diamante brilla naturalmente; pero, si cae en aceite, pierde su brillo. Del mismo modo, nuestra ignorancia nos impide reconocer a Dios.

»Por la mañana, recitad el santo nombre por lo menos durante diez minutos después de bañaros. Meditad al menos un ratito. Haced lo mismo por la tarde. Sea quien sea el causante de vuestro dolor, llevad vuestras quejas a la sala de pūjā. Allí está nuestro verdadero amigo. Además de vuestro marido o de vuestra esposa, debéis tener un amigo: Dios. Si vuestro marido o vuestra esposa os hace sufrir, confiádselo a Dios, a nadie más. Si el vecino quiere pelear con vosotros, id a la sala de pūjā y quejaos: "¿Por qué has permitido que me tratara así? ¿No estabas conmigo?". Abrid el corazón y confiádselo todo a Él. Entonces se convierte en un satsaṅg.

»Si alguien os da una alegría, decídselo también a Dios. Pensar en Dios solo en las penas y olvidarse de Él en los momentos de felicidad no demuestra verdadera devoción. Debemos recordarle siempre.

»Cualquier tiempo libre que tengáis después de trabajar, hay que dedicarlo a leer libros espirituales como la Gītā y el Rāmāyaṇa, la biografía de un mahātmā o sus enseñanzas, en lugar de ir al cine. No perdáis jamás la ocasión de participar en un satsaṅg y contad a vuestros amigos lo que oigáis allí. Eso también les dará paz a ellos. Practicad brahmachārya al menos dos o tres días a la semana. Es esencial para obtener el beneficio de vuestra sādhanā. (Riéndose). No solo tenemos una mujer; los ojos, la nariz, la lengua, las orejas y la piel son todas nuestras mujeres. Es preciso dominar también nuestro apego a ellas; solo entonces podremos conocer la verdadera esencia que mora en nosotros».

Una devota: «Amma, ¿cómo encontrar tiempo para el satsaṅg y la lectura después de terminar las tareas domésticas y ocuparse de los niños?».

Amma: «Quien realmente lo desee, encontrará tiempo. Incluso los que repiten una y otra vez que no tienen tiempo, van corriendo al hospital para llevar a su hijo enfermo ¿no es verdad? Si el tratamiento dura tres o cuatro meses, no salen del hospital para ir a trabajar. Aunque os quejéis mucho de la falta de tiempo, si la salud de vuestro hijo está en juego, seguro que lo encontráis. Igualmente, cuando comprendáis que Dios es vuestro único protector y que no hallaréis paz en esta vida mientras no os refugiéis en Él, encontraréis tiempo.

»Si no lográis tener un momento libre todos los días para adorar a Dios, intentad ser como las gōpīs (pastoras devotas de Kṛiṣhṇa). Ellas no tenían un tiempo reservado para rezar. Veían a Dios mientras hacían su trabajo. Repetían el santo nombre al batir la leche y moler el grano y al hacer todas las demás tareas domésticas. Los tarros de pimienta, cilantro y otras especias llevaban etiquetas con los nombres del Señor. Si querían pimienta, pedían Mukunda (un nombre de Kṛiṣhṇa). Si entregaban cilantro, estaban dando Gōvinda (otro nombre). Los que venían a comprar leche y yogur lo pedían empleando los nombres del Señor. Lo que ellas hacían no era otra cosa que recitar los nombres de Kṛiṣhṇa siempre y en todas partes. De ese modo, recordaban al Señor siempre, sin realizar un esfuerzo especial. Los que no tienen la posibilidad de consagrar un rato especial a la sādhanā pueden pensar en Dios de esta manera.

»Solo Dios es real y eterno; mantened esta idea firmemente anclada en la mente. Durante vuestro trabajo, recitad vuestro mantra. Así no necesitaréis consagrar un tiempo especial para recordar a Dios, porque vuestra mente siempre estará centrada en Él».

Devoto: «¿No basta con meditar en el Yo? ¿Es necesario recitar un mantra, etc.?».

Amma: «Hijo, los escolares tienen que repetir poemas y tablas de multiplicar para aprenderlas de memoria. Una sola lectura puede no bastar para que todos memoricen esas cosas. Igualmente, no todos consiguen concentrar la mente en el principio supremo únicamente con meditación, sin hacer japa o cantar himnos a solas. El que consigue hacerlo solo con la meditación, no necesita nada más. Pero, cuando recitáis un mantra o cantáis kīrtans, la mente se concentra de inmediato y no le distraen tan fácilmente las cosas externas como en otros momentos. Eso está al alcance de todos».

Los devotos que llegaban al āśhram se iban congregando en torno a Amma para beber el néctar de sus palabras. Cuando su número aumentó de forma considerable, Amma entró en la cabaña para dar comienzo al darśhan.

Unos padres llevaron a su hija, una joven que había perdido el equilibrio mental. Al ver su angustia, Amma les permitió quedarse unos días en el āśhram. La enferma requería una atención constante porque, de lo contrario, se escapaba; por eso, siempre había alguien dándole la mano. Amma le dio al padre un trozo de madera de sándalo para que hiciera una pasta y la aplicara con frecuencia en la frente de su hija.

Después de los bhajans, Amma se sentó en el patio, frente al Kaḷari, con los devotos y los brahmachārīs. La chica enferma salió de su habitación y se puso a correr, intentando escaparse. Su madre y su hermana fueron tras ella. Una brahmachāriṇī y otra mujer corrieron detrás, consiguieron sujetarla y la trajeron de vuelta. Amma hizo que se sentara a su lado. La joven no dejaba de hacerle preguntas sin sentido. Amma la escuchaba con atención y le respondía de vez en cuando para calmarla.

Amma dio instrucciones de que llevaran a la joven hasta el grifo que había fuera de la sala de meditación. Amma llenó un cubo de agua y lo vertió en un chorro continuado sobre la cabeza de la chica. Repitió esta operación varias veces, sujetándola fuertemente de la mano para impedir que huyera. Eso duró cerca de media hora. Para entonces se había producido un leve cambio en el comportamiento de la joven. Amma hizo pasta de sándalo y se la puso en la frente. Antes de enviarla a la habitación con su madre, Amma no olvidó darle un cariñoso beso en la mejilla.

Después volvió a sentarse en el patio que había delante del Kaḷari, llamó al brahmachārī Balu y le pidió que cantara un kīrtan. El brahmachārī Shri Kumar tocaba el armonio. El aire del āśhram se llenó de gozosa música devocional.

Śhrī chakram ennoru chakram

En la rueda mística llamada Shrī Chakram
habita la diosa Śhrī Vidyā.
Esta Dēvī tiene la naturaleza del movimiento,
el poder único que hace girar la rueda del universo.

Unas veces cabalga sobre un león,
otras sobre un cisne,
y se manifiesta como la Śhakti del dios Brahmā[6]*.*
Oh, Madre, que guías y controlas la trinidad divina,
¿no es la diosa Kātyāyanī
otra de tus formas?

Estos devotos rinden homenaje a tus formas
para aliviar sus penas.
Oh, Madre, de los seres humanos
cautivos en las redes de māyā,
¿cuál de ellos entiende la verdad
de que este cuerpo humano es sumamente despreciable?

---

[6] Referencia a Sarasvatī, la diosa del saber y consorte de Brahmā, (el creador) .

Oh, Madre, tú que cabalgas sobre un tigre,
¿cómo podría un ignorante esperar poder alabar
tu gloriosa majestad?

Martes, 6 de agosto de 1985

Amma salió de su habitación y bajó las escaleras, vestida de blanco inmaculado. Todos los devotos que la esperaban con las palmas unidas empezaron a recitar dulcemente: «Amma, Amma...». Seguida por todos sus hijos e hijas, se dirigió hacia el Kaḷari. Como en el interior el espacio era muy reducido, los que no pudieron entrar se quedaron afuera esperando su turno. La radiante sonrisa de Amma infundía paz a todos. Sus ojos llenos de compasión proporcionaban alivio a los corazones doloridos.

Una joven puso la cabeza en el regazo de Amma y se echó a llorar. Amma le levantó la cabeza y le enjugó las lágrimas cariñosamente. Después intentó consolarla, diciendo: «¡No llores, hija! ¡Amma está aquí para ti! ¡No llores!». Pero ella seguía llorando, incapaz de controlar su tristeza. Amma la acercó y le acarició la espalda con amor.

La joven venía de una familia rica. Se había enamorado de uno de los amigos de su hermano; pero, como el joven era de otra casta, su familia se opuso a esta relación. Sin embargo, al final venció el amor y se casaron. Alquilaron una casa y se fueron a vivir juntos. El marido pidió un préstamo para empezar un negocio, pero este quebró, y, cuando la presión de los acreedores fue demasiado intensa, se fue sin decirle nada a nadie.

«Amma, nos ha abandonado a mí y a los niños. ¡No tenemos a nadie que se ocupe de nosotros!», repetía una y otra vez, llorando en el hombro de Amma.

Amma trataba de consolarla: «No te preocupes, hija. No le ha ocurrido nada. Volverá».

La joven levantó la cabeza del hombro de Amma y preguntó: «¿Mi marido volverá, Amma?»

Amma: «Sin ninguna duda, volverá. ¡Deja de preocuparte, hija!». Tras un breve silencio, continuó: «Amma te va a dar un mantra. Mantén a Dēvī siempre en tu mente y recita el mantra con regularidad. Todos tus problemas se resolverán en un mes».

El rostro de la joven se iluminó y en sus ojos brilló la esperanza. Amma cerró los ojos y se quedó un ratito meditando. Luego los abrió de nuevo, recitando «¡Śhiva, Śhiva!».

El estado divino de bhakti de Amma

Los devotos se postraron uno a uno a los pies de Amma y después se retiraron. El Sr. Bhaskaran Nair, de Thrissur (ciudad del norte de Kerala), se acercó y se postró. Desde la muerte de su mujer, dedicaba todo su tiempo a actividades espirituales. A menudo venía al āśhram a ver a Amma. La paz que emanaba de su rostro, su humildad y la mala de cuentas de tulasī (albahaca sagrada) que llevaba en el cuello eran indicios de una naturaleza sáttvica (serena).

Amma abrió el paquete que el señor Nair le acababa de regalar. Contenía una foto de Chaitanya Mahāprabhu (santo devoto de Kṛiṣhṇa del siglo XVI) y su biografía. Amma examinó el libro, lo abrió y se lo dio al señor Nair, diciendo: «Lee un poco, hijo, Amma te escucha». Él se sintió muy complacido y empezó a leer:

«Cuando el amor a Dios florece en tu corazón, ya no piensas en otra cosa. ¿Añorará la dulzura de los sucedáneos la lengua que ha probado el azúcar candi? El alma bendita que ha adquirido el amor a Dios se halla siempre embriagada. El amante languidece a cada instante por el deseo de unirse a su amada. No le importa en absoluto si ella le ama o no. Cada segundo piensa en su amada, sintiéndose triste por la separación.

»Así amaba Mahāprabhu. El torrente de prēma (amor divino) que brotaba del lago de su corazón se volvía cada vez más poderoso. Este Ganges de amor nunca se secaba, como ocurre con los riachuelos. En un instante reía y al siguiente se ponía a danzar. En vez de dormir, se pasaba la noche llorando, tanto que sus ropas quedaban empapadas de lágrimas. Suspiraba profundamente, y llamaba: "¡Kṛiṣhṇa! ¡Oh, Kṛiṣhṇa!". Se volvió incapaz de realizar tareas cotidianas como lavarse, comer o rezar las oraciones vespertinas. No podía hablar ni oír hablar de nada que no fueran las acciones de Kṛiṣhṇa. No conocía otra cosa que a su siempre bienamado Kṛiṣhṇa».

Mientras leía, el señor Nair miró a Amma. Ella se había olvidado totalmente de este mundo. Sus ojos se cerraron lentamente. La luz que emanaba de su rostro divino parecía llenar el lugar. Las lágrimas rodaban por sus mejillas y en ellas se detenían. El estado divino de bhakti de Amma, se transmitió a los devotos que la rodeaban. Todos la miraban sin moverse, sin pestañear siquiera. Una mujer se echó a llorar, gritando «¡Amma, Amma!». Madhavan Nair dejó de leer y, con las palmas de las manos unidas en señal de devoción, se quedó sentado observando atentamente el rostro divino de Amma. Desbordante de devoción, una mujer empezó a cantar:

Ayi giri nandinī nanditā mōhinī

¡Oh, hija de la montaña, encantadora,
adorada por todos, adorada por Nandi (cebú que es la montura de Śhiva),
Tú que juegas con el universo,
que habitas en el monte vindhya (en India central),
oh, Diosa, esposa de Śhiva.

Tu familia es extensa, has hecho
innumerables hazañas maravillosas, a ti la victoria.
Tú mataste al demonio Mahiṣha,
¡hermosa amada de Śhiva,
hija de Himavat (el Himalaya)!

Al cabo de hora y media, Amma volvió a abrir los ojos. Tras dar darśhan a los devotos, fue a sentarse a la sombra, entre la escuela de vēdānta y la cabaña. Algunos devotos y brahmachārīs la rodearon. Allí estaba Surendran, que en otro tiempo se dedicara a vender alcohol. Tras conocer a Amma, cambió de actividad y ahora dirigía un almacén general junto a su casa.

El pasado es un cheque anulado

Surendran: «Amma, he cometido muchos errores en mi vida y me avergüenzo al recordarlos».

Amma: «Hijo, ¿para qué preocuparse de los errores pasados? El pasado, pasado está. Al angustiarte por ellos, pierdes la energía de la que dispones en el presente. Toma la firme decisión de no volver a cometer los mismos errores. Eso es lo que hace falta. Después, las acciones puras te limpiarán la mente. Tu deseo de ser bueno en pensamientos y acciones y los esfuerzos que haces en este sentido demuestran la pureza de tu mente. Antes ignorabas que tus acciones eran equivocadas. Ahora que eres consciente de ello, te esfuerzas por cambiar. Eso basta. Si un niño pequeño le arroja a su madre una pelota, ella solo sonríe. Le toma en brazos y le da un beso. Pero, cuando es mayor, si el chico le arroja un objeto, ella no le perdonará. Igualmente, hasta ahora hemos cometido muchos errores sin saberlo. Dios nos los perdonará. Pero no perdonará los errores que cometamos sabiendo ya que están mal. Por tanto, debemos esforzarnos por no repetir nuestros errores.

»De nada sirve lamentar la vida que hemos llevado hasta hoy. Es como un cheque anulado, o como las faltas que cometemos escribiendo a lápiz. Pueden borrarse con una goma, pero solo unas cuantas veces. Si intentas borrarlas demasiadas veces, el papel se rompe. El Señor olvida los errores que cometemos por ignorancia. Pero el mayor error es volver a hacer lo mismo sabiendo que está mal, es preciso evitarlo».

Un devoto: «Amma, ¿soy digno de rezar a Dios? ¿Está mi mente lo suficientemente pura?».

Amma: «No creas que eres indigno, hijo. No creas que careces de la suficiente pureza para rezar a causa de tus errores pasados, y que rezarás cuando tu mente se haya purificado. Si piensas que te bañarás en el mar cuando desaparezcan las olas, nunca podrás hacerlo. No aprenderás a nadar si te quedas sentado junto a la piscina. Hay que meterse en el agua. ¿Qué ocurrirá si el médico le dice al enfermo que venga a verle cuando se haya curado? El Señor es quien purifica la mente. Por eso nos refugiamos en Él. Solo Él puede limpiarnos».

Surendran: «Amma, cuando tenemos fe y devoción por ti, ya no podemos hacer nada malo. Por eso, solo te pedimos tu gracia para que tengamos fe y devoción».

Amma: «Hijos, os basta con tener fe en Dios. Si vuestra fe en Él es firme, no cometeréis errores y solo conoceréis la dicha».

Surendran: «¿No eres tú misma Dios, Amma?».

Amma: «A Amma no le gusta decir eso. Pensad que una fragante flor se abre en una planta. La planta no debe exclamar: "¡Mirad mi flor! ¡Qué bella es! ¡Que maravilloso su perfume! Es el resultado de mi poder". Esa forma de hablar alimenta el ego. Todo poder le pertenece a Dios. No debemos creer nunca que algo nos pertenece. Nada de todo esto proviene del poder de Amma. Ella ha florecido por el poder divino. Él creó su perfume. Amma no dirá nunca que algo de todo esto sea suyo».

El origen y el remedio del sufrimiento

Un devoto: «¿Cuál es la causa del sufrimiento?».

Amma: «La actitud de "yo" y "lo mío" es la causa de todo sufrimiento».

»Un día, volvíamos de Kozhikode y en el autobús viajaba un hijo seglar con su hijo. Iban sentados juntos y jugaban. Al cabo de un rato, el padre se quedó dormido, y el niño también se durmió en el regazo de su padre; pero poco después, se resbaló y se cayó al suelo. El padre no se dio cuenta enseguida porque no se despertó hasta que el niño se puso a llorar. El padre también se puso a llorar, diciendo: "¡Ay, hijo, hijo mío, hijo mío!". Examinó al pequeño para ver si se había hecho daño. Por lo tanto, su actitud de "yo" y "lo mío" se transformó en dolor en cuanto se despertó. Sin ella, no existe el sufrimiento.

»Dos niños jugaban con un palo. Un tercero se echó a llorar al verlos porque él también quería uno. Como armaba mucho alboroto, apareció su madre, les quitó el palo a los otros niños y se lo dio. Jugó un poco con él y después se quedó dormido. El palo se le resbaló de la mano, pero no se dio cuenta. Poco antes había estado llorando para tenerlo, pero en su sueño perdió la noción de "yo" y "lo mío". Eso lo tranquilizó y pudo dormir en paz, olvidándolo todo. Del mismo modo, cuando nuestro Yo mora en Brahman, eso es la felicidad. Si abandonamos la noción de "yo" y "lo mío", podemos experimentar esa felicidad. Entonces ya no hay más sufrimiento. Pero hay que abandonar la actitud de "yo" como un individuo».

El devoto: «Amma, ¿es así de fácil para todos?».

Amma: «¡Inténtalo, hijo mío! Tal vez no consigamos escalar una montaña; pero al menos podemos tomar de ella un puñado de arena. Si sacamos del mar el agua que cabe en una mano, el mar tendrá esa agua de menos. Pensad de ese modo. Si tu dedicación es completa y tu esfuerzo constante, todo es posible. Si viertes agua sin parar en un frasco de tinta, el color se va diluyendo hasta que resulta imposible saber lo que antes contenía. Del mismo modo, el recuerdo constante de Dios ensancha la mente y el sentido de la individualidad se reduce lentamente y al final desaparece. La mente individual se transforma en la mente universal».

Otro devoto: «Amma, muchos me odian solo porque tengo dinero. ¿Es malo adquirir riquezas?».

Amma: «Hijos, no hay nada malo en poseer dinero. Pero la vida no es solo para amasar riquezas. Se puede ahorrar dinero para las propias necesidades, pero sin excesos.

»Había una vez un aldeano que fabricaba paraguas. Recitaba el nombre de Dios mientras trabajaba, y hacía satsaṅg con los que venían a verle. Vivía feliz, satisfecho con sus ganancias, y todo el mundo le quería. Cada día ganaba lo suficiente para afrontar sus necesidades.

»Un día, un terrateniente le compró un paraguas. Satisfecho por su gran calidad y precio razonable, se interesó por nuestro aldeano, atraído por sus buenas cualidades. Le regaló una suma de dinero. Nada más recibirlo, su mente se apartó del trabajo. "¿Cómo debería proteger este dinero? ¿Estará seguro en la casa? ¿Me lo robarán?". Empezó a preocuparse. Los pensamientos sobre el dinero hicieron que dejara de hacer japa. Empezó a retrasarse en su trabajo, trazando planes para el futuro: "¿Me construyo una casa o amplío el negocio?". Esos eran sus únicos pensamientos, y ya no podía concentrarse en su trabajo. Ya no le gustaba hablar con los demás porque había olvidado cómo hablar con amor. Le molestaba que cualquiera le hiciera una pregunta porque interrumpía sus pensamientos. Poco a poco, la gente dejó acudir a su tienda y sus ingresos disminuyeron. Los pensamientos sobre el dinero destruyeron su paz mental. Al aumentar su avaricia y su egoísmo, se sentía inquieto y triste. La suma de dinero recibida se esfumó en poco tiempo. Ya no tenía trabajo. El hombre que había estado satisfecho con la vida antes de poseer ese dinero ahora solo tenía sufrimiento.

»Hijos, cuando caemos en cualquier clase de exceso, la paz se termina. Por lo tanto, esforzaos por vivir siempre con sencillez. Eso bastará para que tengáis paz mental. No necesitamos nada con exceso».

El lenguaje que Amma emplea para aclarar las dudas de sus hijos es muy sencillo. La mente de estos ansía escuchar estas palabras de ambrosía que transmiten el conocimiento mediante historias y ejemplos cotidianos que contienen inapreciables gemas de sabiduría. Su oración es aquella que Arjuna (guerrero discípulo de Kṛiṣhṇa) dirigía a Kṛiṣhṇa: «No he tenido bastante de este néctar. ¡Te lo ruego, déjame oírte una y otra vez!».

Capítulo 3

Miércoles, 7 de agosto de 1985

Amma estaba sentada en la orilla de la ría que pasa junto al āśhram. Estaba mirando el agua. Todos los brahmachārīs vinieron a sentarse alrededor de ella para meditar. El ambiente era apacible y solemne, interiorizando la mente de forma natural. Hasta las olas del mar parecían haberse calmado. Todos intentaban meditar. Amma posó sobre ellos su compasiva mirada y después empezó a hablar lentamente.

La meditación

«Hijos, cuando os sentéis a meditar, no creáis que vais a poder calmar la mente de forma inmediata. Antes que nada, relajad todas las partes del cuerpo. Si la ropa os aprieta, aflojadla. Aseguraos de que la columna vertebral esté recta. Después, cerrad los ojos y concentrad la mente en la respiración. Hay que ser consciente de la inspiración y la espiración. Normalmente respiramos sin prestar atención, pero no debe ser así; hay que tomar conciencia de este proceso. Así la mente estará alerta. Si os quedáis sentados así durante un rato, la mente se calmará. Podéis seguir la meditación concentrando la atención en la respiración, o podéis empezar a meditar en la forma de vuestra deidad amada. Si la mente se distrae, hacedla volver. Si no lo conseguís, basta con observar adónde va. Hay que mantenerla bajo vuestra vigilancia. Entonces dejará de vagar y la tendréis controlada.

»Ahora, empezad a meditar, hijos míos».

La que elimina todos los peligros

Todos los brahmachārīs se sumergieron en la meditación. Pero, de repente, Amma salió de su estado meditativo. Al ver este inusual cambio en su estado de ánimo, un brahmachārī le preguntó la razón.

Amma: «Algo le ha ocurrido a un hijo». Se quedó en silencio un momento, y luego prosiguió: «Es este mōn que suele venir con frecuencia de Kozhencheri, Amma le ha visto. Cuando estuvo aquí la semana pasada, Amma le dijo que tuviese cuidado al viajar en vehículos, y le dijo expresamente que no viajara ni condujera ningún vehículo durante tres meses».

Amma se mostró especialmente preocupada y volvió rápidamente a su habitación.

Estas palabras de Amma hicieron que Haridas, un devoto de Pattambi (ciudad del norte de Kerala), recordara lo que le había ocurrido un año antes. Relató su historia a los demás: «Yo tenía la costumbre de venir en todoterreno con mi familia para ver a Amma. Un día, en una de mis visitas, ella me dijo: "No conduzcas durante un tiempo, hijo. Amma presiente una desgracia". De hecho, le pedí a mi hermano que condujese el coche a la vuelta. Dos meses más tarde, fui a Sultan Bathery (ciudad del norte de Kerala) para ver a un amigo. Cuando llegamos, mi hermano enfermó. Un problema digestivo no le permitía conducir y ni siquiera viajar. Yo tenía que estar de regreso al día siguiente por la mañana para solucionar unos asuntos financieros; por lo tanto, me era imposible quedarme. Dejé a mi hermano en casa de mi amigo y me puse al volante esa misma noche.

»Como recordaba las palabras de Amma, conducía lentamente y con mucha precaución. Todo el tiempo recitaba su mantra. En la carretera tuve sueño y me detuve para tomar una taza de té y refrescarme la cara con agua fría. Después reanudé el viaje. Pero, al cabo de un rato, volví a sentir sueño. Hacía grandes esfuerzos para permanecer despierto mientras conducía. Terminé por dormirme un momento, perdiendo el control del todoterreno, que viró bruscamente hacia la derecha. De repente, sentí que alguien tomaba el volante y lo giraba hacia la izquierda. En ese mismo instante grité "¡Amma!" y pisé el freno. El coche se detuvo casi tocando una enorme roca situada a la izquierda de la carretera. En aquella oscuridad era imposible ver bien. La carretera estaba construida en la ladera de una montaña, quedando ésta a la izquierda y a la derecha un valle muy profundo. Al ver que el coche se había detenido muy cerca del borde izquierdo de la carretera, me convencí de que la ayuda del salvador invisible no había sido un simple producto de mi imaginación.

»Una semana después vine al āśhram. En cuanto Amma me vio, preguntó: "Hijo, ¿has conducido a pesar de las recomendaciones de Amma?". Me quedé ahí de pie, con los ojos llenos de lágrimas».

Amma protege a sus hijos como una madre vigila a sus bebés y los lleva en brazos, sin soltarlos nunca. Ella conoce todos los pensamientos de sus hijos y es consciente de cada una de sus respiraciones.

¿Está predestinado el futuro?

Amma bajó de su habitación después de los bhajans. Una familia de Bhopal (ciudad de la India central) había venido a verla. Estaban pasando sus vacaciones en su ciudad natal, en Kerala, y fue allí donde oyeron hablar de Amma. Querían conocerla antes de volver a Bhopal una semana después. El marido había absorbido los principios espirituales de su padre, que era un ferviente devoto de Shri Ramakrishna (santo devoto de Kālī, siglo XIX). La fe en Dios de su mujer y de sus hijos también era profunda. En medio de una vida muy ajetreada, siempre encontraban tiempo para la sādhanā. Tenían la intención de volver a su casa por la noche, después de haber recibido el darśhan de Amma. Como tenían coche, no suponía para ellos ningún problema el emprender viaje de vuelta a altas horas de la noche.

Cuando tuvo oportunidad de hablar con Amma, el devoto dijo: «Amma, últimamente mis problemas han aumentado mucho. Mi mujer tuvo que pasar un mes en el hospital, y, cuando volvió a casa, nuestro hijo cayó enfermo y también estuvo hospitalizado una semana. Mi mujer cree que nuestros problemas desaparecerán si un astrólogo estudia nuestro horóscopo y nos indica cómo remediarlo».

Amma: «¿Conocéis a alguien capaz de estudiar vuestros horóscopos?».

El marido: «Mi suegro sabe astrología. Mi mujer es muy insistente y todos los días trata de convencerme de que le enviemos nuestros datos de nacimiento. Yo no creo en absoluto en los horóscopos ni nada por el estilo. Lo que tenga que ocurrir, ocurrirá, de modo que ¿para qué sirve todo eso?».

Amma: «No es justo decir que no sirven para nada. Al estudiar las posiciones de los planetas, podemos en cierta medida conocer nuestro futuro. Si sabemos el camino que nos espera, podemos evitar problemas. Si sabemos que delante de nosotros hay una barrera de espinos o una zanja, podremos evitarlos, ¿no es así?».

El marido: «Entonces, ¿podemos cambiar el destino?».

Amma: «El destino puede ser modificado mediante tapas y sādhanā. Hasta la muerte puede evitarse. Sin duda conoces la historia del sabio Mārkaṇḍēya (sabio legendario). ¿No cambió su destino cuando su corazón clamó pidiendo auxilio en oración ante la muerte?

»Todo lo que está grabado en nuestro destino puede ser trascendido por medio de las acciones realizadas con una actitud de entrega total a Dios. Pero debemos estar dispuestos a actuar, en vez de quedarnos quietos y ociosos, culpando a la fatalidad. Acusar al destino sin hacer nada es un signo de indolencia».

El marido: «Entonces el horóscopo que prevé el futuro se equivocaría, ¿no es así?».

Amma: «Ciertamente, nuestro esfuerzo marcará una diferencia. Escucha esta historia: Dos amigos fueron a hacerse el horóscopo. Resulta que ambos estaban destinados a morir a causa de una mordedura de serpiente. Uno de ellos se sintió preso de una preocupación permanente y su angustia le volvió loco. Los otros miembros de la familia también perdieron la calma. El otro no se dejó llevar por la angustia y buscó una solución. Consciente de los límites de sus capacidades, se volvió un devoto de Dios y se entregó a Él. Pero, al mismo tiempo, empleó su buena salud y la inteligencia que Dios le había dado y tomó todas las precauciones posibles para evitar ser mordido por serpientes. Permaneció en casa, absorto en el recuerdo de Dios.

»Una noche, cuando iba a la sala de pūjā en mitad de la oscuridad, su pie tropezó con algo. En esa habitación había una imagen de una serpiente con la lengua fuera. Eso era lo que su pie había tocado, justo a la hora en la que, según el horóscopo, una serpiente le mordería. Aunque se trataba de una serpiente inanimada, se hizo una herida; pero no había veneno. El esfuerzo que había realizado entregándose a Dios dio su fruto. Su amigo, por el contrario, se dejó llevar por la ansiedad antes de que nada ocurriera y eso estropeó su vida. En lugar de culpar al destino, esforzaos. Así podréis superar todos los obstáculos».

El devoto: «Amma, tengo una duda».

Amma: «¿Qué es, hijo?».

El devoto: «Si fuese posible modificar el destino, ¿por qué Śhrī Kṛiṣhṇa no cambió la actitud mental de Duryōdhana (jefe de los Kauravas) y evitó así la guerra? Si Kṛiṣhṇa le hubiera revelado su forma divina, ¿habría ido Duryōdhana a la guerra?».

Amma: «El Señor reveló su forma suprema tanto a los Kauravas (clan malvado del Mahābhārata) como a los Pāṇḍavas (clan virtuoso en esa epopeya). Por su humildad, Arjuna (el principal de los Pāṇḍavas) pudo reconocer la grandeza del Señor; pero Duryōdhana, demasiado imbuido de sí mismo, fue incapaz. Es inútil mostrar nada a los que carecen de una actitud de entrega. Los principios espirituales solo pueden transmitirse al que lo merece y se comporta correctamente. Para Duryōdhana, solo contaban los logros corporales. No tenía la actitud necesaria para absorber los consejos del Señor. Creía que todo lo que Kṛiṣhṇa le decía no era por su bien sino para ayudar a los Pāṇḍavas. Todo lo que Śhrī Kṛiṣhṇa le decía lo tomaba en el sentido opuesto. Solo mediante la guerra se puede acabar con un ego semejante».

El rostro de Amma adoptó una expresión grave. De repente se levantó. Sus pensamientos se habían ido hacia otra cosa. La familia de devotos se postró y se retiraron. Amma se dirigió al bosque de cocoteros y caminó sola entre los árboles. Cantaba en voz baja algunos versos de un himno. Levantando los brazos al cielo, cantaba incansablemente la misma estrofa con gran intensidad; su voz temblaba y se rompía.

Al cabo de un rato, se sentó en la arena mirando hacia abajo. ¿Lloraba por sus hijos? Sin atreverse a interrumpir su soledad, todos fueron alejándose discretamente. Amma se tumbó en el suelo y permaneció varias horas en esta postura. La mente limitada del ser humano debe admitir su derrota cuando intenta comprender la naturaleza insondable de las acciones de Amma. La única solución que queda es la entrega completa.

Sábado, 10 de agosto de 1985

Amanecía. Durante la noche, un hombre de mediana edad había llegado al āśhram, demasiado borracho para andar con normalidad. Dos jóvenes discutían en ese momento con él por un dinero que les debía. Les había pedido prestado su rickshaw (vehículo de motor de tres ruedas) para venir esa noche. En el camino el hombre se había detenido en todas las tiendas de licores. Cuando llegó al āśhram no le quedaba dinero. Ellos reclamaban sesenta rupias, y solo le quedaban unas pocas monedas. Finalmente les dio su reloj, que era muy valioso, y les dijo que se fueran.

Su paso era inseguro. Los brahmachārīs le ayudaron a llegar hasta el porche de la escuela de vēdānta e hicieron que se acostara. Siguiendo el consejo de un devoto, bebió un poco de suero de mantequilla. Alguien le ayudó a cambiarse de ropa.

Eran las ocho de la mañana. Ese día estaba previsto en el aśhram de Kollam un programa de archana y bhajans en la divina presencia de Amma. Amma bajó de su habitación, preparada para emprender el viaje. El hombre que había llegado completamente borracho se acercó corriendo a Amma. Se había bañado y se había cubierto de ceniza sagrada. Se postró todo lo largo que era ante Amma, recitando en voz alta himnos a la Madre Divina. También le contó sus problemas. Aunque ella sabía que bebía, le consoló con tierno amor maternal. Le dijo: «Amma volverá esta noche. Quédate a dormir hoy, hijo. Podrás volver a tu casa mañana, después del bhāva darśhan».

Algunos devotos acompañaban a Amma y a los brahmachārīs a Kollam. Ella subió a la barcaza que hacía las veces de transbordador para atravesar el canal. Deseosos de estar con ella, todos subieron a la misma embarcación. Había demasiada gente. Amma, por no apenar a ninguno de sus hijos, no pidió a ninguno que se bajara. Si la embarcación se inclinaba un poco, podría entrar agua y, si pasaba una lancha motora, seguro que la embarcación zozobraría en su estela. Como Amma estaba con ellos, todos confiaban en que nada semejante les ocurriría.

«Hijos, aquí hay personas que no saben nadar. Tened, pues, mucha prudencia todos. Si os movéis, la barca se hundirá», dijo muy seriamente. La embarcación se alejó suavemente de la orilla.

El viaje espiritual

Amma dijo: «Hijos, el viaje espiritual es como esta travesía. Debemos quedarnos sentados con autocontrol, reteniendo incluso la respiración, hasta que lleguemos a la otra orilla. Si no ejercemos este control, el barco puede zozobrar. Del mismo modo, hasta que lleguemos a la otra orilla del mar del saṁsāra (ciclo de nacimientos y muertes), hasta que alcancemos pūrṇam (la plenitud), necesitamos estar muy atentos a cada paso. Una vez logrado el objetivo, ya no habrá más preocupaciones».

Amma, sentada en el banco de madera de la barca, contemplaba el agua. Y cuando Amma está con sus hijos y les da firmemente la mano, ¿de qué tener miedo? Nadie estaba preocupado.

Al llegar a la otra orilla, todos subieron al autobús. Durante el viaje, el brahmachārī Venu le dijo a Amma: «Hace poco un devoto me confió que no tenía fe en algunos mahātmās porque vivían en la opulencia, acumulando incluso millones».

Amma: «No podemos juzgarles solo por eso. Fijaos cómo adornamos las imágenes de los templos. No criticamos a Dios por ello. La gente no tiene en cuenta todas las buenas acciones de los mahātmās».

Venu: «También se queja de ti, Amma. Cree que Amma ignora a las mujeres».

Amma (riéndose): «¿De verdad?».

Venu: «Aunque Amma sea una mujer, se queja de que aquí no hay muchas brahmachāriṇīs».

Amma: «¿Podría Amma, que ha querido hacer tapas con el fin de remediar la debilidad de las mujeres, ignorarlas ahora? Para llevar la vida de sannyāsa, hace falta una buena dosis de virilidad. Solo se debe aceptar en los āśhrams a las jóvenes que tengan buenas cualidades masculinas. De lo contrario, producirán más mal que bien, incluso si vienen con la esperanza de ayudar al mundo. Si los chicos cometen un error, el mundo no los criticará tanto. Aunque abandonaran el āśhram, podrían encontrar trabajo y ganarse la vida. Pero las chicas no son así. Tienen que ser muy prudentes. Si descubren que no están hechas para la vida del āśhram, deben ser capaces de ganarse la vida. Por eso Amma insiste en que todas las chicas que vivan aquí continúen sus estudios. Las chicas deben ser autosuficientes. Por naturaleza, son compasivas y propensas a crearse apegos. Por eso, sufren y se dejan engañar con facilidad. Pero saldrán adelante si su tendencia a crear vínculos se dirige hacia Dios. Si una mujer posee el desapego de un hombre, será tan beneficiosa como diez de ellos».

Otro brahmachārī: «Amma, ¿qué vale más, la acción desinteresada o la meditación?».

Amma: «Hijos, ¿vosotros qué pensáis?».

Cada uno fue expresando su opinión, lo que acabó en un acalorado debate. Amma escuchaba sonriendo y parecía disfrutar mucho con ello. Finalmente, todos se callaron y le dirigieron la mirada. «¡Por favor, Amma, dínoslo tú!».

Dada su insistencia, Amma respondió: «Ambas son necesarias. Tapas no basta; también es preciso actuar. Solo con jabón no queda limpia la ropa, hay que frotarla o golpearla. Es indispensable el karma (acción) para superar las circunstancias. Debemos ser capaces de recordar constantemente a Dios, hagamos lo que hagamos, y no solo cuando nos sentemos a meditar. Y la acción desinteresada nos ayudará a conseguir la pureza necesaria para la meditación. También hace falta la acción para poner a prueba el progreso que hayamos hecho en la meditación. Por otro lado, la acción desinteresada no es posible sin la meditación. Los actos de un hombre que practica tapas tienen un poder especial; benefician a todos».

Aquella tarde llegó al āśhram el Dr. Sudhamsu Chaturvedi, catedrático de universidad, para ver a Amma. Nacido en Uttar Pradesh (estado del norte de la India), vivía desde hacía muchos años en Kerala y hablaba malayāḷam con fluidez. Mientras esperaba que Amma volviese de su viaje, estuvo hablando con los brahmachārīs sobre diversos temas. En su opinión, el estudio de las escrituras era lo más importante.

Amma finalmente regresó de Kollam. Se sentó en la esquina sudeste del Kaḷari. Sudhamsu se postró y luego se sentó a su lado. Sin más preámbulos, Amma empezó a hablar.

Amma: «Hijo, viajas mucho. Cuando estás en la estación, ¿cómo te informas acerca de los horarios de trenes o autobuses?».

Sudhamsu: «Pregunto en la ventanilla o consulto el tablón de horarios».

Amma: «Cuando has leído la información, ¿te quedas plantado allí leyendo el tablón de anuncios, o buscas el autobús y te subes a él?».

Sudhamsu: «Después de leer la información, por supuesto que subo al autobús e inicio el viaje. Es la única forma de llegar a mi destino».

Amma: «Pues, del mismo modo, las escrituras solo señalan el camino, hijo. Si te limitas a sentarte y leerlas, no llegarás a tu destino. Al venir aquí, has buscado el autobús que te traía y lo has tomado. Así es como has podido llegar. De la misma forma, solo realizando la sādhanā descrita en los textos conseguirás la experiencia espiritual. Si te comes la foto de un plátano, no tendrás ni el sabor ni las cualidades nutritivas del fruto. El estudio de las escrituras es necesario, pero debe ir acompañado de la sādhanā para resultar beneficioso».

El profesor estaba estupefacto al constatar que Amma sabía exactamente lo que habían estado hablando él y los brahmachārīs justo antes de su llegada. Se calló un momento y después hizo otra pregunta.

Sudhamsu: «Si Cristo era realmente un mahātmā, ¿no podría haber impedido que sus enemigos lo crucificaran?».

Amma: «Cristo se sacrificó para enseñar a los demás la grandeza del sacrificio y del perdón. Los mahātmās pueden acabar con su sufrimiento en un segundo si lo desean. Pero lo que quieren es dar ejemplo al mundo entero, aunque ello signifique que deban sufrir. Nadie puede hacerles nada. No podéis ni acercaros a ellos sin su consentimiento. Nadie puede ir en su contra si ellos lo deciden. Se someten voluntariamente al sufrimiento para enseñar al mundo a afrontar las fuerzas hostiles y las circunstancias adversas».

Sudhamsu planteó una nueva pregunta: «¿Cómo han llegado todos estos brahmachārīs aquí para ser residentes permanentes?».

Amma: «Hijo, cuando una flor se abre, no hace falta enviar invitaciones a nadie para que vengan a disfrutar de su néctar. La abeja llega por sí sola. Estos hijos ya tenían un saṁskāra espiritual. El encuentro con Amma solo lo despertó. Si escuchas el primer verso de una canción olvidada, recordarás la canción entera. Estos hijos estaban dispuestos a llevar una vida acorde con el saṁskāra que ya había en ellos. Amma solo los guía, eso es todo».

Sudhamsu: «Yo hago meditación y japa desde hace mucho tiempo, pero no progreso lo suficiente».

Amma: «También debes tener amor a Dios. Sin amor, puedes hacer todo el japa y la meditación que quieras, pero no obtendrás ningún resultado. Cuando el amor a Dios se vuelve firme, todas las malas vāsanās que hay en nosotros desaparecen por sí solas. Es difícil remar contra la corriente, pero, si izas una vela, se vuelve fácil. El amor a Dios es como la vela que ayuda al barco a avanzar.

»Cuando dos amantes están juntos, no les agrada que alguien se les acerque. Un verdadero sādhak tiene la misma actitud. No le atrae nada que no esté relacionado con el Señor. Vive con la mente siempre pensando en Dios. No soporta nada que suponga un obstáculo para ello. Nada tiene valor a sus ojos comparado con el amor a Dios.

»Hijo, hay que tener un verdadero lakṣhya bōdha (conciencia de la meta). Solo así tendrá nuestra sādhanā la suficiente profundidad. Si alguien sale de su casa con un gran deseo de ir a un lugar determinado, ningún obstáculo podrá detenerlo. Si pierde el autobús, tomará un taxi. Pero si no tiene el suficiente interés, cuando pierda el autobús decidirá volver a casa, pensando que podrá intentarlo de nuevo al día siguiente. Hijos, sin una sādhanā intensa, es difícil alcanzar el objetivo.

»Antes de sembrar la semilla hay que preparar el terreno, limpiándolo de hierba y maleza. De lo contrario, difícilmente germinarán las semillas. Del mismo modo, solo disfrutaremos de la bienaventuranza del Yo Supremo si apartamos la mente de todos los objetos externos para volverla hacia Dios.

»¿Has comido, hijo? Con la conversación, Amma se olvidó de ello».

«Sí, Amma».

La conversación derivó entonces hacia los problemas personales de los devotos. Sus corazones, ardiendo en el fuego del saṁsāra, se refrescaron con el néctar del amor de Amma.

Lunes, 12 de agosto de 1985

La noche anterior, el bhāva darśhan había terminado muy tarde. No obstante, Amma siguió hablando con los devotos y consolándolos de sus penas.

En especial, trató de consolar a una devota que venía a verla desde hacía un año. Su hija estaba en el hospital con cáncer. Habían probado diversos tratamientos, pero sin éxito. Se hallaba en un estado de extrema postración, tanto mental como físicamente. Además, esta situación la había puesto al borde de la ruina. Después de que un amigo le hablara de Amma, esta mujer vino a verla. Amma le dio ceniza sagrada para su hija enferma y, poco después, la chica empezó a recuperarse. Sus dolores desaparecieron por completo y se sintió con fuerzas para hacer frente a lo que fuera. Los médicos que habían dado por perdido el caso se quedaron atónitos. La joven se curó y pronto salió del hospital. Después de ser dada de alta, fue varias veces con su madre a ver a Amma. En su última visita, Amma les había advertido que pronto sería necesaria una operación. Una semana más tarde, el estado de la joven empeoró y tuvo que volver al hospital. Los médicos recomendaron una nueva intervención, que debía realizarse dos días después. Su madre había venido a recibir la bendición de Amma antes de la intervención. Volvería a su casa temprano al día siguiente y Amma consiguió que viajara con una familia de devotos que había venido de Trissur (población situada unos 200 km al norte del āśhram). Cuando Amma se disponía a volver a su habitación, los cuervos habían empezado a graznar, anunciando la llegada de un nuevo día.

Hoy, el número de devotos es pequeño. Amma llegó a la cabaña del darśhan a las tres de la tarde. Un brahmachārī estaba meditando en la cabaña. Al ver que Amma había entrado, se postró por completo ante ella. Aprovechó la oportunidad para hablar con Amma antes de que llegaran los devotos, y le planteó una duda que le estaba perturbando:

«Amma, ¿qué relación hay entre el karma y la reencarnación? Dicen que esta es consecuencia del karma».

Amma: «Hijo, nuestro cuerpo está rodeado de un aura. Igual que las palabras quedan grabadas en una cinta, todas nuestras acciones dejan una impresión en esta aura. Si son buenas, el aura adquiere un color dorado. En ese caso, hagamos lo que hagamos, los obstáculos desaparecen y todo sale bien. Pero el aura de los que hacen el mal se vuelve oscura. Esas personas siempre encuentran obstáculos y problemas. Tras la muerte, su aura se queda en la tierra, convirtiéndose en alimento de gusanos e insectos. Esas personas están destinadas a reencarnarse aquí».

Cuando los devotos empezaron a llegar para el darśhan, el brahmachārī se postró y se fue. Amma preguntó a los devotos cómo les iba. Uno de ellos puso a sus pies un regalo, un paquete envuelto en un papel de color brillante.

Amma: «Mōne (hijo), ¿cómo está tu hijo?».

Devoto: «Por tu gracia, ha recuperado su trabajo, Amma. Hace unos días llegó una carta de su mujer, diciendo que había dejado de fumar gañjā (marihuana). Se porta bien y solo habla de ti. Me ha enviado su primera paga. En la carta me pedía especialmente que te lo contara todo y que le enviaras tus bendiciones. Por eso he venido hoy».

Amma: «Amma se alegra de saber que ha dejado de fumar gañjā. Hijo, dile que Amma se regocija más por su cambio de comportamiento que por el regalo que le envía».

El hijo del devoto trabajaba en Bhilai (ciudad del centro de la India). Perdió su trabajo cuando empezó a fumar gañjā de forma excesiva; entonces se pasó un año en Kerala, sin encontrar trabajo. Fue cuando vino a ver a Amma, cuyo corazón se sintió conmovido por su sincero deseo de liberarse de ese mal hábito.

Ella le dio unas pastillas de almizcle con su bendición y le pidió que tomara una cada vez que sintiera ganas de fumar. Logró reducir poco a poco su consumo de gañja hasta eliminarlo por completo. Recuperó su antiguo empleo inesperadamente hace solo dos meses.

El devoto añadió: «Se acabó todas las pastillas que Amma le dio antes de irse de casa. Ahora siempre trae en el bolsillo algo de almizcle. Dice que con olerlo le basta».

Amma: «Es por su fe. Hijo, para el que tiene fe, no solo el almizcle, sino incluso las piedras dan resultado».

Amma nunca dice que las cosas ocurran por su poder. Ella, que mora en el estado supremo, nos enseña con sus acciones lo que significa la entrega total al Yo Supremo.

Sábado, 24 de agosto de 1985

Ayer Amma llegó a Kodungallur (población situada unos 150 km al norte del āśhram) para asistir a los bhajans vespertinos en el templo de Dēvī. Todos pasaron la noche en la casa de un devoto. Por la mañana, los brahmachārīs hicieron archana del Lalitā Sahasranāma («Los mil nombres de la Diosa») y Amma hizo āratī con alcanfor. Después de bendecir con su presencia los hogares de otros tres devotos, el grupo emprendió el viaje de vuelta al āśhram.

Se detuvieron al borde de la carretera para comer. La familia que les había acogido la noche anterior había preparado comida para todos. Se sentaron en un círculo. Amma sirvió la comida en hojas de plátano. Tras recitar el capítulo quince de la Gītā, recitaron brahmārpaṇam (una oración para bendecir la comida) y comieron. Uno de ellos fue a una casa vecina a buscar un recipiente y lo llenó de agua en un grifo para que todos pudieran lavarse las manos. Los que observaban la escena tal vez se preguntarían quiénes eran estos nómadas y de dónde venían. Amma viaja sin preocuparse por la comida o por el sueño, derramando la luz de la paz eterna en el camino de sus hijos, entorpecidos por la ignorancia. Ella acude corriendo para consolarlos, engañados como están por māyā, y para darles todo lo que tiene. ¿Cómo podrían ellos siquiera vislumbrar la grandeza de su sacrificio?

Amma aclara las dudas de los brahmachārīs

El grupo no descansó después de la comida y el viaje continuó. El brahmachārī Venu tenía un fuerte dolor de oídos desde la noche anterior, tan fuerte que le impidió dormir. Amma le hizo sentarse cerca de ella en la furgoneta y pidió a los demás que le hicieran sitio para que pudiera tumbarse. Puso la cabeza de Venu en su regazo y le consoló. «Has retenido la respiración a la fuerza durante el prāṇāyāma (control de la respiración), y eso te ha ocasionado este dolor de oídos», dijo Amma.

Venu: «¿Quieres decir que es malo hacer prāṇāyāma?».

Amma: «No, no es malo. Pero, hijos, no tenéis paciencia para hacerlo correctamente. Antaño, la gente tenía buena salud y paciencia, y por eso eran capaces de practicarlo como es debido. Hoy en día, la gente carece de salud y de paciencia. Es muy peligroso practicar el prāṇāyāma sin la supervisión directa del guru».

Dada la gran afluencia de devotos al āshram, los brahmachārīs rara vez tienen la posibilidad de hablar con Amma sobre temas espirituales. Los viajes les proporcionan la ocasión de sentarse cerca de ella y escuchar sus palabras divinas.

Un brahmachārī: «Amma, ¿quién es más grande, el guru o Dios?».

Amma: «En principio, Dios y el guru son uno; pero podemos decir que el guru es superior a Dios. La gracia del guru es única. Si quiere, puede eliminar los efectos del descontento de Dios. Pero ni siquiera Dios puede borrar el pecado de ofender al guru.

Cuando hayáis conocido a Dios, podréis afirmar que sois uno con Él. Pero ni siquiera entonces podréis decir que sois uno con el guru. Es el guru quien inicia al discípulo, dándole el mantra que le llevará al autoconocimiento. Él es quien muestra el camino que conduce a la meta. El guru conservará siempre esa posición especial. Incluso después de haber conocido la Verdad, el discípulo se comportará con gran humildad ante el guru».

Brahmachārī: «Amma, ¿cuántas veces tenemos que recitar el mantra que nos das para lograr mantra siddhi (la perfección en el mantra)?».

Amma: «Lo que importa no es la cantidad de veces que lo recites, sino cómo lo hagas. Podrás recitarlo millones de veces; pero ¿cómo obtendréis el menor beneficio si al mismo tiempo lleváis una vida negligente, desprovista de śhraddhā? La cantidad de veces depende de la extensión del mantra. Es necesario practicar japa con concentración. Si esta es máxima, poco importa el número de recitaciones. Hasta una cantidad relativamente pequeña bastará para obtener mantra siddhi. Hay que concentrarse en la forma o el sonido del mantra. Al recitarlo, también os podéis concentrar en cada una de las letras del mantra por separado. No siempre conseguiréis concentración. Por eso se dice que hay que recitarlo decenas de millones de veces. Cuanto más lo recitéis, mayor será vuestra concentración.

»Preguntar cuántas veces hay que recitar el mantra es como preguntar cuánta agua hay que proporcionarle a una planta para que dé fruto. Es necesario regarla, pero la cantidad de agua depende de la clase de planta, del clima, la calidad del suelo, etc. Y el agua sola no basta. La planta también necesita luz solar, abono, aire y protección contra las plagas. Igualmente, en el camino de la espiritualidad, la recitación del mantra solo es una parte. También son necesarias las buenas acciones, los buenos pensamientos y la compañía de personas virtuosas (satsaṅg).

Cuando se dan todas estas condiciones, se obtendrá el beneficio según la voluntad de Dios».

Brahmachārī: «¿Se pueden obtener siddhis recitando un mantra?».

Amma: «Las siddhis dependen de vuestra bhāvanā (actitud interior). El japa puede producir siddhis. Pero, si se utilizan sin discernimiento, uno puede desviarse del camino que lleva a la meta final. No creáis que podéis vivir de cualquier manera después de haber sido iniciados a un mantra. Amma os observa. Imaginad que viajáis en autobús. Si compráis el billete, pero no lo tenéis a mano cuando llega el inspector, os hará bajar. No habrá clemencia.

»Cuando lográis el autoconocimiento, tienes todas las siddhis. El conocimiento está más allá de todas las siddhis. El mundo entero estará en vuestras manos. Pero, si en lugar de querer el conocimiento, pedís al Señor que os conceda siddhis, es como hacer grandes esfuerzos para entrar en la corte del rey y, cuando finalmente estéis ante él, le decís que os dé un par de bayas silvestres».

Brahmachārī: «¿Cuánto tiempo hace falta para obtener la visión de Dios?».

Amma: «No podemos predecir cuándo veremos a Dios. Eso depende del anhelo del buscador y del esfuerzo que haga. Si tomamos un autobús corriente, no podemos estar seguros de la hora de nuestra llegada, porque en su ruta se detiene muchas veces. Pero podemos saber más o menos exactamente la hora de llegada de un autobús exprés, que tiene muy pocas paradas. Del mismo modo, si pensamos en Dios sin perder ni un momento y seguimos adelante con total desapego, en poco tiempo podemos llegar a la meta. Si nuestra sādhanā no es intensa, es difícil determinar cuándo lo conseguiremos. Las escrituras afirman que a veces no hace falta ni un instante para lograr el conocimiento de Dios; pero en otros lugares declaran que es difícil lograr el conocimiento, incluso dedicándole cien vidas. La intensidad de la sādhanā y el saṁskāra de existencias anteriores determinan el tiempo que necesitaremos para alcanzar la meta. Y la sādhanā no consiste en permanecer sentado en algún lugar con los ojos cerrados. Es necesario una conciencia constante de la meta y un esfuerzo incesante. Por encima de todo, hace falta pureza de corazón. Cuando conseguimos la pureza de corazón, es fácil obtener la gracia de Dios».

Brahmachārī: «Amma, ¿la visión de Dios es lo mismo que el conocimiento de Dios?».

Amma: «Algunas personas tienen visiones durante la meditación. Existe un estado meditativo que no es ni el sueño ni la vigilia. Podéis llamarlo el estado de ensoñación de la meditación. Suele ser en ese estado en el que se obtiene la visión de diferentes formas divinas. No podemos llamarlo visión de Dios, ni apegarnos a esas visiones, sino seguir avanzando en el camino».

Sentados al fondo del autobús, dos brahmachārīs no escuchaban a Amma. Estaban absortos en una discusión sobre un pasaje de las upaniṣhad que estaban estudiando. Lanzaban frecuentes miradas a Amma para ver si los estaba escuchando. Finalmente, interrumpió lo que estaba diciendo y se dirigió a ellos.

Amma: «Hijos, no perdáis el tiempo tratando de aclarar si el fruto que hay en el árbol está maduro, si solo lo parece o si está lleno de gusanos. Subid a cogerlo. No perdáis el tiempo discutiendo sobre esto o aquello. Recitad vuestro mantra sin descanso. Si queréis progresar espiritualmente, tenéis que esforzaros constantemente. No hay atajos».

Una experiencia sorprendente

Para entonces, el dolor de oídos del brahmachārī Venu había desaparecido, tal vez por el mágico contacto de Amma, o bien porque estaba bebiendo del néctar de sus palabras.

El vehículo se paró cuando llegó a Alleppey (población situada unos 50 km al norte del āśhram), negándose obstinadamente a arrancar de nuevo. Eso preocupó al conductor, el brahmachārī Ramakrishnan, ya que no veía ninguna razón para que el motor fallara. Miró a Amma, impotente. Sin decir nada, ella bajó del vehículo con una sonrisa y empezó a caminar. Los brahmachārīs la siguieron. El brahmachārī Ramakrishnan hizo lo mismo para preguntarle si debía llamar a un mecánico o alquilar otro vehículo, si la reparación requería tiempo; pero Amma no respondió. Shekhar, uno de sus devotos, vivía cerca del lugar en el que se había detenido el vehículo. Ella se encaminó directamente hacia su casa. Al ver a Amma, toda la familia se llenó de alegría. Hacía tiempo que tenían la esperanza de que Amma visitara su casa. Como sabían que esa noche volvía de Kodungallur, habían estado rezando para que los visitara cuando pasara por allí. Ese día solo habían estado hablando de ella. Justo cuando uno de ellos estaba expresando sus dudas de que Amma les visitara sin haber sido invitada, ella entró. No podían creer lo que veían. Le dieron la bienvenida con respeto y la condujeron a la sala de pūjā, donde ella hizo una āratī con alcanfor. Después, llamó a cada uno de los miembros de la familia, aliviando sus penas con el bálsamo de sus dulces palabras.

Amma no pasó mucho tiempo en la casa. Cuando salió, Ramakrishnan estaba fuera esperando, pensativo y silencioso. Como Amma no decía nada, Ramakrishnan le dijo en voz baja: «Amma, la furgoneta todavía no está reparada». Ella subió al vehículo y se sentó, diciendo: «Intenta arrancar otra vez, hijo».

Ramakrishnan giró la llave de contacto y el vehículo se puso en marcha sin ningún problema. Se volvió para mirar a Amma, con el rostro radiante. Ella solo sonrió.

Ya en ruta, visitaron las casas de otros dos devotos. Eran las siete y media de la tarde cuando llegaron al āśhram, en plenos bhajans vespertinos. El brahmachārī Anish[1], un estudiante de la misión Chinmaya de Bombay, esperaba el regreso de Amma. Era su primera visita y su primer darśhan de Amma. Ella se sentó en el patio que había entre la escuela de vēdānta y el Kaḷari y habló un rato con él. Los brahmachārīs se unieron a los bhajans en el Kaḷari. Al final, Anish también fue allí y, cautivado por los bhajans, se quedó de pie olvidándose de todo. La canción que cantaban parecía narrar su propia historia:

Akalattā kōvilil

En un templo lejano ardía constantemente una llama
que guiaba a los que vagan en tinieblas.
De ese modo, Amma mostraba su compasión.

Un día, cuando vagaba por ese camino,
la resplandeciente me llamó con la mano.
Abrió la puerta sagrada,
tomó ceniza bendita y me la frotó en la frente.

Cantó las canciones de Dios
y me preparó un lugar para dormir
con sus propias manos.
Fue entonces cuando un maravilloso sueño
me declaró la verdad:

¿Por qué lloras?
¿Ignoras que has llegado a los pies sagrados del Señor?

[1] Ahora Swami Amritagitananda.

Me desperté con un suspiro,
y vi claramente el rostro de loto.
Lo vi tan claramente.

Jueves, 5 de septiembre de 1985

La madre infatigable

Anoche, un grupo de devotos llegó después de la medianoche. Habían salido de Kollam por la tarde, pero tuvieron problemas con el coche y tardaron mucho en repararlo. En vista de la hora, pensaban volver sobre sus pasos, pero siguieron hacia el āśhram ante la insistencia de uno de los niños. No esperaban ver a Amma esa noche; pero, al llegar, la encontraron sola en el bosquecillo de cocoteros delante del āśhram, como si estuviese esperando a alguien. Al verla, se olvidaron enseguida de sus problemas. Amma se sentó y estuvo hablando con ellos hasta las cuatro de la mañana.

Amma se bañó y bajó de nuevo a las cinco. Un brahmachārī, que la vio, le rogó que descansara porque esa noche no había dormido nada. Y la noche siguiente habría bhāva darśhan y tampoco dormiría. Amma repuso: «No hay que dormir durante el archana. Todo esto lo hacemos con un saṅkalpa divino. Todo el mundo debe estar despierto y hacer el archana. Dormir a esa hora provocaría desventuras. Si Amma duerme hoy durante el archana, mañana haríais todos lo mismo. Se acabaría la disciplina en el āśhram».

Brahmachārī: «Pero, Amma, si no descansas, ¿no se verá afectada tu salud?».

Amma: «Dios cuidará de ella. Amma no ha venido para cuidar este cuerpo. Si respetáis las reglas del āśhram, nada perjudicará la salud de Amma».

Consciente de que era inútil insistir, el brahmachārī se retiró. Amma fue a la sala de meditación y se unió a los brahmachārīs en el archana. Después del archana, fue a sentarse al bosquecillo de cocoteros. Una brahmachāriṇī le llevó una taza de té. Tomó la mitad y se la devolvió.

Amma llamó al brahmachārī Sarvatma Chaitanya, que normalmente vivía en Francia, dedicado a dar a conocer las enseñanzas de Amma. Había venido para ver a Amma. Sarvatma se acercó, se postró y se sentó al lado de Amma.

Sarvatma: «Amma, sabía que esta noche no habías dormido; por eso no vine a verte. Hoy por la noche es el bhāva darśhan de nuevo y deberías descansar por lo menos un poco. Después vendré a verte».

Amma: «Hijo, tienes que marcharte, ¿no es así? No te preocupes por la comodidad de Amma. Ella casi nunca duerme. ¿Qué tiempo hay para dormir las noches de bhāva darśhan? Las otras noches, Amma lee cartas y cuando acaba, se ha hecho muy tarde.

»Amma suele permanecer despierta toda la noche. No es algo nuevo. Le ocurre desde la infancia. El sufrimiento de no haber visto todavía a Dios la mantenía despierta. Si estaba soñolienta, se infligía heridas para no dormirse. Durante todo el día, estaba ocupada con las tareas domésticas. Cuando acababa de lavar los platos por la noche, los demás dormían profundamente. Era el único momento en el que podía rezar sin ser molestada. Se quedaba despierta toda la noche, llorándole al Señor.

»La noche es el mejor momento para rezar. La naturaleza está tranquila. Nadie nos molesta. Si vas a la orilla del mar, nadie se dará cuenta y allí podrás sentarte a solas».

Las lágrimas arrasaban los ojos de Sarvatma, que pensaba en el sacrificio de Amma y en la intensidad de su tapas. Amma cambió de tema y le preguntó: «Hijo, ¿qué decías que querías preguntarle a Amma?». Él se quedó allí sentado, mirándole silenciosamente a los ojos.

Explicación de la labor misionera

Amma le dijo a la brahmachāriṇī, que estaba de pie a su lado: «Este hijo ha viajado a muchos lugares para dar charlas. En algunas ciudades había muchos oyentes, pero en otras muy pocos. Esto empezó a preocuparle, porque pensaba que si la gente no venía era porque sus charlas no eran buenas. (Volviéndose a Sarvatma) Hijo, ¿por qué te preocupa la cantidad de oyentes que tienes? Haces lo que Amma te ha encargado, ¿no es así? Solo ten cuidado de una cosa: que en tus palabras y en tus actos haya una gran humildad. Hemos de bajar al nivel de la gente para ayudarlos a elevarse.

»A los niños les gusta jugar, e incluso se olvidan de comer a su hora. El trabajo de la madre es dar de comer a su hijo a la hora adecuada. Gritarle o darle un azote no funciona. Tiene que llamarle con cariño y ponerse en su nivel. Solo entonces entrará a comer. Del mismo modo, a la gente pueden no interesarle las ideas espirituales inmediatamente. Nos corresponde a nosotros despertar su interés. Todos aprecian que los traten con humildad. Todo el mundo anhela ser amado. Hay que abordar a cada persona en su nivel; después podemos ayudarlos a elevarse».

Sarvatma: «Algunas personas preguntan si es correcto formar organizaciones en nombre de los mahātmās».

Amma: «Hijo, se puede evitar el uso del nombre de una persona, pero, si se crea un movimiento, al final habrá que ponerle un nombre. Toma como ejemplo un ideal en lugar del nombre de una persona. Sea el sendero del amor, o el sendero del ātman, sea el que sea, tiene que tener una etiqueta. Después habrá algunos seguidores y se convertirá en un grupo o una organización. Se la llamará la organización que está a favor del amor o del sacrificio.

Al cabo de un tiempo, vendrá la foto de la persona que lo haya iniciado y terminará por llamarse con el nombre de una o varias personas.

»Hace falta alguna clase de instrumento para ensanchar la mente humana, que es egoísta. Es necesario atar la mente a algún ideal. Es como encerrar un caballo salvaje en una jaula y domarlo. Algunos acuden a un sadguru con este fin. El nombre del guru simboliza los ideales que enseña encarnándolos en su propia vida. Otros siguen un método distinto. Sin el entramado de una organización, es difícil dar a conocer las enseñanzas. ¿Por qué renunciar a los inmensos beneficios que ofrece una organización solo por algunos defectos menores? Tal vez te preguntes para qué se valla una huerta. Es obvio que sirve para algo. Hagas lo que hagas, surgirán inconvenientes; pero no hay que preocuparse por ellos, hijo. Esfuérzate en ver solo el bien en todo y enseña a los demás a hacer lo mismo. Se dice que cuando le das al cisne una mezcla de agua y leche, este es capaz de beber solo la leche. Obsérvalo todo con una mente amplia. Elige solo lo bueno. Vive en la conciencia de lo que es eterno y lo que es efímero.

»La primera letra del nombre del padre se usa como inicial del nombre del hijo. ¿Qué gana el padre con esto? Un gran número de personas se benefician cuando se crea una institución. Un sannyāsī no vive para sí mismo, sino para enseñar el principio supremo a los demás. Con este único objetivo los discípulos difunden las enseñanzas de su guru y ésa es también la función de los āśhrams.

»No consideres a los mahātmās como individuos. Representan un ideal, el principio supremo. Eso es lo que debemos contemplar. Aunque nos parezca solo un individuo, el guru es el principio del Yo Supremo que llena todo el universo. Solo debemos considerar individuos a los que viven para su familia o para satisfacer sus propios deseos. ¿Son así los mahātmās? Benefician al mundo entero. Proporcionan paz a miles de personas.

»Hijo, la mayoría de nosotros ha crecido con la ayuda de distintas personas. Solo unos pocos son capaces de crecer apoyándose únicamente en los principios internos. En la infancia, dependemos de nuestros padres. Después buscamos el apoyo de nuestros amigos o de nuestro cónyuge. De este modo, aprendemos a amar y a servir solo a individuos. Somos incapaces de vivir exclusivamente para los principios. Pero los mahātmās están más allá del nombre y de la forma, aunque tengan nombres y formas. Aunque los veáis actuar como individuos, no hay ego en ellos. Carecen del sentido de individualidad. Si nos apoyamos en ellos, podemos crecer muy rápido y obtener una visión amplia».

Amma se levantó lentamente y Sarvatma Chaitanya se postró ante ella. Después de darle un beso al hijo que se iba, Amma se dirigió a la cabaña para dar el darśhan a los devotos.

Entre la cabaña del darśhan y la escuela de vēdānta había algunos tiestos con plantas, algunas de ellas florecidas. Dos brahmachārīs contemplaban la belleza de las flores. Al ver que Amma venía, se apartaron para dejarla pasar. Al ver que una de las plantas estaba mustia, les dijo: «Aquí puede verse vuestro grado de atención a las cosas externas. ¿Se habría marchitado esta planta si hubieseis tenido un mínimo de śhraddhā? Se ha secado porque nadie la regó cuando lo necesitaba. Basta con mirar las plantas que rodean a un brahmachārī para saber su grado de śhraddhā hacia el mundo. El que ama a Dios, ama y cuida a todos los seres vivos cuando lo necesitan».

Amma entró en la cabaña y empezó a recibir a los devotos.

Uṇṇiyappam

Una devota había traído a los brahmachārīs algunos uṇṇiyappam (buñuelos hechos de harina de arroz y azúcar moreno). Se los ofreció a Amma.

Amma: «Hija, ¿de qué sirve que hayan abandonado su hogar si les traes golosinas? Han venido a practicar la renuncia. ¿Qué hará Amma si cada uno recibe comida de su casa?».

La mujer: «Amma, solo traemos estas cosas de vez en cuando. ¿Qué mal puede hacerles?».

Amma: «Darles lo que anhelan les perjudica, hija. Eso no es amor. El verdadero amor consiste en no traerles alimentos gratos al paladar, en inspirarles para que controlen el gusto y la mente y ayudarles a hacerlo. Cuando la comida baja al estómago se transforma en excremento; pero quien controla la mente saborea constantemente el néctar. Es imposible controlar la mente sin dominar el gusto. Si estos hijos desean las golosinas de sus padres y alimentos sabroso, ¿para qué vienen aquí? Cuando abandonan su hogar y su ambiente, vienen con un objetivo distinto».

Los ojos de la mujer se llenaron de lágrimas. «Amma, no sabía que estaba cometiendo un error tan grave. A todos los considero como si fueran hijos míos. Solo pienso en su bienestar».

Amma la atrajo hacia sí y la abrazó.

Amma: «Hija, Amma no deseaba entristecerte. Solo quería saber lo que pensabas. Alguien aquí debe haber tenido un intenso deseo de uṇṇiyappam y por eso lo has traído hoy». (Amma se ríe y todos los que están en la cabaña se le unen.) «A pesar de lo que Amma acaba de decir, ella misma prepara a veces cosas sabrosas para sus hijos. Piensa: "¿A cuántas comodidades estaban acostumbrados estos hijos en sus hogares? ¿Les gustará la comida de aquí? ¿Quién va a mimarlos ahora sino Amma?". Así pues, en determinadas ocasiones, Amma misma les prepara platos especiales. Algunos días, cuando ella piensa de esta forma, algunos devotos traen golosinas. Por la gracia de Dios, los hijos que están aquí nunca han tenido la sensación de echar nada de menos.

»Sin embargo, en otras ocasiones, la actitud de Amma cambia y solo les da arroz sin ningún acompañamiento. A veces crea circunstancias en las que ellos tienen que pasar hambre. Después de todo, también a eso tienen que acostumbrarse. No seamos esclavos de nuestro paladar. Solo olvidando el gusto de la lengua, podremos saborear el gusto del corazón».

Amma llamó a la brahmachāriṇī y le dio los uṇṇiyappam para que los repartiera entre los residentes del āśhram. La brahmachāriṇī no había oído la conversación que había tenido lugar en la cabaña. Tomó el paquete y murmuró algo al oído de Amma, que se echó a reír de buena gana. Todos la miraban preguntándose qué ocurría.

Amma: «Ya os había dicho Amma que seguramente alguno de vosotros tenía ganas de comer uṇṇiyappam. Uno de los hijos le contó a la brahmachāriṇī que en su casa solían comerlos y que le encantaría volver a saborearlos». (Todos se ríen.)

El darśhan se prolongó hasta las dos de la tarde. Antes de volver a su habitación, Amma fue al comedor para asegurarse de que todo el mundo hubiera comido bien. Como esa noche habría bhāva darśhan, bajaría de nuevo a las cinco de la tarde para los bhajans, que en esas ocasiones empezaban antes de lo habitual.

Viernes, 6 de septiembre de 1985

El brahmachārī Neal Rosner[2] filmaba las actividades del āśhram con una cámara de vídeo que un devoto había traído el día anterior de los Estados Unidos. Temprano por la mañana había filmado la recitación del Vēda y el archana del Sahasranāma; pero el

---

[2] Swami Paramatmananda.

resultado no había sido muy bueno, sin duda porque Amma no le había dado permiso para recurrir a una iluminación adicional.

«Si enciendes luces directas durante el archana, todo el mundo se distraerá», le dijo Amma a Nealu. «La mente debe concentrarse totalmente en la divinidad elegida o en el mantra. Cuando recitamos el archana, la Amma Divina está presente. El objetivo de esta práctica es concentrar la mente. Eso debe quedar claro».

Amma dice a menudo que los buscadores espirituales no deben permitir que se les fotografíe. «La luz del flash le roba al buscador una parte de su poder», dice. Amma nos recuerda a menudo que nos concentremos totalmente en cualquier cosa que estemos haciendo.

Al principio, Amma no permitía ningún tipo de filmación. La noche anterior, Nealu la había seguido a todas partes: «Amma, todos los días recibimos cartas del extranjero en la que nos piden un vídeo tuyo. Muchísimos de tus hijos que viven en el extranjero no pueden venir aquí. Hay que hacerlo por ellos. De hecho, ellos son los que me enviaron esta cámara. Te lo ruego, solo esta vez, Amma». Finalmente, ella accedió a las súplicas de Nealu: «De acuerdo, si insistes. Pero no interrumpas la meditación o cualquier otra cosa de los hijos. Y tampoco vuelvas a plantarte delante de mí con esa cosa». Nealu tuvo que aceptar estas condiciones.

De pie detrás de un cocotero, Nealu esperaba la llegada de Amma a la cabaña del darśhan. Los árboles quitaban luz y Amma no permitía el uso de iluminación artificial para grabar. Finalmente, Amma llegó. Caminó hacia la cabaña, iluminando las zonas sombrías bajo los cocoteros. Y Nealu la siguió, disfrutando de la escena por el objetivo de la cámara.

El renunciante y su familia

La madre biológica de uno de los brahmachārīs esperaba para ver a Amma. La acompañaba su hija. La mujer se postró y le explicó la razón de su tristeza.

La mujer (señalando al brahmachārī): «Amma, estamos celebrando el cumpleaños de su padre. Por favor, permite que venga a pasar unos días en casa».

Amma: «Pero Amma no le prohibe a nadie salir del āśhram, hija. Si él quiere ir, no hay ningún inconveniente en que se vaya contigo».

La mujer: «Él no quiere y solo te obedece a ti, Amma».

El brahmachārī, cabizbajo, escuchaba a su madre y a su hermana implorar a Amma.

Amma se volvió hacia él: «Hijo, ¿no puedes ir con ellas?». Él asintió a regañadientes. Los tres se postraron ante ella y salieron de la cabaña del darśhan.

Por la tarde, cuando el último de los devotos se hubo ido, Amma salió de la cabaña. El brahmachārī la estaba esperando con el rostro descontento.

Amma: «Pero, ¿no te has ido? ¿Dónde están tu madre y tu hermana?».

Brahmachārī: «Se han ido. Al final conseguí que se marcharan».

Amma: «¿No te apetece volver para festejar el cumpleaños de tu padre?».

Brahmachārī: «No, Amma. Y me sentiré mejor si no me presionas para que vaya. Solo me entristece el no haberte obedecido».

Amma, que se dirigía a su habitación, se detuvo. No sonreía. La expresión de su rostro era seria, pero también llena de amor. Se sentó en la escalera y el brahmachārī a sus pies. Ella le miró directamente a los ojos.

Amma: «Hijo, un brahmachārī no debe mantener el vínculo con su familia. Es como remar en un bote amarrado a un árbol. Así no avanzará en su sādhanā. Lo mismo ocurre cuando la mente está repleta de pensamientos. ¿Cómo avanzar en un agua plagada de algas? Puedes dar cien golpes de remo y no moverte más de un centímetro.

»Cuando hablas con tu familiares o lees sus cartas, recibes noticias de tu casa y de tu barrio. ¿Qué sentido tiene, entonces, decir que te has ido de tu hogar? Tus pensamientos girarán en torno a tu hogar y tu vecindario. ¿Cómo vas a poder concentrarte con todos esos pensamientos? El oleaje del pensamiento no se calmará.

»Al principio, un buscador espiritual no debe siquiera leer el periódico. Esa lectura deja en la mente la huella de todas las noticias mundanas. Algunos hijos leen el periódico y enseguida le traen las noticias a Amma, que simula prestar atención para observar la mente de ellos. Al día siguiente, vuelven con otras noticias; pero eso no es lo que Amma espera de vosotros, hijos. Un brahmachārī debe tener una actitud de entrega total al Señor. Debe tener la convicción de que el Señor cuidará de su familia. Si su fe es firme, Dios se ocupará de ellos sin ninguna duda. ¿No vino Kṛiṣhṇa en persona a ayudar a Kurūr Amma[3]?

»Hijo, si regamos las raíces de un árbol, el agua llega hasta las ramas; pero si regamos las ramas, el árbol no se beneficia y nuestro esfuerzo resulta vano. Si amamos a Dios, eso equivale a amar a todas las criaturas. Ellas se benefician porque el mismo Señor mora en todas. Al amarle, amamos a todos los seres. Por el contrario, crear vínculos individuales solo produce sufrimiento.

[3] Kurūr Amma era una mujer brahmana que era una gran devota de Kṛiṣhṇa tal como está manifestado en el templo de Guruvayūr (uno de los más populares de Kerala). Hay muchas historias en las que Kṛiṣhna acudió en su ayuda en tiempos de necesidad.

»Cuando aprendemos a conducir, vamos a un lugar vacío para practicar. De otro modo, seríamos un peligro para nosotros y para los demás. Cuando hemos aprendido a conducir bien, podemos manejar bien el coche incluso con mucho tráfico. Del mismo modo, un sādhak debe alejarse de su familia y de sus amigos al principio y practicar la soledad. De lo contrario, le resultará difícil concentrar la mente en Dios. Pero, a medida que progrese en su sādhanā, será capaz de ver a todos como el Señor, amarlos y servirlos. No perderá su fuerza espiritual. Pero, hijo, si ahora mantienes relaciones con tu familia, perderás toda la fuerza que tengas. Por ahora basta con que escribas a tu madre. Trata solo de temas espirituales. Si vuelves a tu casa, duerme en la sala de pūjā y si alguien te habla de asuntos familiares, no le escuches. Habla solo de asuntos espirituales.

Las palabras de Amma tranquilizaron al brahmachārī. Se postró y se retiró, y Amma se fue a su habitación.

A orillas del mar

A las cinco y media de la tarde Amma bajó de su habitación y llamó a todos los brahmachārīs para ir a la orilla del mar. Cuando llegaron, ella ya estaba en meditación profunda. Se sentaron a su alrededor. Solo se oía el sonido del mar.

Al cabo de dos horas, Amma abrió los ojos, se levantó y empezó a caminar despacio por la playa. A medida que la oscuridad descendía lentamente, las vestiduras blancas de Amma resplandecían aún más. Las olas del mar parecían disputarse el privilegio de besar sus pies. Las pocas que lo conseguían se retiraban, dichosas, disolviéndose de nuevo en el mar. Amma siguió caminando por la orilla y se puso a cantar dulcemente, en un estado divino, con los ojos fijos en el horizonte. Los que la seguían cantaban con ella:

Ōmkaramengum

El sonido Ōm resuena en todas partes,
su eco resuena en cada átomo.
Con alma serena,
cantemos «Om Śhakti».

Brotan lágrimas de tristeza
y ahora la Madre es mi único apoyo.
Bendíceme con tus hermosas manos,
porque he abandonado todos los placeres de este mundo.

El miedo a la muerte ha desaparecido,
el deseo de belleza física se ha desvanecido.
Sin cesar me acuerdo de tu forma
que brilla con la luz de Śhiva.

Cuando me haya llenado de luz interior
que se desborde para brillar ante mí,
cuando me haya embriagado de devoción,
me fundiré en la belleza de tu forma.

Tu forma es lo que más he deseado ver.
Todo el encanto del mundo se ha cristalizado
para crear esta belleza sin igual.
Oh, ahora me anega el llanto.

Una vez terminado el canto, Amma volvió al āśhram. Nadie hablaba. Cuando llegaron, los bhajans se habían terminado. Amma se sentó en la arena en la parte oeste del āśhram. Viendo que deseaba estar sola, los demás fueron retirándose uno a uno.

Instrucciones a los brahmachārīs

Después del darśhan, Amma salió y se dirigió a las cabañas de los brahmachārīs. Ella inspeccionaba sus habitaciones de vez en cuando para ver si todo estaba limpio y ordenado, si alguien guardaba objetos superfluos para su uso personal. Ni siquiera quería ver más de un libro de la biblioteca en ninguna habitación, ni tampoco más dhōtīs o camisas de las estrictamente necesarias. Un día, al observar que un brahmachārī había extendido una esterilla sobre un trozo de alfombra para dormir, Amma dijo: «Solíamos dormir en el suelo. Era un suelo de cemento o un suelo cubierto de boñiga de vaca. Casi nunca teníamos esterillas ni sábanas. A veces, toda la familia dormía junta en esterillas extendidas sobre el suelo y los bebés las mojaban. Así crecimos. Esta brahmachāriṇī os dirá que, incluso hoy, Amma duerme casi siempre en el suelo, aunque tenga una cama y un colchón. Vosotros habéis crecido entre comodidades en vuestro hogar. Os resultará difícil dormir en un suelo de tierra». El brahmachārī enrolló la alfombra rápidamente.

Hoy, Amma entró en una de las cabañas y agarró un paquete que estaba debajo de un escritorio. Parecía saber exactamente el lugar donde se encontraba, como si ella misma lo hubiese puesto allí.

«¿Qué es esto, hijo mío?», le preguntó al brahmachārī que vivía en la cabaña. Él palideció. Amma abrió el paquete. Contenía ariyundas (bolitas dulces hechas con harina de arroz).

«Las han traído tus padres para su querido hijo, ¿verdad?». El brahmachārī bajó la cabeza. Era verdad. Sus padres le habían dado el paquete la víspera. Él les había pedido que se lo entregaran a la brahmachāriṇī para que repartiera su contenido entre todos, pero ellos se negaron. «Le hemos traído a Amma otro paquete para ella y sus hijos. Este es solo para ti». Dada su insistencia, él había cedido.

Algunos brahmachārīs habían seguido a Amma a la cabaña. Ella les dio un ariyunda a cada uno.

Amma: «Hijo, a Amma le encantaría verte cortar incluso un plátano en cien trozos para compartirlo con todos. Muchas personas le traen dulces y golosinas a Amma, pero ella no puede comer nada sin compartirlo. Lo guarda todo para sus hijos. En ocasiones prueba un trocito, solo para complacerlos. ¿Sabes cuántas molestias se toman a veces para prepararlo, empaquetarlo y traerlo hasta aquí, gastando dinero en el autobús y en otras cosas?

»Hijo, ¿te ha puesto triste Amma?».

Puso al brahmachārī en su regazo, partió uno de los dulces y, después de comer un poco, le dio el resto. Tanto amor solo aumentó su dolor. Amma le dijo: «¡No llores, hijo mío! Amma solo te ha dicho esto para que no sigas atado a tu familia. Al menos, no te lo has comido todo tu solo, sino que has dado algo. De haber sido otro, ni siquiera hubiésemos visto el papel del envoltorio, ¿verdad?», les dijo a los demás, sonriendo.

Para cambiar de tema, Amma alargó el brazo y agarró un libro. Estaba cubierto de polvo. Lo sacudió. Era un manual básico de sánscrito.

Amma: «¿No estás yendo a clase de sánscrito?».

Brahmachārī: «He faltado a las dos o tres últimas clases, Amma. Tengo dificultades con la gramática».

Amma: «A juzgar por este libro, diría que no lo has abierto durante un mes por lo menos. Hijo, no es bueno descuidar así tus libros de texto. El estudio es una de las formas de Dēvī Saraswatī. Deberías dedicarte a él con śhraddhā y devoción. Siempre que tomes un libro con las manos, o cuando lo dejes, trátalo con respeto y póstrate ante él. Mantén limpios los libros. Es la enseñanza que nos ha sido transmitida.

»Si te niegas a aprender sánscrito, ¿cómo vas a comprender nuestras escrituras? El sánscrito es nuestra madre. No podéis apreciar plenamente las upaniṣhad (enseñanzas finales de los Vedas) o la Gītā sin conocerlo. Para entender los mantras y las recitaciones, hay que aprenderlos en esta lengua, que es la de nuestra cultura. Es imposible separar la cultura de la India del sánscrito. Es verdad que podemos comprar traducciones de las escrituras en otros idiomas, pero no es lo mismo. Para conocer el sabor de la miel, hay que saborearla por sí misma. Si la mezclas con otra cosa, no percibirás su verdadero sabor. El simple hecho de pronunciar palabras en sánscrito contribuye a nuestra salud mental.

»Pero, hijos, tenéis que entender una cosa. No debéis estudiar sánscrito solo para hacer ostentación de vuestros conocimientos. Vuestro objetivo debe ser el de progresar en vuestro perfeccionamiento mental. Considerad el sánscrito como un medio para conseguirlo. Si en un periódico veis publicidad que anuncia la venta de mangos, lo inteligente es ir a comprarlos y comerlos, y no solo mirar fijamente la imagen en el periódico. Pero no te preocupes, hijo. A partir de ahora, trata de mostrar más diligencia en el estudio del sánscrito».

Alguien mencionó el nombre de un erudito en sánscrito que había venido al āśhram recientemente. La conversación siguió girando en torno al aprendizaje del sánscrito.

Amma: «Hijo, es bueno saber sánscrito, pero no hay que pasarse la vida entera estudiando la gramática. Si hoy en día presumes de tus conocimientos de sánscrito, la gente apenas lo apreciará. Las escrituras surgieron de la mente de los sabios que vivían haciendo tapas. El tapas nos proporciona una visión clara y transparente. Quien hace tapas puede aprender en un día lo que una persona corriente en diez. Por tanto, lo importante es el tapas. El sánscrito y el vēdānta tienen igualmente su importancia, hay que estudiarlos, pero con la intención de conocer el objetivo de nuestra vida y el camino que conduce a él. Cuando lo conocemos, debemos intentar avanzar por ese camino.

»En una estación de ferrocarril, consultamos los horarios, compramos el billete y abordamos el tren. Muchos de los que se consideran eruditos son como los que se quedan en la estación memorizando los horarios. No hacen uso de sus conocimientos.

»Si tenemos un gran saco de azúcar, ¿hace falta comerse todo su contenido para saber que es dulce? Cuando tenemos hambre, solo hay que comer lo necesario para saciarla. No tenemos que consumir todo lo que hay en la despensa. Los supuestos eruditos no piensan así. Parecen querer comérselo todo, y con ello arruinan su vida. Casi todos los eruditos actuales solo tienen conocimientos, pero carecen de experiencia. ¿Cuál es el resultado? Que no se han liberado del sufrimiento, a pesar de haber estudiado hasta los noventa años. La mayoría de ellos se queda en casa sentados y viven en el recuerdo de lo que han estudiado. Si hubiesen aprendido lo necesario entregándose al mismo tiempo al tapas, ese conocimiento les habría beneficiado a ellos mismos y al mundo. Por eso Amma dice que hay que estudiar las escrituras hasta cierto punto, pero también practicar tapas. Solo ello llevará vuestro aprendizaje al plano de la experiencia, os proporcionará paz y os permitirá actuar en beneficio del mundo.

»Cuando hayáis estudiado lo suficiente y adquirido algo de fuerza con la ayuda de vuestra disciplina espiritual, servid a los demás y con ello salvaréis a mucha gente. Algunos se quedan sentados frente al templo leyendo la Gītā y las upaniṣhad, pero retroceden ante cualquiera que se acerque a ellos, exclamando: "¡No me toques! ¡No me toques!". ¿Qué devoción es ésa? Una grabadora reproduce las palabras que otros han pronunciado. Igualmente, esa gente se limita a repetir las palabras de sabiduría que alguien ha dicho antes, pero son incapaces de ponerlas en práctica en su vida. Son incapaces de mostrar amor, no están libres de la vanidad ni de la envidia. ¿De qué sirve semejante erudición? Hijos, debemos amar a nuestros semejantes y mostrar compasión a los que sufren. De lo contrario, nunca llegaremos a Dios. Solo seremos unos egoístas».

Un brahmachārī que escuchaba a Amma, preguntó: «Si la meditación nos da acceso al verdadero conocimiento, ¿por qué no meditar siempre? ¿Para qué sirven las clases? ¿Para qué sirve el karma yōga?».

Amma: «De acuerdo; pero ¿quién puede meditar todas las horas del día? Si nos sentamos durante una hora, ¿conseguiremos concentrarnos siquiera cinco minutos? Por eso Amma os dice que hay que servir al mundo, además de dedicar un tiempo a la meditación. No hay que adormecerse con el pretexto de meditar y convertirse en una carga para el mundo. Resulta que hemos nacido y tenemos que aportar algún beneficio al mundo antes de abandonarlo. Por supuesto, si alguien puede meditar veinticuatro horas al día, perfecto. Amma no le enviará a ningún sitio. Le procurará todo aquello que necesite. Pero una vez sentados para meditar, hay que meditar realmente. Si la mente vaga por mil lugares distintos mientras estamos inmóviles sentados, eso no es meditación. Para meditar hace falta que la mente esté fija en Dios. Si trabajáis recordando a Dios y recitando vuestro mantra, eso también es meditación. La meditación no consiste únicamente en permanecer sentados inmóviles».

Brahmachārī: «Amma, ¿cómo propones que sirvamos al mundo?».

Amma: «Hijo, en estos tiempos la gente anda perdida, no sabe lo que es la cultura. Debemos hacerles comprender lo que significa el verdadero saṁskāra. Un gran número de personas sufre pobreza, tanto material como espiritual. Esforcémonos por remediarla. Si no tenemos comida para repartir a los que pasan hambre, tenemos incluso que salir a mendigar comida para ellos. Esa es la verdadera fuerza. No se trata de hacer tapas con el único propósito de nuestra liberación, sino para obtener la fuerza necesaria para servir al mundo. Cuando tengamos una mente así de compasiva, el conocimiento de Dios llegará pronto. Accederemos a nuestra meta más rápidamente que haciendo solo tapas. (Riendo) Pero, ¿para qué sirve alguien que, con el pretexto de hacer tapas, se queda sentado, medio dormido, sin servir a nadie?».

Brahmachārī: «Amma, primero tendríamos que descubrir quiénes somos. ¿No puede esperar el servicio al mundo? En la actualidad hay muchos que dicen estar al servicio de los demás, pero las cosas apenas han cambiado. Por otro lado, ¿no es verdad que un solo individuo que consiga la liberación puede cambiar el mundo entero?».

Amma cerró los ojos, volviendo un momento su mirada al interior. Lentamente, volvió a abrir los ojos.

Amma: «Hijos, si decís que no podéis servir, que solo deseáis la liberación, demostrad esa clase de intensidad. Los que tienen esa clase de anhelo no se olvidan de Dios ni un solo instante. Comer y dormir no significan nada para ellos. Sus corazones les duelen siempre de anhelo de Dios».

Recuerdos de la infancia de Amma

Las lágrimas llenaron sus ojos. Amma pareció recordar las conmovedoras escenas de su infancia.

Amma: «Desde que empezó a buscar a Dios, Amma se retorcía de dolor hasta que alcanzó la meta. Sus lágrimas no cesaban. No dormía nunca. Cuando se ponía el sol, su corazón se estremecía violentamente. ¡Un día más que pasaba en vano! ¡Otro día malgastado sin conocer al Señor! El dolor era insoportable. Permanecía despierta toda la noche, pensando que, si no dormía, el día podría no estar definitivamente perdido. No dejaba de preguntarse: "¿Dónde estás? ¿Dónde estás?". Incapaz de soportar el dolor de no ver al Señor, mordía y desgarraba su propio cuerpo. A veces rodaba por el suelo llorando y gritando los nombres del Señor. Se ponía a llorar de repente. Nunca tenía ganas de reír. ¿Para qué reír si todavía no conocía a Dios? "¿Cómo voy a regocijarme sin conocerte? ¿Para qué comer si no te conozco? ¿Para qué me voy a lavar?". Así transcurría cada día para Amma».

Se detuvo un momento y luego prosiguió: «Cuando vuestro desapego es profundo, podéis llegar a aborrecer el mundo; pero también es preciso trascender esta etapa. Hay que llegar a ver que todo es Dios.

»Amma sentía de joven un gran amor por los pobres. Cuando tenían hambre, sustraía alimentos de su casa y se los daba. Más adelante, en su dolor de no haber visto a Dios todavía, se volvía contra el mundo entero. Se llenaba de ira contra la naturaleza y decía: "¡No te quiero nada, Madre Naturaleza, porque nos obligas a realizar malas acciones!". Escupía a la Madre Naturaleza y profería todos los insultos que acudían a su mente. Se convirtió en una especie de locura. Cuando le ponían comida delante, escupía en ella. Era una situación muy difícil. Estaba llena de cólera hacia todo. Tenía ganas de arrojar lodo a todo aquel que se le acercara. Cuando veía a alguien sufriendo, pensaba que se debía a su egoísmo y que así cosechaban los frutos de su karma. Pero pronto su actitud cambió. Empezó a pensar: "La gente comete errores por ignorancia; solo si les perdonamos y los amamos, dejarán de hacerlo. Si nos enfadamos con ellos, volverán a las andadas, ¿no es así?". Entonces el corazón se le llenaba de compasión. Su cólera desaparecía por completo».

Amma permaneció unos momentos absorta en meditación. Cada uno imaginaba a su manera las escenas que ella acababa de evocar. La Madre Naturaleza, que había sido testigo de estos incomparables momentos, se hallaba también serena y silenciosa.

Amma dijo con voz grave: «Hijos, vuestro corazón debe latir y anhelar continuamente a Dios. No debéis olvidarle ni un solo instante. Solo se han salvado los que tenían esta actitud».

Los consejos de Amma sobre el desapego y la sed de liberación conmovieron el corazón de todos. Permanecieron en silencio, olvidados del mundo exterior.

Capítulo 4

Viernes, 20 de septiembre de 1985

Brahmachārīs y seglares

Algunos devotos esperaban a Amma frente a la sala de meditación. Después de dar instrucciones a los brahmachārīs sobre la meditación, Amma salió. «¿De dónde venís, hijos míos?», preguntó a los devotos.

Devoto: «De Kollam, Amma».

Amma: «¿Habías venido antes, hijo?».

Devoto: «Dos o tres veces lo he intentado, pero siempre surgía algún imprevisto y no podía venir. Después de todo, ¿no es verdad que para recibir darśhan de un mahātmā no basta con decidirlo? A menudo voy a Kanyakumari (población situada en el extremo sur de la India) por asuntos de trabajo, pero aún no he podido ver a Mayiamma (santa que vivía en Kanyakumari). Ignoro por qué. Suelo frecuentar muchos āśhrams. El año pasado, toda la familia fuimos a Rishikesh».

Amma: «Tienes tiempo para hacerlo a pesar de todas tus obligaciones profesionales; eso en sí es una bendición divina».

Devoto: «Es mi único apoyo, Amma. De no ser así, no podría dormir en paz con tantas actividades profesionales. La relación con los āśhrams y los sannyāsīs me sirve para olvidarme de los problemas de la vida. De otro modo, hace tiempo que me habría hundido en el alcohol».

Amma: «¡Oh, Śhiva! ¡Śhiva!».

Devoto: «Amma, aunque haya visitado numerosos āśhrams, nunca he encontrado un ambiente tan lleno de la esencia divina como aquí. Tampoco he visto nunca en un āśhram tantos jóvenes residentes».

Amma: «Los hijos que están aquí conocieron a Amma cuando estaban en la universidad o trabajando. Lo dejaron todo y vinieron con Amma, aunque la mayoría de ellos no sabían el significado de la espiritualidad ni de la meditación. Después de su encuentro con Amma, parecían haber caído presos de una especie de locura. Ya no podían centrarse en su trabajo o sus estudios. Se olvidaban de comer o de lavar la ropa. Ya nada les preocupaba y no se alejaban de Amma ni un solo instante. Ella intentaba disuadirlos, pero ninguno se iba. Por fin, Amma tuvo que darse por vencida y aceptarlos a todos. Aunque Amma lo sea todo para ellos, todavía necesitan hacer sādhanā. Hoy en día, gracias a su amor por ella, nada exterior les interesa; pero no pueden conservar este estado sin hacer sādhanā.

»Y, puesto que estos hijos se han refugiado en ella, ¿no es el deber de Amma cuidar de ellos en todos los sentidos? Antes tenía tiempo para ocuparse de ellos; pero ahora, dado el creciente número de devotos, no puede dedicarles la suficiente atención. Por eso, siempre que tiene tiempo, hace que se sienten a meditar, como acaba de hacer ahora mismo. Además, les dice que, cuando tengan un problema, lo hablen con ella de inmediato. No tienen que esperar un momento adecuado. Después de todo, ella es la única madre, padre y guru que tienen».

Devoto: «Amma, estoy lamentando mi condición de seglar. ¿Puedo así alcanzar el conocimiento del Yo Supremo?».

Amma: «Hijo, a los ojos de Dios no hay ni seglares ni brahmachārīs. Él solo mira tu mente. Puedes llevar una vida auténticamente espiritual siendo seglar. Podrás disfrutar de la dicha del Yo; pero tu mente debe asirse a Dios en todo momento. De ese modo alcanzarás fácilmente la dicha. Un ave que busca comida solo piensa en los polluelos que dejó en el nido. De la misma manera, mantén la mente fija en Dios mientras te ocupas de todas las actividades mundanas. Lo esencial es estar dedicado a Dios o al guru. Cuando lo consigues, la meta no está lejos.

»Un guru acompañado de sus discípulos llegó un día a una aldea a impartir discursos espirituales. Un hombre de negocios acudía a diario con su familia para escuchar las charlas. Cuando terminaron los satsaṅgs, se había convertido en devoto del guru. Toda la familia decidió irse a vivir a su āśhram.

»Cuando el guru volvió al āśhram, vio que le esperaban el hombre de negocios y su familia. Le comunicaron su decisión de vivir en el āśhram. El guru les explicó las dificultades de la vida en el āśhram; pero como eso no les hizo cambiar de idea, terminó por aceptar. El hombre de negocios y su familia se convirtieron de este modo en residentes permanentes en el āśhram.

»Participaban en el trabajo comunitario como los demás. Sin embargo, a los otros discípulos les disgustaba la presencia de un seglar con su familia en el āśhram. Empezaron a quejarse de ellos. El guru decidió demostrar a los discípulos el grado de entrega del nuevo devoto. Le hizo llamar y dijo: "Has dejado tu casa y tu fortuna, y ahora no tienes nada. Los recursos del āśhram también son insuficientes. Nos las arreglamos porque los brahmachārīs trabajan duro todos los días. Todo hubiera sido fácil si fueras soltero, pero resulta difícil asumir también los gastos de tu mujer y tus hijos. Así que, a partir de mañana, saldrás a ganarte la vida para mantenerlos". El devoto aceptó alegremente.

»Al día siguiente, empezó a trabajar en el pueblo cercano y cada tarde traía su salario al guru. Al cabo de unos días, los discípulos volvieron a quejarse, así que el guru llamó de nuevo al devoto y le dijo: "El dinero que traes basta para pagar tus gastos, pero no los de tu mujer y tus hijos. Como el āśhram ha cubierto hasta este momento todas sus necesidades, debes trabajar el doble y así pagar tu deuda. Solo cuando hayas hecho esto, podréis comer aquí tú y tu familia".

»El devoto llamó a su mujer y sus hijos y les explicó: "Hasta que hayamos pagado la deuda no debemos comer nada aquí. Sería un pecado. Sería una carga para nuestro guru. Yo os traeré algo de comida por la noche. Tened paciencia hasta entonces". Ellos se mostraron de acuerdo. A partir del día siguiente, trabajó desde la mañana hasta muy entrada la noche y todo lo que ganaba se lo entregaba al guru. Con su mujer y sus hijos compartía la comida que le daban donde trabajaba. A veces no había nada y todos pasaban hambre.

»Los demás discípulos se asombraban al ver que, a pesar de estas dificultades, el devoto y su familia no se iban del āśhram. Fueron una vez más a quejarse: "Ahora el hombre de negocios llega muy tarde por la noche. Gana dinero trabajando afuera mientras su mujer y sus hijos se quedan cómodamente en el āśhram. ¡Menuda vida se dan!".

»Aquella noche, el guru esperó al devoto. Cuando llegó y se postró a sus pies, el guru le dijo: "¡Eres un tramposo! No te inclines ante mí. Dejas aquí a tu familia mientras acumulas una fortuna personal trabajando fuera. Pero dices que todas tus ganancias las entregas al āśhram". El devoto no respondió nada. Escuchó al guru con las manos unidas y luego se retiró a su habitación en silencio.

»Aquella misma noche, el guru llamó a todos los discípulos y les dijo: "Mañana habrá una fiesta en el āśhram y no tenemos leña. Alguien tiene que ir inmediatamente a buscarla al bosque. La necesitamos antes del amanecer". Después fue a acostarse. ¿Quién querría ir al bosque tan tarde? Los discípulos despertaron al devoto. Le transmitieron la orden del guru: tenía que ir de inmediato a buscar leña para la fiesta del día siguiente. El devoto salió gustoso hacia el bosque, mientras los demás se acostaban felizmente.

»Al amanecer del día siguiente, el guru, al ver que el devoto no estaba, llamó a los otros discípulos y preguntó por él. Respondieron que había ido a buscar leña. El guru y los discípulos fueron en busca del devoto. Buscaron por todas partes sin encontrarlo. Finalmente, oyeron una voz que respondía a su llamada. La voz salía de un gran pozo. En la oscuridad, el devoto había resbalado y había caído en él cuando acarreaba la leña. Aunque no era muy profundo, era difícil salir de él sin ayuda. Además, como no había comido nada desde hacía varios días, el pobre hombre no tenía fuerzas para salir con su carga.

»El guru pidió a los discípulos que sacaran al devoto del pozo. Estaba muy oscuro. Al alargar las manos tocaban la leña. Le dijeron al devoto que levantara los brazos, pero él respondió: "Si lo hago, la leña caerá al agua. La mantengo levantada para que no se moje. Dádsela enseguida a nuestro guru. Es para la fiesta de esta mañana. Después podéis sacarme".

»Ante semejante entrega, los ojos del guru se llenaron de lágrimas. Pidió a los discípulos que lo sacaran inmediatamente del pozo, pero el devoto no aceptó hasta que hubiesen sacado la leña. El guru abrazó al devoto, que temblaba de frío tras haber permanecido tanto tiempo en el pozo. Su amor desinteresado y su entrega le complacieron tanto que lo bendijo inmediatamente con el autoconocimiento.

»Hijos, el hecho de ser grihasthāśhrami no es obstáculo para obtener el conocimiento del Yo. Sea uno brahmachārī o seglar, lo que cuenta es nuestra fe y entrega al guru».

Unos momentos con los brahmachārīs

El brahmachārī Ramakrishnan le trajo a Amma un poco de agua para que bebiera. Por el movimiento de los labios se podía ver que Ramakrishnan recitaba constantemente su mantra.

Amma insiste en que la persona que cocine para ella y le sirva la comida esté recitando su mantra constantemente. Un día una brahmachāriṇī le trajo algo de té, Amma le devolvió la taza, diciendo: «Mientras hacías el té, no estabas concentrada en lo que hacías o en tu mantra. Pensabas en tu país. Bébetelo tú».

Ella volvió a la cocina sin decir palabra, acordándose de que mientras hacía el té había estado hablando con otro brahmachārīni sobre su juventud. Volvió a prepararlo, esta vez con śhraddhā y recitando su mantra sin interrupción. Al beberlo, Amma dijo: «Tu corazón está aquí. Eso, más que el sabor del té, es lo que me induce a beberlo».

El brahmachārī Ramakrishnan se postró ante Amma y se sentó cerca de ella. La víspera, cuando cruzaba el canal, oyó que uno de los pasajeros del transbordador hablaba mal del āśhram. Ramakrishnan no pudo soportarlo y reaccionó enérgicamente. Cuando le contó el incidente a Amma, ella le dijo:

«Hijo, estabas contento cuando todo el mundo alababa a Amma y os demostraba su amor. Te complacía que los demás aprobaran lo que decías. Lo bebías todo como si fuera néctar. Aquí vienen miles de personas, y de ellos tal vez dos o tres hablen mal de ti. Es una ocasión para examinarnos. Veamos hasta qué punto podemos aceptar pacientemente esa circunstancia. No debemos enfadarnos con ellos. Si montamos en cólera y les decimos que no vuelvan más, ¿en qué les ha beneficiado nuestra vida?

»Cada uno de nuestros actos debe beneficiar al mundo. Lo que demuestra la capacidad del profesor es el éxito en los exámenes de los alumnos que normalmente son incapaces de aprender nada. Nuestra vida solo habrá sido útil si logramos cultivar y cosechar en una tierra yerma, cubierta de maleza y de basura.

»La gente con la que te encontraste ayer viaja por la superficie del mar. Solo quieren peces. No podemos imitar su comportamiento porque nosotros buscamos perlas. Si nos sumergimos en lo profundo y buscamos con atención, tal vez encontremos una.

»Ellos hablaban por ignorancia; pero si reaccionamos con ira, ¿quién es más ignorante? Si hacemos tanto ruido como ellos, ¿qué opinión tendrán los demás sobre nosotros? Debemos estar alerta y conservar la calma hasta cuando los demás nos muestran hostilidad o hablan mal de nosotros. Eso es una forma de sādhanā, una buena ocasión para calibrar nuestra paciencia. Debemos acoger esas situaciones con ecuanimidad».

Un brahmachārī mencionó el caso de tres residentes de un āśhram del norte de la India que recientemente habían llegado al āśhram de Amma y deseaban vivir allí.

Amma: «Un visitante de su āśhram les había dado un ejemplar de la biografía de Amma. Al leerla, inmediatamente quisieron estar cerca de ella. Se inventaron algún pretexto para salir de su āśhram y viajar hasta aquí. Amma tuvo que mostrarse firme para que volvieran. No podemos permitir que se queden aquí los que vienen de otros āśhrams sin el permiso de sus autoridades».

Mientras tanto, un grupo de devotos se había congregado alrededor de Amma; ella los llevó a la cabaña del darśhan.

Da de comer a sus hijos

Amma habla a menudo de la importancia de los votos y las prácticas en la vida de un buscador espiritual. Los votos son un medio para vencer la mente; sin embargo, se opone a que alguien se convierta en esclavo de un determinado voto o práctica. Concede especial importancia al ayuno y el voto de silencio. Amma les había pedido a los residentes del āśhram que ayunaran y, en lo posible, guardaran silencio todos los sábados. Esa práctica se realizaba regularmente. Algunos guardaban silencio durante todo el día y solo hablaban con Amma, mientras otros lo mantenían hasta las seis de la tarde. Todos debían permanecer en la sala de meditación hasta el crepúsculo. Nadie debía salir del āśhram.

Un sábado, a las siete de la mañana, Amma hizo ir a todos a la sala de meditación y después cerró la puerta por fuera. Les había dicho antes que esperaba que pasaran todo el día haciendo japa y meditación. Todos se sentaron y pronto estaban inmersos en meditación. Abrieron los ojos a las nueve de la mañana al oír la voz de Amma.

«¡Hijos!».

Delante de cada uno había un vaso de café azucarado, un poco de aval (copos de arroz) dulce y dos plátanos. Amma estaba de pie, sonriendo.

«Hijos, reanudaréis la meditación cuando hayáis comido esto».

Cerró la puerta y salió. Ellos comieron el prasād de Amma con devoción y después reanudaron su japa y su meditación.

Eran las doce y media. Sonó una campana. Los brahmachārīs se miraron asombrados unos a otros, porque era la campana de la comida. El brahmachārī que cocinaba todos los días estaba en la sala de meditación. «¿Quién ha hecho hoy la comida? ¿Qué nueva līlā (juego) de Amma es este?". Mientras todos se hacían preguntas, un devoto vino a informarles que Amma les llamaba para comer. Les estaba esperando en el comedor. Había puesto los platos en el sitio habitual, había servido el arroz y los curris y colocado un vaso de agua junto a cada plato. Lo único que tenían qué hacer era comer. Había un curri más de lo habitual. ¡Regalo especial de Amma! Ella misma les sirvió mientras comían.

A los devotos que comían con los brahmachārīs, Amma les dijo: «Cuando Amma salió después de haber encerrado a sus hijos en la sala de meditación, empezó a pensar lo cruel que había sido con ellos haciéndoles pasar hambre. Fue a la cocina y, viendo que no había comida, preparó un poco de café y de aval dulce, y encontró unos plátanos. Lo puso todo delante de ellos, pensando que, si salían, su mente se distraería. También quería enseñarles que, si nos refugiamos plenamente en Dios, Él pondrá delante de nosotros todo lo que necesitemos.

»Después, Amma volvió a la cocina para preparar arroz y verduras cocidas. Como les había dicho que nadie debía salir, todos se quedaron en la sala de meditación. Hacía mucho tiempo que Amma no cocinaba para sus hijos. Finalmente, hoy tuvo la ocasión de hacerlo. Amma está dispuesta a ayunar indefinidamente, pero no tiene entrañas para privar de alimento a sus hijos. Como el número de devotos aumenta, ahora tiene menos tiempo que antes para ocuparse de los hijos que residen en el āśhram. Sabe que Dios se asegura de que no les falte nada».

Un brahmachārī se detuvo cuando iba hacia la sala de meditación. Escuchó pasos detrás de él y se volvió. Amma se le acercaba con la sonrisa en los labios. El brahmachārī Rao[4] iba con ella.

«¿En qué pensabas?», preguntó Amma.

«Me acordaba de la forma en que nos hiciste ayunar un sábado, hace algún tiempo».

Amma: «¿Por qué te has acordado de eso hoy?».

Brahmachārī: «Hoy es sábado, ¿verdad?».

Amma: «No te quedes allí perdiendo el tiempo. Es la hora de la meditación».

Amma entró con ellos a la sala de meditación. Les dijo a los brahmachārīs que la esperaban allí: «Hijos, no intentéis aquietar la mente por la fuerza cuando os sentáis a meditar. Si lo hacéis,

---

[4] Ahora Swami Amritatmananda.

los pensamientos volverán diez veces más fuertes. Es como si presionáis un muelle hacia abajo. Intentad encontrar de dónde surgen los pensamientos y controlarlos con ese conocimiento. No sometáis la mente a ninguna tensión. Si una parte de vuestro cuerpo está tensa o duele, vuestra mente se fijará en ella. Relajad todo el cuerpo y observad vuestros pensamientos con la mente muy alerta. Luego la mente se aquietará por sí sola.

»No deis rienda suelta a los pensamientos. Si los seguís, solo vuestro cuerpo estará presente; la mente estará en otra parte. ¿Habéis visto alguna vez los coches que circulan por una carretera llena de polvo? Levantan enormes polvaredas que los ocultan totalmente. Si vais detrás de uno, os llenará de polvo. Aun si os quedáis al borde de la carretera, el polvo os cubrirá. Por eso, cuando vemos llegar un coche, tenemos que mantenernos a distancia. Así es como debéis contemplar vuestros pensamientos: desde la distancia. Si nos acercamos demasiado, nos arrastran tras ellos sin darnos cuenta. Pero, si los vemos de lejos, veremos que el polvo se posa y vuelve la calma».

Amma y Ottur

Ottur Unni Nambudiripad, gran devoto de Kṛiṣhṇa y célebre poeta, vino a vivir al āśhram. Tenía ochenta y dos años y una salud muy frágil. Su único deseo era morir en los brazos de Amma. Le asignaron una habitación construida sobre la cueva de meditación, justo detrás del Kaḷari.

Eran las nueve de la noche cuando Amma apareció en la habitación de Ottur. Allí se encontraban algunos brahmachārīs. Aunque Amma intentó impedirlo, Ottur se arrodilló con grandes dificultades y se postró ante ella. Amma le ayudó a levantarse e hizo que se sentara en la cama. Ella se sentó a su lado ya que, si permanecía de pie, él se negaría a sentarse.

Ottur: «Amma, di algo, por favor. Déjame oír tus palabras».

Amma: «Pero tú lo sabes todo, hijo».

Ottur: «Este hijo ocasiona muchas molestias a los brahmachārīs, ¿no es verdad?».

Un brahmachārī: «¡Qué va! ¡En absoluto! Es una gran oportunidad para nosotros poder servirte. ¿Dónde, si no, tendríamos un satsaṅg tan bueno?».

Amma: «En efecto, en vuestras oraciones pedid ante todo la oportunidad de servir a los devotos del Señor. Es la única forma de llegar a Él».

Sēvā y sādhanā

Brahmachārī: «Pero, Amma, ¿no es verdad que el servicio, por grande que sea, solo es karma yōga? Śhaṅkarāchārya afirma que, si bien el karma yōga purifica la mente, solo a través de jñāna se alcanza el conocimiento del Yo Supremo».

Amma: «El Yo no solo se encuentra en vuestro interior, sino que es inmanente en todo el universo. No alcanzaremos a conocer el Yo hasta que veamos que todas las cosas son lo mismo. No entraremos en el mundo de Dios sin la firma de la más pequeña de las hormigas en nuestra solicitud de ingreso. Además del recuerdo de Dios, la primera condición es amar todos los seres vivientes y no vivientes. Si tenemos esa grandeza de corazón, la liberación no está lejos.

»Vamos al templo, lo rodeamos tres veces y nos postramos ante la deidad; pero al salir le damos una patada al mendigo que está en la puerta. Ese es nuestro saṁskāra ahora. No mereceremos el conocimiento pleno hasta que seamos capaces de ver incluso en ese mendigo a Aquel ante quien acabamos de postrarnos. Mientras trabajamos en el mundo, debemos servir a los demás viendo en ellos a Dios. Así aprenderemos la humildad y el respeto. De nada vale si empezamos a sentir: "¡Estoy sirviendo al mundo!". Lo que hacemos con esa actitud, nada tiene que ver con la sēvā. La verdadera sēvā significa que nuestras palabras, nuestra sonrisa y nuestros actos llevan el sello del amor y de la actitud de “yo no soy nada”.

»La gente desconoce su verdadera esencia. Contemplad los pajarillos que viven junto al estanque. Ignoran que tienen alas. No desean volar alto y disfrutar del néctar de las flores que se abren en los árboles que rodean el estanque. Se conforman con vivir en el barro del estanque. Pero si se remontaran por el aire y pudieran probar ese néctar, ya no volverían a bajar al fango. La gente vive así, ignorando la dicha que produce el amor puro de Dios. Nuestra meta es hacerles conscientes y guiarles hacia su verdadera esencia. Ese es nuestro deber con el āśhram».

Brahmachārī: «¿Cómo podemos servir desinteresadamente sin conocer la verdad del Yo?».

Amma: «Hijos, servir es también una forma de sādhanā. Si proclamáis que habéis alcanzado la perfección después de una sādhanā que realizasteis sentados en un lugar, Amma no lo aceptará. Salir al mundo y hacer servicio también forma parte de la sādhanā. Si queremos eliminar a los enemigos que se ocultan en lo más recóndito del corazón, necesitamos servir al mundo. Solo entonces comprobaremos la eficacia de nuestra meditación. Si alguien se enfada con nosotros, podremos ver si aún hay ira en nuestro interior.

»Aislado en la espesura del bosque, el chacal piensa: “Ahora soy fuerte. La próxima vez que vea un perro, no aullaré”. Pero, en cuanto ve a uno, se olvida de todo y aúlla bien fuerte. Cuando nos mezclamos con los demás, debemos mantenernos por encima de la ira en circunstancias en las que ellos se dejan llevar por ella. Solo entonces sabremos cuánto hemos crecido.

»No siempre bastan las buenas notas en los exámenes escolares para conseguir un trabajo. Para ello, tenéis que hacer excepcionalmente bien el examen al que se someten miles de aspirantes. Tenéis que sacar una buena nota en ese examen. Solo entonces obtendréis el trabajo. Del mismo modo, una vez que hayáis alcanzado cierto nivel mediante la meditación, debéis servir a la sociedad. Cuando tengáis suficiente fuerza para soportar toda clase de burlas e insultos, Amma dirá que habéis llegado a la plenitud, no antes.

»Hasta un conductor inexperto puede conducir un coche en un paraje desierto. Su habilidad al volante solo se demostrará cuando conduzca sin dificultades en medio de una densa circulación. No se puede afirmar que alguien es valiente porque permanece en soledad y realiza prácticas espirituales. La persona verdaderamente valerosa es la que avanza sin dejarse perturbar por la adversidad, aunque esté ocupada en diversas tareas. Ella sí merece que la llamen sabia. Ninguna circunstancia destruye su ecuanimidad.

»El servicio debe considerarse una sādhanā. Hay que hacerlo como una ofrenda a Dios. Entonces, cuando alguien se enfrente a nosotros, tal vez sintamos un poco de hostilidad, pero podremos eliminarla mediante una reflexión: "¿Quién ha sido el objeto de mi hostilidad? ¿No me enfadé con él porque yo pensaba que era mi cuerpo? ¿Qué he aprendido de las escrituras? ¿Hacia qué mundo me dirijo? ¿Cómo puedo sentir rencor por esta persona si afirmo que no soy el cuerpo ni la mente, sino el alma?". Debemos hacer con frecuencia este autoexamen. Terminaremos por no enfadarnos con nadie. Sentiremos remordimiento y ello hará que volvamos al camino recto».

Brahmachārī: «Cuando los demás muestran hostilidad, ¿no es acaso darles la ocasión de actuar mal y emplear un lenguaje grosero el no responder? ¿Es mejor quedarse callado, pensando que somos el ātman? ¿No tomarán ellos nuestra paciencia por debilidad?».

La no dualidad en la vida diaria

Amma: «Debemos verlo todo como Brahman; pero también debemos emplear nuestra capacidad de discernimiento para actuar correctamente en cada circunstancia. Imaginad que vamos por el arcén de una carretera y un perro viene corriendo hacia nosotros seguido por una multitud que grita: "¡El perro tiene rabia!". El perro rabioso no tiene discernimiento y, si seguimos en su camino, nos morderá. Luego, es mejor apartarnos, o tal vez armarnos de un buen palo. Amma no nos aconseja cerrar los ojos ante esta amenaza. Sin embargo, tampoco tenemos que golpear al perro sin necesidad porque este no distingue el bien del mal. Al apartarnos, no le damos ocasión de mordernos.

»Debemos ver tanto al perro como a la gente que nos advertía como Brahman. Si hacemos caso omiso de las advertencias y nos quedamos delante del perro pensando que es Brahman, ciertamente el perro nos morderá. De nada sirve lamentarlo después.

»Hijos, debemos emplear nuestro discernimiento en toda situación. Un buscador espiritual no debe ser débil jamás. Pensad en un niño pequeño, por ejemplo en nuestro Shivan (un sobrino de Amma). Hace muchas travesuras que a menudo merecen unos azotes; pero no es que estemos enfadados con él. No lo hacemos por rencor. Solo es un crío y sabemos que comete errores por ignorancia. Sin embargo, si hoy le castigamos, mañana pondrá más atención. Hacemos como si estuviéramos enfadados. Esa debe ser nuestra actitud. Por supuesto, es necesario frenar a los que actúan sin discernimiento, pero sin perder nuestra ecuanimidad al hacerlo. Incluso cuando externamente mostramos nuestro disgusto, debemos amarlos en nuestro interior y desear que se corrijan. Solo con esta actitud progresaremos.

»Un sādhak debe ser como un león por fuera y como una flor por dentro. Su corazón debe semejarse a una flor completamente abierta que nunca se marchita. Pero exteriormente debe poseer el valor y la fuerza de un león. Solo entonces tendrá la capacidad de guiar al mundo. Pero, durante su período de sādhanā, debe ser el más humilde de los servidores. Como un mendigo, que pide comida y se aleja sin enfadarse aunque solo reciba insultos. Solo así crecerá. Hijos, solo una persona valerosa puede ser paciente. Esta actitud de mendigo durante la sādhanā aumentará su valentía. La semilla del valor solo puede germinar en la tierra de la paciencia».

El anciano «Unnikkannan» («Kṛishṇa bebé», como llamaba Amma a Ottur) estaba sentado en la cama, inclinado hacia delante, escuchando con el rostro radiante de gozo las palabras de Amma, dulces como la ambrosía. Cuando vio que ella se levantaba para marcharse, se postró allí mismo y le ofreció un paquete de azúcar que había sido ofrecido al Señor en el templo de Guruvayur. (Ottur mantuvo toda su vida una relación con ese templo, y siempre tenía consigo un poco de prasād de ese lugar.) Amma le distinguió sirviéndole a él primero. Le puso un poco de azúcar en la lengua, bendecida por años recitando el nombre del Señor.

Martes, 24 de septiembre de 1985

Una lección de cocina

Eran más de las cinco de la tarde. Una brahmachārīni partía verduras para la cena. Además, se levantaba a menudo para mantener el fuego encendido. Amma entró en la cocina y la vio. «Hija, sal a ocuparte del fuego. Amma se encargará del resto», dijo. Y se puso a partir las verduras. Algunas personas vieron a Amma haciendo esta tarea y se le unieron.

Amma: «Hijos, esta hija estaba aquí completamente sola tratando de arreglárselas para atender el fuego y partir verduras. ¡Y nadie vino a ayudarla! Pero, en cuanto Amma apareció, vinisteis todos corriendo. Hijos, la sādhanā no consiste en quedarse tranquilamente sentado sin hacer nada. Cuando los demás no dan abasto, debéis sentir compasión, ganas de ayudar. El objetivo de la sādhanā es adquirir una mente que sea profundamente compasiva. Cuando la tengáis, lo tendréis todo. Si Amma está presente, todo el mundo llega corriendo. Eso no es verdadera devoción por ella. La persona que es capaz de amar a todos por igual es la que realmente quiere a Amma».

Un brahmachārī: «Amma, el otro día vine a la cocina a ayudar, pero lo que conseguí fue una reprimenda».

Amma: «Sin duda habrás hecho alguna trastada».

Brahmachārī: «Creo que partí las verduras en trozos demasiado grandes».

Amma y los demás se echan a reír. Amma llamó a la brahmachārīni.

Amma (que aún reía): «¿Reñiste a este hijo el otro día, a pesar de haber venido para echarte una mano?».

Brahmachārīni: «Es verdad que vino a ayudar, pero el único resultado es que tuve que trabajar el doble. Le dije que partiera las verduras en trozos pequeños, pero él lo hizo en trozos demasiado grandes y tuve que volver a cortarlo todo. Me llevó el doble de tiempo. Le dije que, si iba a trabajar así, era mejor que no viniese».

Amma: «Pero él no está acostumbrado a hacer este tipo de tarea. Debiste haberle enseñado cómo querías que lo hiciera. No sabe cortar verduras porque en su casa no hacía ninguna tarea».

Amma explicó a todos cómo partir bien las verduras y en qué hay que fijarse. Cuando terminó la lección, todas las verduras estaban cortadas. Una brahmachārīni trajo un poco de agua, Amma se lavó las manos y se fue de la cocina.

Amma bendice una vaca

Amma se dirigió al establo. Los que la seguían tuvieron ocasión de ver una escena sorprendente. ¡Se arrodilló junto a una vaca y se puso a beber directamente de la ubre! El animal dejaba fluir generosamente su leche, que caía por el rostro de Amma cuando cambió de ubre. Los ojos de la vaca madre, dichosa por dar de mamar a la Madre del mundo, parecían decir: «He realizado todo mi tapas para llegar a vivir este momento. El objetivo de mi vida se acaba de cumplir».

Amma se levantó y se secó el rostro con el extremo del sari. Al ver a sus hijos congregados allí, dijo: «Hace mucho tiempo que esta vaca tenía el deseo de darle su leche a Amma».

¡Amma cumple hasta los deseos silenciosos de una vaca! Sin duda, esas vacas eran almas benditas que habían acumulado mucho mérito. Si no, ¿cómo podrían haber llegado a tener ese deseo?

Amma prosiguió: «Hace tiempo, cuando la familia y los vecinos de Amma se oponían a ella, los pájaros y los animales venían en su ayuda. Por su propia experiencia, Amma puede afirmar que, si os entregáis por completo a Dios, Él se encargará de que no os falte nada. Cuando no había nadie para darle de comer a Amma, un perro le traía de algún lugar un paquete de arroz entre los dientes.

»A veces Amma no comía nada en varios días. Después de meditar, yacía inconsciente sobre la arena en algún lugar. Al abrir los ojos, veía que una de las vacas con las ubres repletas de leche estaba junto a ella, dispuesta a dejarla beber todo lo que Amma quisiera. Siempre que Amma estaba cansada, esa vaca venía a ofrecerle su leche».

Los devotos, que siempre lamentaban no haber estado allí para presenciar aquellas līlās, al menos ese día tuvieron la ocasión de ver esa escena.

La adoración de las divinidades y del guru

Cuando Amma caminaba hacia el āśhram, un brahmachārī preguntó: «Amma, ¿existen realmente las deidades?».

Amma: «Existen en el plano sutil, hijo. Cada una de ellas representa una característica latente en nosotros. Pero debéis considerar a vuestra deidad elegida como no distinta del Yo Supremo. Dios puede adoptar la forma que Él desee. Las mareas se producen por la atracción que la Luna ejerce sobre ellas. Del mismo modo, el Señor adopta muchas formas para responder a los deseos de los devotos».

Brahmachārī: «Amma, en lugar de adorar a las divinidades que jamás hemos visto, ¿no es mejor refugiarse en los mahātmās que viven entre nosotros?».

Amma: «Sí. Un verdadero tapasvī (asceta) tiene el poder de asumir la carga de nuestro prārabdha. Si nos refugiamos en un mahātmā con devoción, nuestro prārabdha terminará pronto. Hace falta un mayor esfuerzo para obtener beneficio de la adoración de una deidad o de la adoración en el templo».

Tras callarse un momento, Amma prosiguió: «Si adoramos a nuestra divinidad elegida con la actitud de que es el Yo Supremo, podemos conseguir verdaderamente el autoconocimiento. Una forma es como una escalera. Así como todas las sombras desaparecen al mediodía, todas las formas terminarán por fundirse en lo informe. Pero, si nos refugiamos en un sadguru, el camino será más fácil. Necesitamos la ayuda de un guru para vencer los obstáculos de la sādhanā y para que nos muestre el camino. Los gurus pueden ayudarnos aclarando nuestras dudas en momentos de crisis. El viaje resultará más fácil. Un niño puede hacer todo lo que quiera mientras su madre lo lleve de la mano. No se caerá, aunque levante ambos pies del suelo. Pero el niño no debe intentar soltarse de su madre. Si no deja que lo guíen, se caerá. Igualmente, el guru acude siempre en ayuda del discípulo».

Un devoto: «¿Meditar en un mahātmā equivale a meditar en el Yo?».

Amma: «Si vemos al mahātmā con la mirada correcta, podemos llegar a Brahman. En realidad, el mahātmā carece de forma. Si esculpimos en chocolate la forma de un melón amargo, estará dulce. Los mahātmās que han llegado a un conocimiento perfecto del Yo Supremo, son como Brahman que ha asumido una forma. Todas sus formas y sus estados son dulces».

Brahmachārī: «Algunos meditan en Amma, otros en Kālī. ¿Hay alguna diferencia real entre ambas?».

Amma: «Si te fijas en la verdadera esencia, ¿cuál es la diferencia? Cualquiera que sea la forma en la que medites, lo que importa es tu saṅkalpa, lo que atribuyes a esa forma. Obtendrás el resultado correspondiente. Algunas personas meditan en unas deidades y obtienen siddhis. Lo hacen con el fin de alcanzar determinados resultados. Su concepto de la forma de la deidad es muy limitado. Debéis ver el principio (tattva) que hay detrás de la deidad. Solo así podremos trascender la forma, los límites. Debemos comprender que todo es el Yo omnipresente. Tenemos que ver la deidad que adoramos como el Yo indiviso. La diferencia reside en el saṅkalpa. A veces, la gente rinde culto a una deidad durante ciertas prácticas o rituales. Eso implica únicamente el concepto de una deidad, no de Dios.

»Toda forma es limitada. Ningún árbol toca el cielo, ninguna raíz llega a los infiernos. Nos esforzamos por alcanzar el Yo Supremo. Cuando subimos al autobús, no tenemos intención de quedarnos allí a vivir, ¿verdad? Nuestro objetivo es llegar a casa. El autobús nos lleva hasta la verja y nosotros tenemos que caminar hasta la casa. Las deidades nos llevan hasta el umbral del Sat-Chit-Ānanda (Realidad-Conciencia-Felicidad) Supremo. Desde allí, el conocimiento del Yo no queda lejos.

»Ni siquiera los que han trascendido todas las limitaciones abandonan el apoyo de una forma. Se dice que hasta los jīvan-muktas, los que han alcanzado la liberación en esta vida, anhelan oír el nombre del Señor».

Las memorables palabras de Amma, que desvelaban los sutiles matices de la sādhanā, arrojaban nueva luz sobre la mente de los oyentes. Todos se postraron ante ella con una sensación de satisfacción y volvieron a sus tareas habituales.

Domingo, 13 de octubre de 1985

> *El que ve a todo ser en sí mismo y se ve a sí mismo en todo lo demás, no se aparta de nada con aversión.*
>
> Īśhāvāsya Upaniṣhad

Amma se disponía a vaciar y limpiar el foso séptico de los lavabos de la hospedería, que estaba lleno. Acababa de volver de un viaje de un día, con bhajans y darśhan. En cuanto volvió al āśhram, se puso manos a la obra. No es que sus hijos se negaran a realizar este trabajo, ya que, de hecho, le habían rogado que se mantuviera al margen; pero se empeñó en hacerlo para dar ejemplo. Por lo general, siempre ocurría lo mismo: raras veces le pedía a otro que se encargara de hacer un trabajo.

Amma: «A una madre no le repugna limpiar los excrementos de su bebé, puesto que se trata de "su" bebé. Pero debemos sentir este mismo prēma por todos y, en consecuencia, no sentir aversión ni repugnancia».

La dicha de trabajar con Amma es especial; es embriagante. Todos desean trabajar con ella, sin importar que la tarea sea dura. A nadie le preocupa saber si se trata de transportar arena, cemento o excrementos.

Amma recordó los viejos tiempos: «Antiguamente no había lavabos para quienes venían al darśhan. Por eso, la primera tarea matutina de los hijos más antiguos consistía en limpiar los terrenos del āśhram. No había vallas de separación de los terrenos colindantes, así que casi siempre terminábamos limpiando también la propiedad de los vecinos».

Un brahmachārī manipulaba con mucho cuidado los cubos con el contenido del foso séptico, atento a evitar que salpicara o se derramara. La velocidad del paso de cubos de unas manos a otras aumentó, su vigilancia disminuyó y un cubo cayó al suelo; los excrementos salpicaron todo su cuerpo.

Amma: «No te preocupes, hijo. En realidad, todos llevamos esto en nuestro interior. Un buen lavado y todo habrá desaparecido. La verdadera suciedad está en la actitud de "yo soy el que actúa" al hacer cualquier cosa, sea una pūjā o la limpieza de alcantarillas. Esa actitud es difícil de lavar. Hijos, tenéis que aprender a considerar cualquier trabajo que hagáis como una ofrenda a Dios. Solo entonces estaréis limpios por dentro. Por esa razón Amma os hace realizar este trabajo. No quiere que sus queridos hijos se queden al margen ordenando a otros que lo hagan. Un brahmachārī debe ser capaz de hacer cualquier clase de trabajo».

Además de los brahmachārīs, algunos devotos participaban igualmente en la tarea. Uno de ellos, que se despertó con el ruido y la luz, se asomó para ver qué ocurría. Cuando vio lo que Amma estaba haciendo, no pudo quedarse mirando. Se quitó la camisa, se remangó el dhōti (tela enrollada alrededor de la cintura) y se metió en el foso séptico.

Amma: «No, hijo, el trabajo ya casi está terminado. De nada sirve que tú también tengas que ducharte por la noche».

Pero, ¿quién le hace caso? Los labios del devoto temblaban de emoción: «¿Quieres darme ese cubo y salir de aquí, Amma?».

Amma sonrió, sensible al amor que le hacía adoptar ese tono autoritario.

Amma: «Mōne, Amma no siente ninguna aversión a limpiar los excrementos de sus devotos. Es un placer para ella».

«No busques ahora ese placer, Amma. ¿Quieres hacerme el favor de darme el cubo?», repitió con voz entrecortada, intentando quitárselo de las manos.

A menudo vemos que los devotos se toman con Amma libertades que los residentes del āśhram dudarían en permitirse. Ella solo cede ante la devoción pura e inmaculada.

El trabajo se terminó a esa hora propicia que precede al alba. La siguiente afirmación de la Gītā debería modificarse para quienes vivían en este āśhram: «Durante el tiempo que es la noche para todos los seres, el yōgī (varón practicante de yoga) permanece despierto». Aquí, la noche es el día, incluso para los que eligen vivir con la yōginī (mujer practicante de yoga).

Sábado, 19 de octubre de 1985

Practicad el principio en el que se basan los rituales

Amma bajó al Kaḷari al atardecer, aunque aún no era la hora de los bhajans. Estaba rodeada por los brahmachārīs y por algunos devotos seglares.

Un pariente de Ottur, que vivía en el āśhram para cuidar de él, estaba enfermo. Por esa razón, algunos brahmachārīs se ocupaban de Ottur. En materia de rituales, Ottur solía ser muy exigente y difícil de complacer. Cuando la conversación giró en torno al tema, Amma dijo:

«Amma no conoce los āchāras (costumbres y rituales). No fue educada en las tradiciones. Pero Damayanti Amma (la madre de Amma) era muy estricta. No nos autorizaba a tener amistades. No obstante, eso nos benefició: cuando estás solo, puedes cantar himnos de alabanza a Dios. Puedes hablar con Él. Si tenéis compañía, perdéis el tiempo en vanas conversaciones. Una mota de polvo en uno de los utensilios de cocina bastaba para que Damayanti Amma le diera una buena zurra. Si después de barrer el patio quedaba un minúsculo fragmento de basura en él, le pegaba con la escoba hasta que esta se rompía. (Riéndose) Tal vez por esa educación Amma es tan estricta con sus hijos. Es terrorífica, ¿verdad?

»En aquellos días, cuando terminaba de barrer el patio, Amma se quedaba en un rincón imaginando que el Señor caminaba frente a ella. Se imaginaba entonces cada una de sus huellas en la arena. En todo lo que hacía, solo pensaba en Dios.

»Hijos, pensad en Dios hagáis lo que hagáis. Esa es la finalidad de los rituales. Os ayudan a adquirir buenas costumbres y ponen orden en vuestra vida. Sin embargo, es preciso trascenderlos ¡y no estar atado a ellos hasta el día de la muerte!».

Un brahmachārī: «¿No es verdad que los rituales llevan la mente hacia lo externo y no hacia Dios?».

Amma: «Todo ritual fue creado para ayudar a conservar el recuerdo constante de Dios. Poco a poco fue transformándose en una mera rutina.

»¿Conocéis esta historia? Había una vez un sacerdote cuyo gato siempre lo molestaba durante la pūjā. Eso le perturbaba, hasta que un día empezó a poner el gato debajo de una cesta antes de empezar la pūjā y soltarlo cuando hubiera acabado. Su hijo le ayudaba a hacerlo. Un día, el viejo sacerdote murió y su hijo asumió la responsabilidad de la pūjā. Nunca se olvidaba de poner el gato debajo de la cesta antes de comenzar la adoración.

Al cabo de un tiempo, el gato también murió. Al día siguiente, a la hora de la pūjā, el hijo estaba muy preocupado. ¿Cómo iba a comenzar el ritual sin poner el gato debajo de la cesta? Salió corriendo, agarró el gato del vecino, lo tapó con una cesta y comenzó. Pero, como era difícil atrapar a tiempo todos los días el gato del vecino, acabó por comprar otro gato solo para la pūjā. El hijo ignoraba la razón por la que su padre había adquirido esa costumbre y nunca lo había preguntado. Se había limitado a hacer exactamente todo lo que él hacía. Los rituales nunca deben realizarse así. No hay que ejecutar los āchāras hasta después de comprender su sentido. Solo entonces nos beneficiarán. De lo contrario, se convertirán en una simple rutina.

»Debemos ser capaces de pensar en Dios en todos nuestros actos. Antes de sentarnos, por ejemplo, debemos tocar el asiento y postrarnos ante él, imaginando que estamos frente a la divinidad de nuestra preferencia. Y hacer lo mismo al levantarnos. Siempre que tomemos un objeto en las manos, debemos mostrarle de igual modo nuestra veneración, imaginando a la divinidad en su interior. Solo si mantenemos así nuestra atención, tendremos siempre la mente puesta en Dios, sin desviarse hacia las cosas del mundo.

»¿Habéis observado alguna vez a una madre que, obligada a trabajar en la casa del vecino, tiene que dejar a su bebé solo en su casa? Haga lo que haga, piensa siempre en su pequeño. ¿Se acercará demasiado al pozo? ¿Habrá algún peligro de que los otros niños le lastimen? ¿Irá al establo y se pondrá a gatear debajo de las vacas? ¿Se acercará demasiado al fuego de la cocina? No piensa en otra cosa. Un sādhak debe hacer lo mismo y pensar constantemente en Dios.

»Nuestros brahmachārīs no han aprendido los rituales. Sirviendo a personas como él (Ottur), aprenderán algo. (Volviéndose al brahmachārī). Hijo, aunque te reprenda, no te enfades, porque de lo contrario todo lo que has hecho se perderá por completo. Considera toda ocasión de servir a un sādhu como una gran bendición».

Cómo encarar el elogio y la censura

Un brahmachārī vino a quejarse a Amma del mal genio de uno de los devotos seglares. Este consideraba un error grave la más mínima falta de los brahmachārīs y no dudaba en criticarlos con aspereza, sin ver jamás su lado bueno.

Amma: «Hijo, es fácil amar a los que nos elogian; pero en realidad debemos amar más aún a los que nos señalan nuestras faltas y debilidades. Son ellos los que realmente nos aman. Cuando vemos nuestros errores, podemos corregirlos y avanzar. Consideremos a nuestros admiradores como enemigos y a nuestros críticos como amigos. Pero mantengamos en secreto esta actitud, no hace falta revelársela a nadie. Es verdad que no resulta nada fácil; en todo caso, nos hemos propuesto conocer el Yo, no conocer el cuerpo, no lo olvidéis.

»El elogio y la censura se sitúan en el plano físico, no en el plano del Yo. Debemos ser capaces de considerarlos equivalentes. Tenemos que aprender a no perder la calma ante el amor y la ira, el elogio y la reprensión. Esa es la verdadera sādhanā. Solo así progresaremos».

Brahmachārī: «Amma, ¿por qué dices que debemos considerar como enemigos a los que nos elogian?».

Amma: «Porque nos alejan de nuestro objetivo. Debemos entenderlo usando nuestro discernimiento. Eso no significa que nadie nos tenga que desagradar.

»Todos los seres vivos buscan amor. Cuando lo buscamos en el mundo, nos produce sufrimiento, igual que la polilla que perece en el fuego. Toda búsqueda de amor en este mundo acaba en lágrimas. Es lo que hoy en día experimentamos en nuestras vidas. Es imposible encontrar el verdadero amor. El que existe en este mundo es artificial, como la lámpara que usa el pescador. Lanza la red, enciende luces brillantes y espera. Atraído por la luz, el pez acude. La red queda pronto repleta y el pescador llena su cesto. Todos aman de una manera egoísta.

»Cuando los demás nos quieren, nos acercamos a ellos creyendo que nos darán paz; pero no vemos que la miel que nos ofrecen es una gota en la punta de una aguja. Cuando intentamos saborear la miel, la aguja se nos clava en la lengua. Por tanto, conoced la verdad y avanzad. Sabed que no tenemos otro amigo que Dios; con Él no tendremos nada que lamentar».

La tierra y el cielo se vistieron del dorado resplandor del crepúsculo. Por el poniente, el horizonte se tiñó de un rojo profundo.

«Los pescadores que salgan al mar estarán contentos esta noche», dijo Amma, señalando el magnífico color rojo. «Dicen que eso es señal de una buena pesca».

Alguien se puso a tocar el armonio y Amma se sentó dentro del Kaḷari. Pronto perdió la conciencia del mundo exterior, asumiendo el estado de pura devoción de un buscador solitario. Los bhajans comenzaron con

Kumbhodara varada

Oh, Tú, el del gran vientre
y rostro de elefante,
Tú que otorgas bendiciones,
hijo de Ṥhiva,
Señor de los gaṇas.

Oh, Tú, que con tus cinco manos repartes dones,
Tú que destruyes el sufrimiento,
hijo de Ṥhiva, bendícenos
y concédenos la salvación.

Que tu mirada bondadosa caiga sobre mí.

Oh, Señor Primordial,
que nos haces cruzar el río del saṁsāra,
morada de misericordia,
Tú que eres propicio,
oh, Hari, néctar de la dicha,
Tú que destruyes los obstáculos,
muéstranos tu compasión.

El āśhram y sus alrededores vibraban con los compases de la dulce música devocional. Todos estaban inmersos en el éxtasis de la bhakti.

Domingo, 20 de octubre de 1985

Un percance ocasionado por un perro

«Hijos, debemos amar a todos los seres vivos, pero sin dañar nunca a nadie. Nuestra misión es salir al mundo y servir a la gente. Nuestra compasión hacia un ser vivo no debe terminar causando sufrimiento a otro. Si vivimos en un lugar aislado, podemos criar perros, gatos u otros animales. Pero aquí vienen numerosos visitantes. Si tuviésemos un perro, los niños pequeños querrían jugar con él, con el consiguiente riesgo de ser mordidos. En un āśhram no es aconsejable tener un perro».

Al oír la voz de Amma, la gente se congregó en torno a ella. Amma había bajado esta mañana después de oír un fuerte ruido. Su abuela (a quien llamaba Acchamma, que significa «la madre del padre») había ido detrás de la cabaña a buscar un palo largo para poder recoger las flores. Una perra acababa de tener cachorros y los amamantaba en ese lugar. Pero la pobre mujer no lo sabía.

Nervioso, el animal la mordió, y ella se puso a gritar. Cuando Amma llegó, devotos y brahmachārīs rodeaban a Acchamma.

Amma: «Pobre, ¿cómo va a cortar las flores ahora? La herida es profunda».

Todos los días Acchamma era la que recogía flores para la pūjā del Kaḷari. Por débil que se sintiera, nunca dejaba de hacerlo. En verano, a menudo veía en sueños dónde encontrar las flores. Y nunca se equivocaba, encontrando muchas flores en esos lugares. Y los vecinos casi nunca se oponían a que las cortara allí.

Los residentes del āśhram empezaron a comentar el incidente.

Brahmachārī Rao: «Unni es el causante de que la perra se haya quedado aquí. Todos los días le pone arroz para comer, así que ¿cómo iba a marcharse?».

Amma: «¿Dónde está Unni? Decidle que venga».

Entonces lo vio detrás de ella.

Amma: «Hijo, ¿es tuyo el perro? ¿Has venido aquí para dedicarte a la crianza de perros?».

Unni: «Amma, durante varios días, cuando me lavaba las manos después de la comida, he visto a la perra esperando allí y he sentido lástima por ella».

Amma: «¿Desde cuando la das de comer?».

Unni: «De vez en cuando. No pensaba que pariría aquí sus cachorros».

Amma: «¿Necesitaba tu permiso para que nacieran sus cachorros?».

Unni (tratando de contener la risa): «Amma, su mirada hambrienta me daba pena».

Amma: «Si insistes en darle de comer, llévatela lejos de aquí para hacerlo. Si hubieses actuado así, ahora no tendríamos este problema».

Con tono severo, prosiguió: «El perro hambriento te dio pena. ¿Y no te da pena esta anciana abuela que está sangrando por la mordedura de la perra? Debemos ver a Dios en todo y ofrecer nuestro servicio, eso es cierto. Eso es sādhanā. Debemos ser compasivos con todos los seres vivos. Pero hay un lugar para cada cosa. El āśhram no es sitio para gatos y perros. ¿Sabe este pobre animal que está en un āśhram o que Acchamma solo quería agarrar el palo? Mereces una azotaina por haberte quedado con esta perra y haberle dado de comer».

Amma tomó las manos de Unni, manteniéndolas unidas.

Unni: «Amma, no le daba de comer todos los días. Solo de vez en cuando».

Amma: «No, no digas nada. Hoy te voy a atar».

Sin soltarlo, se dirigió al comedor. Cuando se acercó a una columna, le pidió a un devoto que fuera a buscar una cuerda. Sabiendo que se trataba de una de sus līlās, le trajo un trozo pequeño de cuerda. Al verlo, el humor de Amma cambió. Dijo: «Esta cuerda no sirve. Si Amma la utiliza, le dolerá. Así que, quizá sea mejor dejarle marchar esta vez». Y soltó al brahmachārī.

La doctora Lila[5] llevó a Acchamma ante Amma y le dijo: «Amma, no sabemos si la perra tiene rabia. ¿No sería conveniente ponerle a Acchamma una inyección?».

Amma: «La perra no tiene rabia ni nada. Solo ponle a Acchamma algún medicamento en la herida».

Como era domingo, había muchos devotos. Cuando Amma llegó a la cabaña del darśhan, se amontonaron a su alrededor. Una mujer le susurró al oído: «Esta mañana me asustó el talante de Amma».

Amma se rió y le dio un cariñoso beso en la mejilla. Los que no están acostumbrados pueden quedarse perplejos o espantados al ver a Amma reñir a los brahmachārīs. En esas ocasiones, su rostro se pone muy serio. Pero después les sorprende ver el

---

[5] Ahora Swamini Atmaprana.

néctar de amor y afecto que les muestra al instante siguiente. Amma es el Amor mismo. No sabe enfadarse. Solo sabe amar.

Amma otorga bendiciones invisibles

Amma le dijo a una devota: «Hija, el otro día Amma te estuvo buscando. ¿Por qué te marchaste tan pronto?».

Unos días antes, cuando Amma salía de su habitación, se encontró en el suelo junto a la puerta un paquete que contenía kachil (tapioca) hervida y una salsa para aderezarla. Probó un trozo y después pidió a una brahmachāriṇī que fuera a buscar a la mujer que se lo había traído. Pero fue imposible encontrarla porque se había ido. Nadie sabía quién había dejado ese paquete en la puerta de Amma.

La devota: «Amma, ese día estaba muy preocupada. Teníamos que cerrar el trato de la compra de un terreno. Había prometido presentarme en el notario a las once de la mañana con el dinero. Empeñé mis brazaletes y mi cadena, pero ni así logramos reunir la suma necesaria. Pedimos ayuda a varias personas, pero fue en vano. Si la escritura no se firmaba a las once, perderíamos el dinero entregado como señal. Estaba muy preocupada. De todas formas, decidí ir a ver a Amma por la mañana, y llevarle un poco de kachil hervido. Llegué a las nueve y media, y alguien me dijo que Amma no llegaría hasta más tarde. Si llegaba al tribunal antes del mediodía, podía pedir el reembolso de al menos la mitad del depósito, incluso si la venta se anulaba. Así que dejé el paquete en la puerta de Amma y me fui. Lloré mucho. Había esperado que, con la bendición de Amma, podría recuperar al menos la mitad de esa suma.

»Cuando llegué a Oachira (localidad cercana al āśhram), me encontré con una vieja amiga que esperaba el autobús. Su marido trabaja en Arabia Saudí. Aproveché ese encuentro para pedirle ayuda también a ella. Le expliqué la situación. "Si no logro reunir diez mil rupias antes del mediodía, la venta quedará anulada", le dije. Por la gracia de Amma, ella llevaba encima exactamente esa cantidad. Alguien le acababa de pagar un préstamo y en ese momento volvía a su casa después de haber recogido el dinero. Sin decir una palabra me lo dio, y yo rompí a llorar. Por la gracia de Amma, la venta se llevó a cabo».

En los ojos de la mujer brillaban las lágrimas. Amma la abrazó estrechamente y le secó las lágrimas con su sari.

El tesoro interior

Iba a celebrarse una pūjā en la casa de un devoto. Antes de marchar, el brahmachārī que la iba a realizar fue a recibir la bendición de Amma.

Amma le bendijo y dijo: «Hijo, en ese terreno hay un hormiguero. Alguien les aconsejó que no lo destruyeran y ellos han seguido ese consejo. Amma no cree que eso tenga importancia. Aunque hagamos todo lo necesario, si los devotos carecen de la fe necesaria y de capacidad de entrega, no les beneficiará. Algunos creen ciegamente en algo y, por mucho que se les explique, no dan su brazo a torcer. De modo que debemos ponernos a su nivel y hacer lo que haga falta. Por ahora, lo que les proporcione paz es lo adecuado.

»Eso no significa que debamos dejarlos con sus creencias ciegas. Diles: "Este hormiguero no os va a ocasionar ninguna molestia, pero no sirve para nada mantenerlo. Poned solo un trozo en vuestra sala de pūjā. El resto lo podéis destruir. Si sigue creciendo, perderéis todo ese espacio". Al final de la pūjā, toma un poco de arena del hormiguero y dáselo para que lo guarden en su sala de pūjā».

Amma se dirigió a los devotos que la rodeaban: «Un día alguien vino con una historia semejante. Había un hormiguero cerca de su casa. Un astrólogo le convenció de que debajo de él había un tesoro y que daría con él si realizaba unas cuantas pūjās. El hombre pidió la ayuda de un gran número de astrólogos y otras personas para encontrar el tesoro. Muchos de ellos prometieron ayudarle, le sacaron mucho dinero, pero no encontraron nada. Terminó viniendo aquí. Solo quería saber cuándo descubriría el tesoro, en lugar de si existía realmente. ¿Qué podía decir Amma? El hombre montó en cólera porque ella le dijo que no había ningún tesoro. «Todos los astrólogos que he consultado me aseguraron que había un tesoro. Si no ves ni siquiera eso, ¿para qué he venido?». Y se marchó. Solo soñaba con poseer el tesoro. ¿Qué podíamos hacer? Amma le dijo que era solo una quimera, y él no lo aceptó.

»Pero poco después volvió. Había tenido una experiencia que le hizo volver. (Amma se ríe). Ahora le interesa el tesoro interior, no el exterior. Si le hubiésemos rechazado completamente al principio, su porvenir hubiera sido oscuro. Por esa razón, cuando aparece esa clase de personas, hay que descubrir su nivel de comprensión y colocarnos allí para empezar. Poco a poco, podremos presentarles ideas y puntos de vista espirituales.

»Todos quieren el tesoro exterior. Están dispuestos a soportar lo que haga falta con tal de conseguirlo. Nadie desea el tesoro interior. Tenemos un tesoro dentro de nosotros que nunca perderemos y que nadie puede robarnos. Pero no lo descubriremos buscando fuera. Tenemos que mirar hacia adentro y ofrecer al Señor la flor de nuestro corazón».

Los devotos observaron a Amma mientras ella les sonreía con una dulzura que quedó en sus corazones y subía los escalones que llevaban a su habitación. Tal vez algunos se preguntaran cómo sería la flor del corazón digna de serle ofrecida.

La flor que no acarician los rayos del Sol,
la flor que no roba el viento furtivo,

esa flor que se abre plenamente
es la mente.

La mente no enturbiada por ningún deseo,
la mente que no se inflama de ira,
la flor que no se ofrece por amor a una doncella,
es la mente en la que mora la emperatriz divina.

La mente que le da todo su sentido a vuestra vida,
la mente que desea el bien de los demás,
esa mente llena de amor puro,
la lleva puesta como guirnalda la Madre.

La fuerza que buscas está en ti.
Deja ya esa búsqueda vacilante, mente.
Avanza sin miedo hacia la meta de la vida,
donde el egoísmo desaparece y brilla la Madre.

Cuando todo se entrega, el alma,
libre de falsa vanidad, se llena de paz.
Es una luz indescriptible
en la que la Madre Divina danzará eternamente.

Miércoles, 23 de octubre de 1985

Iniciados por la diosa del saber

Aquel día, celebración de Vijaya Daśhamī (décimo y último día de la fiesta anual de la Diosa), los devotos empezaron a llegar por la mañana temprano con sus hijos pequeños, que debían recibir su primera lección directamente de la diosa del saber. En su mayoría eran madres que vivían en esta región costera. Quienes venían de más lejos habían llegado dos días antes, alojándose en el āśhram. Amma se presentó en la sala de meditación con algunos niños y niñas que ya habían apilado sus libros en el lugar donde debía celebrarse la pūjā a Saraswatī, la diosa del saber. Muchos devotos ya se habían sentado en la sala. En el āśhram reinaba una atmósfera festiva.

La sala era demasiado pequeña para dar cabida a todos. «Los pequeños primero», dijo Amma.

Los niños se reunieron alrededor de la pila de libros, llevando en las manos hojas de tulasī.

Om mūṣhikavāhana mōdakahasta
Om Saraswatī namastubhyaṃ

Muchas pequeñas voces repetían los mantras que Amma recitaba verso a verso en honor a Gaṇēśha (dios que aparta los obstáculos, con cabeza de elefante) y Dēvī Saraswatī.

Amma: «Ahora todos los niños imaginad que veis delante de vosotros a vuestra deidad preferida. Besad sus pies divinos y postraos».

Amma se postró primero y los niños siguieron su ejemplo. Otros muchos niños y niñas esperaban afuera.

Los brahmachārīs se sentaron en la parte sur de la sala para empezar los bhajans. Amma tomó asiento en la parte norte, con un plato lleno de arroz en las manos en el que los niños iban a formar las letras del alfabeto con las puntas de los dedos. Uno detrás de otro, los padres fueron llevando sus hijos a Amma para que ella guiara sus primeros pasos en el mundo del saber. Ella ponía a cada niño en su regazo y le calmaba dándole un caramelo. Todos miraban, fascinados, cómo Amma guiaba los pequeños dedos haciendo que escribieran algunas letras en el arroz.

«¡Hari!», dice Amma. El pequeño sentado en su regazo, vestido con su mundu nuevo de bordes dorados y con pasta de sándalo en la frente, la miraba, preguntándose qué estaba ocurriendo. Ella insiste: «¡Hari! Dilo: ¡Hari!». El niño repite literalmente: «¡Hari! Dilo: ¡Hari!». Todos, incluso Amma, estallan en carcajadas.

Muchos de los niños se ponen a llorar al llegar a Amma. Pero ella no dejaba marchar a ninguno sin haberle hecho escribir en el arroz. Mientras tanto, los bhajans en honor de la diosa del saber expresaban los sentimientos presentes en el corazón de los padres.

Oh, Saraswatī, diosa de todo saber,
concédenos tu bendición.

No somos estudiosos,
nuestra mente es lenta,
solo somos marionetas en tus manos.

A Amma no le agrada que sus hijos le den dakṣhiṇa (ofrenda que se entrega a la persona que dirige un acto religioso). Sin embargo, los padres querían que sus hijos le dieran algo en esta ocasión. Muchos padres pobres de la zona costera habían traído a sus hijos e hijas. No podían ofrecer nada comparable con las ofrendas de los demás. Con el fin de estar segura de que nadie se sintiera herido, Amma había decidido que bastaría con que cada uno de los niños depositara una rupia ante la imagen de Saraswatī para honrar la tradición. No quería que ninguna de las madres tuviera que apenarse porque su hijo no ofreciera una dakṣhiṇa igual a la de los demás.

Eran las once cuando Amma terminó de iniciar a todos los niños en la escritura del alfabeto. Después salió al patio. Los seglares y los brahmachārīs estaban sentados en filas. Amma se sentó con ellos y pronunció el «Ōm» (sílaba sagrada que simboliza lo Divino). Todos repitieron la sílaba primordial y la escribieron en la arena.

«Ōm».

La lección continuó: «¡Hari Śhrī Gaṇapatayē namaḥ!» (saludo al señor Gaṇēśha).

Finalmente, para realzar la dulzura de lo aprendido, todos los devotos recibieron prasād de las manos de Amma.

Hacia el mediodía, muchos de los visitantes se fueron felizmente a casa. Tras recibir instrucción de la madre de todo el saber, los brahmachārīs se hallaban sentados por todas partes, repasando la lección o recitando mantras védicos. Al no haber podido aún descargar sus penas en el regazo de Amma, muchos devotos esperaban con la mirada impaciente. Ella, infatigable, los reunió y se dirigió con ellos a la cabaña del darśhan.

Dad a los necesitados

Janakiamma, del pueblo de Pandalam, estaba conversando con Amma. Era una maestra jubilada que venía a menudo a ver a Amma. Estaba preocupada por la conducta de su hijo mayor.

Amma: «¿Cómo está tu hijo ahora?».

Janaki: «Tienes que corregirle, Amma, yo no puedo. ¿Qué hacer cuando una persona de su edad es incapaz de cuidar de sí mismo?».

Amma: «Eso es lo que ocurre cuando a los niños se les muestra demasiado cariño».

Janaki: «Dedica mucho tiempo a sus amigos y vecinos. Si alguien le habla de problemas de dinero, él está dispuesto a ayudarle, aunque eso signifique hurtar de nuestra propia casa. Yo ya me he jubilado. Es triste que por lo menos a partir de ahora no pueda cuidar de sí mismo. ¿Qué gana repartiendo así el dinero? Si el día de mañana nos viésemos obligados a pedir ayuda, esa gente ni siquiera se acordaría de nosotros».

Amma: «Cuando damos, debemos saber a quién. Debemos dar a quien lo necesite, y hacerlo sin esperar nada a cambio. Si esperamos algo a cambio, ¿no sería eso solo una venta, hija?

»Hemos de saber distinguir a los que lo necesitan y ayudarles: los que han perdido la salud y no pueden trabajar, los discapacitados, los niños abandonados por sus padres, los enfermos que no tienen medios para curarse, los ancianos que carecen de una familia que cuide de ellos. Ese es nuestro dharma y no debemos esperar nada a cambio. Pero reflexionemos dos veces antes de dar algo al que tiene buena salud, al que puede trabajar. Si les damos dinero, se volverán aún más perezosos. Y si mucha gente se muestra caritativa con ellos, acumularán mucho dinero, ¿verdad? Lo malgastarán en drogas y alcohol. Si eso ocurre, somos los responsables de sus errores, porque sin nuestro dinero no los habrían cometido.

»Podemos dar una parte de nuestra comida a los que pasan hambre, medicamentos a los enfermos, ropa a los que tienen frío. Podemos darle algo de trabajo al que esté sin empleo y pagarle por ello. Pero, si nos empobrecemos por repartir dinero imprudentemente, no podemos echarle la culpa a Dios.

»Está bien dar dinero a los āśhrams y otras instituciones que sirven al mundo. No malgastarán ese dinero. Instituciones como los āśhrams invierten en proyectos moralmente correctos; pero, aun así, no debemos dar solo para adquirir renombre, sino como una oportunidad de servir a Dios. De todas formas, el mérito de dar volverá a nosotros. Cuando damos, nadie más debe saberlo. ¿No hay un proverbio que dice que la mano izquierda debe ignorar lo que da la derecha?».

Amma enjugó las lágrimas de la mujer, la abrazó y la consoló, diciendo: «Deja de preocuparte, hija. Amma está aquí para ti».

Janaki: «Amma, que reparta todo lo que quiera. No me quejo. Pero no tendré valor para verlo algún día mendigar por unas cuantas monedas. Antes de que eso ocurra, llévame, Amma».

Amma: «No llores, hija. Eso nunca lo verás. Nunca os faltará nada. ¿No está Amma siempre contigo?». Amma la abrazó de nuevo y le dio un beso.

No existe la pobreza para el verdadero devoto

La mujer se retiró con una apacible sonrisa tras el beso de Amma. Enseguida, el siguiente devoto, llamado Divakaran, se encontró en su regazo.

Amma: «¿Cuándo has llegado, hijo? Amma no te ha visto cuando dio el prasād».

Divakaran: «Quería venir esta mañana, Amma, pero el autobús se retrasó y acabo de llegar».

Amma: «La última vez viniste acompañado por otro mōn (hijo)».

Divakaran: «Sí, era Bhaskaran. Siempre está metido en problemas, Amma. Hace diecisiete años que acude con frecuencia al templo de Śhabarimala (famoso templo de Kerala). Pocos son los templos que no frecuenta. Sin embargo, siempre le preocupan su pobreza y otros problemas. Cuando pienso en él, hasta me pregunto de qué sirve creer en Dios».

Amma: «Hijo, si nos refugiamos plenamente en Dios, solo nos pueden pasar cosas buenas, tanto en lo material como en lo espiritual. No se conoce ningún mahātmā que haya muerto de hambre. El mundo entero se arrodilla ante ellos. El que se refugia de verdad en Dios no caerá en la pobreza. La causa principal de nuestros sufrimientos actuales es que no nos entregamos del todo a Dios. Nuestra devoción no es por sí misma, sino para satisfacer nuestros deseos. Pero el deseo engendra sufrimiento».

Otro devoto: «¿No era firme la devoción de Kuchēla (un gran devoto) por Kṛiṣhṇa? Sin embargo, fue pobre».

Amma: «No es justo decir que Kuchēla sufría por ser pobre. No tenía tiempo para sufrir porque estaba constantemente inmerso en el pensamiento de Dios. La pureza de su devoción le permitió permanecer en la dicha a pesar de su pobreza. Por su entrega a Dios, desapareció incluso su indigencia, que era parte de su prārabdha. Kuchēla no se derrumbó bajo el peso de la pobreza, ni se olvidó de Dios en un exceso de júbilo cuando todas las riquezas afluyeron a él.

»Si no tenemos otro deseo que refugiarnos en Dios, Él nos dará lo que necesitemos en el momento preciso. Si nos entregamos a Él con la confianza de que Él se hará cargo de todo, no tenemos nada que temer. Solo conoceremos la prosperidad y la dicha. La diosa de la prosperidad se convierte en la servidora de quien tiene una devoción pura. Pero, ¿cómo es nuestra devoción ahora? Decimos que vamos al templo, pero nadie va allí solo para ver al Señor. Incluso en su presencia sagrada, solo hablamos de cosas mundanas. ¿Para qué ir al templo si lo único que hacemos es hablar de nuestra familia y de nuestros vecinos? Al menos cuando estamos en el templo debemos meditar únicamente en el Señor y entregarle todas nuestras cargas, comprendiendo que no hace falta hablarle de nuestros problemas porque Él los conoce todos. No debemos ir al templo solamente para quejarnos, sino para adorar a Dios y fortalecer su recuerdo en nosotros».

Otros devotos, que hasta entonces habían permanecido en silencio, empezaron a hacer preguntas.

Pon en práctica la fe

Un devoto: «Pero Amma, tú misma has dicho que debemos abrir nuestro corazón y confiárselo todo a Dios».

Amma: «Confiar nuestros problemas a nuestros seres queridos nos alivia, ¿no es verdad? Debemos sentir el mismo amor y la misma cercanía con Dios, la certeza de que Él es nuestro. No hay por qué ocultarle nada. Por eso Amma dice que le contemos todo. Es bueno aliviar la carga de nuestro corazón y confiarle a Dios nuestras penas. Solo debemos apoyarnos en Él en todas nuestras dificultades. El verdadero devoto no puede contarle a nadie más sus problemas. Dios es su única verdadera familia. Pero de nada sirve ir a Dios con el corazón lleno solo de deseos y problemas familiares.

»A un abogado tenemos que explicarle con detalle nuestro caso para que pueda preparar nuestra defensa. Del mismo modo, el médico no puede curarnos sin una descripción de nuestros síntomas. Pero con Dios no hay necesidad de entrar en detalles para ponerle al corriente de nuestros problemas. Él lo sabe todo. Él mora en nosotros y observa cada uno de nuestros movimientos. Solo su poder nos permite ver, oír y actuar. Solo por su poder somos capaces de conocerle. Solo podemos ver el Sol gracias a la luz de Dios. Por lo tanto, solo nos queda entregárselo todo al Señor y recordarlo constantemente.

»Nuestra relación más fuerte debe ser la que tenemos con Dios. Si decidimos contarle nuestras penas, debe ser con la única intención de acercarnos a Él. Nuestra fe y nuestra entrega a Dios o a un guru es lo que nos libera del sufrimiento. El simple hecho de describir nuestras dificultades no basta».

El brahmachārī que estaba sentado a su lado planteó una duda: «Amma, ¿es posible llegar al conocimiento del Yo solo por la fe en Dios?».

Amma: «Si tienes una fe total, eso mismo es el conocimiento; pero no la tenemos. De modo que ciertamente debemos esforzarnos por ella y hacer sādhanā. No basta con tener confianza en el médico; para curarse hay que tomar las medicinas. Igualmente, tanto la fe como el esfuerzo son necesarios.

«Si plantas una semilla, germinará; pero necesita agua y abono para crecer bien. La fe nos hace conscientes de nuestra verdadera naturaleza; pero necesitamos esforzarnos para experimentarla directamente.

»Escuchad la historia de un padre y su hijo. El hijo estaba enfermo y el médico había prescrito como remedio el extracto de una determinada planta. La buscaron por todas partes, sin conseguirlo. Caminaron durante mucho tiempo y acabaron agotados y sedientos. Vieron un pozo, y al acercarse a él, encontraron un cubo y una cuerda. En los alrededores crecía una gran cantidad de plantas silvestres. Cuando el padre introdujo el cubo en el pozo para sacar agua, vio la planta medicinal que estaban buscando en el fondo. Intentó bajar al pozo, pero no pudo. No había escalones y era muy profundo.

»El padre comprendió que solo le quedaba una alternativa. Ató la cuerda a la cintura de su hijo y con mucho cuidado lo bajó al pozo. "Corta las hierbas con cuidado cuando estén a tu alcance", le dijo. En ese mismo momento, unos viajeros que pasaban por allí se quedaron sorprendidos. "¿Qué clase de hombre es usted que mete a su hijo en el pozo atado a una cuerda?", preguntaron. El padre no respondió. Cuando llegó al fondo, el niño cortó las hierbas con mucho cuidado. Lentamente, el padre volvió a subirlo y, cuando el chico salió del pozo, los otros le preguntaron: "¿Cómo has tenido el valor de bajar al pozo atado a una cuerda?". El hijo respondió sin dudarlo: "El que la sostenía era mi padre".

»El hijo tenía una gran fe en su padre, pero fue al hacerla efectiva bajando al pozo para obtener la medicina cuando recibió sus beneficios. Hijos, así debe ser nuestra fe en Dios: "Si Dios me protege, ¿por qué habría de preocuparme? Ni siquiera me preocupa el conocimiento del Yo". Esta confianza es indispensable. La devoción del que constantemente duda no es auténtica, su fe no es verdadera fe».

Fe en Dios y fe en uno mismo

Un joven: «Amma, ¿para qué depender de Dios? ¿No basta con el propio esfuerzo? Después de todo, todos los poderes están en nosotros. ¿No fueron creados los dioses por el hombre?».

Amma: «Hijo, hoy en día vivimos bajo el dictado del "yo" y "lo mío". Mientras persista esta actitud no podremos encontrar nuestro poder interior. Cuando la cortina tapa la ventana, es imposible ver el cielo. Ábrela y podrás verlo. Del mismo modo, si eliminamos de nuestra mente el sentido del "yo", podremos ver la luz que hay en nosotros. Pero ese sentido no puede eliminarse sin humildad y dedicación.

»Para construir una canoa, la madera se calienta en el fuego con el fin de curvarla hasta que adquiera la forma deseada. Puede decirse que esta operación le da a la madera su verdadera forma. Asimismo, la humildad revela nuestra verdadera forma.

»Si el hilo es grueso o está deshilachado, no pasa por el ojo de la aguja. Hay que comprimirlo o afinarlo antes de poder hacerlo. Este abandono por parte del hilo le permite coser muchos trozos de tela. Igualmente, la entrega es el principio que lleva el yo individual (jīvātman) al Yo Supremo (Paramātman). Todo eso está en nosotros, pero es preciso un esfuerzo constante para encontrarlo. Aunque tengamos talento para la música, solo con la práctica regular podremos llegar a cantar de un modo que agrade a los oyentes. Lo que está latente en nuestro interior debe convertirse en experiencia. No sirve de nada decir: "Todo está en mí". Nos enorgullecemos de nuestra condición, posición social y capacidades; pero vacilamos cuando se presentan circunstancias adversas. Perdemos la fe en nosotros mismos. Hace falta un esfuerzo constante para cambiar eso.

»Creemos que todo funciona por nuestro poder. Pero solo somos cuerpos inertes sin la fuerza del Señor. Presumimos de ser capaces de destruir el mundo entero con solo pulsar un botón; sin embargo, tenemos que mover el dedo para hacerlo. ¿De dónde nos viene esa capacidad?

»En las carreteras hay señales cuya pintura es fluorescente. Reflejan la luz cuando los faros de un vehículo las alumbran. Eso ayuda a los conductores a tener información respecto a la carretera y el estado de la calzada. Pero imaginad que una de esas señales pensara: "Estos coches circulan gracias a mi luz. ¿Acaso podrían orientarse sin mí?". Es lo mismo cuando decimos "mi poder", "mis capacidades". La señal solo brilla cuando la iluminan los faros de los coches. Del mismo modo, nosotros solo podemos movernos y actuar por la gracia y el poder del Todopoderoso. Él es el que nos protege siempre. Si nos entregamos a Él, indefectiblemente nos guiará. Si tenemos esta fe, jamás vacilaremos».

Es mediodía y Amma aún no ha comido nada. Suele suceder todos los días, ya que Amma está con sus hijos desde primera hora de la mañana. Postraciones ante esta encarnación del altruismo, que ve a todo el mundo como a sus hijos y derrama su cariño constantemente sobre todos.

Capítulo 5

Viernes, 25 de octubre de 1985

La madre que derrama sus bendiciones

Sethuraman, que trabaja en Assam (un estado del nordeste de la India), avanza con su familia para postrarse ante Amma. Tiempo atrás, cuando terminó sus estudios, estuvo varios años sin trabajo. Su desesperación iba en aumento y finalmente fue a ver a Amma por primera vez. Ella le dio un mantra y le pidió que lo recitara ciento ocho veces al día y que también recitara el archana. Él siguió sus instrucciones al pie de la letra. Tres semanas más tarde, su tío, que trabajaba en Assam, volvió a casa de vacaciones. Prometió encontrarle trabajo a su sobrino. Poco después, Sethu se marchó a Assam a trabajar y ahora estaba de nuevo en casa, de vacaciones. Ha venido con su mujer. Ella fue antes compañera de trabajo y se casaron con la bendición de su familia y de Amma, que también dirigió la ceremonia de imposición del nombre de su hija mayor, Soumya. Amma recibió en sus brazos a la mujer de Sethu y a su bebé. Su rostro irradiaba la dicha de una matriarca que acoge a la joven nuera en la familia. Sethu contemplaba la escena con lágrimas de felicidad en los ojos.

Amma: «¿No os quedáis hasta mañana, hijos?».

Sethu: «Pensábamos irnos después de verte, Amma, pero hemos decidido pasar aquí la noche».

Amma (al brahmachārī que estaba de pie cerca de ella): «Hijo, déjales tu habitación». Y, dirigiéndose a Sethu: «Amma te verá después de los bhajans».

Los brahmachārīs ya estaban sentados y los bhajans comenzaron.

Prapañchameṅgum

Apariencia ilusoria
que bañas todo el universo.
Refulgencia, ilumina mi alma
derramando en ella tu luz por siempre.

Mi sed saciaré
bebiendo de tu amor maternal.
La congoja de mi alma desaparecerá
si me acerco a ti y me sumerjo en tu luz divina.

Mucho tiempo he vagado
buscándote a ti,
esencia de todas las cosas.
Madre, ¿no vas a concederme la dicha del Yo?
Ven, te lo ruego.

Las estrellas brillaban, esplendorosas. Amma se puso a cavar bajo las plantas chembu (planta con tubérculos comestibles, llamada «malanga» en Centroamérica) en busca de tubérculos, pero no encontró ninguno. En diversas ocasiones los había desenterrado. La melodía de los himnos del Kaḷari flotaba en el aire. Amma había salido del Kaḷari al acabar de cantar un bhajan y se había encaminado hacia la parte norte del āśhram. De vez en cuando lo hacía. Cuando el canto la absorbía con demasiada intensidad y sentía que no iba a poder mantenerse en este plano, se esforzaba en atar su mente a algún trabajo. Ella ha dicho a menudo:

«Hijos, Amma no puede cantar ni un verso con una concentración total porque perdería el control. Cuando canta un verso, intenta recordar conscientemente el siguiente. A veces se pregunta cómo pueden sus hijos cantar bhajans sin llorar».

Después de mucho cavar, Amma encontró un manojo de tubérculos comestibles. Los lavó, los metió en un caldero con agua, encendió el fuego y los puso a cocer. Aún no se habían cocido del todo cuando probó un trozo todavía caliente. El resto lo repartió entre sus hijos y se retiró a su habitación.

El prasād de Amma llegó en forma de trozos de chembu a medio cocer, sin sal ni condimentos; parecían huevecillos de gorrión. Con este prasād en las manos, se encaminaron hacia el Kalaṛi y llegaron al final de los bhajans, justo a tiempo para el āratī. Como una flor que se abre en la noche, recordaron las palabras que Amma pronunció en una ocasión anterior: «Hijos, ¿sabéis los esfuerzos que tiene que hacer Amma para permanecer en vuestro mundo?».

Una hora después de la medianoche, Amma bajó de su habitación. Un brahmachārī hacía japa en el Kaḷari. Viendo a Amma de forma inesperada, se postró a sus pies. Ella le pidió que llamara a todo el mundo. La noticia bastó para despertar a los residentes, que acudieron a toda prisa sin saber el motivo de su llamada. Ella les pidió que llevaran algo para sentarse y se encaminó hacia la orilla del mar.

Entonces comprendieron que era el momento de la meditación. De vez en cuando Amma llevaba a los brahmachārīs a la playa para meditar. No había hora fija; podía ser en cualquier momento. Todos se sentaron en la playa alrededor de Amma. Todo estaba en silencio, salvo por el profundo sonido de Ōm del mar y el ruido incesante de las olas que rompían en la orilla. Amma recitó tres veces Ōm. Todos lo repitieron. Ella dijo: «Si os vence el sueño, levantaos y recitad vuestro mantra. Si el sueño persiste, corred un poco por la playa y después os volvéis a sentar. Es el momento más propicio para meditar. La naturaleza entera está en silencio».

Dos horas pasaron rápidamente. Para terminar, Amma recitó Ōm una vez más y todos lo repitieron. Siguiendo sus instrucciones, imaginaron su deidad amada ante ellos y se postraron. Amma cantó un himno en honor de la Madre Divina: Śhrī chakram ennoru...

La luz de la Luna iluminaba el mar. El horizonte estaba oculto en parte por un velo de bruma. Unas cuantas estrellas solitarias brillaban en el firmamento. Incluso las olas parecían apaciguarse. En la playa, los cantores vestidos de blanco parecían una bandada de cisnes que se posara para descansar en la orilla del tiempo, en el ocaso de alguna época pasada. La forma de Amma resplandecía en su mente como la montaña blanca que se refleja en las aguas tranquilas del lago Mānasa[6].

Martes, 29 de octubre de 1985

Amma bebe leche envenenada

Por la tarde, Amma llamó a los brahmachārīs a su habitación. Estaba sentada en medio de la estancia y tenía a sus pies una gran cantidad de paquetes que contenían diferentes clases de dulces.

Amma: «Amma quería repartir esto entre sus hijos, pero aún no ha tenido tiempo para hacerlo».

Le dio unos cuantos dulces a cada uno. Algunos de los residentes no habían llegado.

Amma: «¿Dónde están los demás?».

---

[6] Lago Mānasa: «Lago de la Mente». Se cree que fue creado por la mente de Brahmā. Está en el monte Kailāsa, en el Himalaya. Se dice que es donde nacen los cisnes.

Un brahmachārī: «Dos de ellos tienen una infección en los ojos y están descansando».

Amma: «¿Están en cama? ¿No pueden ni andar?».

Brahmachārī: «No tienen problemas para andar, pero temen contagiarte la infección, Amma».

Amma: «De eso no tienen por qué preocuparse. Hijos, no importa qué clase de enfermedad tengáis, siempre podéis venir con Amma. Hijo, hay personas que vienen al darśhan con toda clase de enfermedades infecciosas. ¿Cuántas personas han pasado por los brazos de Amma con una infección ocular, varicela o enfermedades de la piel? Ella nunca se ha visto obligada por ahora a suspender el darśhan. Dios siempre la ha protegido y ella está segura de que continuará haciéndolo.

»Una vez, una devota trajo un vaso de leche. Amma se lo bebió entero. Poco después, empezó a vomitar. La deshidratación debilitó mucho su cuerpo. Pero ella pensaba en la multitud de devotos que esperaban su darśhan. Entre ellos había gente muy pobre que habían tenido que trabajar de sol a sol durante muchos días para ahorrar un poco cada día, reunir lo necesario para el autobús y venir a ver a Amma. Si tuvieran que irse sin haberla visto, ¿cuándo volverían a tener otra oportunidad? Pensando en ellos, Amma se sentía mal. Se puso a rezar y se sentó. Llamó a los devotos, los consoló y les dio los consejos que necesitaban. Después volvió a vomitar. Hizo que cerraran la puerta, se sentó en el suelo y vomitó. Un poco más tarde, se cambió de ropa y reanudó el darśhan. Pero, después de ver a una decena de personas, los vómitos volvieron. Al sentirse demasiado débil para levantarse, se imaginaba cantando un kīrtan y bailando; eso le daba un poco de energía. Poco después volvía vomitar. A continuación, reanudaba el darśhan. El malestar duró hasta el amanecer. Al final estaba muy débil, pero aguantó hasta abrazar al último devoto. En cuanto dio el darśhan a la última persona, Amma se derrumbó.

La llevaron a su habitación. Todos estaban muy preocupados, temiendo incluso por su vida. Si Amma hubiese pensado solo en su propia comodidad, nada de aquello habría sido necesario. Solo hubiese tenido que ir a su habitación y acostarse. De ese modo, muy pronto se habría sentido mejor. Pero, al pensar en el dolor de todos los que habían ido a verla, no fue capaz de actuar así. Estaba dispuesta a morir si fuera preciso.

»La leche que le dieron a Amma contenía veneno. Una familia hostil se la había dado a una devota, que ignoraba que la leche estuviese envenenada y tampoco sabía que esa familia estuviese enfrentada con Amma».

Amma les dio los dulces a todos y bajó las escaleras. Se sentó cerca del estanque que hay al sur de la sala de meditación. Algunas plantas de caña de azúcar habían crecido en ese lugar a orillas del canal. Una de las cañas estaba rota; un brahmachārī la cortó y se la trajo a Amma. Ella la cortó en trozos pequeños que les dio a los brahmachārīs. Como la caña de azúcar había crecido junto al agua salada, tenía un ligero sabor a sal. Amma también probó algunos trocitos. Al tirar el residuo, dijo:

«Hijos, cuando estudiéis las escrituras, recordad este residuo. Después de disfrutar del jugo de la caña de azúcar, escupimos el residuo. Del mismo modo, tenemos que tomar la esencia de las escrituras y descartar lo demás. Es absurdo aferrarse a las escrituras hasta el día de la muerte. Lo mismo hay que hacer con las palabras de los mahātmās, aceptando solo lo que podemos asimilar y aplicar en nuestra vida. Sus consejos no son los mismos para todos. Cuando dan consejos, tienen en cuenta la situación de la persona y su preparación».

Amma caminó hacia el Kaḷari. Los devotos que la esperaban corrieron hacia ella. Los llevó al interior del Kaḷari y se sentó.

La verdadera forma de Amma

Una devota se postró ante Amma y empezó a sollozar en cuanto puso la cabeza en su regazo. Su tristeza la habían provocado las burlas de algunos pasajeros de la barca en la que cruzó el canal. Amma enjugó sus lágrimas y la consoló. Después dijo a los devotos:

«Si pinchas el tronco de un árbol, no lo sentirá; pero, si pinchas un brote tierno, este sentirá dolor. Amma puede soportar cualquier clase de insultos; pero, si se hace sufrir a los devotos, si dicen cosas malas sobre sus hijos, eso le resulta intolerable. Aunque todos seamos el ātman único, Amma no puede permanecer indiferente al sufrimiento de sus hijos. Kṛiṣhṇa no retrocedió cuando Bhīṣhma le disparó un centenar de flechas; pero cuando este apuntó a Arjuna y vio que la vida de su devoto corría peligro, Kṛiṣhṇa se precipitó sobre Bhīṣhma blandiendo su chakra. Para el Señor, es más importante proteger a sus devotos que su propia existencia. Esto es lo que el Señor nos mostró».

Un devoto: «Amma, ¿cómo podemos deshacernos de los que calumnian a Dios y critican la vía espiritual?».

Amma: «Hijo, si adoptamos esa actitud, hacemos más daño que ellos. Una persona espiritual no debe pensar nunca en hacer daño a los demás. Debe pedirle a Dios que cambie sus corazones, que los vuelva mejores. El objetivo de la devoción y de la oración es ayudarnos a amar a todos los seres. En cualquier caso, no te sientas mal si alguien nos critica, hijo. Piensa que también eso es para bien. ¿Existe un mundo sin opuestos? Gracias a la oscuridad podemos apreciar el valor de la luz».

Devoto: «¡Qué afortunados somos por haber acudido a ti, Amma! ¡Solo hay felicidad estando contigo!».

Amma (riéndose): «¡No estéis tan seguros de eso, hijos! Ahora todos estáis enfermos, con heridas infectadas. Amma os va a estrujar para hacer salir el pus de la herida. Hará parecer enormes vuestras menores faltas. Eso dolerá un poco. Amma les dice a sus hijos: "A Amma le gusta más el dios de la muerte que Śhiva". La gente invoca a Śhiva por temor a la muerte, ¿no es así? De lo contrario, ¿quién se refugiaría en Śhiva? Si tenéis miedo de Amma, al menos clamáis a Dios. (Se ríe) Antiguamente, los hijos brahmachārīs cantaban: "Ammē, snēhamayī" (Amma, que está llena de amor). Ahora cantan: "Ammē, krūramayī" (Amma, que está llena de crueldad)».

Amma se ríe, y canta Ammē krūramayī lenta y armoniosamente. Todos estallaron en carcajadas.

Amma prosigue: «A veces Amma dice que sus hijos están en un error, aunque tengan razón. ¿Por qué? Porque deben adquirir śhraddhā. Así estarán alerta a cada paso. Si Amma les golpeara o les diera una patada, ellos no reaccionarían, se limitarían a sonreír. A menudo, dicen: "Nos encanta que Amma nos riña un poco. En ese momento, al menos podemos estar cerca de ella y mirarla. Y mejor aún si Amma nos da un par de azotes". Por mucho que Amma los castigue, saben que a ella le resulta imposible no sonreírles un instante después. Lo único que funciona es que Amma haga una huelga de hambre. Que Amma no coma es algo que ellos no soportan».

Se hizo un gran silencio. Seguramente, todos se maravillaban del cuidado y el cariño que Amma prodigaba a sus hijos. Es raro encontrar algo semejante incluso en la madre que nos trajo a este mundo.

Entregarse a Dios

Una devota planteó una pregunta: «Amma, dices que debemos ver a Dios en todo; pero ¿cómo podemos hacerlo?».

Amma: «Hijos, tenéis que liberaros de todas vuestras vāsanās. Dios debe convertirse en vuestro único refugio. Acostumbraos a recordar a Dios hagáis lo que hagáis. Así, poco a poco empezaréis a ver la unidad en toda esta diversidad».

Una joven se adelantó y abrazó a Amma. Apoyó la cabeza en su hombro y empezó a sollozar. Su padre era conductor de camión, nunca estaba en casa, y su madrastra la empujaba a llevar una vida inmoral. Acababa de terminar el instituto, pero nadie quería que fuera a la universidad.

La joven: «Amma, no tengo a nadie. Me quedaré aquí y trabajaré».

Los ojos de Amma se llenaron de compasión. Dijo: «Hija, Dios está siempre aquí para cuidarnos. Él es la morada de la compasión. Es nuestro verdadero padre y nuestra verdadera madre. Las personas a las que llamamos padres solo nos han criado. Si realmente fuesen nuestros padres, ¿no nos podrían salvar de la muerte? Pero no pueden hacerlo. Nosotros ya existíamos antes de convertirnos en sus hijos. Dios es nuestro verdadero padre, madre y protector».

Amma la consoló y le dio confianza. «Hija, vuelve a casa y dile a tu padre con firmeza que quieres ir a la universidad. Él lo aceptará, Amma te lo promete. No te preocupes, hija, no te preocupes».

Una devota: «Amma, quiero venir a verte todos los días, pero vivo sola. ¿Cómo puedo venir y dejar sola la casa? Hoy cerré con llave antes de marcharme y le di la llave al vecino».

Amma: «Está bien pedirle a alguien que cuide vuestra casa cuando venís aquí. Tenemos que estar atentos a las cosas externas. Sin embargo, los robos ocurren a pesar de una buena cerradura y de tener vigilantes. ¿Cómo se explica? En realidad, no son verdaderos guardianes. Nuestro verdadero guardián es Dios. Si le confiamos todos nuestros bienes, se mantendrá alerta y los protegerá siempre. Otros vigilantes se quedan dormidos y los ladrones aprovechan la ocasión para robarnos nuestras cosas. Pero no hay nada que temer si Dios es el que vigila.

»Imaginad que subimos a una barca. Llevamos una bolsa pesada y, en lugar de dejarla en el suelo, seguimos sujetándola con fuerza. Viendo nuestro esfuerzo, el barquero dice: "Ahora estás en el barco. ¿Por qué no dejas la bolsa en el suelo?". Pero no estamos dispuestos a hacerlo, lloramos y nos quejamos de que pesa demasiado. ¿Es necesario? Del mismo modo, ¿para qué llevamos a cuestas todas estas cargas? Pon todo a los pies del Señor. Él se ocupará de todo».

Cuando no hay tiempo para la sādhanā

Soman, un maestro, hizo esta pregunta: «Amma, después de la escuela, siempre hay un montón de cosas qué hacer en casa. ¿De dónde saco tiempo para hacer japa?».

Amma: «Hijo, encontrarás tiempo si realmente lo deseas. Debes tener claro que no hay nada mejor que el recuerdo de Dios. Entonces, a pesar de todo tu trabajo, encontrarás tiempo. Un día, un hombre adinerado fue a ver a su guru y se quejó: "Maestro, no tengo paz mental. Siempre estoy preocupado. ¿Qué puedo hacer?".

»El guru dijo: "Voy a darte un mantra. Recítalo con regularidad". El hombre rico respondió: "Pero tengo muchas responsabilidades a lo largo del día. ¿De dónde voy a sacar tiempo para recitar el mantra?".

»El guru le preguntó: "¿Dónde sueles bañarte?". "En el río". "¿Cuánto tiempo tardas en llegar allí?". "Tres minutos". El guru dijo: "Entonces recita el mantra desde que sales de casa hasta que llegas al río. Inténtalo".

»Después de unos meses, el hombre volvió lleno de entusiasmo. Se postró y dijo: "Mi agitación ha desaparecido. Mi mente está en paz. Recito regularmente el mantra que me diste.

No puedo dejar de hacerlo. Empecé recitándolo en el trayecto hacia el río; después en el camino de vuelta y durante el baño. Después empecé a recitarlo de camino al trabajo. Después, en la oficina, cada vez que el mantra me venía a la mente. Lo recito al acostarme y me quedo dormido con el mantra en los labios. Mi deseo, a partir de ahora, es recitarlo un poco más cada día. Me siento desdichado cuando lo olvido"».

Amma continuó: «Ves, hijo, la práctica constante se transformó en hábito. Empieza a levantarte temprano por la mañana. En cuanto te despiertes, medita diez minutos. Después de la ducha, medita media hora más. Al principio, basta con meditar un ratito. Después puedes dedicarte a tus tareas. Antes de ir a la escuela, medita otra media hora. Si te queda tiempo después de la meditación, empléalo en hacer japa. Puedes hacerlo sentado o mientras vas andando, o en realidad mientras hagas cualquier cosa. Amma te propone esta disciplina porque te gusta la vida espiritual, hijo. Los principiantes pueden conformarse con meditar media hora o una hora y practicar japa y kīrtans el resto del tiempo».

Soman: «Amma, ¿cómo puedo recordar a Dios? Estoy casado desde hace un año. Aún tengo que devolver el préstamo que pedí para construir nuestra casa. La salud de mi mujer no es buena. Si todos estos problemas me preocupan, ¿cómo puedo practicar japa o meditar?».

Amma: «Todo eso es verdad; pero, ¿de qué sirve preocuparse, hijo? ¿Te ayuda a conseguir el dinero para devolver el préstamo? Así que dedícate a tu karma y no pierdas el tiempo. Intenta recitar tu mantra sin cesar. Si alguna vez lo olvidas, reanuda la recitación en cuanto te vuelva a la mente.

»Si riegas las raíces de un árbol, nutrirá las ramas y las hojas. Pero no servirá de nada si viertes el agua en la copa del árbol. No ganas nada con preocuparte. Pero no te faltará nada en la vida si le ofreces tu mente a Dios y te refugias en Él. Conseguirás lo que necesites. De una forma u otra, tus problemas se resolverán y encontrarás la paz. El que le reza a Dios y medita sinceramente en Él, nunca carecerá de nada esencial. El Señor lo ha decidido así, y Amma lo sabe por experiencia. Si no tienes tiempo para nada más, recita el Lalitā Sahasranāma todos los días con amor y devoción. No te faltará de nada. Mis queridos hijos, sea cual sea vuestra fortuna, no encontraréis la paz mental sin hacer sādhanā. Por ricos que seáis, si queréis dormir en paz, tendréis que refugiaros en el Señor. Podéis olvidaros de comer, pero no os olvidéis de pensar en Él».

La entrega total a Dios es la esencia de la enseñanza de Amma. Por grandes que sean nuestras cargas, si se las dejamos a Él, su peso no nos aplastará. A la luz de su propia experiencia, Amma nos asegura que el Señor cuidará de nosotros en todo momento. Cada una de sus respuestas a una pregunta mundana nos eleva naturalmente hasta el plano de la devoción y la espiritualidad. La experiencia es inolvidable cuando la dicha de su presencia va unida a la dulzura de sus palabras llenas de amor.

Cuando Amma se levantó, los devotos se postraron ante ella y también se pusieron de pie.

Sábado, 2 de noviembre de 1985

Amma en Ernakulam

Amma y su grupo pasaron la noche en la casa de un devoto, Gangadharan Vaidyar, cerca de Ernakulam (población situada unos 100 km. al norte del āśhram). Esta mañana, emprendieron viaje hacia Elur, una población cercana, a la casa de otro devoto. En el camino se detuvieron para visitar otros tres hogares.

En la casa de Elur se había reunido mucha gente que quería ver a Amma. Para algunos de ellos era la primera vez. Había padres con hijos que eran mentalmente deficientes, lisiados, personas sin trabajo desde hacía años, buscadores espirituales que necesitaban consejos para su sādhanā y otros que querían llevar una vida de sannyāsa en el āśhram de Amma.

Un devoto se acercó con su hijo, que tendría unos doce años. Se postró ante Amma, puso a su hijo junto a ella y dijo: «Amma, este muchacho es muy travieso. Va a la mejor escuela, pero destaca más en su habilidad para hacer maldades que en los estudios. Solo es un niño, pero fue a pedirle a una chica de su clase que se casara con él. Para colmo, le dio una paliza al compañero que se lo contó al profesor. Amma, te ruego que lo bendigas y lo endereces».

Amma (abrazando al muchacho): «¿Qué es esto, hijo? ¿Tiene razón tu padre?» (Con un dedo levantado delante de la nariz, en un gesto que significa «¡Qué vergüenza!»). El chico estaba muy avergonzado y quería escaparse de los brazos de Amma. Pero ella no lo dejó marchar. Lo sentó en sus rodillas, le dio una manzana y le dio un beso en la mejilla. No podía hablar extensamente con el padre porque tenía poco tiempo. Le dijo que fuese a verla más tarde. Él se postró de nuevo y se marchó.

A Amma ya se le había hecho tarde para acudir a dirigir los bhajans en un templo cercano dedicado a Kṛiṣhṇa. No obstante, no se levantó hasta que todos hubieron recibido el darśhan.

Después de los bhajans, tenía que visitar las casas de algunos devotos más. Era ya muy tarde cuando volvió a Ernakulam, a la casa de Vaidyar. Había previsto volver al āśhram, pero cedió ante la insistencia de los devotos y se quedó a pasar la noche.

El devoto que había ido a verla con su hijo estaba esperando allí para volver a verla. Estaba perdiendo la esperanza de verla de nuevo porque era muy tarde. Entonces, un brahmachārī le indicó que Amma le llamaba, así que se acercó a ella y se postró.

Devoto: «No esperaba volver a ver a Amma esta noche».

Amma: «Amma había previsto irse esta noche, pero se quedó por la insistencia de sus hijos. Otros la esperan en Haripad (unos 25 km. al norte del āśhram). Los veremos mañana, en el camino de regreso. Cuando Amma llegó aquí, se dio cuenta de que eras desdichado. Hijo, no te preocupes por tu chico; todas sus travesuras desaparecerán con la edad».

Devoto: «Pero Amma, los niños de hoy en día hacen cosas que yo jamás habría soñado cuando era pequeño. Por mucho que pienso en ello no comprendo por qué».

Enseñar el dharma desde la infancia

Amma: «Hijo, antiguamente, los niños crecían en gurukulas (la casa del guru) bajo la supervisión directa de un guru. Vivían con el guru y se les enseñaba a respetarlo, a comportarse correctamente con sus padres y a vivir en el mundo. Se les enseñaba cuál era la esencia de Dios. La enseñanza no era pura teoría, también la practicaban. El servicio al guru, el tapas y el estudio de las escrituras eran las bases de su educación. Por eso, esa época engendraba seres de la talla de Hariśchandra (rey legendario sumamente virtuoso).

»¿Cómo era el rey Hariśchandra? Demostró que para él su palabra tenía más valor que su fortuna, su mujer y su hijo. Es el ideal que nos han transmitido los antiguos. Era el resultado de su educación. Cuando los hijos volvían del gurukula tras terminar su educación, pasaban al estado de gṛihasthāśhrama, sus padres les confiaban todas las responsabilidades y adoptaban el estado de vānaprastha (jubilado retirado en el bosque). Incluso un rey llevaba solo un ato para vestir y se marchaba al bosque para entregarse a hacer tapas. No conservaba ninguno de los distintivos de la realeza. En su mente solo existía el ideal de sannyāsa. En esa época, la mayoría de las personas tenía el deseo de abandonarlo todo para llevar una vida de sannyāsa. Debido a esta cultura, los niños se desarrollaban firmemente anclados en su dharma y crecían llenos de valentía. Por difíciles que fuesen las circunstancias, avanzaban sin vacilar».

Devoto: «Pero Amma, en la actualidad ocurre todo lo contrario. Nuestra cultura decae día a día en nuestros hijos».

Amma: «¿Cómo pueden adquirir buenas cualidades los niños actuales? Muy pocos seglares respetan los principios de su etapa vital. Eso los incapacita para inspirar buenas cualidades en sus hijos. Antiguamente, los seglares llevaban una vida de auténticos gṛihasthāśramīs. A pesar de su trabajo, encontraban tiempo para hacer tapas. Sabían que la vida no consistía en comer y beber. Comían para vivir. Ofrecían buenos consejos a sus hijos y daban ejemplo viviendo de acuerdo con los mismos. Pero, hoy en día, ¿quién vive de ese modo? ¿Dónde están los gurukulas? Desde el jardín de infancia los niños gritan consignas políticas. Hasta en las escuelas hay política y huelgas. A los niños se les ve dispuestos a matar a los que pertenecen a partidos opuestos. Los educan de una manera destructiva.

»El hijo, cuyo deber sería cuidar y consolar a su padre anciano y enfermo, exige en cambio su parte del patrimonio familiar. Si, al repartir la propiedad, la herencia del hermano contiene algunos cocoteros más que la suya, saca el cuchillo para apuñalar a su padre. ¡El hijo está dispuesto a matar a su padre por un poco más de riqueza!

»¿Qué ejemplo nos han dado Śhrī Rāma y otros? Śhrī Rāma estaba dispuesto a entregar el reino para honrar la palabra de su padre. Y su padre, Dāśharatha, tampoco faltó a su palabra. Cumplió la promesa hecha a su mujer, Kaikēyī. Había hecho esa promesa a cambio de un gran sacrificio: lo que le había impresionado a Dāśharatha no fue la belleza o el amor que le demostraba su mujer, sino su altruismo en el campo de batalla, donde había arriesgado su vida para salvarle. Tampoco faltó a su promesa más tarde por un motivo egoísta, y Rāma aceptó incondicionalmente la palabra de su padre.

»¿Y qué decir de Sītā (la esposa de Rāma)? ¿Armó un escándalo cuando Rāma decidió ir al bosque? No le dijo: "No vayas al bosque. Eres el heredero legítimo del reino. Debes obtenerlo a toda costa". Cuando su esposo partió, ella lo siguió en silencio. También fue con ellos Lakśhmaṇa, el hermano de Rāma. ¿Y qué ejemplo nos ha dado Bhārata, otro de sus hermanos? No dijo: "Se han ido todos. Ahora puedo gobernar el reino". Se fue en busca de su hermano. Consiguió las sandalias de Rāma, las trajo consigo y las puso en el trono. Después reinó en el país en nombre de Rāma. Así era antiguamente. Esos son los modelos que debemos imitar. Pero, ¿a quién le preocupan hoy estos valores o los pone en práctica?

»Los antiguos nos enseñaron los verdaderos principios, pero no les prestamos atención. El resultado lo tenemos a la vista. ¿Qué clase de cultura reciben los niños hoy en día? En todas partes lo único que se hace es ver televisión y películas. Tratan casi exclusivamente de romances, sexo y matrimonios. La mayor parte de las revistas y los libros solo contienen temas mundanos. Eso es lo que los niños ven y leen. Esa es la cultura que respiran en la actualidad. Y ello solo producirá personas como el tirano Kaṁsa (el mayor enemigo de Kṛiṣhṇa). Es improbable que en el futuro veamos a alguien como Hariśhchandra.

»Si queremos cambiar esta tendencia, debemos prestar la máxima atención a nuestros niños. Es necesario elegir cuidadosamente sus lecturas; démosles solo aquello que les ayude en sus estudios o trate de temas espirituales. Incluso debemos presionarles para que lean esas cosas. Esa cultura los acompañará hasta la vida adulta. Aun si actúan mal, lo sabrán en el fondo de sí mismos y acabarán lamentándolo; eso les ayudará a cambiar.

»Muchos niños y niñas ven la televisión y las películas y sueñan con casarse como ven en la pantalla. ¿Cuántas personas pueden llevar la vida feliz y lujosa de los héroes de esas historias? Los niños crecen, se casan y descubren que no pueden realizar su sueño. Se sienten decepcionados, y eso crea un abismo entre marido y mujer. Una mujer joven visitó un día a Amma. Se había casado muy joven y ya se había divorciado. Cuando Amma le preguntó por qué, ella le contó su historia. Había visto una película sobre una pareja rica: una gran residencia, un coche, ropa cara... Iban a la playa todas las tardes y toda su vida transcurría felizmente. La joven empezó a soñar en todo eso.

»Pronto se casó, pero el sueldo de su marido era modesto. No tenía suficiente dinero para llevar el estilo de vida que su mujer deseaba. Ella quería un coche, más y más saris, ir al cine todos los días, etc. Siempre estaba insatisfecha. ¿Qué podía hacer el pobre marido? Terminaron discutiendo e incluso llegaron a las manos. Ambos se sentían desgraciados, así que el matrimonio se disolvió, y eso les hundió en una angustia aún mayor. Lamentaban todo lo sucedido, pero, ¿qué podían hacer?

»Pensad en las épocas pasadas. Entonces, las parejas estaban dispuestas a morir el uno por el otro. Se amaban de verdad. Aunque sus cuerpos fuesen diferentes, tenían un solo corazón. Hijos, el amor y el altruismo son las alas de la vida conyugal. Gracias a ellos podemos tomar impulso para remontarnos al cielo de la dicha y la satisfacción».

Amma está atenta a todo aquello que los demás podrían considerar insignificante. Sin preocuparse por su propia comodidad y bienestar, presta toda su atención a sus hijos e hijas, proponiendo soluciones para sus problemas.

El devoto, que había escuchado sus palabras sin pestañear, dijo: «Cuando llegue a casa, quiero poner en práctica todo lo que has dicho. Dame tu bendición, Amma».

Amma: «Hijo, ninguna palabra y ningún acto se desperdicia si va acompañado de śhraddhā. Tarde o temprano obtendrás el beneficio».

Amma siembra las semillas y sigue adelante. Algunas germinarán mañana, otras pasado mañana. Para algunos, pueden tardar años. Incluso si nadie nos escucha, la Madre Naturaleza graba cada una de nuestras plegarias, a condición de que sean sinceras. «Esforzaos, hijos míos. Amma está con vosotros».

Domingo, 3 de noviembre de 1985

¿De dónde proviene el karma de los niños discapacitados?

Amma y los brahmachārīs salieron de la casa de Gangadharan Vaidyar a las seis y media de la mañana. En el camino, los brahmachārīs empezaron a hablar de los niños con deficiencias mentales que habían acudido a ver a Amma la víspera.

«El estado de esos niños es lamentable Sus cuerpos crecen, pero su mente no se desarrolla. ¡Vaya una vida!».

«La situación de sus padres es aún más deplorable. No tienen ninguna libertad. ¿Cómo van a dejar a su hijo e ir a cualquier parte sin preocuparse?».

«¿Es el prārabdha del niño o de los padres?».

Al final decidieron planteárselo a Amma. Ella había estado escuchando atentamente la conversación de sus hijos.

Amma: «Estos niños viven más o menos en un sueño. No tienen conciencia del sufrimiento que percibimos en ellos. Si fuesen conscientes, lamentarían su suerte y pensarían: "¡Qué lástima! ¿Para qué habré venido al mundo en este estado?". Pero no lo perciben así. Son las familias las que sufren; son ellas las que se enfrentan a las dificultades. Por lo tanto, tenemos que considerar que se debe sobre todo al prārabdha de los padres».

Brahmachārī: «¡Pobres padres! ¿Qué pueden esperar de esta vida? ¿Cómo podemos ayudarles?».

Consejos a los brahmachārīs

Amma: «Hijos, esa compasión que sentís por ellos les dará paz y os ayudará a ampliar vuestro corazón. Sintamos compasión por los que sufren. Cuanto más profundo es el pozo, más agua podrá contener. Solo la compasión hará que brote la fuente del Paramātman, hijos. La compasión despierta en nosotros este principio supremo.

»Hay personas que se sientan a meditar y solo piensan en cómo vengarse de algo. Hijos, para construir una casa, no basta con amontonar ladrillos. Hace falta cemento para unirlos. Ese cemento es el amor. Es imposible esmaltar un recipiente sucio; primero hay que limpiarlo. Del mismo modo, la devoción solo puede arraigar en una mente pura, y después podremos gozar de la presencia del Señor. Recordad el ejemplo de Kuchēla (un amigo virtuoso y pobre de Kṛiṣhṇa). Sus hijos tenían hambre y salió a mendigar comida. Cuando volvía, otra persona extendió la mano, llorando por el hambre que padecía su familia, y Kuchēla le dio toda la comida que había recibido.

»¿Conocéis la historia del sabio Durvāsas y el rey Ambarīṣha? El sabio fue al encuentro de Ambarīṣha para hacerle romper su voto. Y, si no lo lograba, tenía la intención de maldecirle. Pero Ambarīṣha era un devoto sincero. Aunque Durvāsas se enfadó mucho con él, Ambarīṣha no reaccionó en absoluto, manteniendo la actitud de un humilde siervo del sabio. Era consciente de sus poderes, pero no dijo nada en contra del sabio. Con las palmas de las manos unidas, le rogó: "Por favor, perdóname si he cometido algún error. Solo intentaba ser fiel a mi voto. Perdona mi ignorancia". Pero Durvāsas no le perdonó. Por el contrario, decidió matarle; pero, antes de llevar a cabo su plan, el Sudarśhana Chakra (disco mágico) de Viṣhṇu vino en auxilio de Ambarīṣha.

»Aterrorizado por el Sudarśhana, Durvāsas se fue corriendo a implorar la ayuda de los dioses. Cuando partió, Ambarīṣha no pensó: "Bien, se ha ido, ya puedo comer en paz". Durvāsas no pudo recibir ninguna ayuda de ninguno de los dēvas (dioses). No le quedó otra salida que buscar refugio en el mismo Ambarīṣha. Cuando el sabio fue a pedirle perdón, el rey quería lavarle los pies y beberse el agua. Dios solo está con personas así. Ayuda a aquel que tiene esa clase de humildad. Los que piensen "quiero ser feliz; quiero ser rico; quiero la liberación", no encontrarán a Dios a su lado».

Amma guardó silencio, mirando por la ventanilla derecha del vehículo en marcha, que iba dejando atrás árboles y casas; un camión se cruzó con ellos tocando el claxon. El tiempo iba avanzando. Todas las miradas convergían en Amma. Un brahmachārī rompió el silencio y gritó: «¡Amma!».

«Sí, ¿qué quieres?», respondió Amma con voz despreocupada.

El brahmachārī bajó el volumen y dijo: «Lamento haber hecho enfadar a Amma el otro día».

Amma: «Lo pasado, pasado. ¿Por qué te preocupas ahora? Amma lo olvidó enseguida. ¿No crees que fue solo el amor el que le hizo emplear un tono severo, hijo?».

Él se echó a llorar. Amma le secó las lágrimas con su sari y le dijo: «No te preocupes, querido mío».

Unos días antes, Amma le había pedido que limpiara el porche del Kaḷari antes de salir del āśhram; pero, como tenía prisa en viajar con ella, se olvidó de hacerlo. A punto de salir, Amma notó que el lugar seguía sucio. Llamó al brahmachārī y le reprendió con severidad. A continuación, ella misma se puso a limpiarlo. Al verlo, otros acudieron a ayudarla, mientras el brahmachārī se quedó ahí con la cabeza gacha, avergonzado. Amma no salió del āśhram hasta que no hubo terminado de limpiar toda la zona.

Amma prosiguió: «Cuando Amma se muestra severa, no está realmente enfadada; su intención es impedir que os volváis orgullosos. A Amma le gustaría hacer todas estas tareas, y le gustaría hacerlo mientras tenga salud, pero a veces tiende a olvidarse. Por eso os pide que atendáis a determinadas cosas. A Amma le gustaría lavar su propia ropa. Todavía ahora sigue intentándolo, pero no se lo permiten. Amma no quiere ser una molestia para nadie.

»A Amma le gusta servir, no ser servida. Ella no necesita ningún servicio; sin embargo, a veces tiene que aceptarlo para hacer felices a los demás. Pero, aun entonces, Amma solo piensa en vuestro bien, hijos.

»Todos vosotros sois más afortunados que la mayoría de la gente. No tenéis ninguna preocupación. Amma está para ocuparse de todos los problemas, para escuchar vuestras penas y consolaros. Se dice que no hay que salir al mundo hasta haber conseguido el conocimiento. Pero eso no vale para los que han encontrado un sadguru. Un discípulo enviado al mundo por un sadguru no tiene nada que temer, el guru le protegerá».

Un brahmachārī que escuchaba, preguntó: «Amma, a menudo has dicho que era posible experimentar el Yo en tres años. ¿Qué clase de sādhanā aconsejas para ello?».

¿Quién está preparado para el conocimiento?

Amma: «Quien tiene un anhelo intenso no necesita tres años. No necesita ni el tiempo que hace falta para atravesar con una aguja una hoja de loto. Pero su anhelo, su sufrimiento por el conocimiento, debe ser sumamente intenso. En cada respiración debe gritarle a Dios: "¿Dónde estás?". Tiene que llegar a un estado en el que ya no pueda vivir sin Dios.

»Hay personas que no consiguen ningún resultado incluso después de cincuenta o sesenta años de tapas. Si seguís las indicaciones de Amma, llegaréis sin ninguna duda a la meta en tres años. Pero necesitáis śhraddhā, un verdadero lakṣhya bōdha y una dedicación genuina. Amma está hablando de personas con estas cualidades. Al subir a un autobús ordinario, no se sabe cuándo se llegará al destino porque hace numerosas paradas. Pero, si se toma un autobús directo, sabréis con seguridad la hora de llegada porque no se detiene en el camino. Nunca podemos estar seguros de aquellos cuyo desapego solo dura un par de días.

»Hijo, cuando muere la idea de que has nacido, eso es el conocimiento del Yo. Cuando estás convencido de que tú eres la verdadera existencia sin nacimiento, crecimiento y muerte, eso es el conocimiento. No es algo que puedas recibir de algún otro lugar. Para llegar, es necesario controlar la mente.

»¿Sabéis cómo vivía Amma? Cuando barría el patio, no dejaba en él ni sus huellas. Si veía alguna, la borraba con la escoba. Las primeras huellas en formarse debían ser las de Dios. Ella tenía la seguridad de que Dios caminaba por el patio. Si respiraba una vez sin pensar en Dios, se tapaba la nariz para dejar de respirar, pensaba en Dios y solo después reanudaba la respiración. Si al andar daba un paso sin acordarse de Dios, daba un paso atrás, pensaba en Él y solo después seguía adelante.

»¿Conocéis la historia del hombre que se fue en busca de un león? Debemos conseguir esa misma intensidad y buscar constantemente: "¿Dónde estás? ¿Dónde estás?". La intensidad de nuestra búsqueda producirá tal calor que Dios no podrá permanecer indiferente; le resultará imposible no aparecer ante nosotros.

»Antes de empezar a meditar, Amma decidía las horas que se quedaría meditando. Nunca se levantaba antes de ese tiempo, y, si no podía permanecer el tiempo establecido, la emprendía contra la Madre Naturaleza, rugiendo, dispuesta a golpearla.

Por la noche no dormía nada. Si tenía sueño, se quedaba sentada llorando. Casi nunca tenía sueño. Cuando llegaba la hora de acostarse, se afligía pensando que había pasado un día más en vano. Amma ni siquiera puede soportar ese recuerdo. Fue muy difícil».

Brahmachārī: «Pero si una persona normal no duerme, ¿no afectaría eso a su meditación?».

Amma: «El que tiene verdadero anhelo de conocer a Dios no puede dejar de pensar en Él ni un instante. No tiene ganas de dormir. Ni siquiera se acuesta. Si lo hiciera, el sufrimiento le mantendría despierto. Amma hablaba de esas personas. Para aquellos que tienen desapego y el deseo de conocer a Dios, hacer tapas es el verdadero reposo. Tapas es el mejor descanso. En realidad, esa clase de seres no necesita dormir. Nuestro objetivo es alcanzar ese estado».

Brahmachārī: «¿No dice la Gītā que el que duerme demasiado o no duerme nada no llegará al estado de yōga?».

Amma: «Amma no dice que dejéis de dormir por completo. Dormid el tiempo necesario, pero no más. Un sādhak que piensa siempre en su objetivo no puede dormir. No se acuesta. Continúa su japa y se duerme sin darse cuenta. Los niños que quieren aprobar un examen no sienten deseos de dormir. Pasan la noche en vela para estudiar. Eso sucede naturalmente. Es la actitud natural del sādhak.

»Los hijos que quieren de verdad a Amma deben asimilar los principios que ella enseña. Deben estar dispuestos a sacrificarlo todo para vivir en armonía con esos principios. Ellos son los que aman realmente a Amma. Su objetivo es adherirse sin excepción a esos principios, aunque les cueste la vida. Pero los que se conforman con decir "Amma, te quiero", no la aman de verdad.

»Un rey tenía dos criados. Uno de ellos se pasaba el día merodeando, sin atender nunca a sus obligaciones. El otro se pasaba todo el día realizando las tareas que le encomendaba el rey. Trabajaba sin comer ni dormir, sin preocuparse si el rey le veía o estaba al corriente. ¿Cuál de los dos era el mejor criado? ¿A cuál de los dos apreciaba más el rey?».

La verdadera naturaleza de Amma

Amma siguió hablando, explicando más su propia naturaleza: «El río fluye espontáneamente y purifica todo lo que se sumerge en él. No necesita el agua de un estanque. Vosotros no tenéis necesidad de amar a Amma por ella misma. Ella os ama a todos vosotros. Pero a veces no demuestra su amor por vuestro bien. Exteriormente, es posible que Amma no muestre amor a la brahmachāriṇī que está con ella. Pero, si no está cerca, los ojos de Amma se llenan de lágrimas de solo pensar en su hija, en su sufrimiento y en lo duro que trabaja. Lo que ama es la mente de su hija y sus acciones. Este amor es espontáneo, Amma no lo crea conscientemente. Pero no lo manifiesta ni un segundo. Critica todo lo que ella toca o hace. En la mayoría de las ocasiones, ni siquiera la llama mōḷ (hija). Amma piensa a menudo: "¿Soy realmente tan estricta que no puedo mostrar mi compasión exteriormente? ¡Siempre la estoy haciendo sufrir!". Incluso si una noche Amma decide mostrarle su amor, al día siguiente acaba reprendiéndola por una u otra razón. En ocasiones la despierta y le dice que se levante. Le pide que salga y cierra la puerta. La ha castigado de muchas maneras; pero eso no significa que no la ame lo suficiente. El amor de Amma por ella es total. Amma va detrás de su mente. Pero la brahmachāriṇī nunca ha titubeado. Eso es verdadero prēma».

En ese momento, un brahmachārī hizo una pregunta: «Amma, has dicho con frecuencia que un sādhak no debe tener vínculos estrechos con seglares, que no debemos usar su ropa ni sus otras cosas, ni entrar en su dormitorio. ¿Cómo se puede servir respetando esas normas?».

Las reglas para hacer servicio

Amma: «No hay nada malo en hacer servicio, siempre que no pierdas la śhraddhā. Es verdad que todo es el mismo Yo, que todo es Dios y que Él está presente en todos y en todo. Pero hay que actuar con discernimiento según las circunstancias. Cuando un sādhak visita una casa, debe evitar en la medida de lo posible entrar en los dormitorios. Si vais a un lugar donde se manipula carbón, aunque no lo toquéis, el polvo negro se os pegará. Se dice que en Kurukṣhētra (el lugar de la gran batalla del Mahābhārata) aún puede oírse el eco de la batalla que tuvo lugar allí en la antigüedad. Las habitaciones de las personas mundanas contienen las vibraciones de sus pensamientos. Si las usas, esas vibraciones entrarán en tu subconsciente y tarde o temprano sufrirás sus efectos. Así que, si visitas un hogar, quédate en la sala de pūjā y habla allí con los miembros de la familia. En la conversación, evitad los temas mundanos. Lo mejor es no hablar de nada que no sea provechoso desde el punto de vista espiritual. Las conversaciones banales son como un remolino: arrastran nuestra mente hacia abajo sin que nos demos cuenta. La ropa contiene las vibraciones de los pensamientos de los que la usan. Por eso los sādhaks no deben usar la ropa de la gente mundana. Tampoco es bueno usar su jabón. Si prestáis el vuestro, es mejor que no os lo devuelvan. Llevad siempre la ropa necesaria y vuestra esterilla de meditación allá donde vayáis.

»Un sādhak no debe tener vínculos indisolubles con nadie, en especial con seglares. Pero tengamos cuidado de no herir a nadie con nuestra conducta. Si ellos insisten, explicad vuestros motivos en pocas palabras y con una sonrisa. Una vez alcanzado cierto nivel de sādhanā, estas cosas no le afectarán mucho al buscador, como el agua no afecta a la hoja de loto. Incluso entonces, debemos mantenernos alerta».

Amma llegó a Haripad hacia el mediodía, después de visitar los hogares de algunos devotos y el āśhram de Ernakulam. El profesor N. M. C. Warrier y su familia estuvieron esperándola toda la noche sin dormir porque ella había anunciado que llegaría durante la misma. Como habían decidido no comer nada antes de su llegada, todos estaban en ayunas. Amma les había dado así la ocasión de hacer una buena meditación. El Señor está dispuesto a todo para atar firmemente la mente de sus devotos.

Para dar la bienvenida a Amma, el hijo del anfitrión había hecho unos kālams (diseños tradicionales dibujados en el suelo con harina de arroz y polvo de cúrcuma) y en el centro había puesto una lámpara de aceite encendida. Amma miró atentamente los diseños y dijo: «Aquí hay un pequeño error. Es preciso evitar los errores cuando se dibuja un kālam. Se dice que un error en el kālam anuncia un conflicto en el seno de la familia. Estos dibujos se hacen con un determinado saṅkalpa. Hijo, practica primero con arena. Toma las medidas y verifica que el dibujo sea correcto. Cuando hayas practicado, dibuja el kālam. Lo que has hecho está bien porque lo has hecho con un corazón limpio, lleno de amor y devoción por Amma. Pero, la próxima vez, presta atención».

Amma visitó otros cinco hogares en Haripad. Siempre que iba a una casa, los vecinos la invitaban a que también visitara la suya. Por muy cansada que esté, ella acepta, a pesar de la insistencia de otras personas para que descanse. Los devotos, encantados de que el polvo de los sagrados pies de Amma santifique su casa, tienden a olvidar las dificultades de ella.

Cuando Amma llegó al āśhram, descubrió que numerosos visitantes la esperaban desde esa mañana. Aunque estaba físicamente agotada, Amma no cambió los horarios habituales del bhāva darśhan.

Lunes, 4 de noviembre de 1985

A las tres de la tarde, Amma fue a la habitación del brahmachārī Shri Kumar y se sentó junto a él en su cama. Tenía fiebre desde hacía dos días. Un brahmachārī trajo un recipiente con agua caliente para que hiciera vahos. Habían cubierto la boca del recipiente con una hoja de platanero bien atada a él.

Amma: «Siéntate en el suelo, hijo. Inhala un poco de vapor y enseguida te sentirás mejor».

Colocaron una esterilla en el suelo y Amma ayudó a Shri Kumar a sentarse en la cama. Le tomó de la mano y le hizo sentarse en la esterilla. Lo cubrieron con una gruesa sábana.

Amma: «Hijo, ahora rompe la hoja de plátano. Aspira el vapor hasta que sudes bien y así bajará la fiebre».

Algunos devotos que habían venido al darśhan de Amma entraron en la cabaña al saber que se encontraba allí.

Amma: «Mi hijo Shri tiene fiebre desde hace dos días. Amma pensó que le vendría bien un tratamiento de vapor. ¿Cuándo habéis llegado, hijos?».

Una mujer: «Hace un momento. Pero acaban de decirnos que Amma estaba aquí».

Amma le retiró la sábana a Shri Kumar. Había transpirado bastante. Le ayudó a volver a la cama y acostarse. Amma estuvo charlando informalmente con los devotos y después de algunos preliminares, la conversación derivó hacia temas más serios.

Verdades y falsedades sobre el vēdānta

Un devoto: «Amma, un amigo vino a verme el otro día. Se ha enamorado de la mujer de un amigo. Cuando hablamos de ello, dice: "¿No es verdad que Kabīrdās (poeta y místico indio del siglo XV) entregaba a su esposa al que se la pidiera? ¿Qué hay de malo en ello?"».

Amma: «Pero Kabīrdās entregaba con alegría a su esposa a aquel que la deseara. No traicionó a un amigo robándole a su mujer. A ver si nuestro aficionado al vēdānta se atreve a preguntarle a su amigo si está dispuesto a cederle su esposa. Si lo hace, tal vez no volvamos a verle». (Risas) «Kabīr era un hombre recto. Para él, su dharma era más importante que su mujer o que él mismo. No dudaba. Daba todo lo que le pedían. No se apartó de su dharma, ni siquiera cuando le pidieron a su mujer. Pero una esposa tiene su propio dharma. Una mujer que está realmente entregada a su marido nunca tendrá ojos para otro hombre. Después de haber raptado a Sītā, Rāvaṇa trató de tentarla de muchas formas, pero ella no vaciló. Solo pensaba en Rāma. Había decidido no entregarse a ningún otro hombre, aunque eso le costara la vida. Ese es el dharma de una esposa.

»La acción de Kabīr es señal de que era un ser liberado. Había renunciado a toda idea de "yo" o "lo mío". "Todo es el Yo, todo es Dios": así debe ser la actitud de una persona espiritual. Debe ver a Dios en todo; o debe ver todo como su propio Ser. Si adopta el primer punto de vista, todo es el Señor. Entonces, no puede sentir odio o ira por nadie, solo adoración. Si adopta el segundo, nada es distinto de su propio Ser, no hay nadie más. Si se eliminan las fronteras que separan dos campos, quedará uno solo. Uno se ve en todo. Como la mano derecha venda la herida de la mano izquierda, se ve el sufrimiento ajeno como propio y se acude a ayudarle».

Un brahmachārī se iba de viaje durante varios días a Ernakulam para hacer compras. Tomó un paraguas de la cabaña. Como no tenía mango y la tela estaba algo desteñida, el brahmachārī lo dejó. Detrás de la puerta había un paraguas nuevo. Eligió este. Luego se postró ante Amma y salió, dispuesto a marcharse.

Amma le hizo volver. Le pidió el paraguas nuevo y le dijo que se llevara el viejo. Sin dudarlo, el brahmachārī obedeció y se fue.

Todos se quedaron perplejos ante este comportamiento, pero cuando le preguntaron la razón, Amma respondió: «Él no quería el paraguas viejo, sino el nuevo. La mente de un brahmachārī no debe dejarse seducir por las apariencias. Vivís en el āśhram para libraros de vuestro apego al lujo».

Pero, poco después, Amma pidió que llamaran al brahmachārī. Le pidió el viejo paraguas y le entregó otra vez el nuevo. Él volvió a postrarse y se levantó.

Amma: «Hijo, un buscador espiritual no debe ir tras la belleza externa, que es perecedera y puede llevarle a la perdición. Debe mirar la belleza interior, que es eterna. Eso le hará crecer. Solo puede progresar si descarta por completo lo exterior. Amma te devuelve el paraguas nuevo porque ve en ti una actitud de entrega que te permite aceptar con ecuanimidad lo bueno y lo malo. Has elegido el mejor paraguas para obtener la aprobación de los demás, ¿no es así? No te dejes atraer por los elogios. Si esperas la aprobación de los demás, no obtendrás la de Dios. Esa es la que necesitamos en realidad. Para ello es preciso apartar la mente de lo externo y volverla al interior. Tienes que buscar y descubrir lo que está dentro de ti.

»Yo presto atención a todos los aspectos de la vida de mis hijos. Examino hasta el más pequeño detalle. ¿Quién hay, aparte de Amma, para corregir hasta vuestros menores errores? Pero vuestra atención no debe quedarse en el brillo exterior. Vuestra mente debe concentrarse en Dios».

Si Amma está para cuidar de todo en la vida de sus hijos, hasta de lo que parece insignificante, ¿por qué ellos van a ocuparse de las cosas externas? Esto es lo que opina Amma.

El bhakti bhāva (estado devocional) de Amma

Amma: «Después de dos o tres días de viaje, Amma se ha quedado sin voz. No ha habido tiempo para descansar. Así que Amma no podrá cantar bhajans. Nunca ha tenido este problema en todos estos años. ¿Para qué sirve la lengua si no puede cantar bhajans?».

Brahmachārī: «Has asumido el prārabdha de los que vinieron al darśhan de Elur, Amma. Esa es la causa. Había muchos enfermos, y todos habían mejorado cuando se marcharon con la sonrisa en los labios».

Amma: «Si mi sufrimiento es el resultado de su prārabdha, si ahora soporto el dolor en su lugar, entonces no estoy triste. Después de todo, otros se han curado. Pero, a pesar de ello, no puedo pasar un solo día sin pronunciar el nombre del Señor».

Los ojos de Amma estaban llenos de lágrimas, que empezaron a resbalar por sus mejillas. Era la viva imagen de una devota que lamentaba, con el corazón desgarrado, no poder repetir el nombre de Dios. La atmósfera reinante, bañada en la arrebolada luz crepuscular, parecía reflejar su sufrimiento. El estado de brillante prēma bhakti —devoción que es puro amor— parecía aumentar el resplandor de su rostro. Sus tristes sollozos se calmaron poco a poco. Amma entró en un estado de samādhi que duró como una hora.

Inolvidable lección para todos los presentes sobre la forma de llamar a Dios y llorar por Él. Poco después de salir del samādhi, Amma se dirigió al Kaḷari para unirse a los bhajans.

Kaṇṇante kalocha

Oí los pasos de Kaṇṇan
en la noche de Luna plateada.
Al son de las notas de una flauta,
mi mente se perdió en un sueño dorado.

Al ver esta Luna luminosa,
fragancia del invierno,
esta sonrisa dulce como la miel,
mi mente irradia felicidad.

Kaṇṇa, tengo miles de historias que contarte.
Kaṇṇa, por favor, no te vayas.
Quédate para bañarte
en el lago de dicha de mi mente.

Cuando Amma volvió a su habitación, un brahmachārī la esperaba. Tenía los ojos hinchados y la cara irreconocible.

Amma: «¿Qué te ha pasado, hijo?».

Brahmachārī: «La cara se me está hinchando. Ha empezado esta mañana».

Amma: «No es grave. Te ha entrado algo de polvo en los ojos. Esa es la causa de la hinchazón».

Amma pidió a una brahmachāriṇī que le trajera agua de rosas. Después le dijo al brahmachārī que se tumbara en el suelo y le dio su almohada para que apoyara la cabeza. Pero él sintió reparos en hacerlo.

Amma: «La verdadera veneración a Amma no consiste en abstenerse de usar estas cosas porque sean suyas. Amma no lo ve así. La obediencia es la señal de vuestra veneración hacia ella».

Puso la cabeza del renuente brahmachārī sobre la almohada y vertió agua de rosas en sus ojos. Después le pidió que se quedara allí sin moverse durante un rato.

Viernes, 8 de noviembre de 1985

Brahma muhūrta

En el cielo apareció la estrella matutina. Los brahmachārīs se levantaron y la luz se filtraba por los intersticios de las paredes de la cabaña, hechas con hojas de cocotero trenzadas. Amma pasó por delante de todas las cabañas con una linterna en la mano para comprobar que todos sus hijos se hubieran levantado. La mayor parte de los brahmachārīs ya se habían bañado. Podía oírse el eco de los mantras védicos.

En una de las cabañas no había luz y Amma enfocó la linterna hacia su interior. El brahmachārī estaba profundamente dormido. Amma tiró de sábana que lo envolvía. Él se dio la vuelta, tirando a su vez de la sábana, y se tapó. Esto le divertía mucho a Amma. Tiró nuevamente de la sábana. Él apartó la mano de Amma y se hizo un ovillo. Amma salió a buscar un vaso de agua, volvió a entrar y le salpicó la cara.

Él se levantó de un salto, buscando con mirada furiosa al que se había atrevido a arrancarle de su sueño matinal. Frente a él había dos ojos penetrantes. Aun medio dormido, no tardó en reconocer aquella forma vestida de blanco. Se puso a temblar. Cuando Amma lo vio en pie, su sonrisa desapareció. Se había puesto la máscara de la seriedad.

Amma: «Durante el archana, todas las divinidades acuden. ¿Quieres que te maldigan? Si ni siquiera puedes levantarte por la mañana, ¿para qué has venido a vivir al āśhram? ¿Por qué no te vas, buscas una chica y vives felizmente con ella? Cuando los niños lloren noche y día, tendrás que cantarles y tomarlos en tus brazos para que se duerman. Las personas como tú no pueden aprender de otra forma».

Amma, una vez lanzada, no estaba dispuesta a pararse. «¿Cuántos días hace que no vas al archana?».

El brahmachārī respondió, vacilante: «Dos días». No podía levantar la cabeza y mirar a Amma.

Amma: «Debería darte vergüenza. Hasta Acchamma, que tiene más de setenta años, se levanta a las cuatro y media».

Los brahmachārīs que volvían del archana vieron a Amma en su aspecto de Kālī y se postraron ante ella. Pero cuando Amma salió de la cabaña, su talante cambió por completo. La expresión de su rostro se tornó bondadosa, sonriente, agradable. Se sentó cerca de la cabaña del darŝhan con sus hijos. ¿Dónde estaba la ferocidad que mostraba segundos antes? En un instante, su rostro de loto había florecido en una sonrisa de tierno amor.

Amma: «Le he preguntado por qué seguía aquí si era incapaz de respetar las reglas del āŝhram y hacer su sādhanā. Debe de haberle dolido. A Amma le duele tener que reñir, pero son sus reprimendas, más que su amor, las que eliminan vuestras impurezas. Si Amma solo os mostrara amor, no miraríais en vuestro interior. Si Amma os riñe, es solo por amor pleno, por compasión. Es verdadero amor, hijos. Si Amma os regaña, seguro que os sentís molestos, pero lo hace para debilitar vuestras vāsanās y despertar vuestro verdadero Ser. Es imposible eliminar las vāsanās sin provocar un poco de dolor. El escultor moldea la roca a golpe de cincel no porque esté enfadado con ella, sino para hacer que emerja su verdadera forma, oculta en el interior. El herrero calienta el metal y lo golpea solo para darle la forma deseada. Del mismo modo, para que un absceso infectado se cure, hay que presionarlo para que salga el pus. En ocasiones, el médico puede tener que abrirlo. Un testigo de la escena podría creer que el médico es cruel; pero si, por amor al paciente, se conforma con poner desinfectante sin abrir el absceso para limpiarlo, nunca se curará. Del mismo modo, las reprimendas y la disciplina del guru tal vez le resulten un poco dolorosas al discípulo, pero su único objetivo es eliminar sus vāsanās.

»Hijos, si una vaca se come una planta tierna de cocotero, es inútil decirle con amabilidad: "Querida mía, por favor, no te la comas". Pero si le gritáis: "¡Búuu! ¡Márchate!", dejará de comer y se irá. Las palabras de Amma deben provocar la transformación que pretenden lograr. Por eso adopta esa actitud seria».

¿Quién sino Amma está ahí para amar y reñir a los residentes del āŝhram en caso de ser necesario?

Tras quedarse un momento en silencio, Amma prosiguió: «Hijos, Amma no os reñirá más si eso os contraría. Desea veros felices y no quiere causaros dolor».

Esas palabras agitaron el corazón de los brahmachārīs. Cada vez que Amma les reñía, su amor por ella se volvía más profundo y su vínculo se hacía más fuerte.

Amma se levantó y fue al comedor, al tiempo que continuaba hablando con los brahmachārīs, que la seguían como a su sombra.

Amma: «El motivo de que Amma adopte ese tono severo no es el de haceros daño. Es para que vosotros mismos veáis la fuerza de vuestro vínculo con ella. Solo progresarán los que están dispuestos a dejarse golpear e incluso matar. Un brahmachārī está destinado a llevar el peso del mundo entero sobre sus hombros y las cosas pequeñas no deben debilitarlo. Voy a espabilar realmente a mis hijos. Se quedarán los que solo desean el conocimiento del Yo; los demás se irán».

Sí, afortunados son los que permanecen a sus pies aunque la compasiva Dēvī adopte su forma feroz.

Amma cuenta algunas historias antiguas

Era la hora de los bhajans en el Kaḷari. Desde hacía varios días, Ottur esperaba pasar algún rato con Amma. Caminaba lentamente hacia la habitación de Amma y se alegró mucho al verla. Ella le tomó de la mano para que se sentara a su lado. Ottur se postró y puso la cabeza en sus rodillas, igual que un bebé. Amma le acarició cariñosamente la espalda. También estaban presentes el sobrino de Ottur, Narayanan, y otro brahmachārī.

Levantando la cabeza, el anciano dijo: «Los brahmachārīs me cuentan historias de otros tiempos. Lamento no haber tenido la suerte de ver esas escenas con mis propios ojos. Pero me encantaría que tú me las contaras, Amma. Me han dicho que tu familia te ataba para pegarte. Al oír aquello, enseguida pensé en el pequeño Ambādi Kaṇṇa[7]. ¿Por qué te pegaban?».

Amma se rió e inició su relato: «En aquella época, Amma les llevaba algo que comer a los pobres de los alrededores, aunque tuviese que robar la comida en su casa. Por eso le pegaban. Amma iba a las casas de los vecinos y recogía peladuras de tapioca y kadi (agua en que se ha lavado arroz) para dar de comer a las vacas. En la mayor parte de esas casas, la gente pasaba hambre y Amma sentía lástima por ellos. En su casa, cuando nadie la veía, ponía en un recipiente un poco de arroz hervido. Después hacía creer que iba a buscar agua de arroz y les llevaba el arroz a los vecinos que pasaban hambre. En algunas familias, a las abuelas no les daban jabón y otras cosas. Amma les llevaba el jabón de su casa y también les lavaba la ropa».

Ottur: «¡Ah, aquella gente debe haber acumulado muchos méritos para poder participar en las līlās de Amma!».

Amma: «Amma hacía todo eso, hijo, pero no tardó en sentir un intenso desapego de todo. Le disgustaba que dificultaran su meditación acercándose a ella. Sentía aversión por todo. No soportaba ni siquiera a la Madre Naturaleza. Odiaba su propio cuerpo, lo mordía, lo hería, se arrancaba el cabello. Solo después recordó que había actuado así».

Ottur (sorprendido): «¿Tus padres lo veían?».

Amma: «Cuando el padre de Amma la veía llorar a gritos, venía y la tomaba en brazos. No tenía la menor idea de lo que le hacía llorar o comportarse de aquel modo. Un día, Amma le dijo: "Llévame a algún lugar aislado, llévame al Himalaya". Y se echó a llorar. Amma era muy joven. Su padre la puso sobre su hombro para que dejara de llorar y le dijo: "Ahora mismo te llevo allí; pero ahora duerme, hija mía"».

---

[7] El pequeño Kṛiṣhṇa de Ambādi. Ambādi significa en malayāḷam una aldea de vaqueros, y es el pueblo en el que creció Kṛiṣhṇa.

Amma se deslizó de pronto en un profundo samādhi. Sus manos, inmóviles, hacían una mudrā mística. Solo el suave ritmo y la armonía de los bhajans del Kaḷari interrumpían el silencio.

Ambā mātā jaganmātā

¡Oh, Madre divina, Madre del universo,
Madre de gran valentía,
Tú que otorgas la verdad y el amor divino,
Tú que eres el universo mismo,
Tú que eres la valentía,
la verdad y el amor divino...

El bhajan alcanzó su máxima sonoridad y se notaba que los brahmachārīs se hallaban totalmente inmersos en el canto, olvidándose de todo lo demás. Amma seguía en samādhi. Lentamente, la canción llegó a su fin. Los instrumentos se fueron callando. Empezaron a afinar el armonio para el siguiente kīrtan. Amma salió poco a poco del estado sublime y recobró su estado habitual. La conversación continuó.

Ottur: «¿Cuántos años tenías entonces?».

Amma: «Siete u ocho. El padre de Amma la llevaba en brazos y caminaba. ¿Acaso no había prometido llevarla al Himalaya? Ella lo creía ciegamente, como cualquier otro niño, y terminó por dormirse en su hombro. Al despertarse, volvió a llorar al ver que su padre no había cumplido su promesa. Esa época fue muy difícil para mi padre. Yo meditaba durante la noche sentada en el patio, sin dormir. Él también velaba para cuidarme. Tenía miedo de dejar a su hija allí sola de noche.

«Amma iba a buscar cosas para dar de comer a la cabra. Había un gran árbol que se inclinaba sobre el agua. Trepaba al árbol y se sentaba allí. De repente, sentía que era Kṛiṣhṇa, sentada en el árbol balanceando las piernas. Con toda naturalidad, empezaba a hacer el sonido de una flauta. Rompía ramas, las dejaba caer y otras niñas venían a recogerlas. Amma se imaginaba que eran las gōpīs. Esos pensamientos le venían espontáneamente. Se preguntaba si se estaría volviendo loca.

»Como a su familia no le gustaba que fuera con otras personas, solía ir sola a buscar agua. Un día, se subió de repente a un baniano y se acostó sobre una rama, igual que el dios Viṣhṇu tumbado sobre Ananta[8]. La rama era muy fina, pero no se rompió. Ese árbol sigue allí, en la playa».

Ottur: «¿Subías y te tumbabas sobre una delgada rama?».

Amma: «Sí. Igual que el Señor sobre Ananta. Quienes lo veían decían cosas como que había distintos colores en el cuerpo de Amma. Ella no lo sabe. Probablemente era el efecto de su fe. Hoy, Amma ni siquiera puede pensar en ese mundo».

Ottur: «Me gustaría que contaras la historia en la que Amma convirtió agua en pañchāmṛitam[9]».

Amma: «Amma dejó que lo hicieran los escépticos. Ella no tocó nada. En esa época muchos dudaban de ella. En esa época acababa de empezar el bhāva darśhan. Amma les pidió agua a algunos de los que se oponían a ella, y se la trajeron en una jarra. Les pidió que imaginaran que el agua se estaba transformando. En aquel preciso momento, mientras la sostenían en sus manos, el agua se convirtió en pañchāmṛitam».

En el Kaḷari terminaron los bhajans. El mantra de invocación de la paz resonó por todas partes.

ōṃ pūrṇamadaḥ pūrṇamidam
pūrnāt pūrṇamudachyatē
pūrṇasya pūrṇamādāya
pūrṇamēvāvaśhiṣhyatē.

---

[8] Ananta es la gran serpiente que sirve de lecho en el que reposa Viṣhṇu.

[9] Un dulce hecho de leche, plátanos, azúcar moreno, uvas pasas y panela.

ōṃ śhāntiḥ śhāntiḥ śhāntiḥ
ōṃ śhṛī gurubhyo namah
hariḥ ōm

Eso es el Todo, esto es el Todo.
Del Todo surge el Todo.
Si se quita el Todo del Todo,
el Todo permanece.
Ōṃ paz, paz, paz
Saludamos a los maestros
Hariḥ Ōm

Se hizo el silencio durante breves momentos. Después se oyó la campana del āratī. Narayanan ayudó a Ottur a levantarse para ir al templo y asistir al āratī. El brahmachārī volvió a su habitación con un sentimiento de enriquecimiento por haber sido testigo de esa escena en la que la devoción, por una parte, y un profundo amor maternal hacia el devoto, por la otra, se unieron en una bella armonía.

Amma escucha la lectura del Bhāgavatam

Frente al Kaḷari, Kavyakaustubham[10] Ottur comentaba el Śhrīmad Bhāgavatam[11]. Un río ambrosiaco de devoción manaba con tanta fuerza que parecía estar a punto de desbordarse. Todos se sentían cautivados. Amma estaba entre el público, escuchando la historia de los juegos de Kṛiṣhṇa niño. Ottur, que superaba

[10] «La joya kaustubha entre los poetas», título concedido a Ottur Unni Nambudiripad como distinguido poeta. El kaustubha es una joya que Viṣhṇu lleva en el pecho. Ottur era un famoso poeta y erudito en sánscrito, y el autor de los ciento ocho nombres de Amma. Pasó los últimos años de su vida en el āśhram.

[11] Escritura que narra, entre otras muchas cosas, la vida de Kṛiṣhṇa.

ampliamente los ochenta años, pero cuya mente se hallaba siempre con Kṛiṣhṇa, contaba la historia como si se desarrollara en ese preciso momento ante sus ojos.

«¿Qué travesura hará ahora? ¿Quién lo sabe? Ha roto el recipiente y el yogur se ha derramado por todas partes, también sobre él mismo, como un diluvio. Por eso, es fácil descubrir por dónde ha huido. Hay algunas huellas con manchas de yogur. Sin embargo, unos pasos más adelante, ¡desaparecen!

»Henos aquí ante el mismo problema. Podemos dar tres o cuatro pasos hacia el Señor, ayudados por algunas señales, utilizando todas las upaniṣhad y todos los purāṇas. Eso es todo. Después necesitaremos descubrirlo por nosotros mismos.

»Yaśhōdā (su madre adoptiva) lo busca. Sabe perfectamente dónde buscar a Kṛiṣhṇa: por todos los lugares donde se guarda leche y mantequilla. Nunca falla. ¡Qué bendición sería que pudiésemos ver al Señor tan fácilmente! Pero así ocurría: cuando deseabas verlo, bastaba con ir a mirar.

»Yaśhōdā continúa su búsqueda y acaba por descubrirle, encaramado sobre un almirez que ha puesto boca abajo. Tiene a su alrededor todo un ejército, ¡el ejército de Śhrī Rāma![12]. Todos extienden la mano y devoran las golosinas. Kṛiṣhṇa lamenta haber dejado dos de sus cuatro brazos en la cárcel[13], pues mil brazos no habrían bastado para alimentar a todos esos monos.

---

[12] Ottur designa a los gōpas, los pastores que eran los compañeros de Kṛiṣhṇa, como «el ejército de Śhrī Rāma», es decir, un ejército de monos.

[13] Cuando nació Kṛiṣhṇa, sus padres, Dēvaki y Vasudēva, se hallaban encarcelados por orden del tío de Kṛiṣhṇa, Kaṁsa. Kṛiṣhṇa les concedió verle bajo la forma gloriosa de Viṣhṇu provisto de cuatro brazos, y después volvió a la forma de un bebé humano. Bajo el efecto del poder de māyā (la ilusión creadora), sus padres olvidaron enseguida la visión que habían experimentado.

»“¡Rápido, rápido!”, dice, “¡hay que comérselo todo antes de que mamá llegue!”. Y este testigo omnisciente lanza de vez en cuando miradas furtivas a su alrededor. Y entonces la ve.

»Se dice que un cuervo y el viento, no entran en ninguna parte si la entrada y la salida no están abiertas. Eso también lo ha tenido en cuenta Kṛiṣhṇa. Ha dejado abierta una puerta de salida y huye en el momento en el que su madre está a punto de atraparlo.

»¿Por qué corre? Yaśhōdā tiene en la mano un palo y Kṛiṣhṇa sabe que aún no tiene edad para necesitar un bastón. Sabe que el palo es para él, así que huye corriendo».

> *...y su madre lo sigue a él, a quien ni la mente de un yōgi, entrenada por la práctica y la ascesis, logra alcanzar sin su gracia.*
>
> Bhāgavatam 10:9

El satsaṅg continuó, pero Amma se levantó para ir al lado oeste del āśhram. Se detuvo entre el Kaḷari y la escuela de vēdānta, frente a algunas plantas en macetas que colgaban de las vigas de la escuela. Acarició suavemente cada enredadera. Después tomó las ramas flotantes de cada planta y las besó. Tocaba las plantas con el mismo amor con el que una madre acaricia a su hijo recién nacido.

Una joven se acercó a Amma para hacerle una pregunta, pero ella le indicó que guardara silencio. Cuando la joven iba a tocar una planta, Amma la detuvo como si temiera que su contacto pudiese perjudicar a la planta. Amma siguió un rato en comunión con las plantas. Tal vez tenían necesidad, al igual que sus hijos humanos, de confiarle sus penas. ¿Quién sino Amma podría consolarlas?

Mientras tanto, el discurso había terminado. Amma volvió al maṇḍapam (porche) del Kaḷari y se sentó.

Tyāga

Un devoto seglar: «Amma, tú siempre insistes en la importancia de tyāga (la renuncia). ¿Qué es tyāga?».

Amma: «Hijo, tyāga es toda acción que realizamos sin tener en cuenta nuestra propia comodidad o interés. Amma llama tyāga a cualquier acción realizada como una ofrenda a Dios por el bien del mundo, sin ningún sentido del "yo" o "mío" y sin preocuparnos de nuestra propia comodidad. Las dificultades que soporta una persona por su propio interés no pueden calificarse como tyāga».

Devoto: «Amma, ¿puedes explicarlo más?».

Amma: «Si nuestro hijo enferma, lo llevamos al hospital. Si es preciso, vamos andando hasta allí, aunque el camino sea muy largo. Estamos dispuestos a ponernos de rodillas ante quien haga falta para que ingresen a nuestro hijo y, si no hay habitaciones disponibles, nos parece bien dormir con el niño en el suelo, aunque esté sucio. Pedimos varios días de permiso para no dejarlo solo. Pero eso no puede considerarse tyāga porque todos estos sacrificios los hacemos por nuestro propio hijo.

»La gente está dispuesta a pelear por un pequeño trozo de terreno, a subir y a bajar las escaleras del Palacio de Justicia un sinfín de veces; pero solo lo hacen por su propio interés. Trabajan hasta tarde y sacrifican su sueño para ganar más. Eso no es tyāga. Pero, si renuncias a todas tus comodidades para acudir en ayuda de otra persona, a eso sí podemos llamarlo tyāga. Si ayudas a una persona pobre dándole un dinero que has ganado con mucho esfuerzo, eso es tyāga. Si el hijo de tu vecino está enfermo y nadie puede quedarse con él en el hospital, y tú lo haces sin esperar nada a cambio, ni siquiera una sonrisa, eso sí es digno de llamarse tyāga. Si reduces tus gastos prescindiendo de alguna ventaja personal y usas lo que ahorras con fines benéficos, eso es tyāga.

»Con esta clase de sacrificios estáis llamando a la puerta que lleva al reino del Yo Supremo. Esos actos te permiten entrar en ese mundo. Es lo que se llama karma yōga. Las demás acciones solo conducen a la muerte. Los actos realizados con el sentimiento de "yo" y "lo mío" no te aportan nunca ningún beneficio real.

»Si vas a visitar a una amiga que no has visto en mucho tiempo, tal vez le lleves un ramo de flores; pero tú serás el primero en disfrutar de su belleza y su fragancia, y también experimentarás la felicidad de dar. Del mismo modo, cuando realizas actos desinteresados de tyāga, experimentas automáticamente felicidad y satisfacción.

»Hijos, aunque quien se dedique a realizar actos de tyāga no tenga tiempo para hacer japa, alcanzará el estado de inmortalidad. Su vida beneficiará a los demás como un néctar. Una vida llena de tyāga es la forma suprema de satsaṅg porque los demás pueden verlo y seguir su ejemplo».

Consejos sobre el japa

Un brahmachārī: «Amma, ¿es bueno sacrificar el sueño y permanecer despierto toda la noche para hacer japa?».

Amma: «Durante años te has acostumbrado a dormir. Si dejas de hacerlo de repente, te producirá perturbaciones. Duerme al menos cuatro o cinco horas, nunca menos. No reduzcas tu sueño drásticamente, hazlo de forma gradual».

Brahmachārī: «A menudo pierdo la concentración cuando recito mi mantra».

Amma: «Es necesario poner mucha atención al recitar el mantra. Concéntrate en su sonido, o en su significado; también puedes visualizar cada sílaba del mantra a medida que lo recitas. O visualizar la forma de tu deidad amada mientras recitas. Decide cuántas veces vas a recitar el mantra cada día. Eso te ayudará a hacer japa con determinación. Pero no lo hagas sin atención, solo por llegar a un determinado número de veces. Lo esencial es la concentración de la mente. El uso de una mālā (rosario) te ayudará a contar y a permanecer concentrado.

»Al principio no resulta fácil concentrarse, así que recita el mantra moviendo los labios. Con el tiempo, podrás recitarlo mentalmente, sin mover los labios ni la lengua. No hagas nunca japa de un modo mecánico, permanece alerta siempre. Cada repetición debe ser como saborear un caramelo. Al final alcanzarás un estado en el que, aunque dejes el mantra, el mantra no te dejará a ti.

»Yaśhōdā ató a Kṛiṣhṇa a un almirez, ¿no es así? Igualmente, imagina que atas a tu deidad amada con la cuerda del amor, y que después la liberas. Imagina mentalmente, como si fuera una película, que juegas con ella, que le hablas y corres detrás de ella para atraparla. Cuando tu corazón se haya llenado de amor, no hará falta que nadie te diga que imagines estas cosas porque todos los pensamientos que surjan espontáneamente en tu mente se relacionarán con tu ser amado.

»Hijos, tratad de cultivar el amor en vosotros y de adquirir la actitud de que "Dios lo es todo para mí"».

Capítulo 6

Viernes, 15 de noviembre de 1985

Amma y sus discípulos llegaron al atardecer a casa de un devoto de Kayankulam (población cercana al āśhram), que la había invitado varias veces; pero esa era la primera vez que Amma aceptaba la invitación. Se había colocado un toldo provisional frente a la casa para cantar bhajans. Había una gran multitud, la mayor parte de la cual eran personas sin estudios, con una limitada comprensión de la espiritualidad. El ambiente estaba impregnado de un fuerte olor a alcohol, y los miembros de la familia apenas se esforzaban por controlar a la muchedumbre. En semejante atmósfera, a los brahmachārīs les resultaba difícil cantar los kīrtans. Tal vez Amma no había respondido a las invitaciones anteriores porque había previsto aquella situación. Decía con frecuencia: «Amma está dispuesta a ir a cualquier parte; está dispuesta a cantar en un bazar y no le importa recibir cualquier clase de insultos. Después de todo, Amma está cantando el nombre de Dios. ¿Puede haber algo vergonzoso en ello? Sin embargo, los hijos de Amma no pueden tolerar que se diga algo negativo sobre ella. También hay algunas chicas entre nosotros. Hay que protegerlas. No pueden ir a cantar a cualquier lugar. Por eso Amma no puede aceptar invitaciones indiscriminadamente».

El secreto del karma

En el viaje de regreso en la furgoneta hubo un satsaṅg con Amma. Un brahmachārī le preguntó: «Amma, ¿es inevitable que suframos por cada error que cometamos?».

Amma: «Tenemos que aceptar el castigo hasta por nuestros errores más pequeños. Incluso Bhīṣhma[14] tuvo que padecer las consecuencias de su error».

Brahmachārī: «¿Qué es lo que hizo mal? ¿Cuál fue su castigo?».

Amma: «Cuando Draupadī pedía auxilio mientras la desnudaban, él se quedó mirando sin intervenir. Sabía que Duryōdhana y sus hermanos no se avendrían a razones, pero al menos debió recordarles su dharma. Sin embargo, no lo hizo. Guardó silencio. El deber de Bhīṣhma era haber aconsejado a esos villanos sobre su dharma, independientemente de que ellos siguieran o no sus consejos. Como no dijo nada contra ellos, se convirtió en cómplice de su mala acción. Por esa razón fue necesario que más tarde tuviera que yacer en el lecho de flechas.

»Si presenciáis como espectadores silenciosos una injusticia sabiendo que es contraria al dharma, cometéis la mayor de las injusticias. Es el comportamiento de un cobarde, no el de alguien valiente. El que comete ese pecado no debe creer que no sufrirá sus consecuencias. El infierno está hecho para esa clase de gente».

Brahmachārī: «¿Dónde está el infierno?».

Amma: «En la misma Tierra».

Brahmachārī: «¿Pero no es Dios el que nos hace actuar bien o mal?».

---

[14] Bhīṣhma era el abuelo de los Pāṇḍavas y los Kauravas. Era un guerrero valiente, dotado de una profunda sabiduría. Simpatizaba con los Pāṇḍavas; pero, debido a un juramento que había hecho, se unió al bando de los Kauravas en la guerra del Mahābhārata.

Amma: «Hijo, eso es verdad para el que está convencido de que todo es obra de Dios. En ese caso, debemos ser capaces de ver que Dios nos lo envía todo, sean los frutos de nuestras buenas acciones o el castigo de las faltas cometidas.

»Dios no es responsable de nuestros errores; somos nosotros. Supongamos que un médico nos receta un tónico. Nos indica la dosis que debemos tomar y su frecuencia. Si no seguimos sus instrucciones y bebemos el contenido del frasco de una sola vez, perjudicando nuestra salud, ¿de qué sirve acusar al médico? Del mismo modo, si conducimos con imprudencia y tenemos un accidente, ¿podemos echarle la culpa a la gasolina? Entonces, ¿cómo podemos echarle la culpa a Dios de los problemas generados por nuestra ignorancia? Dios nos ha indicado claramente cómo debemos vivir en esta Tierra. Si no seguimos sus instrucciones, es absurdo culparle de las consecuencias de nuestra desobediencia».

Brahmachārī: «La Bhagavad Gītā nos enseña que hay que actuar sin desear el fruto de los propios actos. Amma, ¿cómo podemos conseguirlo?».

Amma: «El Señor lo recomendó como remedio para liberarnos del sufrimiento. Lo que importa es actuar con śhraddhā[15], sin pensar en el resultado, sin que este nos preocupe. Así, es indudable que obtendremos el resultado que nuestras acciones merezcan. Por ejemplo, si eres estudiante, estudia tus lecciones con gran atención, sin angustiarte por si aprobarás o no el examen. Y si construyes un edificio, sigue cuidadosamente los planos, sin inquietarte por si el edificio se mantendrá en pie o se vendrá abajo.

---

[15] *Śraddhā* significa en sánscrito la fe enraizada en la sabiduría y la experiencia, mientras que la misma palabra en malayāḷam significa la dedicación al trabajo que se realiza y la atención consciente que ponemos en todas las acciones. Amma utiliza el término en este último sentido.

»Las buenas acciones engendran buenos resultados. Si un granjero vende arroz de buena calidad, la gente lo comprará y él obtendrá el beneficio de su trabajo. Pero, si vende un producto adulterado, esperando sacar un beneficio adicional, tarde o temprano será castigado y perderá la paz interior. Realizad pues toda acción con atención y con una actitud de entrega a Dios. Cada acción dará su fruto plenamente, os preocupéis o no por ello. Por tanto, ¿para qué perder el tiempo preocupados por los resultados de vuestras acciones? ¿No es mejor que empleéis ese tiempo en pensar en Dios?».

Brahmachārī: «Si el Yo es omnipresente, ¿no debería estar también en un cuerpo muerto? En ese caso, ¿cómo podría producirse la muerte?».

Amma: «Cuando una bombilla se funde o un ventilador se estropea, no significa que no haya electricidad. Cuando dejamos de abanicarnos, la corriente de aire cesa, pero eso no significa que ya no haya aire. Cuando un balón revienta, no por ello desaparece el aire que tenía en su interior. Sigue estando ahí. Del mismo modo, el Yo Supremo está en todas partes. Dios está en todas partes. La muerte se produce no porque el Yo esté ausente, sino por la destrucción del instrumento que llamamos el cuerpo. En el momento de la muerte, este deja de manifestar la conciencia del Yo Supremo. La muerte marca el fin del instrumento, no una imperfección en el Yo».

Amma empezó a enseñarles un bhajan a dos brahmachārīs. Ella cantaba los versos de uno en uno y ellos lo repetían.

Bhagavane, bhagavane

¡Oh, Señor, Señor!
Señor, amante de los devotos,
Tú que eres puro y que destruyes el pecado,
parece que solo haya pecadores en este mundo.

¿Quién nos mostrará el camino recto?
Oh, Nārāyaṇa, la virtud ha desaparecido.
La humanidad ha perdido el sentido
de la verdad y la virtud.
Las verdades espirituales ya solo existen
en las páginas de los libros.

Todo lo que aparece ante la vista
lleva el ropaje de la hipocresía.
Oh, Kṛiṣhṇa, protege y restaura el dharma.

Después, Amma inició otro canto.

Amme kannu turakkule

Madre, ¿es que no vas a abrir los ojos y venir?
Disipa las tinieblas.
Repetiré sin cesar tus innumerables nombres
con inmensa veneración.

En este mundo ignorante
¿quién sino Tú podrá eliminar mi ignorancia?
Tú eres la esencia de la sabiduría,
el Poder subyacente al universo.

Madre, que adoras a tus devotos,
eres la vida de nuestra vida.
¿No nos mirarás con tu gracia
cuando nos postramos a tus pies?

Los siete sabios no dejan
de cantar tus alabanzas.
Ahora, afligidos, te llamamos.
¿Es que no vendrás, gran ser?

El autobús se detuvo frente al muelle de Vallickavu (la aldea en que se encuentra el āshram). El tiempo había pasado tan deprisa que todos se sorprendieron al constatar que casi habían llegado al āśhram.

A la entrada del āśhram encontraron a un devoto que esperaba a Amma con impaciencia. Un joven le acompañaba. En cuanto la vio, el devoto se postró completamente ante Amma, mientras que el joven se limitó a mirar sin mostrar respeto. Amma los llevó al Kaḷari y se sentó con ellos en el porche del templito.

Amma: «Hijos, ¿cuándo habéis llegado?».

Devoto: «Hace algunas horas. Estábamos en el autobús que va a Oachira (población cercana al āśhram), de camino al āśhram, cuando vimos que tu furgoneta salía en dirección contraria. Temíamos no verte hoy, pero, al llegar aquí, nos enteramos con gran alivio de que volvías esta noche».

Amma: «Amma fue a ver a uno de sus hijos que vive en Kayankulam. Son muy pobres y hacía tiempo que habían invitado a Amma. Al ver lo tristes que estaban, Amma les prometió finalmente ir hoy. ¿Cómo va tu sādhanā, hijo?».

Devoto: «Por la gracia de Amma, todo va bien, sin problemas. Amma, ¿puedo hacerte una pregunta?».

Amma: «Claro, hijo».

Ser iniciado al mantra por un guru

Devoto: «Amma, uno de mis amigos recibió un mantra de un sannyāsī. Hace poco intentó convencerme para que yo también aceptara un mantra de ese sannyāsī. A pesar de que le dije que tú ya me habías dado uno, él insistió. Finalmente logré alejarme de él. Amma, cuando se ha recibido un mantra de un guru, ¿es correcto aceptar otro de alguien más?».

Amma: «Cuando has elegido a un guru, si después consideras a otro como tu guru, es como si cometieras una infidelidad conyugal. Pero, si ningún guru te ha dado un mantra, no hay problema.

»Cuando un sadguru te ha dado un mantra, no hace falta buscar en otra parte. Él se ocupará de ti por completo. Por supuesto que puedes respetar y honrar a otros gurus, eso no plantea problema alguno; pero, si no te centras en nada, no sacarás ningún beneficio. Si vas a ver a otro guru cuando el sadguru que te ha iniciado aún vive, te comportarás como una mujer que engaña a su marido y acepta a otro hombre. Si has aceptado un mantra de tu guru es porque habías puesto en él toda tu fe. Si eliges a otra persona como guru, es porque has perdido esa fe».

Devoto: «¿Qué hay que hacer si se pierde la fe en el guru que nos ha dado un mantra?».

Amma: «Es necesario esforzarse todo lo posible por conservar la fe. Pero, si eso resulta imposible, de nada sirve permanecer junto al guru. Es más fácil que le crezca pelo a un calvo que revivir la fe perdida. Cuando se pierde la fe, es sumamente difícil recobrarla. Por tanto, hay que observar atentamente a una persona antes de aceptarla como guru. Lo mejor es recibir un mantra de un sadguru».

Devoto: «¿Qué ventaja hay en ello?».

Amma: «Gracias a su saṅkalpa, el sadguru puede despertar el poder espiritual que mora en ti. Si echas leche a la leche, nunca obtendrás yogur. Pero, si echas una pequeña cantidad de yogur en un tazón de leche, toda ella se transformará en yogur. Cuando un mahātmā te da un mantra, su saṅkalpa entra en acción. Su poder divino entra en el discípulo».

Devoto: «Hay muchas personas que adoptan el papel de guru, repartiendo mantras a diestro y siniestro. ¿Se saca algún beneficio de los mantras que dan?».

Amma: «Algunos pronuncian discursos partiendo de un conocimiento puramente libresco, o leen en voz alta el Bhāgavatam (el Śhrimad Bhāgavatam) o el Rāmāyaṇa para ganarse la vida. Esas personas no pueden garantizar su propia salvación, así que ¿cómo van a salvar a otros? Si has recibido un mantra de una de esas personas y luego conoces a un sadguru, pídele a este que te inicie de nuevo, sin dudarlo.

»Solo aquellos que, mediante las prácticas espirituales, han conocido el Yo están capacitados para dar mantras. Los que se presentan como gurus son como barcos hechos de esponja: no pueden llevar a nadie a la otra orilla. Si alguien se embarca en él, este se hunde y el pasajero también. Un sadguru, por el contrario, es como un gran navío: cualquier cantidad de personas que suban a bordo podrán alcanzar la otra orilla. El que admite discípulos e inicia a la gente sin haber adquirido antes el poder necesario mediante la sādhanā es como una pequeña serpiente que intenta tragarse una gran rana. La serpiente es incapaz de tragarse la rana, pero esta no puede escapar».

Un joven: «Las escrituras aconsejan frecuentar la compañía de los sabios. ¿Qué beneficio sacamos del satsaṅg de un mahātmā?».

Amma: «Hijo, si pasamos por una fábrica de incienso, quedaremos impregnados de su perfume. Aunque no trabajemos allí, ni compremos incienso, ni lo toquemos; basta con entrar en ese lugar para que la fragancia nos siga sin ningún esfuerzo por nuestra parte. Del mismo modo, cuando estamos en presencia de un mahātmā, se produce una transformación en nosotros, aun sin ser conscientes de ello. El tiempo que pasamos en presencia de un mahātmā tiene un valor inestimable. La presencia de un alma grande crea en nosotros vāsanās, cualidades y saṁskāras positivos. Por el contrario, si vivimos en compañía de personas de mente oscura, es como entrar en una habitación llena de carbón; aunque no toquemos nada, saldremos negros.

»No es difícil tener ocasión de practicar tapas (ascesis) durante muchos años; pero la oportunidad de estar con un mahātmā es sumamente infrecuente y difícil de obtener. No hay que desperdiciar nunca una ocasión semejante. A nosotros nos corresponde mostrar una enorme paciencia e intentar sacar todo lo que podamos de esa experiencia. La mera mirada o el toque de un mahātmā puede beneficiarnos mucho más que diez años de tapas. Pero debemos desprendernos del ego y tener fe para recibir ese beneficio».

La importancia de hacer sādhanā en soledad

El joven: «Hoy nos hemos paseado por el āśhram y hemos mirado lo que hay».

Amma: «¿Y qué has visto, hijo?».

El joven: «No entiendo para qué sirve la cueva que hay detrás del Kaḷari».

Amma: «Al principio, la soledad es esencial para un buscador. Así la mente no se distrae y se vuelve hacia el interior. Si sigues las instrucciones del guru, podrás ver a Dios en todas las cosas.

»En esta región no hay montañas y hay casas por todas partes. Es imposible encontrar un lugar solitario. También es imposible cavar hondo en el suelo para crear una gruta de meditación, debido a la gran cantidad de agua que hay. Por eso, la cueva solo tiene un metro de profundidad. En realidad, no puede llamarse una cueva.

»Antes de sembrar las semillas, preparamos el terreno y quitamos las malas hierbas y aramos la tierra para aflojarla e igualarla; después, ya podemos sembrar. Cuando la cosecha empieza a crecer, hay que seguir quitando la mala hierba. Más tarde, cuando las plantas son adultas, las malas hierbas ya no representan una amenaza porque las plantas tienen la suficiente fuerza para resistirlas sin ahogarse. Pero, al principio, mientras son jóvenes y frágiles, las malas hierbas pueden destruirlas con facilidad. Al comienzo es necesario hacer nuestras prácticas espirituales en soledad y sumergirse en el japa y la meditación sin mezclarse demasiado con los demás. Debemos limpiar el terreno de malas hierbas. Más tarde, cuando llevemos cierto tiempo haciendo sādhanā, poseeremos la fuerza necesaria para vencer todos los obstáculos externos.

»Si intentas bombear agua para elevarla y el sistema tiene una fuga en la base, tus intentos fracasarán. Igualmente, hay que eliminar las fugas de la energía mental que hayamos acumulado, renunciando a nuestros intereses exteriores. Hay que pasar tiempo en soledad y purificar la mente, liberándonos de las malas vāsanās acumuladas en el pasado. Hay que evitar relacionarse con demasiadas personas.

»Un estudiante no puede ponerse a estudiar en una estación de ferrocarril ruidosa y repleta de gente, ¿verdad? Necesita un entorno apropiado para el estudio. De igual manera, un sādhak al principio necesita soledad. Cuando adquieras la práctica suficiente, serás capaz de meditar en cualquier situación. Pero, por el momento, hacen falta unas condiciones especiales.

»Además de soledad, hay otra razón para meditar en una cueva. Las vibraciones del subsuelo, como las de las montañas, tienen una cualidad particular que proporciona un poder especial a nuestra sādhanā. Los mahātmās dicen que las grutas subterráneas favorecen particularmente las prácticas espirituales. Sus palabras son el equivalente de los Vedas. Cuando estamos enfermos, consultamos a un médico y aceptamos lo que nos dice. Del mismo modo, las palabras de los mahātmās son la autoridad reconocida en el camino espiritual.

»Antiguamente, abundaban los bosques y las grutas donde los buscadores podían entregarse a las prácticas ascéticas. Vivían de frutos y raíces y se dedicaban a hacer tapas; pero, hoy en día, las circunstancias han cambiado. Si necesitamos una cueva, es preciso crearla. A pesar de que esta sea de creación humana, sirve para practicar la meditación en solitario».

El joven: «Pero, ¿necesita el buscador una cueva para hacer tapas? ¿No nos separamos del mundo si nos quedamos en una cueva? ¿No es eso una debilidad?».

Amma: «Aunque se formen olas en la superficie de un embalse, el agua no se derrama. Pero, si el muro de contención se rompe, se escapa toda el agua. Del mismo modo, el sādhak pierde su energía sutil cuando habla y se relaciona con otros. Para evitarlo, conviene que se aísle al principio. Es el período de práctica del sādhak. Si quieres aprender a montar en bicicleta, buscas un espacio libre y vacío donde puedas practicar sin molestar a nadie. Eso no se considera una debilidad. Los hijos que viven aquí necesitan esta cueva y la soledad que encuentran en ella. Más tarde saldrán a servir al mundo».

El joven: «Pero ¿por qué no van a Mūkāmbikā[16] o al Himalaya para hacer tapas? Allí se encontrarían en un entorno adecuado».

Amma: «Hijo, la presencia del guru sustituye a Mūkāmbikā o el Himalaya. Las escrituras dicen que los pies del maestro son la confluencia de todas las aguas sagradas. Además, estos hijos son sādhaks y los sādhaks deben permanecer cerca de su guru para recibir las instrucciones que necesitan. Un discípulo no debe alejarse nunca del guru sin el permiso de este.

»Cuando un paciente está muy enfermo, el médico no se conforma con administrarle un medicamento y enviarlo a casa. Lo mantiene en el hospital para tratarlo. Lo examina con frecuencia y cambia la dosis del remedio que le administra, según la evolución de la enfermedad. Ocurre lo mismo con un discípulo que hace sādhanā. Tiene que permanecer bajo el ojo vigilante del guru. El guru debe estar cerca para aclarar cualquier duda que

---

[16] Las montañas que hay cerca del famoso templo de Mūkāmbikā, en el estado de Karnataka, que son un lugar ideal para hacer sādhanā en soledad.

pueda surgir en el discípulo y para guiarle, dándole los consejos necesarios en cada paso de su sādhanā. También se requiere que el guru sea alguien que ya haya recorrido ese camino.

»Si no se guía correctamente al sādhak, este puede perder su equilibrio mental. Si se medita mucho, la temperatura del cuerpo aumenta. En ese caso, el sādhak necesita que le expliquen bien cómo refrescar el cuerpo. En esa etapa, debe cambiar de régimen alimenticio, necesita soledad y no meditar demasiado. Quien no tiene fuerza suficiente para levantar cuarenta kilos no puede levantar cien de golpe sin tambalearse y venirse abajo. Del mismo modo, si se medita más de lo que el cuerpo es capaz de soportar, pueden generarse múltiples problemas. Por eso el guru tiene que estar cerca, para poder darle al discípulo las instrucciones que necesite.

»Si algo no va bien en tu meditación, no puedes echarle la culpa a Dios ni a la meditación. El fallo está en la técnica de meditación utilizada. En esta fase, los hijos que están aquí necesitan tener a Amma cerca para practicar la meditación correctamente y progresar. Aún no les ha llegado la hora de hacer sādhanā solos, y por eso no pueden alejarse de aquí. Pero más adelante podrán hacerlo sin problema».

El joven: «¿Qué se obtiene al hacer tapas?».

Amma: «Una persona normal es como una vela pequeña, mientras que una persona que hace tapas es como un transformador que puede suministrar electricidad a una zona amplia. El tapas da al sādhak una inmensa fuerza interior. No desfallecerá cuando tenga que enfrentarse a dificultades. Haga lo que haga, es sumamente eficaz. El tapas despierta el desapego en él, de modo que el sādhak actúa sin esperar el fruto de sus acciones. Por el tapas, puede ver a todos como iguales. No experimenta apego ni hostilidad hacia nadie. Estas cualidades benefician tanto al mundo como al propio sādhak.

»Es fácil afirmar "yo soy Brahman" aunque la mente esté llena de envidia y hostilidad. Tapas es el entrenamiento que se realiza para transformar la mente impura en una mente divina. Para aprobar un examen hay que estudiar. ¿Cómo lograrlo cuando no se ha estudiado nada? Y es indispensable aprender a conducir antes de poder conducir un coche. Podemos compararlo a la práctica de tapas. Cuando eres capaz de controlar la mente, puedes seguir adelante en cualquier circunstancia sin desfallecer. Para ello, no basta el conocimiento extraído únicamente de los libros; hay que hacer tapas. El resultado es como si el Sol adquiriera un perfume maravilloso. Los que hacen tapas avanzan hacia un estado de plenitud. Sus palabras vibran de vida. La gente siente una gran dicha en su presencia. Los tāpasvīs benefician al mundo porque obtienen el poder de elevar a los demás gracias a su tapas».

El joven: «¿Qué significa el conocimiento del Yo o el despertar supremo?».

Amma: «Ver a Dios en todas las cosas, percibirlo todo como el Uno único, saber que todos los seres son tu propio Ser, eso es el conocimiento. Cuando se desvanezcan todos los pensamientos y ya no queden deseos, cuando la mente esté perfectamente inmóvil, experimentarás el samādhi. Es un estado en el que ha desaparecido la actitud de "yo" y "lo mío". A partir de ese momento te conviertes en el servidor de todos, ya no eres una carga para los demás. Una persona corriente es como un pequeño charco de agua estancada, mientras que un alma con conocimiento es como un río o un árbol: reconforta y refresca a todos aquellos que acuden a él».

Era muy tarde. Amma se levantó para marcharse, pero antes le dijo al joven: «¿Por qué no te quedas hasta mañana, hijo? Si Amma no se va ahora, estos hijos tampoco se irán y se perderán la práctica de la mañana. Amma te verá mañana».

Sábado, 16 de noviembre de 1985

Al día siguiente, varios de los brahmachārīs faltaron al archana por haberse quedado hasta tan tarde con Amma la noche anterior. Más tarde, cuando iba a comenzar la meditación, Amma llegó y les preguntó por qué no habían acudido al archana. Les dijo: «Los que tienen vairāgya (desapego) nunca incumplen su programa diario, por muy cansados que estén. Hijos, no os saltéis el archana diario. Si sucediera, no empecéis a meditar hasta después de haber hecho el archana por vuestra cuenta».

Todos dejaron de meditar y empezaron a recitar el Lalitā Sahasranāma; Amma se quedó con ellos. Cuando lo terminaron, Amma se levantó y caminó hacia el patio norte del āśhram. La acompañaban algunos brahmachārīs y también el joven que había llegado la víspera.

Brahmacharya

El joven: «¿Es obligatorio aquí el celibato?».

Amma: «A los hijos que viven aquí, Amma les ha dicho que transformen su energía sexual en ōjas (energía sutil), ya que así conocerán su verdadera naturaleza, en la que reside la verdadera felicidad. Es su modo de vida. Solo deben vivir aquí los que se sientan capaces de hacerlo. Los demás pueden marcharse y vivir el estado de gṛihasthāśhrama (una vida de familia orientada hacia la espiritualidad). A los hijos que vienen aquí, se les pide que practiquen el celibato. Los que no lo consigan son libres de marcharse en cualquier momento.

»El departamento de policía tiene sus reglas, y el ejército las suyas. Igualmente, los brahmachārīs y las brahmachāriṇīs del āśhram deben seguir las reglas de brahmacharya. El celibato es esencial para los que han elegido vivir aquí y no se limita a la sexualidad. Tienen que controlar todos los sentidos: los ojos, la nariz, la lengua y los oídos también. Amma no les obliga a ello. Solo les dice que ese es el camino.

»De hecho, Amma les ha aconsejado que se casen, pero no quieren ni oír hablar de ello. Así que Amma les dice que aquí deben vivir de una manera determinada y cumplir unas reglas precisas. Si no se sienten capaces de hacerlo, tienen libertad para marcharse. Nadie está obligado a vivir de esta forma. No todos pueden seguir este camino. Amma les dice: "No reprimas nada. Prueba esta forma de vida y, si no te va bien, cásate".

»Si te vistes para representar un papel, actúa bien. De lo contrario, es preferible que ni empieces. Si deseas alcanzar la meta suprema, el brahmacharya es esencial. ¿Qué han dicho nuestros mahātmās a este respecto?».

El joven: «¿A quiénes te refieres?».

Amma: «A Buda, Ramakrishna, Vivekananda, Ramana, Ramatirtha, Chattampi Swami, Narayana Guru. ¿Qué han dicho todos ellos? ¿Por qué Buda, Ramatirtha, Tulsīdās y otros mahātmās abandonaron a su esposa y su hogar? ¿Por qué Śhrī Śhaṅkarāchārya[17] se hizo sannyāsī siendo tan joven? ¿No demuestran sus acciones la necesidad del brahmacharya? Y Shri Ramakrishna, aunque se hubiese casado, ¿no practicó brahmacharya para dar ejemplo?

»Brahmacharya no es solo una regla exterior, no consiste solo en renunciar al matrimonio, sino en actuar conforme al principio supremo sin violarlo jamás, ni siquiera con el pensamiento. El brahmachārya también incluye no perjudicar de ninguna manera al prójimo, no mirar o escuchar nada sin necesidad y no hablar más que lo necesario. Solo entonces se le puede dar

---

[17] Śhrī Śhaṅkarāchārya fue un gran mahātmā y filósofo que vivió en el siglo octavo. Fue un exponente de la filosofía advaita (no dualista). Los otros personajes mencionados son grandes maestros espirituales indios de distintas épocas y regiones.

el nombre de brahmacharya. El brahmachārya es esencial en el camino espiritual.

»Como al principio te resultará difícil controlar los pensamientos, puedes comenzar practicando brahmacharya de forma externa. Si no lo practicas, perderás toda la fuerza que hayas obtenido gracias a tu sādhanā. Amma no quiere decir que debas reprimir por la fuerza tus deseos. El control de sí mismo no es tan difícil para el que tiene lakṣhya bōdha (recuerdo constante de la meta espiritual). Los que trabajan en el Golfo Pérsico no suelen volver hasta después de varios años. Durante ese período están separados de su mujer y de sus hijos. Cuando lo que importa es encontrar un trabajo, no dejas que los lazos con tu familia y tu país sean un obstáculo. Del mismo modo, si tu objetivo es el autoconocimiento, ya no piensas en ninguna otra cosa. Los demás pensamientos se desvanecen por sí solos, sin que haya necesidad de controlarlos a la fuerza.

»La gente cree que la felicidad puede encontrarse en las cosas externas y, por eso, trabajan duramente para obtenerlas, gastando toda su energía. Hay que reflexionar sobre esto y comprender la verdad. Gracias a nuestro amor a Dios y a la práctica unidireccional de tapas, adquiriremos fuerza. Ello no resulta difícil para quienes comprenden que solo pierden su energía buscando felicidad exterior.

»Hay plantas que no dan fruto si tienen demasiadas hojas. Hay que podarlas para que florezcan y den fruto. Asimismo, si nos dejamos llevar por los placeres externos, no encontraremos la verdad interior. Si queremos cosechar el fruto del autoconocimiento, debemos librarnos de los deseos de placeres mundanos».

El joven: «¿La cultura espiritual de la India rechaza completamente la vida en el mundo?».

Amma: «No, no es así. Solo dice que la verdadera felicidad no se encuentra allí».

El joven: «¿Por qué no podemos alcanzar la meta disfrutando de los placeres del mundo?».

Amma: «Al que realmente aspira al conocimiento, ni siquiera se le ocurre pensar en la vida mundana o en los placeres físicos. Los que llevan una vida de familia también pueden alcanzar la meta, a condición de que perciban claramente las limitaciones de la vida mundana y estén completamente desapegados, consagrando su vida al japa, la meditación y la renuncia».

El joven: «¿Entonces es muy difícil llegar al autoconocimiento llevando una vida mundana?».

Amma: «Por muchos esfuerzos que se hagan, es imposible saborear la dicha del Yo buscando al mismo tiempo la felicidad mundana. Si comemos pāyasam (arroz con leche) en un recipiente que ha contenido tamarindo, ¿cómo vamos a percibir el verdadero sabor del pāyasam?».

El joven: «¿Puedes explicarlo un poco más?».

Amma: «Cuando participas de los placeres físicos, experimentas cierto gozo, ¿verdad? Si no lo controlas, te será imposible elevarte hasta el plano de la dicha espiritual. Puedes casarte y vivir con tu mujer y tus hijos, eso no plantea ningún problema, siempre que seas capaz al mismo tiempo de mantener centrado tu espíritu en el Yo Supremo. Quien busca la felicidad en las cosas del mundo no puede alcanzar el gozo que no es de este mundo».

El joven: «¿Pero los placeres no forman parte de la vida? Por ejemplo, el hecho mismo de que estemos ahora aquí es el resultado de relaciones físicas entre otras personas. Si dejaran de existir las relaciones entre hombres y mujeres, ¿qué sería del mundo? ¿Cómo negarlo? ¿El que vive una relación física no puede alcanzar la dicha suprema?».

Amma: «Amma no dice que sea preciso rechazar por completo los placeres del mundo, pero debes comprender que nunca podrán darte la felicidad verdadera. El dulzor de una fruta no está en la piel, sino en la pulpa. Sabiéndolo, no le darás a la piel más importancia de la que merece. Cuando comprendas que los placeres de los sentidos no son el verdadero objetivo de la vida, solo te apegarás al Paramātman. Sí, es posible alcanzar la meta llevando una vida de familia, siempre que permanezcas completamente desapegado, como un pez en el fango.

»Antiguamente, la gente obedecía las reglas prescritas a los diferentes miembros de la sociedad. Vivían según los principios de las escrituras y no se limitaban a desear los placeres de los sentidos. Dios era la meta de su vida. Cuando un niño nacía, el marido consideraba a su mujer como su propia madre; ¿acaso no había dado a luz a su imagen bajo la forma del niño? Cuando el hijo llegaba a la edad adulta, le confiaban todas las responsabilidades y se iban a vivir al bosque, en soledad. Alcanzada esta etapa, el matrimonio ya había adquirido cierta madurez gracias a la vida de familia. Su trabajo, la crianza de los hijos y las luchas para superar los diversos obstáculos que les presentaba la vida habían madurado su carácter. Durante la etapa de vānaprastha (retiro en el bosque) la mujer se quedaba junto a su marido. Pero, finalmente, ese vínculo también se disolvía y, renunciando a todo, se convertían en sannyāsīs. Y acababan alcanzando la meta. Así era la práctica en aquellos tiempos. Pero hoy en día es diferente. Teniendo en cuenta el apego que siente la gente por sus bienes y su familia, y debido a su egoísmo, ya nadie vive de esa manera. Eso debe cambiar. Debemos tomar conciencia del verdadero objetivo de la vida y vivir en consecuencia».

El joven: «¿No dicen algunos que la unión de un hombre y una mujer es la felicidad máxima? ¿Y que incluso el amor de una madre por sus hijos tiene un origen sexual?».

Amma: «Eso demuestra hasta qué punto su conocimiento es limitado. Es todo lo que son capaces de ver. Incluso en la vida matrimonial, la lujuria no debe ser la fuerza impulsora. El amor auténtico debe ser la base de la relación entre marido y mujer. El amor es el apoyo universal; es el fundamento del universo. Sin amor, la creación sería imposible. La verdadera fuente de este amor es Dios, no el impulso sexual.

»Algunas parejas le dicen a Amma: "Nuestro deseo sexual nos debilita la mente. No conseguimos vivir como hermano y hermana. No sabemos qué hacer".

»¿Cuál es la causa de esta situación? En los tiempos en que vivimos, el ser humano es esclavo de la lujuria. Si se le sigue alentando por esta vía, ¿qué será del mundo? Por eso, Amma aconseja a la gente que mire en su interior y que busque la fuente de la verdadera felicidad. ¿Qué hay qué hacer, alentar a la gente a que continúe errando por el camino del impulso irracional o apartarles de esos errores guiándoles hacia el camino del discernimiento?

»Algunos han cometido infinidad de errores en el pasado, pero haciendo sādhanā han logrado controlar la mente y, en definitiva, convertirse en benefactores de la humanidad. Los que ni siquiera podían mirar a su hermana sin sentir lujuria, han aprendido a considerar a todas las mujeres como hermanas.

»Imagina una familia en la que viven cinco hermanos. Uno es alcohólico, el segundo pretende llevar una vida de lujo, el tercero se pelea con todo el mundo y el cuarto roba todo lo que está a su alcance. Pero el quinto hermano es diferente a los demás. Lleva una vida sencilla. Su carácter es bondadoso, lleno de compasión, y disfruta compartiendo. Es un verdadero karma yōgī. Solo este hermano mantiene la armonía en el seno de la familia. ¿A cuál de los cinco deberíamos tomar como modelo?

»Amma no puede adoptar un punto de vista diferente. Eso no significa que dé la espalda a las otras personas. Amma reza para que ellas también lleguen a este camino, ya que solo así habrá paz y satisfacción en el mundo».

El joven: «Amma, ¿puedes hablarnos un poco más sobre la dicha del Yo?».

Amma: «Es algo que solo se conoce por experiencia. ¿Puedes explicar la belleza de una flor o describir el dulzor de la miel? Si alguien te golpea, puedes decir que es doloroso, pero ¿puedes expresar con palabras la intensidad exacta del dolor que sientes? Entonces, ¿cómo va a ser posible describir la belleza de lo Infinito?

»La dicha espiritual no puede experimentarse con el intelecto. Para ello necesitamos el corazón. El intelecto disecciona los objetos como unas tijeras, pero el corazón es como una aguja que ayuda a coser los trozos separados. Amma no está diciendo que no necesitemos el intelecto: ambos, corazón e intelecto, son necesarios. Son como las dos alas de un pájaro: cada una cumple su cometido. Si una presa está a punto de romperse, inundando todo un pueblo, ¿qué debemos hacer? Es preciso encontrar cuanto antes una solución. En esas situaciones, el intelecto es indispensable y hay que ser fuerte. Algunos se derrumban y lloran ante el más mínimo problema. Deberíamos ser capaces de enfrentarnos a cualquier obstáculo con una mente fuerte. Tenemos que descubrir nuestra fuerza interior. Eso sucederá por medio de las prácticas espirituales».

Como suave brisa, las palabras de Amma apartaban las nubes de ignorancia de las mentes del pequeño círculo de buscadores espirituales que la rodeaban, ayudándoles a sumergirse en la luz de su sabiduría.

Martes, 7 de enero de 1986

A las diez menos cuarto de la mañana, Amma se unió a los brahmachārīs en la sala de meditación.

Amma: «Hijos, si os apegáis a Amma bajo la forma de esta persona, no podréis progresar. A quien tenéis que amar es a la

Madre del universo, no a este cuerpo físico. Debéis ser capaces de reconocer el verdadero principio que se expresa en Amma y de ver a Amma en vosotros mismos, en todo ser viviente y en cada objeto. Si viajáis en autobús, no os quedáis apegados a él, ¿verdad? Para vosotros es solo un medio de transporte que os ayuda a llegar a vuestro destino».

Un joven llamado Jayachandra Babu se acercó y se postró ante Amma. Vivía en Thiruvanantapuram (la capital del estado de Kerala) y el día anterior había recibido por primera vez el darśhan de Amma. Ahora había vuelto, después de dejar una nota en su casa explicando que había decidido venir a vivir al āśhram.

Amma le dijo: «Hijo mío, si te quedas aquí ahora, tu familia montará un escándalo y le echará la culpa a Amma diciendo que ella te mantiene aquí sin su consentimiento. Así que, de momento, es mejor que vuelvas a casa».

Al principio Babu no estaba dispuesto a volver a su casa, pero, como Amma insistía, terminó por aceptarlo. Se postró de nuevo ante Amma y se levantó.

«Hijo, ¿tienes suficiente dinero para el autobús?», preguntó Amma.

«No, no he traído bastante porque no tenía intención de regresar».

Amma le pidió al brahmachārī Kunjumon que le diera dinero para el billete. Después Babu se fue con Kunjumon y Amma siguió hablando con los brahmachārīs[18].

Adorar una forma

Amma: «Algunos dicen: "No medites en una forma. Brahman no tiene forma y, por tanto, hay que meditar en lo informe". ¿Qué clase de lógica es esta? Normalmente, imaginamos el objeto de

[18] Poco después, Babu volvió al āśhram y se hizo brahmachārī.

nuestra meditación, ¿no es verdad? Incluso si meditamos en una llama o en un sonido, se trata siempre de una imaginación. ¿Qué diferencia hay entre esta clase de meditación y la meditación en una forma? También los que meditan en lo informe recurren a la imaginación. Algunos conciben a Brahman como amor puro, lo Infinito o lo Omnipresente. Otros repiten "yo soy Brahman", o bien preguntan "¿quién soy yo?". Pero también esos son solo conceptos mentales. Por tanto, no se trata realmente de una meditación en Brahman. Entonces, ¿cuál es la diferencia entre eso y meditar en una forma? Se necesita un recipiente para llevar agua a una persona sedienta. Hace falta un instrumento o un apoyo para conocer el Brahman sin forma. Por otro lado, si elegimos meditar en lo informe, ¿cómo hacerlo sin amor a Brahman? Así que eso no es otra cosa que bhakti. El Dios personal no es más que una personificación de Brahman».

Brahmachārī Rao[19]: «Es ese Dios que vemos bajo la forma de Amma».

Amma (riéndose): «¡Representar a Brahman con una cabeza, dos ojos, una nariz y cuatro miembros! ¿A qué se parece?».

Un brahmachārī: «¿De qué sirve imaginar un ser así?».

Amma: «Es fácil adorar a Brahman cuando le atribuimos una forma. Después, por nuestro prēma (amor supremo), podemos fácilmente conocer el Principio Eterno. Toda el agua contenida en el depósito puede salir por un solo grifo y, de este modo, podemos saciar nuestra sed más fácilmente».

El brahmachārī Venu[20] hizo otra pregunta: «Amma, se dice que Jarāsandha hizo huir incluso a Kṛiṣhṇa durante una batalla. ¿Cómo es posible eso?».

---

[19] Ahora Swami Amritatmananda.

[20] Ahora Swami Pranavamritananda.

Amma: «Un avatār (encarnación divina) como Kṛiṣhṇa solo pudo emprender la huida con el propósito de enseñarnos algo, y no porque tuviese miedo».

Venu: «El destino de Jarasandha no era morir en manos del Señor, semejante bendición no era para él, y por eso el Señor huyó. ¿No es verdad Amma?».

Amma: «Sí, es verdad. Y Kṛiṣhṇa no doblegaba el orgullo de una persona hasta después de lograr que se manifestara totalmente. Cuando un niño se divierte haciendo muecas terroríficas, el padre entra en el juego y finge que está asustado. Pero, por supuesto, no le teme al niño de verdad».

Otro brahmachārī preguntó: «Amma, últimamente me entra mucho sueño durante la meditación. ¿Qué debo hacer?».

Amma: «Corre durante un rato por la mañana, o haz un trabajo físico para que rajas (la actividad) aleje tamas (la apatía). La falta de ejercicio físico genera un desequilibrio entre vāta, pitta y kapha[21] en ti, y por eso tienes demasiado sueño para meditar». Riéndose, Amma añadió: «Al final, Dios crea siempre grandes molestias a los que son demasiado perezosos para trabajar».

Amma y el erudito

Al salir de la sala de meditación, Amma se encontró con un śhāstrī (un erudito en materia de religión) que la esperaba. Al verla, el anciano se ató a la cintura su chal de algodón en señal de respeto, se postró completamente y depositó una ofrenda de frutas a los pies de Amma. También tenía un ejemplar de los Brahma Sūtras (aforismos sobre Brahman, un texto fundamental del vēdānta), que llevaba consigo a todas partes desde hacía cuarenta años y

[21] Viento, bilis y flema, los tres principios que constituyen a la persona según el āyurvēda, la medicina tradicional india.

estudiaba a diario. Amma se sentó con él en el porche de la sala de meditación.

Amma: «¿Cuándo has llegado, hijo?».

Śhāstrī: «No hace mucho. Vengo de Thiruvananthapuram. Mi hijo estuvo aquí el mes pasado y me habló de Amma, así que he decidido hacer un alto en el camino para venir a verte».

Amma cerró los ojos y permaneció meditando unos momentos. Cuando volvió a abrirlos, el śhāstrī prosiguió: «Amma, hace cuarenta años que estudio y hablo sobre el vēdānta y doy conferencias sobre este tema, pero no acabo de encontrar la paz».

Amma: «Hijo, el vēdānta tiene poco que ver con la lectura o con los discursos. El vēdānta es un principio que debemos adoptar en nuestra vida. Si dibujas en una hoja de papel el hermoso plano de una casa, no puedes vivir en el plano, ¿verdad? Aunque solo desees un pequeño refugio contra la lluvia y el sol, tienes que llevar ladrillos y madera hasta el lugar elegido y construir allí lo que deseas. Del mismo modo, es imposible llegar a la experiencia de lo Supremo sin hacer sādhanā. Si no tienes el control de la mente, es inútil repetir los Brahma Sūtras. Un loro o una grabadora pueden hacer lo mismo».

El erudito no le había dicho a Amma que cada día repetía los Brahma Sūtras y el Pañchadaśhi (popular texto vedántico). Le asombró que ella lo mencionara. Le confió enseguida todos sus problemas. Amma lo tranquilizó prodigándole caricias y palabras de consuelo. Hizo que se sentara a su lado y luego empezó a dar darśhan a los demás. El anciano miraba a Amma con una intensa concentración. De repente, sus ojos se llenaron de lágrimas y se puso a llorar. Amma se volvió hacia él y lo acarició.

Śhāstrī: «Amma, ¡siento una paz que jamás había experimentado en cuarenta años! Ya no necesito mi saber ni mi erudición. Mi único deseo es que me bendigas para que ya no pierda esta paz».

Amma: «¡Namaḥ Śhivāya! No basta con leer vēdānta e intentar absorberlo con la mente. Hay que llevarlo en el corazón. Solo entonces se podrán experimentar los principios del vēdānta. Si nos dicen que la miel es dulce, podemos meter un dedo en ella; pero desconoceremos su dulzor mientras no la hayamos probado con la lengua. El conocimiento acumulado con el intelecto debe llegar hasta el corazón porque allí es donde se encuentra la experiencia. Llegará un día en que tu corazón y tu intelecto se conviertan en uno. Este estado es indescriptible en palabras. Es una experiencia directa, una percepción directa. Leer todos los libros del mundo no te dará esa experiencia. Tienes que estar convencido de que solo Dios es real y acordarte de Él constantemente. Purifica tu corazón. Ve a Dios en todas las cosas y ama a todos los seres. No tienes que hacer nada más. Todo aquello que necesites te será dado».

Śhāstrī: «Amma, he acudido a numerosos mahātmās y visitado muchos āśhrams, pero solo hoy se me ha abierto el corazón. Lo sé».

Con inmensa ternura, Amma enjugó sus lágrimas, y él añadió: «Es tu gracia la que finalmente me ha traído a ti. Si Amma está de acuerdo, me gustaría quedarme aquí unos días».

«Como quieras, hijo».

Amma le pidió a un brahmachārī que se ocupara de la estadía del śhāstrī, y se retiró a su cuarto.

Abhyāsa yōga (el yōga de la práctica)

Amma acabó de dar el darśhan a las tres de la tarde. Fue a sentarse cerca del establo, al norte del āśhram, con el śhāstrī y algunos brahmachārīs.

Un brahmachārī: «Amma, ¿cómo podemos mantener la mente siempre en Dios?».

Amma: «Hace falta una práctica constante. No tenéis el hábito natural de recordar a Dios sin cesar, así que tenéis que cultivarlo.

Lo recomendado para ello es el japa. No dejéis de practicarlo ni un solo minuto, ni siquiera cuando coméis o dormís.

»Los niños pequeños se esfuerzan por aprender aritmética recitando: "Uno y uno, dos, uno y dos, tres", etc., estén sentados, andando, o yendo al cuarto de baño. Temen que el maestro les castigue si no aprenden las tablas. Por eso, hagan lo que hagan, practican las sumas mentalmente. Eso es lo que tenéis que hacer.

»Sabed que en este mundo no hay nada aparte de Dios, que nada tiene poder para funcionar sin Él. Ved a Dios en todo lo que toquéis. Cuando recogéis la ropa que os vais a poner, imaginad que es Dios. Y cuando agarráis el peine, vedlo como Dios.

»Pensad en Dios al realizar todas vuestras acciones. Y rezad: "Tú eres mi único refugio. Nada más es eterno. Ningún otro amor durará. El amor humano podrá hacerme feliz un momento, pero acabará haciéndome sufrir. Es como si alguien me acariciara con manos envenenadas porque un amor semejante solo proporciona sufrimiento, nunca la salvación. Solo tú, Dios, puedes colmar mi anhelo". Se debe rezar así constantemente. Sin esta clase de desapego no podemos crecer espiritualmente ni ayudar a los demás. Hay que estar firmemente convencidos de que solo Dios es eterno.

»Es indispensable liberarse de las vāsanās (tendencias) que hemos acumulado; pero es difícil hacerlo de golpe. Hace falta una práctica constante, recitar el mantra sin cesar estando sentados, caminando y tumbados. Si recitamos el mantra y visualizamos la forma de Dios, los demás pensamientos se desvanecerán y nuestra mente se purificará. Necesitamos el jabón del "Tú" para borrar la sensación de "yo". Cuando percibimos a Dios en todo, desaparece el "yo", es decir, el ego, y entonces el "Yo" Supremo brilla en nosotros».

Brahmachārī: «¿No es difícil visualizar la divinidad amada al mismo tiempo que se recita el mantra?».

Amma: «Hijo, en este momento hablas con Amma. ¿Experimentas dificultades al hablar con ella porque la estás viendo? Puedes hablar con Amma mientras la ves, ¿no es así? Del mismo modo, podemos visualizar la forma de nuestra divinidad amada mientras hacemos japa. Pero ni siquiera eso es necesario si rezamos, clamando desde el corazón: "¡Madre, dame fuerza! ¡Destruye mi ignorancia! ¡Elévame, ponme sobre tu regazo! Tu regazo es mi único refugio, en ninguna otra parte encontraré la paz. Madre, ¿por qué me has arrojado a este mundo? No quiero estar ni un solo instante sin ti. ¿No eres tú la que da refugio a todos? ¡Te lo suplico, se mía! ¡Haz que mi mente te pertenezca!". Llórale de este modo».

Brahmachārī: «Pero no siento ninguna devoción. Para rezar de ese modo hace falta sentir devoción, ¿no es así? Amma, tú nos dices que clamemos a Dios con lágrimas, pero antes debo tener ganas de llorar!».

Amma: «Si al principio no puedes llorar, repite esas palabras una y otra vez hasta que aparezcan las lágrimas. Un niño importuna a su madre hasta que esta le compra lo que quiere. La sigue a todas partes y no deja de llorar hasta que obtiene el objeto deseado. Así es como tenemos que importunar a la Madre divina. Sentémonos y lloremos. No le demos ni un minuto de tregua. Llamémosla así: "¡Muéstrate! ¡Déjame verte!". Hijo, si dices que no puedes llorar, significa que no tienes verdadero anhelo. Cuando ese anhelo se despierte en nosotros, lloraremos. Si no puedes llorar, hazte llorar, aunque te cueste un esfuerzo.

»Supón que tienes hambre, pero careces de comida y de dinero. Irás a algún lado o harás algo para obtener comida, ¿no es así? Implora a la Madre divina diciendo: "¿Por qué no me concedes las lágrimas?". Pregúntale: "¿Porqué no me haces llorar? ¿Significa que no me amas? ¿Cómo puedo vivir si tú no

me amas?". Entonces ella te dará la fuerza necesaria para llorar. Hijos, eso es lo que hacía Amma. Vosotros podéis hacer lo mismo.

»Estas lágrimas no son lágrimas de aflicción, sino una forma de dicha interior. Las lágrimas brotarán cuando el jivātman se funda con el Paramātman. Nuestras lágrimas señalan un momento de unidad con Dios. Los que nos miren podrán pensar que la pena nos aflige; pero, para nosotros, es la dicha. Sin embargo, para alcanzar ese estado, debes utilizar algo de imaginación creativa. Inténtalo, hijo».

Brahmachārī: «Tenía la costumbre de meditar en la forma de Bhagavān (el Bienaventurado, refiriéndose a Kṛiṣhṇa); pero después de conocer a Amma, eso se volvió imposible porque entonces no podía evitar meditar en la forma de Amma. Ahora, tampoco puedo hacer eso. Amma, cuando pienso en ti, es la forma del Señor la que veo mentalmente; y cuando pienso en Él, es tu forma la que aparece. Me siento desdichado porque no consigo decidir en quién meditar. Por eso, ahora ya no medito en ninguna forma. Medito en el sonido del mantra».

Amma: «Concentra tu mente en lo que te atrae. Comprende que todo está contenido en ello y no está separado de ti. Has de saber que aquello que aparezca, sea una persona o un objeto, serán los diversos aspectos de esa forma única».

El amor es lo más importante

Śhāstrī: «Amma, ¿qué hay que hacer para que la forma de nuestra deidad amada aparezca claramente durante la meditación?».

Amma: «Cuando el amor que sientes por la deidad sea puro, verás su forma claramente. Mientras no puedas ver a Dios, debes sentir una continua angustia. Un sādhak debe tener hacia Dios la actitud de un amante hacia su amada. Su amor debe ser tan intenso que no pueda soportar estar separado de Dios, ni siquiera un instante. Si un amante ha visto a su amada vestida de azul la última vez que estuvo con ella, el menor rastro del color azul le recordará a su amada, le recordará su forma. Esté comiendo o incluso durmiendo, su mente solo piensa en ella. Cuando se levanta por la mañana, mientras se cepilla los dientes o toma un café, se pregunta lo que ella estará haciendo en ese momento. Así es como debemos amar a nuestra deidad amada: hasta el punto de ser incapaces de pensar en ninguna otra cosa que no sea el objeto de nuestra adoración. Hasta un melón amargo pierde su mal sabor y se vuelve dulce si se macera en azúcar durante un tiempo. Del mismo modo, una mente negativa se purificará si se la entregamos a Dios y pensamos constantemente en Él.

»Un día, yendo hacia Vṛindāvan (el lugar donde Kṛiṣhṇa paso su infancia), una gōpī (lechera) vio un pequeño hueco en el suelo bajo un árbol. Enseguida imaginó: "¡Seguramente Kṛiṣhṇa ha pasado por aquí! Tal vez la gōpī que le acompañaba le pidió que le cortara una flor de este árbol. Apoyándose en su hombro, Kṛiṣhṇa saltó hacia el árbol. Este agujero en el suelo es sin duda la huella de su pie en el momento de saltar". La gōpī llamó a las otras gōpīs y les mostró la huella del Señor. Pensando en Él, se olvidaron de todo lo demás.

»A los ojos de esta gōpī, todos eran Kṛiṣhṇa. Si alguien le tocaba el hombro, imaginaba que era Kṛiṣhṇa, y su intensa devoción le hacía perder la conciencia del mundo externo. Siempre que las demás gōpīs recordaban a Kṛiṣhṇa, también se olvidaban de su entorno y derramaban lágrimas de felicidad. Esforcémonos por alcanzar ese estado, relacionando con Dios todo aquello que vemos. Para nosotros, no debe existir ningún otro mundo que no sea el de Dios. Entonces no será necesario ningún esfuerzo especial para ver sin cesar su forma en nuestra meditación porque Él no estará ausente ni un segundo de nuestra mente.

»Nuestra mente debe implorar a todo lo que vemos: "Queridos árboles y plantas, ¿dónde está mi Madre? Y vosotros, pájaros y animales, ¿la habéis visto? Querido mar, ¿dónde está la Madre todopoderosa que te da la fuerza para moverte?". Podemos emplear de este modo nuestra imaginación. Si perseveramos, nuestra mente vencerá todos los obstáculos; llegaremos a los pies del Supremo y nos aferraremos a ellos. Si empleas así tu imaginación, indudablemente la forma aparecerá de un modo claro en tu mente».

Brahmachārī: «A veces tengo la sensación de que los demás cometen errores y eso destruye mi paz interior. ¿Cómo puedo aprender a perdonar a los demás?».

Amma: «Imagina que accidentalmente te metes un dedo en el ojo. No golpeas al dedo que te ha provocado el dolor, ¿verdad? No te planteas castigarlo. Simplemente, lo perdonas. Si te lastimas el pie al tropezar con un objeto, o si te haces una herida en un dedo, sencillamente lo soportas. Si muestras tanta paciencia con tus ojos, tus manos y tus pies, es porque sabes que forman parte de tu cuerpo. Aunque a veces te provoquen dolor, lo aguantas. Debemos igualmente considerar a los demás parte de nosotros mismos, comprender que "soy la causa de todo, estoy en todo, nadie está separado de mí". Entonces no miraremos los errores de los demás y, aunque los veamos, consideraremos como propios esos errores y los perdonaremos.

»Podemos tener la misma actitud de entrega que Kuchēla: todo lo que ocurre es voluntad de Dios. Debemos considerarnos sus servidores. Entonces ya nada podrá hacernos enfadar y nos volveremos humildes.

»Un camino es pensar en todos como tu propio Ser. El otro es ver a todos como Dios y servirlos.

»Vive cada instante con śhraddhā. No comas sin haber recitado tu mantra y rezado: "Dios, ¿tienen comida todos los demás? ¿Tienen cubiertas sus necesidades? Te suplico que bendigas a todos los seres para que reciban todo lo que necesiten". Debemos sentir compasión por los que llevan una vida difícil. Entonces nuestra mente se volverá pura. La compasión nos acercará a Dios».

Después de haber alabado de este modo el amor universal, Amma concluyó su discurso sobre la práctica de la devoción. Al escuchar sus nectáreos consejos el śhāstrī y los brahmachārīs sentían que su corazón florecía.

Miércoles, 15 de enero de 1986

Amma con sus devotos

Pasaban las ocho de la mañana. Amma estaba sentada con los brahmachārīs en la sala de meditación.

Amma: «Hijos, si solo os quedáis sentados, pensando: "Ahora voy a empezar a meditar", la forma no aparecerá en vuestra mente. Simplemente permaneceréis allí sentados con los ojos cerrados y al cabo de un rato os diréis: "Ah, se supone que estoy meditando". Así que, cuando os dispongáis para la meditación, empezad por clamar a Dios: "Dios mío, ¿no vendrás a mi corazón? Sin tu ayuda no puedo verte. Tú eres mi único refugio". Imaginad que vuestra divinidad amada está de pie delante de vosotros. Al cabo de un rato, su forma brillará claramente en vuestra mente».

Amma salió de la sala de meditación a las nueve y media. Una mujer vino a su encuentro. Esta devota, que estaba casada, había pasado algunos días en el āśhram y se negaba a volver a su casa. Amma intentó convencerla, pero la mujer respondió que no quería separarse de ella. Amma se volvió a las demás personas presentes y dijo: «Amma le ha dicho que podía quedarse si traía una carta de su marido. No sería correcto permitirle que se quedara sin su consentimiento. Si él viniese aquí a quejarse, ¿qué podría decir Amma? Además, tal vez otras mujeres intentarían seguir su ejemplo. Desde hace varios días dice que su marido vendrá uno de estos días, pero no lo ha hecho. Y en casa también tiene a su hija».

Dirigiéndose a la mujer, Amma dijo: «Amma no puede esperar más tiempo. Debes volver a casa mañana».

La devota se deshacía en lágrimas: «Amma, si no viene el domingo, te prometo que me iré el lunes».

Viendo a la llorosa mujer, el corazón de Amma se enterneció y le permitió quedarse.

De camino a la cabaña en la que daba el darśhan, Amma se asomó a una clase de vēdānta. Al ver que un brahmachārī se hallaba apoyado en la pared mientras escuchaba la clase, le dijo: «Hijo mío, una persona espiritual no debe apoyarse de ese modo en la pared en un lugar consagrado al estudio. Siéntate con la espalda recta, atento, sin apoyarte y sin mover los brazos o las piernas. De lo contrario, eso aumenta el tamas en ti. Un sādhak debe descansar en sí mismo y no depender de ningún apoyo externo. La vida espiritual no consiste en descansar sentado sin hacer nada, favoreciendo las cualidades tamásicas. Por difícil que parezca, debes mantener recta la columna vertebral cuando estés sentado».

Amma siguió caminando hacia la cabaña. Entró y se sentó en un sencillo diván de madera cubierto con un colchón de corteza de árbol. Las personas que la esperaban se acercaron una a una y se postraron. Un hombre tenía una herida en el cuello. Era la segunda vez que venía a ver a Amma. En su primera visita, no podía ni levantar la cabeza tenía el hombro paralizado. Anteriormente le habían operado, lo que no le produjo ninguna mejora. En aquella ocasión Amma le había dado bhasma (ceniza sagrada) y le había pedido que le trajera un poco de ceniza de una hoguera funeraria.

Amma: «¿Cómo te sientes ahora, hijo mío?».

Devoto: «Mucho mejor. Ya puedo mantener levantada la cabeza y viajar sin problemas. Eso antes me resultaba imposible. Me veía obligado a permanecer en cama todo el tiempo. La primera vez que vine a verte, el viaje fue muy difícil, pero hoy no he tenido ningún problema. Te he traído la ceniza que me pediste». Le dio a Amma el paquete.

Amma abrió el paquete y se echó un poco de ceniza en la mano.

Amma: «Hijo, en esta ceniza hay mucha tierra. Tienes que traer ceniza pura, que no esté mezclada con tierra. Pon atención la próxima vez. Por hoy, Amma te dará un poco de la bhasma corriente que tenemos aquí».

Amma tomó un poco de ceniza sagrada de un plato y le frotó el cuello con ella. Le pidió a un brahmachārī que trajera un papel para envolver la ceniza y el chico le dio a Amma un trozo que había arrancado de una hoja en blanco.

Amma: «Hijo, ¿cómo has podido romper un papel tan bello? Un trozo de periódico habría bastado para envolver la ceniza. Este papel blanco podría haber servido para escribir. Amma piensa en la utilidad de cada cosa. No desperdiciar nunca nada es śhraddhā, y solo con śhraddhā podréis progresar».

Una mujer suiza estaba sentada cerca de Amma. Acababa de llegar al āśhram y era la primera vez que veía a Amma. Había traído algunos regalos para Amma y los abrió para enseñárselos.

Devota: «He pasado mucho tiempo eligiendo estos objetos, ya que ignoraba lo que podría agradar a Amma».

Amma: «Amma sabe cuánto pensabas en ella cuando comprabas estos regalos. Pero Amma no los necesita. Lo que ella quiere es tu mente. Has traído estas ofrendas por amor, pero no siempre será posible traer regalos como estos. Si un día no puedes traer nada, no te entristezcas o dejes de venir por no tener nada que darle a Amma. Todos estos objetos son perecederos. Pero, si le ofreces tu mente, el beneficio será eterno; se te devolverá purificada».

Devota: «¿No dicen que no hay que ir a un guru con las manos vacías, que siempre hay que llevar algo?».

Amma: «Sí, pero no porque el guru necesite algo. La ofrenda de los devotos simboliza la entrega de su mente. De ese modo, depositan su prārabdha (frutos de los actos pasados) a los pies del guru. Si no tienes otra cosa, con un limón basta. Si ni siquiera puedes traer eso, se dice que basta con un trozo de leña».

Mientras Amma hablaba, una mujer se acercó, puso la cabeza en el regazo de Amma y se echó a llorar. Entre sollozos, imploraba: «Amma, dame devoción. Hasta ahora me has engañado, pero se acabó». Con mucho cariño, Amma trató de consolarla, pero la mujer siguió: «Ese truco ya no te servirá. Amma, que es omnisciente, me hace todas esas preguntas amables solo para burlarse de mí. Amma, no me hagas esas preguntas ¿Qué puedo decirte? Tú me conoces mejor que yo misma».

Esa mujer deseaba donar su casa al āśhram, pero Amma se negaba. La mujer lloraba porque quería que Amma accediera; pero no cedía.

Amma no pudo volver a su habitación para comer hasta las tres y media. Allí la esperaban dos brahmachārīs. Mientras comía, habló con ellos.

«Hijos míos, debéis saludar a los que vienen aquí y ayudarles en lo que necesiten, pero no perdáis demasiado tiempo hablando con ellos. Es inútil intentar reforzar su fe con palabras. Cuando plantáis un retoño, quizás tenga pocas hojas, pero solo podréis constatar su crecimiento por las hojas nuevas que aparecen cuando el árbol ha echado raíces. Solo la fe que viene de nuestra propia experiencia es permanente, como las hojas que crecen cuando el árbol ha arraigado. Pasad más tiempo hablando con aquellos que realmente desean saber».

La víspera, uno de los brahmachārīs había tenido una larga conversación con un devoto que había ido para el darśhan. Al oír estas palabras, comprendió que aquello no se le había escapado a Amma, que mora en cada uno de nosotros y lo sabe todo.

Brahmachārī: «Amma, ¿qué debemos hacer si la gente nos sigue y nos hace toda clase de preguntas?».

Amma: «Responded solo lo necesario para aclarar sus dudas».

Las preocupaciones de la madre compasiva

Eran las cinco de la tarde. Un adolescente llevaba algunos días en el āśhram. Su familia vino a recogerle. Pasaron un rato largo hablando con él delante del edificio situado al norte del āśhram, pero él no quería irse. Su madre estaba enojada. Finalmente, Amma llegó, la llevó al porche del edificio, se sentó con ella y estuvo hablando un rato con la mujer. Ella lloraba y le pedía que mandara a su hijo a casa. Amma accedió. El muchacho obedeció las palabras de Amma y se fue con su familia. Después, Amma se sentó en la entrada del edificio con algunos brahmachārīs.

Amma: «¿Qué puede hacer Amma? ¿A cuántas madres tendrá que ver así, derramando lágrimas amargas? Amma prevé que un gran número de brahmachārīs vendrán a vivir aquí. Los indicios muestran que llegarán pronto. Un hijo llegó el otro día de Nagercoil (población situada en el extremo sur de la India), pero tuvo que volver para obtener el permiso de su padre. La última vez que este hijo vino, Amma le dijo que no volviera hasta que sus padres le dieran su consentimiento; pero él no escuchó.

»¿Dónde vivirán todos ellos? Amma tiene la intención de establecer reglas respecto a la admisión de brahmachārīs».

La conversación cambió de tema.

Amma: «Una hija llegó de Pandalam para asistir al bhāva darśhan. No aceptó el tīrtham (agua sagrada) que Amma le ofreció. Ha sufrido mucho, pero sus tormentos no han acabado.

Amma le ofreció el tīrtham con una compasión absoluta; pero, ¿qué puede hacer Amma si ella no lo acepta? Esta joven no tiene fe en Amma, pero el hijo con el que va a casarse es un devoto. Él la trajo aquí con la esperanza de que su futura esposa sintiera algo de devoción por Amma.

»Amma se compadece de ellos. ¿No va a casarse esa joven con un hijo de Amma? Amma volcó hacia ellos su mente y toda su compasión por medio del tīrtham y el prasād que les daba. Cuando se fueron, Amma llamó al hermano de ese hijo, que estaba en el āśhram, y le dijo: "Amma ve que les espera mucho sufrimiento. Les amenaza un grave peligro. Diles que recen con devoción". Amma le dijo: "Cuando esta hija rechazó el tīrtham, Amma no lo tomó de nuevo, lo vertió en el suelo. Gracias a eso, no tendrán que sufrir tanto".

»Esta hija volverá. Después de todo, va a ser la esposa de uno de los hijos de Amma. Amma no dejará que se aleje. Pero solo podrá escapar de su prārabdha con grandes esfuerzos. Si hubiese aceptado el tīrtham que Amma le daba, no tendría que sufrir tanto».

Dichosos en verdad son aquellos capaces de recibir y retener la gracia de Amma porque ella es la encarnación de la compasión. Pero, ¿cómo podemos recibir los rayos de su gracia si no abrimos nuestro corazón? Por eso, Amma nos pide que sigamos sus consejos al pie de la letra; no es por ella, sino por nuestro bien.

Viernes, 17 de enero de 1986

Amma, el río de la compasión

Por la mañana, Amma y los brahmachārīs partieron hacia Ampalappara, al norte de Kerala. Cuando llegaron a la orilla del río Bharata, Amma decidió que se detuvieran para nadar. El nivel del agua era bajo y la mayor parte del lecho arenoso del río estaba seco. El agua fluía solo por una estrecha franja, cerca de la otra orilla. La furgoneta acababa de empezar a cruzar el puente cuando Amma le pidió de pronto al conductor que se detuviera. Le dijo que retrocediera y se metiera por un estrecho camino que había justo antes del puente. La carreterita conducía al porche delantero de una gran casa. Amma le dijo al conductor que se detuviera cerca del edificio. Todo el mundo se preguntaba por qué los había llevado a ese lugar, ya que por ahí no se podía acceder fácilmente al río.

En cuanto se detuvo la furgoneta, Amma pidió un poco de agua de kāñjī (gachas de arroz) caliente. Pero en la furgoneta solo había agua fría. Un brahmachārī pidió permiso a Amma para ir a buscarle algo para beber en la casa más próxima. Ella aceptó de buena gana. Aquello era sorprendente, ya que en esos viajes Amma no solía aceptar nada que viniera de las casas frente a las que pasaba el vehículo. Solo bebían lo que llevaban con ellos.

El brahmachārī se dirigió a toda prisa a la casa. Unos minutos más tarde, una anciana seguida por un muchacho salió corriendo de la casa hacia la furgoneta. El brahmachārī iba detrás, con un vaso de agua de kāñjī en la mano. Cuando la mujer se acercaba al vehículo, Amma sacó los brazos por la ventana y le agarró las manos. La anciana lloraba y recitaba una y otra vez «Nārāyaṇa, Nārāyaṇa,...». Pero estaba tan sofocada por la carrera que no lograba pronunciar correctamente el nombre divino. Su devoción era extraordinaria.

Cuando por fin pudo hablar, dijo balbuceando: «Ottur Unni Nambudiripad me habló de Amma. Desde entonces, siempre he deseado verte. Pero ya tengo muchos años y me resulta difícil viajar. Estaba tristísima por no poder ir a verte. No pasa un solo día sin que piense en ti. Supe que habías visitado el kōvilakam[22]

[22] Residencia donde viven miembros de la familia real.

de Tripunittura (municipio del norte de Kerala). Yo formo parte de esa familia. Esperaba que, por tu gracia, me sería posible verte en esta vida. Hoy mi deseo ha sido escuchado ¡Nunca creí que me fuese concedido tan pronto! Todo se debe a tu gracia. Un joven vino a pedirme kāñjī. Dijo que era para Amma. "¿Qué Amma?", pregunté. Cuando dijo tu nombre, supe que era la misma Amma que yo anhelaba ver. Le di el kāñjī y mangos encurtidos y después vine corriendo hasta aquí con mi nieto». Hablaba con un hilo de voz.

«¡Ay, aparte de este kāñjī, no tengo nada más para darte! ¡Perdóname Amma!». Las lágrimas rodaban por las mejillas de la anciana.

Amma le enjugó las lágrimas con sus manos sagradas y dijo suavemente: «Hija mía, Amma no necesita nada. Solo quiere tu corazón».

Amma bebió casi toda el agua de kāñjī y comió unos trozos de mango encurtido. La anciana le explicó a Amma cómo llegar hasta el río. Al ver que Amma se ponía ya de camino seguida por los que la acompañaban, dijo: «Amma, cuando hayas terminado de nadar, te ruego que me bendigas viniendo a mi casa».

Cuando Amma volvió del río, quiso satisfacer el deseo de la mujer y entró en la casa donde ella le esperaba con su marido. La anciana invitó a Amma a sentarse en una silla en el porche. La dicha la colmaba hasta el punto de olvidarse de todo lo demás. Su marido entró a buscar un poco de agua. Juntos, lavaron los pies de Amma. Su impecable devoción hizo que Amma entrara en un estado de samādhi. Para no perder tiempo en ir a buscar un paño bonito dentro de la casa, la mujer secó los pies de Amma con el extremo del sari que llevaba puesto. Mientras se inclinaba para hacerlo, sus lágrimas caían sobre los pies de Amma.

Amma y sus hijos se quedaron un ratito con ellos y después reanudaron su viaje. Al cruzar el puente, se encontraron con

Shashi, un seglar devoto de Amma, que la esperaba con su coche. Insistió en que prosiguiera el viaje en su vehículo y Amma accedió.

Hacia las dos y media de la tarde, Amma y sus hijos llegaron a la casa de Narayanan Nair en Ampalappara, una pequeña población a unos doscientos cincuenta kilómetros al nordeste del āśhram. La belleza natural de las aldeas de Kerala, que en muchos lugares ha ido desapareciendo, permanecía allí intacta. Rodeada de boscosas colinas, la aldea con sus cabañas de palmas entrelazadas se hallaba en un exuberante jardín tropical de cocoteros y árboles y arbustos en flor. Un gran número de personas esperaba la llegada de Amma.

Cuando Amma entró en la casa, los anfitriones, una familia devota de Amma, la invitaron a sentarse en el pīṭham (asiento sagrado). Le lavaron los pies y los adornaron con kumkum (polvo de cúrcuma tratada) rojo y pasta de sándalo. A continuación, hicieron el āratī con alcanfor. En la habitación resonaban los mantras védicos que recitaban los brahmachārīs. Todos se sentían muy conmovidos y sus ojos se regocijaban mirando la forma divina de Amma. Después de la pāda pūjā (lavado ceremonial de sus pies), Amma pasó a la habitación contigua donde recibió a los devotos para el darśhan.

La familia había preparado jāppy (leche caliente azucarada) para los brahmachārīs. Todos disfrutaron bebiéndolo. Amma observó que una devota ayudaba a un brahmachārī a lavarse las manos vertiendo agua sobre ellas. Más tarde, señaló: «Como sādhaks, no debéis pedir ayuda a nadie porque de ese modo perdéis el poder adquirido por vuestro tapas. No permitáis que nadie recoja para vosotros ni siquiera una hoja. Más bien somos nosotros los que debemos servir a los demás todo lo que podamos».

Un brahmachārī preparaba las lámparas de aceite y otros objetos necesarios en el lugar donde se iban a cantar los bhajans. Cuando iba a encender las lámparas, Amma le detuvo, diciendo:

«Hijo, mira hacia el norte para encender las lámparas». El brahmachārī no comprendía lo que ella quería decir, así que Amma tomó la lamparita que él estaba usando para encender las demás. Las colocó con cuidado y tapó el kiṇḍi (recipiente tradicional de bronce o latón con boquilla), ya lleno de agua, con una hoja. Después puso el kiṇḍi delante de las lámparas, depositó pétalos de flores sobre la hoja y encendió las lámparas. Al brahmachārī le dijo: «No mires hacia el sur cuando enciendas las lámparas. Además, cuando enciendas las mechas de una lámpara, hazlo en el sentido de las agujas del reloj, al igual que cuando haces pradakṣhiṇam (circunambulación) en el templo».

Amma concede una gran atención a estos detalles, sobre todo cuando instruye a los brahmachārīs. Dice: «El día de mañana tendrán que salir al mundo, así que deben estar muy atentos en todo lo que hagan».

Los bhajans dieron comienzo. Pronto, un niño pequeño se acercó a Amma gateando. Ella tomó al pequeño en su regazo y le dio unos pequeños címbalos. Mientras cantaba, ayudaba a que las manitas del pequeño siguieran el ritmo de la música con los címbalos.

Gōpīvallabha Gōpālakṛiṣhṇa

Oh, Gōpāla Kṛiṣhṇa, el amado de las gōpīs.
Tú que levantaste la montaña Gōvardhana,
el de ojos de loto,
que moras en el corazón de Rādhā,

Tú eres del color del loto azul.
Oh, Kṛiṣhṇa, que te recreas en Vṛndāvana,
cuyos ojos son como los pétalos de un loto rojo,
hijo de Nanda, libérame de toda atadura.
Oh niño hermoso, Kṛiṣhṇa,

que otorgas la liberación.

Miércoles, 22 de enero de 1986

Dos mujeres occidentales meditaban en la sala de meditación. La hija pequeña de una de ellas estaba sentada a su lado, rellenando un cuaderno de colorear. Su madre le había dado esa ocupación para que no molestara durante la meditación. Amma entró, seguida de algunos discípulos, y miró a la pequeña que silenciosamente coloreaba una imagen.

Cuando terminó la meditación, Amma señaló a la pequeña y dijo a los demás: «Desde la más tierna infancia hay que hacer que los niños realicen actividades positivas como el dibujo y el canto. ¿Podría esta niña pintar si no tuviera mucha paciencia? La pintura y el dibujo le enseñan a ser paciente y le ayudan a desarrollar su concentración. Por el contrario, si a los niños se los deja a su aire, corren por todas partes, perdiendo el tiempo y haciendo travesuras. Y después resulta difícil enseñarles disciplina».

Aquel día apenas había visitantes en el āśhram, aparte de un grupito de occidentales que habían llegado unos días antes. Pasaban el tiempo ayudando en las tareas del āśhram y leyendo libros de la biblioteca. Su aspiración a la verdad era intensa. Estos devotos conocían las comodidades materiales y los placeres de la vida. Estaban cansados de un mundo hostil y competitivo y veían en Amma una fuente de amor puro y desinteresado. Por eso, habían cruzado los mares para beber de ese amor.

Un brahmachārī le dijo a Amma que un joven esperaba para verla. Ella le pidió que lo llamara. Se sentó al oeste de la sala de meditación e invitó al joven a sentarse a su lado.

Amma: «¿Hace mucho que estás aquí, hijo?».

El joven: «No, acabo de llegar».

Amma: «¿Cómo has sabido del āśhram?».

El joven: «Llevo algún tiempo visitando diferentes āśhrams. El mes pasado, uno de mis amigos estuvo aquí. Me dijo que tenía que venir a ver a Amma».

Amma: «¿Has terminado los estudios?».

El joven: «Tengo un máster y he intentado buscar trabajo. Mientras tanto, encontré un empleo temporal en un colegio privado y me gano la vida. Pero he decidido no seguir buscando otro trabajo. Tengo una hermana y, en cuanto se case, me gustaría irme a vivir a un āśhram[23]».

Amma: «¿Y tu familia no pondrá ninguna objeción?».

El joven: «¿Por qué habrían de hacerlo?».

Amma: «¿No les dolerá a tus padres?».

El joven: «Tienen su pensión y les basta para vivir. También poseen tierras».

Amma: «¿Quién cuidará de ellos cuando sean viejos? ¿No es tu deber?».

El joven: «¿Quién puede garantizar que yo estaré cerca de ellos cuando sean mayores? Si tengo un trabajo en el extranjero no podré venir corriendo a ayudarles, ¿verdad? ¿Y si me muero antes que ellos?».

Amma se rió y dijo: «¡Vaya un chico listo!».

El joven: «Mi amigo quería que te pidiera ayuda para encontrar un empleo, pero le dije que, si conocía a Amma, solo le pediría que me ayudara a avanzar espiritualmente».

El sādhak y el científico

El joven: «Amma, ¿en qué supera la vida de un sādhak a la de un científico? Para que el sādhak llegue a su objetivo y para que el científico tenga éxito en su investigación, ambos necesitan una

---

[23] En la India, la tradición confiere a los padres y a los hermanos mayores de la familia la responsabilidad de casar a las hijas, asegurando así su futuro.

concentración total. ¿Qué diferencia hay entre ellos? ¿No es también una especie de sādhanā la vida del científico?».

Amma: «Sí, es sādhanā; pero un investigador piensa en un objeto. Si por ejemplo estudia un ordenador, el objeto de su meditación es exclusivamente el ordenador. Centra en él todo su pensamiento y aprende a conocerlo. Pero su mente solo se concentra mientras está ocupado en su investigación. El resto del tiempo, su mente corre en todas direcciones y se preocupa de cosas ordinarias. Por esa razón, el poder infinito no se despierta en él. Sin embargo, un tapasvī es muy diferente. A medida que avanza en sus prácticas espirituales, empieza a percibir que todo es uno. Un sādhak se esfuerza por conocer eso que está latente en todo. Cuando alcanza ese conocimiento, ha adquirido todos los poderes. Ya no le queda nada por conocer.

»Imagina un estanque de agua salobre. Si viertes un poco de agua por un lado del estanque, reduces momentáneamente la cantidad de sal contenida en esa zona. Por el contrario, si llueve, el estanque entero se ve afectado. Del mismo modo, cuando el sādhak hace tapas con una mente amplia, un poder infinito se despierta en él y lo conoce todo. Eso no se produce en el caso del científico porque su planteamiento es muy distinto».

El joven: «Las escrituras afirman que todo es el mismo Yo. En ese caso, si alguien alcanza el estado de conocimiento, ¿no deberían todos los demás obtenerlo también en ese mismo instante?».

Amma: «Hijo, si pulsas el conmutador principal, conectas la electricidad en toda la casa. Pero, para que haya luz en tu habitación, aún hace falta pulsar el interruptor allí, ¿verdad? El hecho de encender la luz de una habitación no implica que se encienda en las demás. Todo es el mismo Yo, pero solo una persona que ha purificado su mente mediante la sādhanā conoce ese Yo.

»Imagina un lago cubierto de algas. Si limpias una parte del lago, ese lado estará limpio y verás el agua, pero con ello no se limpia el resto del lago».

Preguntas sobre la sādhanā

El joven: «Muchos afirman que un buscador debe obedecer estrictamente los yamas y los niyamas (prohibiciones y obligaciones en el camino del yōga). ¿Realmente es importante? ¿No basta con conocer los principios? Después de todo, lo esencial es obtener el conocimiento, ¿no?».

Amma: «Hijo, la Tierra atrae todo hacia ella ¿verdad? Si duermes sobre la arena negra[24] de la playa, te despertarás agotado por la mañana porque la arena absorbe tu energía. En esta etapa, te hayas bajo el control de la naturaleza y por eso debes obedecer determinadas reglas y limitaciones. Por el momento, son esenciales. Pero, cuando hayas llegado al nivel en el que ya no estás bajo el control de la naturaleza, ya no habrá ningún problema. No perderás tus fuerzas porque la naturaleza estará bajo tu control. Pero hasta entonces es necesario seguir ciertas reglas y limitaciones.

»Cuando plantas una semilla, hay que construir un vallado a su alrededor para evitar que los pollos la desentierren y se la coman. Después, cuando la semilla se haya convertido en un árbol, podrá dar refugio a los pájaros, los seres humanos y las demás criaturas. No obstante, al principio es necesario protegerla hasta de los pollitos. Igualmente, como la mente es débil al comienzo, necesita límites y reglas hasta que haya adquirido suficiente fuerza».

---

[24] En ciertas zonas de Kerala, incluyendo aquella donde se halla situado el āśhram, la arena de las playas es negra porque tiene un alto contenido de metal.

El joven: «Para adquirir esa fuerza, ¿no tiene la mente que experimentar la disciplina de una sādhanā seria?».

Amma: «Sí, tienes que amar la disciplina tanto como amas a Dios. Los que aman a Dios también aman la disciplina. Debemos amar la disciplina más que ninguna otra cosa.

»A quien está acostumbrado a beber té a determinada hora le duele la cabeza o tiene alguna otra incomodidad si no lo hace. Los que fuman gañjā habitualmente se ponen nerviosos si no lo hacen a la hora habitual. La costumbre adquirida ayer se manifiesta automáticamente hoy a su hora. Del mismo modo, si hacemos un programa para todas nuestras actividades y lo respetamos estrictamente, se convertirá en un hábito que incluso nos recordará lo que tengamos que hacer en el momento correcto. Es muy beneficioso tener un programa así en nuestra sādhanā».

Un devoto seglar que estaba escuchando a Amma, le dijo: «Amma, yo medito todos los días, pero tengo la impresión de que no avanzo».

Amma: «Hijo, tu mente está enredada en muchas cosas diferentes. La vida espiritual exige mucha disciplina y control de sí mismo, sin los cuales es difícil beneficiarse de la sādhanā todo lo que quisiéramos. Es verdad que haces sādhanā; pero, ¿sabes con qué se la puede comparar? Si tomas treinta gramos de aceite y los repartes entre cien recipientes, en ellos solo quedará una delgada película de aceite pegada a las paredes. Hijo, es verdad que realizas tus prácticas espirituales, pero luego te dedicas a una multitud de cosas diferentes. En esa dispersión pierdes todo el poder que has adquirido con tu concentración. Si por lo menos fueras capaz de ver la unidad en la diversidad, no perderías tanta energía. Cuando llegues a percibir todo como la esencia de Dios, no perderás tu fuerza espiritual».

El devoto: «En casa, todo el mundo me tiene miedo. Monto en cólera si los demás no se someten a mi autoridad».

Amma: «Hijo, tu sādhanā no será en absoluto beneficiosa si realizas tus prácticas espirituales y, al mismo tiempo, albergas ira y orgullo. Es como si pusieras azúcar, por un lado, y por el otro, hormigas: las hormigas se comerán todo el azúcar. Y ni siquiera te enteras de lo que ocurre. Todo lo que obtienes gracias a la sādhanā lo pierdes con la ira. Una linterna de pilas pierde toda su energía cuando la hemos encendido muchas veces, ¿verdad? Igualmente, cada vez que te enfureces, tu energía se te escapa por los ojos, la nariz, la boca, las orejas y todos los poros de la piel. Solo el control de la mente te ayudará a conservar la energía que hayas adquirido con la sādhanā».

Devoto: «¿Quieres decir que el que se enfada no puede conocer la dicha que proporciona la sādhanā?».

Amma: «Supón que sumerges un cubo en un pozo para sacar agua, pero el cubo tiene muchos agujeros. Lo subes con gran esfuerzo, pero, cuando llega arriba, está vacío. Toda el agua se ha salido por los agujeros. Hijo, a eso se parece tu sādhanā. Tu mente está atrapada en las redes de la ira y el deseo. Todo lo que has obtenido por los enormes esfuerzos invertidos en tu sādhanā se escapa una y otra vez. Aunque realices prácticas espirituales, no disfrutas de sus beneficios y tampoco los valoras en su justa medida. Pasa algún tiempo en soledad de vez en cuando, calma tu mente y trata de hacer sādhanā. Evita las situaciones que despiertan en ti la ira o el deseo. Llegarás a descubrir la fuente de todo poder».

Devoto: «Amma, a veces soy incapaz de dominar mis deseos. Si trato de controlarlos, solo se vuelven más fuertes».

Amma: «Es muy difícil controlar los deseos. No obstante, es preciso observar ciertas reglas, ya que de lo contrario es imposible someter la mente. Alimentos como la carne, los huevos y el pescado incrementan la producción de semen, lo cual aumenta el deseo sexual. Entonces los sentidos se ponen en acción para satisfacer estos deseos y tú pierdes la energía. Si ingieres alimentos sáttvicos en cantidad moderada, no te perjudicarán. Para los que siguen una sādhanā, es esencial controlar su régimen alimenticio, especialmente aquellos cuya mente no es fuerte, pues les afecta con facilidad. Pero los cambios en la dieta no tendrán consecuencias importantes para el que posee una gran fuerza mental».

El joven: «¿Cambia el carácter de una persona según su forma de alimentarse?».

Amma: «Sin lugar a duda. Cada clase de comida tiene su propia cualidad y todos los sabores, como picante, ácido o dulce, tienen su propia influencia. Incluso el alimento sáttvico debe consumirse con moderación. Por ejemplo, la leche y el ghī son sáttvicos, pero no debéis consumirlos en exceso. Cada clase de alimento produce un efecto distinto en nosotros. Comer carne hace la mente inestable. La disciplina en la alimentación es absolutamente imprescindible al principio para los que hacen sādhanā con el deseo intenso de conservar su energía y conocer el Yo.

»Cuando plantas una semilla, tienes que protegerla del sol. Pero, cuando se convierte en un árbol, tiene la fuerza necesaria para soportar el sol. Una persona convaleciente necesita un régimen alimenticio adecuado y sano. Igualmente, un sādhak debe tener cuidado con lo que come. Más adelante, cuando hayáis hecho algún progreso en vuestra sādhanā, las restricciones alimenticias ya no serán esenciales».

El joven: «A menudo se dice que un buscador debe mostrarse modesto y humilde, pero, a mi modo de ver, eso es más bien un indicio de debilidad».

Amma: «Hijo, si deseas crear un buen saṁskāra, debes ser humilde en tus relaciones con los demás. La humildad no es una debilidad. Si por orgullo te encolerizas o adoptas una actitud de superioridad respecto a los demás, pierdes tu energía y tu conciencia de Dios.

»Casi nadie desea ser humilde. La gente carece de humildad porque están orgullosos de lo que es irreal. El cuerpo es una forma exclusivamente llena de ego, del sentido del "yo"[25]. Está contaminado por el ego, la ira y los deseos. Para purificarse, hay que cultivar cualidades como la humildad y la modestia. Al dejar que el ego se perpetúe, aumenta el orgullo por el cuerpo. Para eliminar el ego, hay que estar dispuesto a tener una actitud humilde y postrarse ante los demás.

»Si viertes agua en un cubo sucio, se ensuciará. Si mezclas algo ácido con tu pāyasam, no podrás disfrutar del sabor de este. Del mismo modo, si conservas el ego durante la sādhanā, no podrás refugiarte totalmente en Dios ni disfrutar y saborear los beneficios de la sādhanā. Si con tu humildad destruyes el sentido de "yo", emergerán tus buenas cualidades y el jivātman se elevará hasta el Paramātman.

»Hoy solamente eres una pequeña lámpara de mesa cuyo resplandor solo alcanza lo justo para leer si se acerca un libro a la misma. Pero, si haces tapas y eliminas el ego, resplandecerás como el Sol».

Entregarse al guru

El joven: «Amma, hoy en día mucha gente considera que la obediencia al guru es una debilidad. Creen que postrarse ante un alma grande está por debajo de su dignidad».

Amma: «En la antigüedad, la puerta de entrada de las casas era muy baja. Una de las razones de que así fuera era para cultivar la humildad. Las personas se veían obligadas a bajar la cabeza para entrar, si querían evitar darse un golpe en la cabeza con

[25] Al referirse al cuerpo aquí, Amma incluye la mente.

el marco de la puerta. Igualmente, al inclinar la cabeza ante el guru, evitamos los peligros del ego y permitimos así que el Yo se despierte.

»Hoy en día, todos somos una imagen de las ocho formas de orgullo o sentido del "yo". Si deseamos cambiar para revelar nuestra verdadera forma, debemos adoptar el papel de discípulo y obedecer con humildad las palabras del guru. Si hoy seguimos las instrucciones del guru, el día de mañana podremos ser un refugio para el mundo entero. Gracias a la cercanía del maestro, despertará nuestra śhakti (poder divino) interior y la sādhanā hará que florezca».

El joven: «Amma, ¿no dicen las escrituras que Dios está en nosotros, que no está separado de nosotros? Entonces, ¿por qué necesitamos a un guru?».

Amma: «Sí, hijo, ciertamente Dios está en ti. En tu interior se oculta un cofre lleno de diamantes; pero, como no eres consciente de ello, lo buscas fuera de ti. Posees la llave del cofre, pero está oxidada porque no ha sido usada en mucho tiempo. Tienes que limpiarla, quitarle el óxido y abrir el cofre. Con este fin te acercas a un guru. Si deseas conocer a Dios, debes eliminar el ego refugiándote en un guru y obedeciéndole con humildad y entrega.

»Un árbol puede ofrecer sus frutos a innumerables personas. Pero tú aún eres solo una semilla; aún no te has convertido en árbol. Gracias a su tapas, el guru se ha vuelto pūrṇam (pleno). Por tanto, necesitas acercarte a un guru y hacer sādhanā según sus instrucciones.

»Si excavas un pozo en lo alto de la montaña, tal vez no encuentres agua, aunque profundices decenas de metros. Pero cerca de un río, basta con hacer un pequeño agujero para que el agua brote enseguida. Del mismo modo, la proximidad a un sadguru hará brotar rápidamente tus buenas cualidades y tus prácticas espirituales darán pronto fruto. Por el momento, eres esclavo de tus sentidos, pero si vives de acuerdo con la voluntad del guru, los sentidos se volverán tus esclavos.

»Los que viven con su guru solo tienen que esforzarse por obtener su gracia. A través de ella, recibirán el poder del tapas del guru. Si tocas un cable eléctrico, la electricidad penetra en ti, ¿verdad? Si te refugias en un guru, su poder entrará en ti.

»El guru es desinteresado. Es una fuente de buenas cualidades como la verdad, el dharma, el amor y la compasión. Palabras como "verdad" y "dharma" no tienen vida propia, pero el sadguru es su viva personificación. El mundo solo recibe bondad de esos seres. Si entablamos amistad con alguien que está lleno de malas cualidades, esa persona ejercerá en nosotros una mala influencia. Por el contrario, si tenemos un amigo con buenas cualidades, nuestra naturaleza cambiará en esa dirección. Del mismo modo, los que están con el guru se transforman en un campo fértil en el que crecen las buenas cualidades.

»Si no quitas las malas hierbas de un terreno, estas destruirán las semillas que hayas plantado. Si haces sādhanā sin erradicar el ego, no dará fruto alguno. Al hacer cemento, primero hay que lavar las piedras que se emplean para ello. Igualmente, el pensamiento de Dios solo se vuelve firme en una mente pura. Al realizar la sādhanā de manera desinteresada, sin ningún sentido del ego, experimentarás la verdad: que tú eres Dios».

Las nectáreas palabras de sabiduría de Amma dejaron de fluir unos instantes. Volviéndose hacia algunos devotos visitantes, dijo: «La zona que rodea la cocina está sucia. Amma bajó para limpiarla, pero en el camino vio a esta niña que estaba dibujando y se detuvo para mirarla. Después llegó este hijo y Amma se sentó a hablar con él. Hijos, no os iréis antes de que termine el darśhan de mañana, ¿verdad? Amma os verá más tarde». A continuación, se dirigió a la cocina.

Capítulo 7

Viernes, 7 de febrero de 1986

Después de la pūjā matinal seguida del ārati en el Kaḷari, el brahmachārī Unnikrishnan[26] sacó el alcanfor encendido afuera, donde esperaban los devotos. Acercaron las manos a la llama y después se tocaron la frente. Algunos tomaron un poco de bhasma (ceniza) del plato en el que ardía el alcanfor y se la extendieron en la frente. Unos minutos después, Amma llegó al Kaḷari y todo el mundo se postró. Terminada su meditación, Rao y Kunjumon también acudieron. Se postraron ante Amma y se sentaron cerca de ella.

La que disipa las dudas

Rao: «Amma, dices que deberíamos sufrir por el anhelo de ver a Dios. Pero tú estás aquí con nosotros, así que ¿cómo vamos a sentirnos tristes cuando meditamos en tu forma?».

Amma: «Debéis sentir el dolor de estar separados de Dios. ¡Ese es el dolor que debéis sentir!».

Rao: «Si tenemos por guru a una verdadera maestra, ¿no nos concederá ella esta tristeza?».

---

[26] Swami Turiyamritananda.

Amma: «¡Namaḥ Śhivāya! No basta con tener un maestro con las mejores credenciales; también es preciso que el discípulo esté cualificado».

Kunjumon: «Hemos llegado hasta Amma, por lo tanto, ya no tenemos nada de qué preocuparnos. ¡Estamos salvados!».

Amma: «Esa fe es buena, hijos; pero no os limitéis a la Amma exterior que veis como este cuerpo. De lo contrario, perderéis vuestra fuerza y fracasaréis. Intentad ver a la verdadera Amma, el Principio Verdadero. Intentad ver a esta Amma en todos. Amma ha venido para ayudaros a conseguirlo, hijos».

Kunjumon: «Ayer, una persona me preguntó cuál había sido la intención de Amma al crear este āśhram».

Amma: «Aumentar la fe de la gente en Dios; inspirarles para que realicen buenas acciones y sigan el camino de la verdad y la rectitud. Ese es nuestro objetivo».

Una devota: «Amma, los que lloran por Dios parecen experimentar mucho sufrimiento en su vida».

Amma: «Hijos, las lágrimas que derramamos cuando le rezamos a Dios con amor no son lágrimas de dolor, sino de dicha. En los tiempos en que vivimos, la gente no le reza a Dios más que en los momentos de aflicción. Si acudimos a Dios tanto en la felicidad como en la tristeza, ya no conoceréis el sufrimiento. Aunque apareciera en vuestras vidas, no lo experimentaréis como tal. Dios velará por vosotros. Si podéis orar con un corazón abierto y derramar algunas lágrimas de amor por Él, estaréis salvados».

»Al hablar del amor a Dios, Amma entró en un estado sublime de devoción. Empezó a describir la época que pasó sumergida en prēma bhakti (amor y devoción supremas).

»¡Ah! ¡Qué luchas tuvo que librar Amma en esos días! No podía dar un paso por la calle sin que la gente se burlara de ella. Era el hazmerreír de todos. Nadie le ofrecía una sola comida. Hubiera querido tener, al menos, un libro espiritual para leer, pero no lo había. Tampoco tenía guru. Hijos, la vida espiritual sin un guru es como la vida de un niño sin una madre. Amma creció como una huérfana. La gente que la rodeaba no sabía nada de espiritualidad. Cuando se sentaba a meditar, venía alguien y le vertía agua fría sobre la cabeza, o la abofeteaba. Sus padres la echaron de casa. ¡Así la trataban! Pero ella no lo percibía como sufrimiento porque creía que Dios no la abandonaría jamás. A pesar de todo lo que tuvo que soportar, quedaba olvidado en cuanto pronunciaba el nombre de Dēvī. Cuando estaba triste, solo confiaba su tristeza a Dēvī. Se comunicaba con Dēvī mediante las lágrimas».

Amma permaneció un momento en silencio. Después cantó con voz vibrante:

Oru tulli snēham

Oh, Madre, vierte una gota de tu amor
en mi ardiente corazón,
y así mi vida conocerá la plenitud.
¿Cómo envías este fuego devorador
para fertilizar una planta ya seca?

Me deshago en llanto sin cesar.
¿Cuántas lágrimas ardientes
tendré que ofrecerte todavía?
¿Acaso no escuchas los latidos de mi corazón
y todo el dolor que se expresa en suspiros ahogados?

No dejes que el fuego penetre y dance
por el bosque de sándalo.
No dejes que la hoguera de la tristeza revele su intensidad y
estalle como tejas que se rompen.

Oh, Dēvī, a fuerza de cantar «Durgā, Durgā»
mi mente ha olvidado los demás caminos.

No quiero el cielo ni la liberación,
solo quiero devoción pura por ti.
No quiero el cielo ni la liberación,
solo quiero devoción pura por ti.

Amma repitió una y otra vez los dos últimos versos. Las lágrimas inundaban sus ojos. Se las enjugó y dijo: «En aquellos tiempos, cuando el dolor la abrumaba, Amma cantaba estas palabras espontáneamente, llorando. A veces, cuando pronunciaba el nombre de Dios, estallaba en risas que no se detenían. Al verlo, Sugunacchan pensaba: "¡Se acabó! ¡Esta niña se ha vuelto loca!". Llegaba corriendo y la golpeaba en la cabeza. La gente creía que golpeándola en la cabeza la ayudaban a recuperar su estado normal. Como no aparecía ningún indicio de cambio, el llamaba a la madre de Amma: "¡Damayanti, la niña se ha vuelto loca! Ve a buscar agua y échasela en la cabeza. ¡Date prisa!". Entonces empezaba la dhārā[27] y vertían uno tras otro el contenido de recipientes llenos de agua sobre la cabeza de Amma. Cuando lloraba por Dios, le traían medicamentos creyendo que estaba enferma.

»Los hermanos y hermanas más jóvenes venían y le preguntaban: "¿Por qué lloras, chēchi (hermana mayor)? ¿Te duele la cabeza?". Se sentaban con ella y también se ponían a llorar. Al cabo de un rato, descubrían la razón por la que chēchi lloraba: porque no podía ver a "la madre Dēvī". Entonces las pequeñas se ponían saris y se presentaban ante ella fingiendo ser la madre Dēvī. Amma las abrazaba al verlas vestidas así. No veía en ellas a las niñas, sino a la misma Diosa.

[27] Un chorro ininterrumpido de líquido. Este término se emplea para designar un tratamiento médico en el cual se vierte sin parar un remedio líquido sobre el enfermo. También es un tipo de baño ceremonial que se da a la imagen de una deidad.

»A veces, cuando Amma no podía dejar de llorar, su padre la levantaba en brazos y la consolaba diciendo: "No llores, mi niña querida. Te enseñaré a Dēvī dentro de un momento". Ella era tan inocente que se lo creía y dejaba de llorar.

»En aquella época, Amma no quería hablar con nadie. Si alguien le dirigía la palabra, ella dibujaba un triángulo en el suelo e imaginaba que Dēvī estaba sentada en su interior. La persona se daba cuenta enseguida de que estaba en otro mundo, se levantaba y se marchaba. Amma imaginaba que todos eran Dēvī. Por eso, cuando las niñas de la aldea pasaban, a veces intentaba abrazarlas».

Rao: «¿Por qué no experimentamos esa clase de devoción inocente?».

Amma: «¿No es por devoción por lo que dejaste tu hogar y tu familia para venir aquí?».

Rao: «Amma, como estás aquí con nosotros, ¿a quién debemos llamar, por quién debemos llorar?».

Amma se rió y cambió de tema: «¿No es la hora de vuestra clase? No perdáis el tiempo aquí sentados con Amma. ¡Vamos, marchaos!».

Amma tomó a un bebé que estaba cerca de ella y se levantó. Con el niño en brazos, fue andando hacia la cabaña del darśhan, llamando: «¡Venid, hijos míos!». Los devotos la siguieron al interior.

La encarnación de las escrituras

Amma se encontraba frente a la habitación de Ottur. Se quedó escuchando un momento tras la puerta, en silencio. De la oscura habitación salía el nombre Kṛiṣhṇa, pronunciado con voz temblorosa.

«Nārāyaṇa, Nārāyaṇa, Nārāyaṇa...».

Finalmente, Amma entró en la habitación de Ottur. Al ver la bella forma de Amma de pie delante de él, el anciano se levantó enseguida y se postró, a pesar de las protestas de Amma. Incluso antes de que ella se sentara en su cama, él se arrodilló y puso la cabeza en su regazo, con la confianza de un niño pequeño.

Amma: «Hijo mío, ¡Amma no pudo evitar quedarse escuchando ahí mientras recitabas el nombre del Señor con tanta devoción!».

Ottur: «No creo tener realmente ninguna devoción por el Señor. De lo contrario, ¿no me habría concedido ya su darśhan el sumamente compasivo Kaṇṇan?».

Un brahmachārī que escuchaba, dijo: «¿Pero no estás viendo a Amma ahora?».

Ottur: «Parece que Sharada Devi (la esposa de Shri Ramakrishna) dijo un día a Ramakrishna Deva: "¿Ves?, no tengo tanta paciencia como tú para esperar tanto tiempo. No soporto ver sufrir a mis hijos". Creo que es esa misma persona la que me ha dado hoy su darśhan. Amma habla siempre de la devoción como lo hacía Sharada Devi».

Amma: «¿Sabéis por qué Amma habla de la devoción? Porque es su propia experiencia. Hoy en día abundan los eruditos y los sannyāsīs. Hablan de advaita (la no dualidad), pero no la viven. Tienen la mente llena de ira y deseos. El advaita no es un tema de conversación; es una experiencia.

»Una de las upaniṣhad narra esta historia: un padre envió a su hijo a estudiar las escrituras. A su regreso, observó que el muchacho se había vuelto orgulloso, señal de que no había asimilado la esencia de lo que había estudiado. Decidió enseñarle el verdadero principio. Le pidió que le llevara un poco de leche y azúcar. Después le pidió que disolviera el azúcar en la leche. Después le dio a probar leche de distintas partes del recipiente, y le preguntó cómo sabía. El muchacho respondió que estaba dulce. "¿Cómo de dulce?", preguntó el padre. Pero el hijo no podía describirlo. Se quedó callado. De repente, comprendió la verdad. El joven que había hecho tanta alharaca respecto al Yo, comprendió que el Yo es algo que hay que experimentar y que las palabras no sirven para describirlo.

»Nadie puede describir Brahman. No se conoce Brahman por medio del intelecto. Es una experiencia. Cualquiera puede decir: "Yo soy Brahman", pero siguen experimentando los sufrimientos y los placeres de la vida. Los que tienen la experiencia de Brahman son diferentes. Ni el fuego ni el agua les hace daño. Cuando Sītā se lanzó al fuego, ¿sufrió la más mínima quemadura? En absoluto. Algunos afirman que son Brahman, pero si a ese "Brahman" se le mantuviese bajo el agua, lucharía por respirar, temiendo desesperadamente por su vida. Y si fuesen lanzados al fuego, se quemarían. No tienen ninguna experiencia de Brahman, solo conocen los placeres y sufrimientos de este mundo. Es imposible obtener la experiencia de Brahman sin una sādhanā disciplinada».

Señalando una vaca que pastaba cerca de allí, Amma añadió: «¿Veis esa vaca? ¿Obtendréis su leche presionándole las orejas? ¿Tiene leche en todo el cuerpo? Solo tiene leche en las ubres, y solo ordeñándola podemos beberla.

»Es verdad que Dios está en todas partes, pero no lo experimentaremos si no hacemos sādhanā bajo la dirección de un guru, con una mente concentrada y lakṣhya bōdha».

Brahmachārī: «Amma declara no haber estudiado las escrituras; sin embargo, todo lo que dice proviene directamente de ellas».

Amma: «Hijo, las escrituras fueron escritas desde la experiencia, ¿verdad? Amma habla de lo que ha visto, oído y experimentado, así que eso debe encontrarse en las escrituras».

Brahmachārī: «Amma, ¿volverá alguna vez el Rāmarājya (reino de Rama)?».

Amma: «El Rāmarājya volverá, pero también habrá por lo menos un Rāvaṇa. Dvārakā (el reino de Kṛiṣhṇa) también volverá, pero Kaṁsa y Jarāsandha (dos enemigos de Kṛiṣhṇa) también estarán allí».

Brahmachārī: «Amma, la gente dice que la reencarnación existe. ¿Es verdad?».

Amma: «El mes pasado, algunos aprendimos juntos un himno. Si lo hemos olvidado, ¿podríamos negar que lo aprendimos? Había muchos testigos. Sin duda no recordáis vuestras vidas anteriores, pero un tapasvī sí que las conoce. Es posible cuando la mente se vuelve más sutil por la sādhanā».

Por la tarde, Puthumana Damodaran Nambudiri, un célebre sacerdote tántrico de Kerala, llegó con un grupo para recibir el darśhan de Amma. Era la primera visita de Puthumana. Amma habló poco. Se mantuvo casi todo el tiempo con los ojos cerrados, mirando hacia el interior. Parecía meditar.

Puthumana leyó en voz alta un poema en sánscrito que había escrito sobre Amma, y se lo ofreció. Dijo: «Desear la riqueza está mal, lo sé; sin embargo, la mente aspira a ella. Desear el fruto de los propios actos está mal, lo sé; pero si no logramos actuar sin deseos, ¿qué podemos hacer?».

Amma no respondió. Solo lo miró sonriendo. Su silencio suele decir mucho más que sus palabras.

Puthumana (refiriéndose a Amma y a Ottur, que estaba sentado a su lado): «Me llena de gozo veros juntos como Kṛiṣhṇa y Kuchēla».

Ottur: «¡Es verdad! Pero, por otro lado, nadie ha visto nunca nada semejante a esto. ¡Las tinieblas se disipan cuando aparece el Sol, pero aquí puedes ver con tus propios ojos las tinieblas (señalándose con el dedo) en forma sólida!».

Todos se echaron a reír. ¡Dichoso el devoto que, en presencia de la Madre del universo, que es la morada de la compasión, se convierte en la personificación de la impotencia! ¿Qué obstáculo podría impedir que su gracia le inundara?

Domingo, 16 de febrero de 1986

Su saṅkalpa es la verdad misma

Amma había vuelto de Alappuzha por la mañana. Acababa de pasar allí dos días con sus hijos. Los brahmachārīs habían asistido a un Rāmāyaṇa yajña (un discurso sobre el Rāmāyaṇa que dura varios días). La mayoría de ellos no volverían hasta la noche, después de haber participado en la procesión de las luces que clausuraba el yajña.

En el camino de vuelta, Amma había dicho a una brahmachāriṇī: «Hija, en cuanto lleguemos al āśhram, pon a cocer arroz». Pero, a su llegada, el arroz y las verduras ya estaban listas. La brahmachāriṇī no sabía qué hacer. Dijo a los demás: "¿Por qué me pidió Amma que cocinara? Todo está ya listo. Si hago más comida, sobrará y luego tendremos que tirarla ¿verdad? Hoy ni siquiera ha venido la cantidad de gente que suele venir otros días. Pero, si no hago lo que Amma me dijo, la estaré desobedeciendo". Los demás le aconsejaron que no cocinara con el fin de no desperdiciar nada. Sin embargo, ella decidió ignorar su consejo y sencillamente obedecer las órdenes de Amma. Por lo tanto, hizo el arroz pensando que lo que sobrara serviría para la cena.

A la hora de la comida, quedó de manifiesto que todos se habían equivocado en sus previsiones, salvo Amma. La multitud de devotos aumentó en un número considerable y, cuando la comida terminó, no había sobrado nada. La cantidad de comida fue exactamente la necesaria. Si la joven no hubiese seguido las instrucciones de Amma, los residentes habrían lamentado no poder dar de comer a todos los devotos. Todas las palabras de

Amma tienen un significado, aunque a primera vista algunas nos parezcan fútiles o sin sentido. Eso solo se debe a nuestra falta de comprensión en un nivel más profundo.

Por la tarde, cuando Amma se dirigía al Kaḷari para los bhajans y el bhāva darśhan, un brahmachārī le preguntó: «Como el āśhram no tiene el dinero que hace falta para continuar con la construcción del nuevo edificio, ¿por qué no hacemos una petición de ayuda en Matruvani (la revista mensual del āśhram)?».

En tono serio, Amma respondió: «¿Realmente eres tú el que habla así, hijo? Parece que la experiencia no te ha enseñado nada. Los que se han entregado a Dios no tienen que preocuparse por nada. No debemos acudir nunca a los demás con un deseo en la mente porque eso solo nos traerá sufrimiento. Refugiémonos solo en Dios. Él nos dará todo lo que necesitemos. Los tāpasvīs no carecen nunca de nada. Lo necesario llega automáticamente cuando hace falta.

»Al empezar a construir el edificio, ¿teníamos dinero? ¿Contábamos con una fuente de la que pudiésemos recibir ayuda? En absoluto. Hasta el día de hoy, solamente nos hemos refugiado en Dios y, por eso, Él no ha permitido que surgieran obstáculos para la obra. Y Él seguirá cuidando de nosotros».

»Cuando se colocó la primera piedra del gran edificio que se halla en construcción, todos estaban dudosos. El āśhram no tenía fondos. Sin embargo, poseía dos casas en Tiruvannamalai, cerca del Ramanashram[28], y se había pensado en venderlas. Pero, cuando Amma se presentó allí, acudieron tantos devotos al darśhan que a algunos no les gustó la idea de vender la casa. En cuanto la pusieron al corriente a su vuelta a Amritapuri (el āśhram de Amma), Amma dijo: «Si nos instalamos tan cerca de otro āśhram, es muy probable que haya algo de competencia.

[28] Āśhram del maestro Ramana Maharshi, situado en la ciudad de Tiruvannamalai, en el estado de Tamil Nadu (sur de la India).

Por lo tanto, no es conveniente establecer un āśhram cerca del Ramanashram. Vendamos las casas y hagamos algo aquí. Un āśhram debe encontrarse siempre en un lugar donde pueda ser útil, servir a las personas. Y, puesto que en ese lugar ya está el āśhram de Ramana Bhagavan, el nuestro resultaría superfluo».

Las dos casas de Tiruvannamalai fueron vendidas y se fijó una fecha para la colocación de la primera piedra de un āśhram en Amritapuri. Por las mismas fechas, se puso en venta un terreno adyacente al āśhram y se compró la propiedad con el dinero destinado a la construcción del nuevo edificio. Un brahmachārī había comentado que era inútil colocar la primera piedra de un edificio para cuya construcción ya no tenían dinero. Amma le había respondió: «De cualquier modo, sigamos con nuestro plan. Dios se ocupará de todo. Él se encargará de convertirlo en realidad».

La ceremonia se llevó a cabo en la fecha prevista y las obras comenzaron. La construcción progresó desde entonces sin ningún tropiezo. De una forma u otra, todo lo que hacía falta siempre aparecía en el momento preciso. Y, cuando faltaba algo, Amma insistía en que no debían pedir ayuda a nadie.

Mientras se dirigía al Kaḷari, Amma dijo: «Cuando lo aceptamos todo como voluntad de Dios, nuestras cargas desaparecen y nunca experimentamos dificultad alguna. Hay una hijita que siente un gran amor por Amma. Llama a Amma "Mātājī" (Madre). Un día se cayó de un columpio. Se levantó sin un solo rasguño diciendo: "Por el poder de Mātājī, me subí al columpio; después Mātājī me empujó y me caí; y Mātājī me cuidó y no me he hecho ningún daño". Debemos tener esa misma actitud. Los demás consideran sus alegrías y sus penas como su prārabdha, pero nosotros debemos aceptarlos como la voluntad de Dios».

Amma se dirigió a un joven que había expresado el deseo vivir en el āśhram, y dijo: «La vida espiritual es como permanecer de pie en medio de las llamas sin quemarse». Cuando llegó al Kaḷari, Amma se sentó para cantar los bhajans. Empezaba a sonar la música sagrada, cargada de devoción.

Gajānana hē Gajānana

Oh Tú, que tienes rostro de elefante,
hijo de Pārvatī,
morada de compasión
causa suprema.

Martes, 25 de febrero de 1986

La que tira de hilos invisibles

Una mujer de mediana edad que vivía en Mumbai (gran ciudad de la India occidental) y una joven que acababa de llegar de Alemania acudieron juntas a postrarse ante Amma y poner a sus pies una fuente de fruta. Amma las abrazó. Era la primera vez que la joven iba al āśhram. Lloraba a lágrima viva.

Amma: «¿De dónde vienes, hija?».

Pero las lágrimas no la dejaban hablar. Amma la mantuvo en sus brazos y le acarició la espalda. Su compañera fue la que acabó relatando las circunstancias que habían llevado a esta joven al āśhram.

Venía de Alemania y era fiel devota de Sharada Devi. Había leído muchos libros sobre Sharada Devi y su devoción iba en constante aumento. Sufría mucho por no ver a la diosa que era objeto de su adoración. Una mañana mientras se hallaba meditando, tuvo la clara visión de una mujer sonriente, vestida de blanco, con la cabeza cubierta por el extremo de su vestido. La joven se preguntó quién podría ser, ya que nunca la había visto, ni siquiera en una fotografía. Tuvo la convicción de que se trataba de otra forma de Sharada Devi, a quien tanto amaba. Sentía que estaba viendo a Sharada Devi en persona. Estaba desbordante de felicidad.

Tres días después, recibió una carta de un amigo. Cual no sería su alegría al encontrar dentro del sobre la foto de esa misma mujer que había visto en meditación. Escribió a su amigo para conocer más detalles sobre la mujer de la fotografía, pero él no sabía nada sobre ella. Uno de sus amigos había ido a la India y le había enviado esa foto desde allí. Como la espiritualidad no le interesaba, se la envió a ella porque sabía que a ella sí que le interesaban esas cosas. El único indicio para encontrar a esta mujer era una dirección en el reverso de la foto.

Sin perder un instante, la joven preparó su viaje a la India y voló a Mumbai. De allí tomó otro avión que la llevó a Cochín (ciudad del norte de Kerala), sin dejar de mirar la foto. Una anciana india que estaba sentada a su lado vio la foto y le preguntó por ella. La joven le enseñó la dirección escrita en el reverso y le confesó que era la primera vez que estaba en la India e ignoraba cómo llegar hasta allí. Para gran sorpresa suya, la mujer hindú le dijo que ella se dirigía a ese mismo āśhram y podía conducirla hasta ese lugar. Era una devota de Amma. Así, la joven llegó al āśhram sin dificultad.

Conviene hacer notar que un mahātmā ayuda a los buscadores espirituales atrayéndolos de un modo apropiado al saṁskāra de cada uno y guiándoles en el camino. Numerosas personas creen que Amma es Kṛiṣhṇa, Śhiva, Ramakrishna Paramahamsa, Kālī, Durgā, Mūkāmbikā o Ramana Maharshi. Amma incluso ha dado su darśhan a algunas personas adoptando sus formas. Pero es imposible adivinar cuál ha podido ser la encarnación anterior de Amma.

Amma le dijo a una brahmachāriṇī que hiciera lo necesario para que estas dos mujeres pudieran alojarse en el āśhram. Después se dirigió detrás de las cabañas de los brahmachārīs, donde había mucha basura acumulada, y se puso a limpiar. Eso hizo que los brahmachārīs se sintieran avergonzados y fueran corriendo a ayudarla. Algunos devotos también fueron a echar una mano. Durante el trabajo, ella les hablaba, proponiéndoles soluciones para sus problemas.

La educación de los niños

Una familia del norte de Kerala que había llegado la víspera trabajaba cerca de Amma. El padre aprovechó la ocasión para hablarle de los estudios de su hija: «Amma, no estudia nada. Te lo ruego, hazla entrar en razón. Mi mujer la mima demasiado».

Su mujer: «Amma, ¡todavía es muy pequeña! No la pego ni nada parecido porque es mi marido quien la castiga, y eso basta. No quiero que ambos la castiguemos».

Un devoto: «Hoy en día, suele ser la madre la que mima a los niños».

Amma: «¿Por qué echas la culpa solo a las madres? Los padres tienen que desempeñar un papel en la educación de sus hijos. En la actualidad, los padres solo piensan en enviar a los niños a la escuela desde su más tierna edad; les empujan a estudiar todo lo que puedan y enseguida les buscan un empleo. No prestan ninguna atención a su desarrollo espiritual, ni a la pureza de su carácter. Lo primero que deben hacer los padres es ocuparse del carácter de sus hijos. Deben enseñarles a comportarse bien, y eso incluye una educación espiritual. Los padres deben contarles a sus hijos historias con enseñanzas morales y enseñarles a hacer japa y meditación. La sādhanā estimula enormemente la inteligencia y la memoria de un niño. Después solo les basta echar un vistazo a su libro de texto para acordarse de todo lo que hayan estudiado durante el curso. Si se les hace una pregunta, la respuesta les vendrá claramente a la mente, como si fuera un ordenador. De esa manera, también se comportarán correctamente, harán progresos espirituales y conseguirán el éxito material en la vida».

Una vez terminado el trabajo, Amma se sentó cerca de allí bajo un cocotero. Los devotos la rodearon y uno de ellos le presentó a un joven que venía al āśhram por primera vez.

Devoto: «Este joven es de Malappuram (ciudad del norte de Kerala). Dedica todo su tiempo a la conservación de la naturaleza. Junto con algunos de sus amigos, intenta conservar los templos y sus estanques».

El joven sonrió con timidez y se postró ante Amma con las palmas de las manos unidas.

Amma: «Todo el terreno del āśhram ha sido recuperado del canal. Los hijos plantaron cocoteros, bananos y plantas con flores en todos los lugares posibles».

Amma se lavó las manos y se dirigió al Kaḷari. Los devotos la siguieron de cerca.

Dónde buscar la felicidad

Amma se sentó bajo el porche del Kaḷari. Los devotos se postraron y se sentaron cerca de ella. El recién llegado preguntó: «Amma, ¿por qué la gente no es feliz, a pesar de tener tantas comodidades materiales?».

Amma: «Es verdad, en estos tiempos la mayor parte de la gente no conoce la paz ni la satisfacción. Se hacen construir verdaderos palacios y acaban suicidándose dentro de ellos. Si las casas lujosas, las riquezas, las comodidades físicas y el alcohol dieran la felicidad, ¿cómo iban a morir de depresión así? Por lo tanto, la verdadera felicidad no se encuentra allí. La paz y la satisfacción dependen completamente de la mente.

»¿Qué es la mente? ¿De dónde viene? ¿Cuál es el objetivo de la vida? ¿Cómo se supone que debemos vivir? No nos esforzamos en comprender estas cosas. Si las entendiéramos y viviéramos en consecuencia, ya no tendríamos que buscar en ninguna otra parte la paz interior. Pero, por el contrario, todos buscan la paz fuera de sí mismos.

»Esto le recuerda una historia a Amma. Una anciana buscaba algo con gran interés delante de su casa. Un transeúnte se detuvo y le preguntó: "¿Qué buscas, abuela?". "He perdido uno de mis pendientes, y lo estoy buscando". El hombre se puso a buscar también, pero por más que escudriñaron el lugar, no lo encontraron. Finalmente, el hombre le dijo a la anciana: "Intenta recordar exactamente en qué lugar cayó". Ella contestó: "De hecho, lo perdí en algún lugar dentro de la casa". El hombre se enfadó y dijo: "Pero, buena mujer, ¿por qué lo buscas fuera sabiendo que lo habías perdido en el interior?". La anciana respondió: "Porque adentro está muy oscuro. Pensaba que era mejor buscar aquí ya que el farol da un poco de luz".

»Hijos, nosotros somos como esa anciana. Si deseamos tener paz, tenemos que descubrir su verdadera fuente para beber en ella. El mundo exterior nunca nos proporcionará la verdadera felicidad, la paz auténtica».

Los beneficios de los yajñas

El joven: «Recientemente se celebró un yajña (rito sacrificial védico). Muchas personas se oponían a ello, pues consideraban que era un despilfarro de dinero».

Amma: «Sí, la gente se preguntaba por qué teníamos que gastar dinero en Dios. Hijo, Dios no tiene ninguna necesidad de yajñas; son los seres humanos los que se benefician de ellos. Los yajñas purifican la atmósfera. Igual que eliminamos la flema corporal mediante un nasyam (un tratamiento ayurvédico), el humo que se eleva del hōma (fuego sacrificial) limpia la atmósfera. Amma no está proponiendo gastar una fortuna en los hōmas, los yajñas, etc. No hace falta ofrecer oro o plata al fuego. Pero estas ceremonias encierran un principio esencial. El hecho de ofrecer en el fuego sacrificial algo por lo que sentimos apego equivale a romper ese apego. El yajña supremo consiste en sacrificar nuestro ego por amor a Dios. Ese es todo el secreto del verdadero jñāna (conocimiento). Se trata de descartar la idea de "yo" y de "lo mío" y verlo todo como la Verdad única, como Dios. Hay que comprender que nada está separado de nosotros. Al ofrecer nuestro ego en el fuego del hōma, encontramos la plenitud.

»Los hōmas no solo benefician a los que los realizan, sino también a todas las personas de los alrededores. Si no podemos realizar estas ceremonias, plantemos árboles y plantas medicinales en abundancia, porque ellos también limpian el aire. Muchas enfermedades pueden prevenirse respirando el aire que ha estado en contacto con plantas medicinales.

»El ser humano se ha vuelto muy materialista. Tiene prisa por cortar los árboles y convertirlos en dinero. Suprime bosques para construir granjas. Estas acciones han cambiado la naturaleza. La lluvia ya no llega en el momento oportuno, el sol ya no brilla cuando es necesario y la atmósfera está terriblemente contaminada. El ser humano vive sin conocerse a sí mismo, exclusivamente para su cuerpo, olvidando el ātman que da vida a este.

»La gente pregunta: "¿Por qué despilfarrar el dinero en yajñas y en hōmas? En realidad, Dios no necesita esas cosas". Pero esas mismas personas no se quejan de los millones que se gastan para traer un puñado de polvo lunar. De hecho, es la propia gente la que se beneficia de ceremonias como los hōmas y los yajñas.

»En nuestros días, la gente se burla de la práctica de encender una lámpara de aceite en el hogar. Pero el humo de esta purifica la atmósfera. En el atardecer, la atmósfera está saturada de vibraciones impuras. Por eso recitamos los nombres de Dios o cantamos bhajans en ese momento del día. Si no hacemos japa a esa hora, se reforzarán nuestras tendencias mundanas. Además, no hay que cenar al atardecer porque a esa hora el aire está envenenado es venenoso y eso provoca enfermedades. Dicen que el rey demonio Hiraṇyakaśhipu fue muerto en el momento de la sandhyā (la hora del crepúsculo). A esa hora, el dominio del ego está en su apogeo. Solo refugiándonos en Dios podremos destruir el ego. Pero actualmente a esa hora la gente está frente al televisor o escuchando música de películas.

»¿Cuántos hogares tienen una sala de pūjā? En otros tiempos, cuando se construía una casa, la sala de pūjā era lo primero en lo que se pensaba. Hoy en día, Dios ha sido relegado a un lugar bajo la escalera. A Dios, que mora en nuestro corazón, deberíamos ponerlo en el centro de la casa. Así es como expresamos nuestra relación con Él. Pero Dios no necesita nada.

»Dios no necesita nada de nosotros. ¿Necesita el Sol la luz de una vela? Somos nosotros los que vivimos en tinieblas y necesitamos luz. ¿Es necesario darle agua al río para calmar su sed? Cuando nos refugiamos en Dios, es nuestro corazón el que se purifica. Y, cuando nuestro corazón es puro, podemos disfrutar constantemente del estado de dicha. Al entregarnos a Dios, somos nosotros los que hallamos la paz; sin embargo, tendemos a adorarle de tal manera que parece que Dios es el que necesita algo.

»Aunque Dios sea omnipresente y su poder sea infinito, solo pueden verlo los que poseen un corazón puro. El reflejo del Sol no puede verse en el agua turbia, pero es fácil ver su imagen en el agua clara.

»Si Dios ocupa un lugar en nuestra vida, esta se santificará, al igual que la vida de los demás. Entonces empezamos a experimentar la paz y la satisfacción. Imaginad un río de agua pura y abundante. Nosotros somos los que nos beneficiamos de él. Empleamos esa agua para limpiar nuestras alcantarillas y canales sucios. Una charca de agua estancada y pútrida se puede limpiar conectándola con un río. Dios es como un río cristalino. Al mantener una relación con Dios, nuestra mente se vuelve tan amplia que acoge el mundo entero. De ese modo nos acercamos al Yo y al mismo tiempo ayudamos a los demás».

Más preguntas de los devotos

Una devota: «Amma, ¿los residentes del āśhram han venido a vivir aquí porque tú se lo has pedido?».

Amma: «Amma no le ha pedido a nadie que viva aquí. Un seglar solo se ocupa de una familia, pero un sannyāsī debe llevar la carga del mundo entero. Hay que tener en cuenta todos los problemas que pueden surgir más tarde si a todos los que vienen con el deseo de hacerse sannyāsīs se les permite quedarse. La mayor parte de ellos serán incapaces de perseverar en su desapego inicial. De hecho, Amma les ha dicho a todos los hijos que ella no deseaba que se quedaran aquí, pero ellos se negaron a marcharse. Amma acabó permitiendo que se quedaran, a condición de que trajeran una carta de consentimiento de sus padres. Algunos de ellos volvieron con el permiso de su familia. Así es como la mayoría de los hijos se convirtieron en residentes. Se ve que tienen un verdadero desapego.

»Sin embargo, algunos de ellos no consiguieron el permiso de su familia; pero se quedaron por lo fuertes que eran su anhelo y su desapego. En sus casas hubo grandes problemas. Sus padres trataron de impedírselo recurriendo a la justicia. Vinieron con la policía y se llevaron a sus hijos a la fuerza, e incluso querían internarlos en el psiquiátrico. (Riéndose) ¿Sabes por qué? Porque algunos de los hijos que bebían alcohol habían dejado la bebida al conocer a Amma. Los padres no deseaban que sus hijos se convirtieran en sannyāsīs y sirvieran al mundo, aunque eso significara enviarlos a la tumba[29]».

[29] Por la gracia de Amma y por la firmeza de su determinación, esos jóvenes acabaron logrando quedarse a vivir en el āśhram.

El joven: «¿Han lamentado después su decisión de vivir en el āśhram?».

Amma: «Ninguno de los que tenían una clara conciencia de su objetivo ha lamentado elegir esta vida. Su viaje está lleno de dicha. No temen ni la muerte. Si una bombilla se funde, eso no significa que no haya electricidad. Aunque el cuerpo se muera, el ātman no perece. Ellos lo saben. Han entregado su vida a Dios. No piensan en el pasado ni en el futuro, no se preocupan por nada. No se parecen a los que se presentan a una entrevista de trabajo, sino a los que ya tienen tiene un empleo estable. Al que va a una entrevista le preocupa el resultado; ¿le darán el puesto o no? Quien lo obtiene se va en paz. La mayor parte de los hijos que están aquí tienen una fe absoluta en que su guru les conducirá a la meta».

El joven: «Amma, ¿cuál debe ser la oración de una persona espiritual?».

Amma: «Debe orar así: "Oh, Señor, son muchos los que sufren. Dame fuerza para amarlos. Haz que los ame de manera desinteresada". Esa debe ser la meta de una persona espiritual. Hay que hacer tapas para tener la fuerza necesaria para salvar a los demás. Un verdadero tāpasvī es como la varilla de incienso que se quema mientras da a los demás su perfume. Una persona espiritual encuentra la felicidad dando amor y compasión a todos, incluso a aquellos que están en su contra. Es como un árbol que da sombra incluso a aquellos que lo están talando.

»Un verdadero tāpasvī desea servir a los demás sacrificándose a sí mismo, igual que una vela da su luz a los demás mientras arde y se consume. Su objetivo es dar felicidad a los demás, olvidándose de sus propias dificultades. Eso es lo que pide en sus oraciones. Esta actitud despierta en él el amor a Dios. Amma espera la llegada de esa clase de personas. La liberación irá en su busca y los servirá como una sirvienta. La liberación vendrá a ellos volando, como las hojas en un remolino de viento. Otros, cuya mente no es tan amplia, no lograrán el conocimiento por mucho tiempo que hagan tapas. Este lugar no es para los que buscan únicamente su propia liberación.

»Hijos, la sādhanā no solo consiste en rezar y hacer japa. La verdadera oración también es ser humilde y compasivo con los demás, ofrecer una sonrisa, una palabra amable. Debemos aprender a perdonar los errores de los demás y ser profundamente compasivos con ellos, igual que una mano acaricia automáticamente la otra si tiene un dolor. Si cultivamos amor, comprensión y tolerancia, podemos aliviar el sufrimiento de un gran número de personas. Nuestro altruísmo también nos permitirá disfrutar de la paz y felicidad que moran en nosotros.

»Cuando Amma era joven, rezaba así: "Oh, Señor, solo tienes que darme tu corazón. Déjame amar al mundo entero tan desinteresadamente como lo amas tú". Amma les dice a sus hijos que hagan eso, que aspiren a Dios de esta forma».

Amma guardó silencio y permaneció un instante con los ojos cerrados. Cuando volvió a abrirlos, le pidió a un brahmachārī que cantara un kīrtan. Así lo hizo, y todos repitieron cada verso después de él a la manera tradicional.

Vannalum ambikē, taye manōhari

Madre, encantadora de la mente, ven.
Ambikā, deja que te vea.
Que tu bella forma brille
en el loto de mi corazón.
¿Cuándo llegará el bendito día
en el que mi corazón se llene de devoción por ti?

Amma levantó los brazos en éxtasis, y siguió cantando:

Namam japichu samruptanayennu

¿Cuándo me inundarán las lágrimas de gozo
que se derraman al recitar el nombre divino?
¿Llegará el día
en el que mi mente y mi corazón sean puros?

¿Llegará el día en el que abandone el orgullo y la vergüenza, mis rituales y lazos?
¿Cuándo podré beber de esa devoción embriagadora
y perder mi mente en el amor?
¿Cuándo me desharé en lágrimas,
en plena risa de la felicidad?

Amma repitió los versos una y otra vez. Cuando hubo terminado el himno, permaneció en un estado elevado. Las lágrimas le rodaban por las mejillas. Cada uno de los presentes se postró silenciosamente ante ella en la profundidad de sus corazones.

Era la hora de dar comienzo a los bhajans cotidianos. Amma y los demás caminaron hacia el Kaḷari y los cantos empezaron.

Kezhunnen manasam amma

Oh, Madre, mi mente llora.
Madre, Madre mía, ¿me oyes?
Mi corazón está roto, he recorrido todo el país buscándote.
¿Qué puedo hacer ahora, Madre?

¿Qué pecado ha cometido esta desdichada
para que te muestres tan indiferente?
Oh, Madre, con mis tibias lágrimas
lavaré tus pies de loto.

Madre, desfallezco bajo el peso insoportable de mis actos pasados.

Madre, no tardes en dar refugio a tu humilde sierva,
que está completamente agotada.

Amma, que poco antes elogiaba el servicio como sinónimo de la devoción, ahora lloraba de amor por la Madre del universo. ¿Quién no se quedaría maravillado ante estos bhāvas (estados) de Amma, que se sucedían de manera tan incomprensible y rápida?

Miércoles, 26 de febrero de 1986

Amma aplica disciplina con una vara

Manju, una jovencita que vivía en el āśhram, no había visto mucho a Amma en los últimos días. Hoy no fue a la escuela, esperando tener la ocasión de pasar un poco de tiempo con Amma. Cuando Amma descubrió por qué estaba faltando a clase, asustó a Manju con una vara y la acompañó a la barca. De vuelta a la cabaña para el darśhan, un chiquillo y su padre la saludaron.

El padre: «Amma, mi hijo ha insistido en venir a verte. Por eso lo he traído aquí e incluso acepté que faltara a la escuela. Por mucho que le dije que esperara al domingo que no hay clase, no quiso saber nada».

Amma (riéndose): «¡Justamente Amma acaba de mandar a la escuela a una hija, vara en mano! ¿No quieres ir a la escuela, hijo?».

El chico: «¡No, yo quiero quedarme contigo, Amma!».

Amma (riéndose): «Si te quedas aquí, la actitud de Amma cambiará de repente. ¿Ves ese árbol que hay ahí afuera, lleno de pequeñas ramas? Solo lo cultivamos para luego zurrar a los niños, así que no faltes a la escuela para venir aquí, hijo. Tú eres hijo de Amma, ¿verdad? Entonces ve a la escuela y aprueba los exámenes. Y, por supuesto, después Amma te dejará venir a vivir aquí».

Al chiquillo le conmovió el cariño que Amma le mostraba, sobre todo cuando ella le puso el sello de amor con un beso en la mejilla.

El sannyāsa es para valientes

Un devoto se acercó a Amma y se postró ante ella. Le dijo que uno de sus amigos, casado y padre de dos niños, acababa de abandonar a su familia. Había llevado una vida de lujo, aunque no tenía ingresos estables, y se había endeudado mucho. Los acreedores lo acosaban y no veía solución a sus problemas. Finalmente se fue, diciendo que quería hacerse sannyāsī. El devoto le preguntó a Amma: «¿La vida del āśhram no es para muchos una escapatoria de la vida real? Cuando tienen que hacer frente a problemas y dificultades insoportables, la gente se hace sannyāsī».

Amma: «No lo serán por mucho tiempo, pues serán incapaces de perseverar en la vida espiritual. La vida espiritual es para personas fuertes y valerosas. Algunos se ponen la túnica de azafrán por un impulso momentáneo, sin pensarlo cuidadosamente. Su vida estará llena de desengaños.

»Un seglar solo se ocupa de su mujer y de sus hijos; únicamente tiene que prestar atención a sus problemas. Pero una persona espiritual debe cargar el peso del mundo entero. Debe estar firmemente arraigada en su fe y su sabiduría espiritual, y no vacilar en ninguna situación. No puede ser débil. Aunque alguien lo golpee, o si una mujer trata de tocarle, no retrocede ni un centímetro. No deben influirle las palabras y las acciones de los demás.

»Pero, en la actualidad, la gente está muy lejos de comportarse así. Si alguien se encoleriza y profiere insultos, están dispuestos a matarle allí mismo en ese mismo instante. Si no pueden vengarse de inmediato, no dejan de pensar en cómo hacerlo. El equilibrio de su vida se basa en unas pocas palabras pronunciadas por otros. Un ser espiritual auténtico es completamente diferente. Se entrena para permanecer firmemente centrado en su interior. Descubre lo que realmente es la vida. Es imposible consagrarse a la vida espiritual sin un discernimiento y un desapego auténticos.

»Había una vez una mujer que siempre estaba insatisfecha con los ingresos de su marido. Se quejaba constantemente y su esposo solo escuchaba exigencias y lágrimas pidiendo siempre más y más. Acabó cansándose de la vida. El hombre pensó en suicidarse; pero no se sintió capaz, y entonces decidió abandonar el hogar y hacerse sannyāsī. Se puso en camino para buscar a un guru. Encontró a uno que, antes de aceptarlo como discípulo, le preguntó: "¿Has abandonado tu casa por alguna discusión familiar o por verdadero desapego?".

»El hombre respondió: "Me marché con la esperanza de convertirme en sannyāsī".

»"¿No tienes ningún deseo?".

» "No, no deseo nada".

» "¿Tampoco aspiras a la riqueza o al poder?".

» "No, no quiero nada. No me interesa nada".

»El guru le hizo otras preguntas, y después lo aceptó como discípulo y le dio un kamaṇḍalu[30] y un bastón.

»Unos días más tarde, el guru y el discípulo iniciaron una peregrinación. En el camino, hicieron un alto a la orilla de un río para descansar. El discípulo dejó el kamaṇḍalu y el bastón y fue a bañarse al río. Al volver, vio que el recipiente había desaparecido. Lo buscó por todas partes y se sintió muy irritado por no encontrarlo.

»El guru le dijo: "Me habías dicho que no estabas apegado a nada. ¿Entonces a qué viene tanto alboroto por un kamaṇḍalu? No pienses más en él. Sigamos nuestro camino".

[30] Un recipiente hecho con una cáscara de coco que tiene un asa y un pitorro curvo y que los monjes utilizan para recoger agua y comida.

»El discípulo replicó: “Pero sin él no puedo beber. No tengo recipiente para el agua”.

»El guru dijo: “Tú que afirmabas no tener ningún deseo, ¿te apegas a un objeto tan pequeño? Tienes que verlo todo como voluntad de Dios”.

»No obstante, el discípulo seguía abatido. Al verlo, el guru le devolvió el kamaṇḍalu, que había escondido para ponerlo a prueba.

»Reanudaron el viaje. A la hora de la comida, el discípulo sintió mucha hambre, pero el guru no le dio nada para comer. Cuando se quejó, el guru le respondió: “Una persona espiritual debe tener paciencia y aguante. Aunque no coma nada durante todo un día, debe ser capaz de continuar sin desfallecer. Solo es mediodía. ¿Cómo es que te sientes ya tan débil por el hambre? Los placeres de la comida son una de las primeras cosas a las que renuncia un buscador espiritual. El estómago es lo primero que debe encogerse en la vida espiritual”.

»El guru le dio al discípulo un polvo de plantas medicinales para disolver en el agua y que le entretuviera el hambre. El discípulo no pudo soportar el sabor tan amargo y vomitó. Con eso, decidió que ya tenía bastante, que prefería las protestas de su mujer en casa a seguir con la vida de sannyāsī. Por tanto, le pidió permiso al guru para volver a su casa.

»Este le preguntó: “¿Qué pensabas cuando te fuiste de casa para hacerte sannyāsī?”.

»El discípulo respondió: “Nunca me había imaginado que fuera así. Pensaba que me bastaría con bañarme una vez al día, ponerme ceniza sagrada y permanecer sentado en algún lugar con los ojos cerrados. Creía que la gente vendría a postrarse ante mí y me daría bhikṣhā (limosna), de tal modo que tendría comida regular y abundante sin tener que trabajar”. Y, después de pronunciar estas palabras, se volvió a casa con su mujer.

»Eso es lo que ocurre si se elige el estado de sannyāsa por una disputa, o por despecho, o si se busca huir de la vida sin sentir un auténtico vairāgya.

»No adoptemos una vida de renuncia sin antes haber aprendido a distinguir entre lo eterno y lo efímero, sin haber adquirido el desapego necesario. Nuestro objetivo en el camino espiritual debe consistir en sentir empatía por los enfermos y los pobres, o por los que sufren de cualquier manera, y llevar una vida de servicio desinteresado, dedicada al bienestar de los demás. Cada respiración de una persona espiritual debe ser una respiración de compasión por los que sufren en este mundo, y no por su propia comodidad. Debe, al mismo tiempo, cultivar constantemente la fuerza interior rezando sin cesar: "Dios, ¿dónde estás? ¿Dónde estás?".

»Si una persona corriente es como una vela, un sannyāsī es como el Sol que da luz a millares de personas. Ni siquiera se preocupa por su propia liberación. Renunciar significa estar dispuesto a ofrecer al mundo todo el poder que habéis ganado por medio de vuestra sādhanā. Ese es el único objetivo del sannyāsī. Un ser espiritual es aquel que solo desea llevar una vida de auténtica renuncia.

»Amma autorizó a quedarse a los hijos que viven ahora aquí después de haberlos puesto a prueba de diferentes formas. Les daba de comer alimentos insípidos, sin sal ni especias, una sola vez al día; pero ellos lo aceptaron con alegría. Tenían autocontrol. Amma los ponía a prueba para ver si intentaban conseguir comida sabrosa después de haberse consagrado a una vida de servicio. También los observaba analizando si preferían quedarse sentados, supuestamente meditando, con tal de no trabajar. Sea cual sea el tiempo que dedican al tapas, deben también contribuir en las tareas del āśhram. Si no están dispuestos a hacerlo, se vuelven perezosos y solo serán un perjuicio para la sociedad.

»Amma les ha dicho que si no tenían ninguna tarea específica, podían al menos arar la tierra alrededor de algunos cocoteros. Han hecho toda clase de trabajos y, a pesar de las pruebas por las que han tenido que pasar, han resistido.

»Hasta ahora, Amma ha podido observar la misma diligencia en todos los hijos que han venido. Los que carecen de ella no serán capaces de quedarse y tendrán que acabar volviendo a la vida mundana».

Eran las tres cuando Amma volvió a su habitación.

Viernes, 28 de febrero de 1986

El principio de ahiṁsā

Había que enviar por correo la revista Matruvani al día siguiente y aún quedaba mucho trabajo por hacer. Era la última hora de la tarde. Amma y los brahmachārīs estaban sentados en el porche frente a la sala de meditación, metiendo las revistas en sobres y pegando los sellos. Peter, que era de Holanda, se acercó y preguntó muy enfadado al brahmachārī Nealu[31]: «¿De quién fue la idea de echar insecticida a los rosales? ¿Qué razón hay para matar así a esos pobres insectos indefensos?».

Nealu tradujo estas palabras a Amma, pero ella siguió trabajando sin hacer ningún comentario. Solo miró brevemente a Peter.

Con expresión triste, Peter se quedó a cierta distancia del grupo.

Un poco más tarde, Amma lo llamó: «Peter, hijo, ve a pedirle a una brahmachārīnī un poco de agua para Amma».

Peter aún parecía triste cuando le trajo a Amma el agua. Ella tomó el vaso y dijo: «Es agua hervida, ¿verdad? A Amma le hubiese bastado agua fresca».

---

31 Swami Paramatmananda

Peter: «Traeré agua filtrada, Amma. ¿O te apetece agua de coco?».

Amma: «Amma quiere agua sin hervir».

Peter: «Más vale no beber agua sin hervir, Amma, podrías enfermar».

Amma: «Pero al hervir el agua mueren muchos seres vivos. ¿No es eso un pecado, hijo?».

Peter no supo qué responder.

Amma: «Imagina la cantidad de seres vivos que perecen aplastados bajo nuestros pasos. ¡Cuántos microorganismos mueren cada vez que respiramos! ¿Cómo podemos evitarlo?».

Peter: «Admito que no podemos controlarlo; pero podríamos al menos evitar los insecticidas».

Amma: «De acuerdo. Imagina que tu hijo, o Amma, enferma. ¿No insistirías entonces en que tomara algún medicamento?».

Peter: «Desde luego, lo fundamental es que la persona se cure».

Amma: «Pero piensa en los millones de gérmenes que morirán si tomamos el medicamento».

Peter se quedó callado de nuevo.

Amma: «Así que no basta sentir compasión por los gérmenes, ¿verdad? ¿A quién contará la rosa sus desdichas si es atacada por los gusanos? ¿No es nuestro deber protegerla, nosotros que somos sus guardianes?».

El velo de tristeza desapareció del rostro de Peter.

Los signos del recuerdo

Un grupo de jóvenes vino a ver a Amma. Durante un rato, se mantuvieron a cierta distancia, observándola, antes de acercarse y participar en el trabajo. Se diría que deseaban hacerle preguntas, pero que algo se lo impedía. Uno de ellos tenía toda la frente cubierta de bhasma y, justo encima del entrecejo, había aplicado pasta de sándalo con un punto de kumkum en el centro. Le dio un golpe con el codo a la persona sentada a su lado y dijo: «¿Ves?, Amma también se pone bhasma».

«¿De qué habláis, hijos?», preguntó Amma.

El joven: «Amma, mis amigos piensan que es una tontería que lleve estas marcas. Se burlan de mí y dicen que voy pintado como un tigre».

Sus compañeros estaban un poco avergonzados. Uno de ellos preguntó: «¿Por qué la gente se pone ceniza y pasta de sándalo en la frente? ¿Qué les mueve a hacerlo?».

Amma: «Hijos, llevamos pasta de sándalo y ceniza sagrada, pero ¿pensamos en su significado? Cuando tomamos un poco de ceniza con las manos, debemos pensar en la naturaleza perecedera de esta vida. Hoy o mañana seremos solo un puñado de cenizas. Nos ponemos bhasma para ser más conscientes de ello. Cuando el amante ve la punta del sari de su amada, enseguida piensa en ella. Del mismo modo, la finalidad de la ceniza sagrada, la pasta de sándalo y las semillas de rudrākṣha (sagradas, de una determinada planta) es recordarnos a Dios, despertar en nosotros el recuerdo del Yo. Seamos personas importantes o corrientes, podemos morir en cualquier momento. Por lo tanto, debemos vivir sin apegarnos a nadie, excepto a Dios. Las personas a las que nos apegamos no vendrán con nosotros al final».

Un joven: «¿Y la pasta de sándalo?».

Amma: «El sándalo posee importantes propiedades medicinales. Aplicar pasta de sándalo en ciertas partes del cuerpo refresca los nervios y el cuerpo y mejora nuestro estado de salud. Esta práctica también tiene un aspecto simbólico. La pasta de sándalo es aromática. Ese perfume proviene de la madera, y de ningún otro lugar. Del mismo modo, debemos comprender que la felicidad infinita se encuentra en nuestro interior, y vivir de acuerdo con esta verdad.

»Si un trozo de madera de sándalo permanece cierto tiempo en el fango, la capa externa se pudre y huele mal. Pero, si la lavamos, la limpiamos y la frotamos con una piedra, obtenemos una fragancia maravillosa. Igualmente, mientras estemos hundidos en la mundanidad, no podemos apreciar el perfume del Yo interior. Destruimos la Conciencia que está en nosotros corriendo tras los placeres triviales de los sentidos. Sin darnos cuenta, desperdiciamos el cuerpo y los sentidos con placeres que solo duran unos instantes. Eso es lo que nos recuerda la pasta de sándalo. Si utilizamos esta vida para conocer el Yo, viviremos eternamente felices».

El joven: «¿Para qué se pone la gente semillas de rudrākṣha?».

Amma: «El rudrākṣha es el símbolo de la entrega total. Las cuentas se ensartan en un hilo para formar una mālā. Ese hilo las sostiene. Cada uno de nosotros es una perla ensartada en el hilo del Yo. Una mālā de rudrākṣha nos recuerda esta verdad y nos enseña a entregarnos completamente a Dios».

El culto en los templos

Un joven: «Amma, si decimos que vamos al āśhram, los demás se burlarán de nosotros. Dicen que los templos y los āśhrams son para los viejos».

Amma: «Hoy en día la gente critica los templos; pero su función es ayudar a la gente a cultivar pensamientos espirituales y desarrollar sus buenas cualidades.

»Vemos que los activistas políticos marchan con sus banderas. Si alguien se atreve a romperla, quemarla o escupir en ella, le golpean hasta la muerte. Sin embargo, ¿qué es una bandera? Solo es un trozo de tela. Si lo pierdes, puedes comprar otros muchos. Pero una bandera es más que un trozo de tela. Simboliza un ideal, y por eso la gente no tolera que no la respeten. Del mismo modo, un templo es un símbolo de Dios. Vemos a Dios en sus imágenes. Cuando entramos al templo y recibimos el darśhan, los buenos pensamientos invaden nuestra mente y recordamos el verdadero ideal. El ambiente de un templo difiere mucho del de una carnicería o el de un bar. Ha sido purificado por los pensamientos sagrados de gran cantidad de adoradores. Un lugar de devoción así es un consuelo para los que sufren, como la sombra refrescante de un árbol bajo el sol ardiente, o una cálida manta cuando hace frío. Podemos progresar espiritualmente adorando a Dios en el templo e impregnándonos de los buenos saṁskāras de un lugar así.

» En cada aldea debería haber al menos un templo. En estos tiempos, cada uno se preocupa solo de sí mismo. El templo puede eliminar las malas vibraciones que crean esos pensamientos. Dos segundos de la concentración que conseguimos adorando en un templo bastan para purificar el ambiente.

»La gente se pregunta: "¿Cómo puede vivir Dios en una imagen? ¿No tendríamos que adorar más bien al escultor?". Pero si miráis un retrato de vuestro padre, ¿veis a vuestro padre o al pintor que hizo el retrato? Dios está en todas partes. No podéis verle con los ojos; pero, al ver la imagen en el templo, os acordáis de Él. Ese recuerdo os bendecirá y os purificará la mente».

Un joven: «Amma, has aclarado nuestras dudas. Tengo la costumbre de ponerme pasta de sándalo, pero no tenía ni idea de su significado. Solo imitaba a mis padres. Cuando mis amigos me hacían preguntas, no sabía qué responder. Muchas personas que creían en Dios en su infancia han perdido la fe. Se han hecho esclavos del alcohol y del tabaco. Si alguien les hubiese podido explicar las cosas de un modo lógico, no habrían arruinado sus vidas. Yo también podría haberme extraviado, pero el miedo me ha impedido alejarme de Dios. Volveré aquí con algunos de mis amigos, Amma. Solamente tú puedes hacerles volver al camino recto».

Amma (riéndose): «¡Namaḥ Śhivāya! Hijo, el que cree en Dios y toma como ideal los principios divinos no puede dejarse esclavizar por los malos hábitos. Permanece centrado en sí mismo, busca la felicidad en su interior y no en el exterior. Encuentra la felicidad en Dios, que mora en él. Nada de lo externo puede encadenarle. Amma no insiste en que todos acepten a Dios en su vida; pero ¿por qué volverse un esclavo de los malos hábitos? ¿Por qué convertirse en una carga para la familia y la sociedad? Hoy está de moda beber, fumar y dilapidar el dinero. Es una lástima que los políticos y otras personas influyentes no hagan ningún esfuerzo por alejar a los jóvenes de estas cosas. Si ellos no dan ejemplo, ¿cómo podrán los demás conocer y asimilar los ideales espirituales?».

Amma abrió un ejemplar del Matruvani. Al ver que una página había sido imprimida de forma incorrecta porque tenía un pliegue por la mitad, dijo: «Hijos, antes de ensobrar las revistas, debéis comprobar todas las páginas de cada una. ¿No creéis que los residentes del āśhram deben ser cuidadosos y estar atentos a todo?».

Un brahmachārī trajo paquetes de bhasma y caramelos en un plato. Con un ademán, Amma invitó a los jóvenes visitantes a que se acercaran. «¡Venid, hijos míos!», dijo. Los jóvenes que la veían por primera vez recibieron el prasād de sus manos sagradas y después se fueron, felices porque finalmente habían aclarado algunas de las dudas que les atormentaban.

Lunes, 10 de marzo de 1986

Sādhanā con el guru

La cañería que llevaba el agua hasta el āśhram se rompió y la reparación requeriría varios días. Desde hacía algunas noches, los residentes iban a buscar agua al otro lado del canal, donde había un único grifo público. Los aldeanos lo utilizaban durante el día, de modo que los residentes del āśhram iban a buscar agua por la noche. Cruzaban el canal en barca, llenaban los recipientes y después volvían al embarcadero del āśhram, donde Amma y los demás brahmachārīs les ayudaban a transportar el agua desde la barca hasta el āśhram. El trabajo solía durar hasta las cuatro o cinco de la madrugada.

Era medianoche y acababan de llevar al āśhram una carga de agua. Los brahmachārīs habían vuelto a cruzar el canal para buscar la siguiente carga. Amma se tendió en la arena a orillas del canal. Alguien había extendido previamente una manta, pero ella fue rodando hasta la arena. No lejos de allí ardía un fuego alimentado por hojas secas y restos, y su humo servía para alejar las bandadas de mosquitos.

A la espera de la siguiente carga de agua, los brahmachārīs se sentaron a meditar alrededor de Amma. El grifo que había al otro lado del canal era tan lento que la barca no iba a regresar antes de dos horas, como mínimo. Al cabo de un rato, Amma se levantó de la arena y echó algunas hojas más al fuego, que creció, convirtiéndose en una rugiente llamarada.

Amma: «Hijos, imaginad en este fuego la forma de vuestra deidad amada. Meditad en ella».

Un brahmachārī mantenía vivo el fuego. El paisaje circundante y el canal inmóvil brillaban a la luz de la Luna, haciendo que pareciera que la tierra y el agua estaban cubiertos por una manta plateada y brillante. Una paz profunda llenaba la noche. Solo de vez en cuando rompían el silencio los gemidos de algunos perros en la otra orilla. Después, la suave voz de Amma llenó el aire, cantando:

Ambikē Dēvī jagannayike namaskāram

Oh, Madre, Diosa del universo,
me inclino ante ti.
Tú que das el gozo, me inclino ante ti.
Oh, Madre, cuya naturaleza es la paz
y que eres todopoderosa,
eres la gran engañadora, sin comienzo ni fin.

Madre, que eres el Yo más íntimo,
me inclino ante ti.
El conocimiento, el lenguaje y la inteligencia,
Tú sola eres todo eso.
Dēvī, Tú eres la que controlas mi mente.
Y siendo así, Madre propicia,
¿cómo podría yo describir jamás tu grandeza?

No conozco los mantras semilla necesarios para adorarte;
solo puedo postrarme ante ti.
Madre, derramas tu gran compasión
sobre el devoto que te recuerda siempre.
Tu gloria va más allá de toda imaginación.

Terminado el kīrtan, Amma recitó «Ōm» tres veces. Todos repitieron a coro la sílaba sagrada.

Amma: «Hijos, visualizad en vuestro corazón un fuego inmóvil y brillante como este. La noche es la hora idónea para meditar».

La barca llegó, cargada de agua, y se reanudó el trabajo. Cuando la barca salió de nuevo con los recipientes vacíos, Amma pidió que todos retomaran la meditación. Así transcurrió la noche, entre trabajo y meditación, hasta las cinco de la madrugada. Como era un día de darśhan, pronto empezarían a llegar los visitantes. ¿Cuándo podría Amma tener un poco de descanso? Eso no parecía existir para ella.

Capítulo 8

Miércoles, 12 de marzo de 1986

El trabajo realizado con śhraddhā es meditación

En el āśhram, todo el trabajo lo hacen los residentes y sus ocupaciones cambian con frecuencia. Amma lo dice a menudo: «Los brahmachārīs deben formarse en todo y poder realizar cualquier clase de trabajo».

Esta mañana, Amma hizo una ronda de inspección por el āśhram a las siete de la mañana, recogiendo trozos de papel y envolturas de caramelos que había en el suelo. Cuando llegó al establo, en la parte norte del āśhram, las vacas levantaron la cabeza para mirarla. Ella les acarició la frente con el mismo cariño que una madre a sus hijos. Frente a una de las vacas, el suelo estaba cubierto de piṇṇāk[1] mezclado con agua. Al ir a beber, la vaca había volcado el cubo. Amma limpió el cubo y después fue a buscar agua y fregó el suelo. La brahmachāriṇī que la acompañaba quiso ayudarla, pero ella no se lo permitió. La expresión de su rostro mostraba claramente que le daba pena ver que a la vaca no se le había dado de beber con la atención adecuada. En cuanto Amma hubo acabado de fregar el suelo, fue directamente

[1] La pulpa que queda cuando se ha extraído el aceite de los cocos o de otras semillas.

a la cabaña donde vivía el brahmachārī que estaba a cargo de las vacas.

«Hijo mío», le dijo, «¿no eres tú el que da de beber a las vacas por la mañana?».

Por la pregunta que le hacía, el brahmachārī comprendió que había cometido algún error, pero no se imaginaba cuál era. Se quedó callado.

Amma continuó: «Hijo, la primera cualidad de un sādhak debe ser śhraddhā. ¿Es así como das de beber a las vacas? Una de ellas lo tiró todo al suelo. ¿No ha pasado esto por tu falta de atención? Se te ha dicho que te quedes con las vacas hasta que hayan terminado de beber. La vaca ha tirado el piṇṇāk porque no obedeciste las instrucciones, ¿verdad? Si no puedes quedarte en tu tarea hasta haberla terminado, Amma misma la hará. Debes considerar a la vaca como a una madre. Ocuparse de las vacas es una manera de adorar a Dios. Hijo, esta vaca tuvo que pasar hambre debido a tu negligencia y, como la dejaste sola, se ha desperdiciado mucho piṇṇāk».

El brahmachārī comprendió su error. Intentó explicar la razón por la que había abandonado el establo: «Me marché antes porque era la hora de la meditación».

Su respuesta no satisfizo a Amma. «Si de verdad te gustara meditar, habrías dado de comer a las vacas un poco más temprano para terminar a tiempo. Es un pecado que estos pobres animales pasen hambre en nombre de la meditación. ¿Qué es meditar? ¿Consiste simplemente en quedarse sentados con los ojos cerrados y ya está? Todo trabajo que hacéis con japa y recordando a Dios también es meditación».

Brahmachārī: «Amma, el otro día ayunaste, sin beber agua siquiera, porque dos brahmachārīs habían llegado con retraso a la meditación. No quería que eso volviera a ocurrir por mi culpa». Sus ojos se llenaron de lágrimas al pronunciar estas palabras.

Amma le enjugó las lágrimas y dijo, para tranquilizarle: «¿Qué es lo que Amma ha dicho que te ha perturbado tanto, hijo? Ella solo quiere que a partir de ahora pongas más atención. Amma se puso seria el otro día porque esos dos hijos deseaban deliberadamente evitar la meditación. Habrían podido leer y escribir más tarde. Pero tu caso es distinto. Tú hacías una tarea que Amma te había encargado. Eso no difiere de la meditación porque la dedicación a tu trabajo es una forma de meditación. El celo con el que realizas la tarea que te fue encomendada refleja tu grado de entrega y la intensidad con la que estás enfocado en la meta. Es preciso evitar trabajar solo por librarse de la meditación y meditar para librarse del trabajo».

Amma no aceptaba que se infringieran las reglas del āśhram. Todo debía desarrollarse con puntualidad. No había que faltar a la meditación, ni a las clases de vēdānta o de sánscrito, ni llegar tarde. Ella regañaba a los brahmachārīs un par de veces. Si su reprimenda no tenía efecto, tomaba el castigo sobre sí misma ayunando, incluso a veces sin beber. Para los brahmachārīs, la más dura de las penitencias era saber que Amma no comía por culpa de ellos.

Amma y el brahmachārī se dirigieron al maṇḍapam del Kaḷari, donde todos estaban meditando. Amma se sentó en la posición de loto cerca de la pared, de cara al este. El brahmachārī que la había acompañado se sentó cerca de ella. Una vez terminada la meditación, todos se acercaron a Amma, se postraron y se sentaron a su alrededor.

Unidireccionalidad

Uno de los brahmachārīs aprovechó la ocasión para confiarle las dificultades que estaba experimentando: «Amma, no consigo concentrarme cuando medito. Eso me atormenta», dijo.

Amma sonrió y repuso: «Hijos, la ēkāgratā (unidireccionalidad) no se consigue en un abrir y cerrar de ojos. Se requiere un esfuerzo sostenido. No interrumpáis la disciplina de la sādhanā con el pretexto de que vuestra mente no se concentra. Debéis practicar vuestra sādhanā con estricta regularidad y un entusiasmo que no vacile. No olvidéis ni un segundo que sois aspirantes espirituales.

»Había una vez un hombre que salió a pescar al canal. Descubrió un banco de peces grandes cerca de la orilla y decidió construir un dique de tierra alrededor de ese lugar y después vaciarlo de agua para atrapar los peces. Construyó el dique, pero, como no tenía recipiente, empezó a achicar el agua con las manos. El dique se rompía de vez en cuando, pero él no se rindió. Siguió adelante en su tarea, con mucha paciencia y absoluta confianza en lo que estaba haciendo, sin pensar en ninguna otra cosa. Al llegar la tarde, había vaciado el dique y atrapado gran cantidad de peces. Volvió a casa feliz, ampliamente recompensado por su duro trabajo, realizado con tanta confianza, paciencia y celo constante.

»Hijos, no os desaniméis si no veis resultados a pesar de vuestros esfuerzos. Cada recitación del mantra tiene un efecto, aunque no lo percibáis. Y, aunque no consigáis una concentración unidireccional, es un gran beneficio meditar a una hora regular. Sin que os deis cuenta, la práctica constante de japa eliminará las impurezas de vuestra mente y vuestra concentración aumentará durante la meditación.

»No os resulta difícil pensar en vuestros padres, en vuestra familia, en vuestros amigos o en vuestros platos preferidos. Podéis verlos mentalmente en el momento mismo en que los recordáis y mantener su imagen todo el tiempo que lo deseéis. Es posible porque los conocéis desde hace mucho tiempo. No es necesario enseñar o entrenar la mente para que piense en los objetos de este mundo porque está acostumbrada a ellos. Necesitáis desarrollar la misma clase de apego con Dios. Ese es el objetivo del japa, la meditación y el satsaṅg. Sin embargo, todo ello requiere un esfuerzo constante; así es como la forma de vuestra deidad amada y el mantra vinculado a ella aparecerán en la mente con la misma naturalidad que los pensamientos mundanos. De ese modo, jamás perderéis la conciencia de la presencia divina, sean cuales sean vuestros pensamientos o las cosas que veáis. Para vosotros, no habrá un mundo distinto de Dios.

»Hijos, no os desalentéis si al principio no lográis una verdadera concentración. Si lo intentáis con constancia, sin duda lo conseguiréis. "Solo Dios es eterno. Si no lograra conocerle, esta vida no tendría sentido. ¡Tengo que verle cuanto antes!": esa debe ser siempre vuestra actitud. Así conseguiréis concentración automáticamente. Hijos, no existen obstáculos para el que mantiene siempre la conciencia del objetivo; para él, todas las circunstancias son favorables».

Brahmachārī: «No puedo meditar por la mañana porque tengo mucho sueño».

Amma: «Hijo, si te entra sueño durante la meditación, recita el mantra moviendo los labios. Si tienes una mālā (rosario), ponla cerca del corazón y recita. Eso te ayudará a permanecer alerta. Cuando te sientes a meditar, tu columna vertebral debe estar recta. La pereza hace que quieras arquearla. Si a pesar de todo tienes ganas de dormir, levántate y recita el mantra. No te apoyes en ninguna parte al estar de pie. Si te apoyas en algo, la mente se apega a esa comodidad. Si aún no logras vencer el sueño, sal a correr un rato y después reanuda la meditación. Expulsa el tamas valiéndote de rajas. También es beneficiosa la práctica de haṭha yōga (yoga físico).

»Solo vencerás tu somnolencia si tienes verdadero lakṣhya bōdha. Algunas personas trabajan los turnos de noche en las fábricas y pueden pasar dos o tres noches seguidas sin dormir. Sin embargo, no se duermen frente a las máquinas porque si su concentración disminuyera un solo segundo, correrían el riesgo de sufrir un accidente: no solo perderían una mano, sino también el empleo. Lo saben muy bien y por ello consiguen dominar el sueño, por fuerte que sea. Cuando nos sentamos a meditar, debemos mostrar la misma vigilancia y permanecer despiertos. Debemos comprender que estaríamos desperdiciando nuestra vida si sucumbiéramos al sueño en lugar de meditar. Entonces no dejaremos que el sueño nos venza».

El egoísmo de las relaciones mundanas

Cuando Amma salió de la sala de meditación, algunos devotos la esperaban para verla. Se postraron ante ella. Amma los condujo al maṇḍapam del Kaḷari y se sentó con ellos. Uno de los devotos le ofreció a Amma un plato con fruta.

Amma: «¿Cómo te van las cosas ahora, hijo?».

El hombre bajó la cabeza sin decir nada. Su mujer le había dejado por otro hombre y la desesperación le había empujado a la bebida. Cuatro meses antes, un amigo le había llevado hasta Amma. Cuando llegó al darśhan estaba tan bebido que había perdido el juicio. Amma no le dejó marcharse inmediatamente. Le hizo permanecer en el āśhram durante tres días. Desde entonces no había vuelto a beber una sola gota de alcohol. Venía a verla siempre que tenía tiempo libre; pero era evidente que seguía sufriendo por el abandono de su mujer.

Amma: «Hijo, nadie ama al prójimo más que a sí mismo. Detrás del amor de todo ser humano hay una búsqueda egoísta de su propia felicidad. Si nuestro amigo no nos da la felicidad que esperamos, se convierte en nuestro enemigo. Eso es lo que vemos en el mundo. Dios es el único que nos ama desinteresadamente. Y solo amándole podemos amar y servir a nuestros semejantes de forma desinteresada. Solo el mundo de Dios carece de egoísmo. Pongamos solo en Él todo nuestro amor y nuestro apego. Entonces no nos afligiremos si alguien nos abandona o nos lastima. Aférrate a Dios. No necesitas nada más. ¿Para qué atormentarse pensando en el pasado?».

Devoto: «Ya no me siento tan desdichado como antes porque ahora tengo a Amma que me protege de todas las maneras. Amma, en cuanto me siento triste, tu mantra me reconforta». Amma le dio un poco de bhasma y después él se marchó.

Cuando se hubo ido, Amma dijo a los demás: «Ya veis las experiencias por las que pasa la gente. Son lecciones para nosotros. ¿Ama realmente el marido a su esposa? ¿Es verdadero el amor que ella le tiene? ¿Por qué aman los padres a sus hijos? Solo porque son el fruto de su propia sangre, de su propia semilla. De lo contrario, ¿no amarían de la misma forma a todos los niños?

»¿Cuántos están dispuestos a morir por sus hijos o por su cónyuge? Incluso si este hijo deseaba morir cuando su mujer le abandonó, no era porque la amara a ella, sino por sí mismo. Era por el desengaño de haber perdido su propia felicidad. Si hubiese amado de verdad a su mujer, habría aceptado que ella era más feliz con otro hombre. Lo que por encima de todo le importaría es que ella fuese feliz. Eso es amor desinteresado. Y, si su esposa le hubiese amado de verdad, nunca habría ni mirado la cara de otro hombre.

»Decimos que queremos a nuestros hijos, pero ¿cuántos están dispuestos a dar su vida para salvar la de su hijo que se ahoga? Una hija vino a contarle su historia a Amma. Su hijo se cayó en un pozo profundo. Ella lo vio caer, pero no pudo hacer nada. Cuando llegaron unos buzos, el niño ya estaba muerto. ¿Por qué no se le ocurrió a la madre saltar al pozo para salvar a su hijo? El noventa y nueve por ciento de la gente es así. Es muy raro que alguien arriesgue su vida para salvar la de otro. Por eso Amma afirma que nadie, excepto Dios, nos ama de manera desinteresada. Aferraos a Él con fuerza. Eso no significa que no debéis amar a los demás. Ved a Dios en todos y amar a ese Dios. De ese modo no sucumbiréis al dolor si el amor de alguien desaparece».

Un joven que visitaba el āśhram por primera vez estaba sentado al fondo, detrás de los demás, y escuchaba. Sin embargo, su rostro no expresaba ningún respeto ni veneración. Cuando Amma dejó de hablar, señaló con el dedo una foto de Amma en Kṛiṣhṇa bhāva (estado de identidad con Kṛiṣhṇa) y preguntó: «¿Eres tú la de esta foto, con una corona, plumas de pavo real y otros adornos? ¿Es una especie de obra de teatro?».

Todos los devotos se volvieron para mirar al que hacía tan inesperada pregunta.

Desempeñar un papel en la sociedad

Amma: «Hijo, ¿cómo sabes si este mundo, en sí mismo, no es una obra de teatro? Todos actuamos en una obra sin darnos cuenta. El objetivo de la representación es despertar a la gente de otra obra; es una representación que sirve para destruir su ignorancia.

»Hijo, tu has venido desnudo a este mundo. ¿Por qué usas ropa, sabiendo que tu forma real es desnuda?».

Joven: «Soy un ser civilizado y, si no respeto las normas de la sociedad, me criticarán».

Amma: «Por lo tanto, usas ropa por consideración a la sociedad. Amma también lleva ese atuendo por el bien de esa misma sociedad. Se pueden contar con los dedos de una mano aquellos que llegan a la meta siguiendo el camino del jñāna. Amma no puede descuidar al resto, que solo pueden avanzar por el camino de la devoción. Śhrī Śhaṅkarāchārya, que fue un maestro del advaita, fundó templos, ¿verdad? Él afirmaba que Dios es la Conciencia, pero también mostró que una simple piedra es asimismo Dios. ¿No fue él quien compuso la Saundarya Laharī (un texto en alabanza de la Diosa), que describe la forma de la Madre Divina? Y Vyāsa (un sabio legendario), que escribió los Brahma Sūtras, también fue quien redactó el Śhrīmad Bhāgavatam. Al comprender que la filosofía de la no dualidad y el vēdānta no podían ser asimilados por una mente corriente, intentaron fortalecer la devoción de la gente.

»Hijo, Amma conoce muy bien su propia naturaleza y su verdadera forma, pero la gente de hoy necesita de algunos instrumentos para comprender ese principio supremo. Las imágenes de Dios son necesarias para aumentar su fe y su devoción. Es más fácil atrapar a un pollo ofreciéndole comida que corriendo detrás de él. Al ver comida, se acerca y puedes agarrarlo fácilmente. Para elevar a la gente corriente hasta el plano espiritual, hay que bajar antes a su nivel. Su mente solo es capaz de entender nombres y formas, así que empleamos nombres y formas para ayudarles a elevar la mente. Piensa en el uniforme de un abogado o un policía. Cuando el policía aparece uniformado, reinan el orden y la disciplina. Si fuese vestido de paisano, la gente adoptaría una actitud muy diferente, ¿no es así? Ese es el sentido de los atuendos y los adornos.

»Los que son capaces de percibir la piedra en el ídolo, el oro en el pendiente, el cáñamo en la silla, el substrato en el universo, la verdadera esencia de todo, no necesitan nada de todo esto. Ya han alcanzado la visión del advaita. Pero la mayoría de la gente no ha llegado a ese nivel; por eso necesitan todas esas cosas».

El joven no hizo más preguntas. Amma cerró los ojos y meditó durante un rato.

El secreto del karma yōga

Cuando Amma abrió los ojos de nuevo, un devoto preguntó: «¿Deja de actuar un karma yōgī que sirve al mundo a medida que avanza en el camino espiritual?».

Amma: «No necesariamente. Puede permanecer activo hasta el final».

Devoto: «Amma, ¿cuál es superior, el bhakti yōga o el karma yōga?».

Amma: «No podemos realmente decir que el bhakti yōga y el karma yōga sean diferentes porque un auténtico karma yōgī es un verdadero devoto, y un auténtico devoto es un verdadero karma yōgī.

»No toda acción es necesariamente karma yōga. Solo la que se realiza de manera desinteresada, como una ofrenda a Dios, puede ser calificada de karma yōga. Y dar cuatro vueltas a un santuario, levantar los brazos y postrarse delante de la deidad no es bhakti. La mente debe morar en Dios y cada uno de nuestros actos, ser una forma de adoración. Debemos ver a nuestra deidad amada en todos y ofrecerles nuestro amor y servicio. Entreguémonos de todo corazón a Dios. Solo entonces podremos decir que tenemos bhakti.

»Un verdadero karma yōgī mantiene la mente en Dios en todas las acciones. Hay que tener la actitud de que todo es Dios: eso es bhakti. Si, por el contrario, pensamos en otras cosas mientras realizamos la pūjā (adoración ritual), eso no es bhakti yōga porque es una mera acción externa, no hay verdadera adoración. Sin embargo, aunque nuestro trabajo sea limpiar inodoros, si recitamos el mantra mientras lo realizamos, con la actitud de que esta tarea nos ha sido encomendada por Dios, será al mismo tiempo bhakti yōga y karma yōga.

»Había una vez una mujer pobre que decía las palabras "Kṛiṣhṇārpanam astu" ("que esto sea una ofrenda a Kṛiṣhṇa") antes de cualquier acción. Estuviera barriendo el patio delantero o bañando a su hijo, siempre decía "Kṛiṣhṇārpanam astu". Cerca de su casa había un templo y al sacerdote no le gustaba la plegaria de esta mujer. No soportaba la idea de que dijera

"Kṛiṣhṇarpanam astu" mientras tiraba la basura. La reprendía, pero ella nunca respondía nada.

»Un día, recogió un poco de estiércol de vaca que había en el patio delantero de su casa y lo arrojó fuera. Como de costumbre, no olvidó decir: "Kṛiṣhṇārpanam astu". El estiércol aterrizó frente al templo. El sacerdote, al verlo, empezó a temblar de ira. Arrastró a la mujer hasta el templo y la obligó a recoger el estiércol. Después la golpeó y la echó de allí.

»Al día siguiente, el sacerdote no podía mover el brazo; lo tenía completamente paralizado. Le imploró al Señor, que se le apareció en sueños durante la noche. El Señor le dijo: "He apreciado como ofrenda el estiércol de vaca de esa devota mucho más que tu ofrenda de arroz con leche. Lo que haces no merece el nombre de adoración, mientras que ella me adora en cada uno de sus actos. No toleraré que le hagas daño a una devota tan entregada a mí. No sanarás hasta que le toques los pies y le pidas perdón". El sacerdote comprendió su error, pidió perdón a la mujer y muy pronto sanó».

Vuélvete hacia Dios ahora mismo

Un devoto: «Mi trabajo me absorbe mucho, no encuentro tiempo para meditar. Y, cuando hago japa, no logro concentrarme. Amma, ¿no valdría más que esperara a estar menos ocupado, más tranquilo, antes de hacer japa y meditación?».

Amma: «Hijo, crees que podrás acudir a Dios cuando tengas menos trabajo o cuando ya estés cansado de los placeres del mundo, pero eso no va a pasar nunca. Vuélvete hacia Él ahora mismo, en medio de todas tus dificultades. Él te mostrará un camino con toda seguridad.

»Amma te pondrá un ejemplo. Imagina que una mujer joven sufre trastornos mentales. Un joven se acerca a ella para proponerle matrimonio; pero, cuando descubre que está enferma, declara que se casará con ella cuando se cure. Pero la opinión del médico es que ella solo se curará si se casa, así que esperar a estar sana antes de casarse no le sirve para nada a ella.

»O imagínate que el agua dijera: "No te metas dentro de mí hasta que no sepas nadar". ¿Cómo ibas a conseguirlo? Para aprender a nadar primero hay que meterse en el agua. Del mismo modo, solo Dios puede purificar la mente. Recordar a Dios mientras trabajas te dará la capacidad de hacer bien tu trabajo. Los obstáculos desaparecerán y, sobre todo, tu mente se habrá purificado.

»Si crees que empezarás a pensar en Dios cuando hayas superado todas las dificultades y tu mente esté en paz, te engañas a ti mismo porque eso no va a pasar nunca. Jamás llegarás a Dios de esa manera. Es inútil esperar que tu mente mejore. La perseverancia es la única forma de mejorar. En cualquier instante puedes caer enfermo o perder tus facultades mentales, y habrás desperdiciado tu vida. Por lo tanto, sigamos desde ahora el camino que conduce a Dios. Eso es lo que hay que hacer».

Un visitante: «Amma, bastantes jóvenes han abandonado su hogar para venir aquí buscando a Dios. Pero, ¿no están en una edad en la que deberían disfrutar de la vida? ¿No pueden pensar en Dios y convertirse en sannyāsīs más tarde?».

Amma: «Hijo, este cuerpo nos fue dado para conocer a Dios. Cada día nos acerca a la muerte. Los placeres del mundo nos debilitan. Pero el recuerdo constante de Dios fortalece la mente. Refuerza en nosotros los saṁskāras positivos y nos permite incluso trascender la muerte. Debemos, pues, intentar superar nuestras debilidades mientras aún gozamos de buena salud y estamos llenos de vitalidad. Entonces no tendremos por qué temer el futuro.

»Amma recuerda una historia: Había una vez un país donde todos podían llegar a ser el rey, pero solo durante cinco años.

Finalizado el reinado, se llevaba al rey a una isla desierta donde se le dejaba para que muriera allí. En esa isla no había ningún ser humano, solo bestias feroces que mataban inmediatamente al rey y lo devoraban. La gente lo sabía y, sin embargo, eran muchos los que aspiraban a la realeza; les empujaba el deseo de gozar del poder y los placeres del puesto. En el momento de subir al trono, estaban encantados. Pero, una vez coronados, solo conocían el dolor, temiendo el fatal día en el que serían hechos pedazos y devorados por las bestias de la isla. Por eso, todos los reyes vivían constantemente atormentados y nunca sonreían. A pesar de disponer de todos los lujos imaginables —exquisita comida, música, danza, sirvientes-, nada les interesaba. Eran incapaces de disfrutar de nada. Desde el momento en el que asumían el poder, solo veían la muerte ante ellos. Habían buscado la felicidad, pero el sufrimiento no les daba tregua.

»El décimo rey fue llevado a la isla, una vez terminado su reinado, y, como todos los anteriores, fue devorado por las bestias salvajes. Su sucesor era un joven. Pero no era en absoluto como los demás reyes. Después de acceder al trono, no parecía en absoluto desdichado. Reía con todos, danzaba, se iba de cacería y hacía giras para interesarse por el bienestar de la gente. Todo el mundo se daba cuenta de que siempre estaba alegre.

»Su reinado estaba a punto de terminar, pero no había ningún cambio en su comportamiento. Todo el mundo estaba asombrado. Le dijeron: "Majestad, el día de tu marcha a la isla se acerca, pero no pareces nada triste. Por lo general, en cuanto una persona sube al trono, empiezan sus tormentos. Pero tú pareces dichoso incluso hoy".

»El rey respondió: "¿Por qué voy a estar triste? Estoy dispuesto a irme a la isla. Allí ya no hay animales peligrosos. Cuando me convertí en rey, aprendí a cazar. Después fui a la isla con mis tropas y hemos cazado y matado a todos los animales de presa.

He aclarado el bosque y lo he convertido en terreno cultivable. He excavado pozos y construido algunas casas. Ahora voy a vivir allí. Abandono el trono, pero seguiré viviendo como un rey porque en la isla tengo todo lo que necesito”.

»Debemos ser como ese rey y descubrir el mundo de la dicha mientras aún estamos en este mundo físico. Pero el comportamiento de la gran mayoría de personas es comparable al de los reyes anteriores, torturados por la angustia y el temor al futuro. Eso les vuelve incapaces incluso de realizar bien su trabajo actual. El sufrimiento es su destino presente y futuro. Sus lágrimas no cesan hasta el último momento. Pero, si tuviéramos śhraddhā en todo momento, no sufriríamos mañana; todos nuestros mañanas estarían llenos de dicha.

»Hijos, no creáis que podéis gozar del mundo de los sentidos ahora y pensar en Dios más adelante. El mundo de los sentidos nunca nos dará ninguna satisfacción verdadera. Si comemos pāyasam, nos satisface un instante, pero poco después queremos el doble. Por lo tanto, no penséis nunca en disfrutar del mundo físico primero dejando para mañana el pensar en Dios. Jamás podremos satisfacer los sentidos. Los deseos no mueren tan fácilmente. Solo quien ha eliminado todos los deseos está en la plenitud. Hijos, actuad con la mente entregada a Dios. Entonces, podréis vencer incluso a la muerte y alcanzaréis la dicha eterna».

Miércoles, 16 de abril de 1986

«Y, sin embargo, actúo»[2]

El trabajo de poner cemento para el nuevo edificio empezó esta mañana. Como era un trabajo duro, todos le pedimos a Amma que no participara.

---

[2] Bhagavad Gītā, capítulo 3, estrofa 22

Brahmachārī Balu: «Amma, estamos haciendo cemento. El cemento y la grava te salpicarán, y el cemento produce abrasiones».

Amma: «¿Solo las provocará en el cuerpo de Amma y no en el vuestro, hijos?».

Balu: «Pero tu ayuda no es necesaria, ya estamos nosotros para hacer el trabajo».

Amma: «Hijo, a Amma no le importa trabajar. Ella no creció sentada en su habitación; está acostumbrada al trabajo duro».

Era evidente que los esfuerzos para disuadirla de participar en el trabajo habían sido en vano. Amma se unió a la fila de los que se pasaban cubos de cemento.

Una cubo lleno de cemento se deslizó de las manos de un brahmachārī, derramándose por el suelo. Este retiró el pie a tiempo, pero Amma recibió algunas salpicaduras en el rostro. Ella se las limpió con una toalla que le dio uno de los brahmachārīs y después se ató la toalla a la cabeza, adoptando una actitud humorística que levantó oleadas de risas en medio del duro trabajo.

El sol pegaba más fuerte y por la frente de Amma resbalaban gotas de sudor. Al verla trabajar bajo el ardiente sol, un devoto quiso protegerla con un paraguas, pero ella ni siquiera le permitió abrirlo. «Son muchos los hijos de Amma que soportan el sol. ¿Cómo va ella aceptar la comodidad de un paraguas?».

El trabajo continuó; Amma recordó a sus hijos: «Imaginad que la persona que está a vuestro lado es vuestra deidad amada, e imaginad que le pasáis el cubo. De ese modo no perderéis el tiempo».

Sumergidos en las palabras y la risa de Amma, nadie pensaba en la dificultad del trabajo ni en el tiempo que transcurría. Cuando Amma notaba que sus hijos se olvidaban del mantra, cantaba los nombres divinos.

«Ōm namaḥ Śhivāya, Ōm namaḥ Śhivāya»
Om, saludo a Śhiva

El trabajo se prolongó hasta la noche. Casi ninguno de los brahmachārīs estaba acostumbrado a un trabajo físico tan duro; a la mayoría les salieron ampollas en las manos. Pero, una vez terminado el trabajo, no tenían tiempo para descansar. Se bañaron y se prepararon para salir hacia Thiruvanantapuram, donde iba a celebrarse un programa de bhajans.

Uno de los brahmachārīs no participado en el trabajo. Había pasado todo el día estudiando sánscrito. Al verlo en el transbordador, Amma fue hacia él y le dijo: «Hijo mío, una persona que no tiene compasión por el sufrimiento de los demás no es en absoluto espiritual. Esa persona nunca verá a Dios. Amma no puede quedarse inactiva viendo cómo trabajan sus hijos. Su cuerpo se debilita solo de pensar que sus hijos están trabajando solos. Pero, en cuanto se une a ellos, se olvida de todo. Aunque Amma sea demasiado endeble para el trabajo, irá a hacerles compañía, pensando que al menos puede tomar sobre ella su fatiga. ¿Cómo has podido mostrar tan poca compasión, hijo? Mientras tantas personas trabajaban, ¿cómo has podido tener el aplomo de permanecer al margen?».

El brahmachārī no pudo contestar. Al verle ahí de pie cabizbajo y lleno de remordimientos, Amma añadió: «Amma no te lo dice para que te sientas culpable, hijo, sino para asegurarse de que la próxima vez pondrás más atención. No basta con llenar el intelecto de conocimiento; debes adquirir amor y compasión. Tu corazón debe expandirse al mismo tiempo que tu intelecto. Ese es el objetivo de la sādhanā. Nadie puede experimentar el Yo mientras no haya llenado de compasión su corazón».

El barco arribó. Cuando Amma y los brahmachārīs llegaron a la otra orilla, el brahmachārī Ramakrishnan[3] les esperaba con la furgoneta. Había ido a Kóllam por la mañana para que repararan el vehículo y llegó justo a tiempo para llevarlos a todos al programa. En consecuencia, no había tenido tiempo de comer nada en todo el día. Amma se subió a la furgoneta y lo llamó para que fuera a sentarse a su lado.

Ramakrishnan: «Tengo la ropa sucia y apesto a sudor. Si me siento a tu lado, voy a mancharte la ropa y también olerás, Amma».

Amma: «Eso no es problema para Amma. Ven, hijo, Amma te llama. Es el sudor de uno de mis hijos, el sudor de un duro trabajo. Es como agua de rosas».

Ante la insistencia de Amma, Ramakrishnan fue a sentarse a su lado, mientras otro brahmachārī conducía. En el camino, Amma hizo detener el vehículo en casa de unos devotos para conseguir algo de comida para Ramakrishnan.

Satsaṅg de camino

En el grupo que viajaba con Amma había un joven de la edad de los brahmachārīs. Había llegado aquel día al āśhram y era su primera visita. Su mirada expresaba asombro, viendo la forma en que Amma y sus hijos viajaban juntos, riéndose y haciendo mucho ruido gozoso.

«Ven aquí, hijo», lo llamó Amma, haciéndole sitio a su lado.

Amma: «¿Te resulta incómodo viajar en estas condiciones, con tan poco espacio?».

Joven: «No, Amma. Cuando estaba en la universidad, viajaba a menudo en el estribo de los autobuses porque siempre iban demasiado llenos. Así que no supone ningún problema para mí».

[3] Swami Ramakrishnananda

Amma: «Al principio, Amma iba en autobús para ir a los programas de bhajans y a las casas de los devotos. Después aumentó el número de sus hijos y no siempre podíamos viajar en el mismo autobús. También era difícil transportar el armonio y el tablā en el autobús, y no siempre podíamos llegar a la hora. Así que todos insistían en que Amma comprara una furgoneta, y al final aceptó. Pero hoy nos hemos gastado más dinero en reparaciones que en la compra del vehículo. ¿Verdad, Ramakrishnan?».

Todos se rieron. En la parte posterior del vehículo conversaban ruidosamente. Amma se volvió y dijo: «Balu, hijo mío».

«Sí, Amma».

«Canta un bhajan».

Brahmachārī Srikumar apoyó el armonio sobre sus rodillas.

Mānasa bhajarē guru charanam
Adora, mente, los pies del guru

Amma y los demás cantaron varios bhajans más. Después permanecieron todos en silencio durante unos minutos, saboreando la dulzura de los nombres sagrados que acababan de celebrar en el canto. Amma se apoyó sobre el hombro de la brahmachāriṇī que la acompañaba, con los ojos entrecerrados.

Cuando el recién llegado vio que Amma le sonreía, decidió hacerle una pregunta: «Amma, dicen que los sādhaks deben evitar la compañía de las mujeres. Entonces, ¿cómo puede una mujer guiarles como su guru?».

Amma: «Hijo, ¿hay hombres y mujeres en el plano de la verdad? Para un hombre es preferible tener como guru a una mujer y no a un hombre. En este sentido, mis hijos tienen mucha suerte. Los que tienen un guru masculino deben trascender a todas las mujeres; pero a los que tienen como guru a una mujer les basta con trascender a la mujer que hay en su guru para trascender a todas las mujeres del mundo».

Joven: «¿No es verdad que Ramakrishna Deva aconsejaba un estricto control en relación con las mujeres y el oro?».

Amma: «Sí, lo que él decía es totalmente cierto; un sādhak no debería mirar siquiera la foto de una mujer. Pero quienes tienen un guru, tienen a alguien que les muestra el camino y les guía por él. Solo necesitan seguir al guru.

»El veneno de una serpiente es mortal y, sin embargo, el antídoto se hace con el mismo veneno, ¿verdad? Un verdadero guru pone toda suerte de obstáculos en el camino del discípulo porque solo así este desarrollará la fuerza necesaria para superar todas las dificultades. Pero los que no cuentan con la supervisión directa de un guru, deben, sin ninguna duda, tener mucho cuidado».

«¡Hijo, mira hacia delante cuando conduzcas!», le dijo Amma riéndose al brahmachārī que conducía. «Mientras conduce está mirando a Amma por el retrovisor».

El joven: «¡Amma, no pareces cansada, a pesar de haber trabajado todo el día sin descansar ni un minuto! En cambio, a nosotros nos parece que el cuerpo es un saco de sufrimientos».

Amma: «Sí, se dice que el cuerpo es un saco de sufrimiento. Y, sin embargo, los sabios, que han experimentado la verdad, dicen que este mundo es un mundo de dicha. Para los que viven en la ignorancia, el cuerpo es realmente un saco de dolor. Pero gracias a los constantes esfuerzos es posible encontrar una solución. El sufrimiento puede eliminarse sabiendo reconocer lo que es eterno y lo que es transitorio.

»Imagina un cuervo negro posado en medio de una bandada de grullas blancas. El negro acentúa la belleza de la blancura. Solo podemos apreciar la belleza del blanco por la presencia del negro. Del mismo modo, el dolor nos enseña el valor de la dicha. Cuando hemos conocido el sufrimiento, nos volvemos más prudentes.

»Un hombre que estaba paseando se clavó una espina. Después puso más atención en dónde ponía el pie y eso le evitó caer en un pozo que había allí cerca. Si no se hubiese clavado la espina, habría prestado menos atención y se habría caído en el pozo. Así que un pequeño dolor puede salvarnos de un gran peligro. Los que avanzan en constante alerta trascienden, finalmente, todo sufrimiento y alcanzan la dicha eterna. Los que conocen el Infinito, que han comprendido la Verdad, no sufren. Solo experimentan felicidad. El sufrimiento aparece cuando piensas que eres el cuerpo; pero si consideras ese mismo cuerpo como el vehículo que te sirve para alcanzar la dicha eterna, no hay ningún problema».

El joven: «Por muy gozosa que se diga que es esta vida, la experiencia real parece demostrar que está llena de desdicha».

Amma: «Hijo, ¿por qué caer en el pozo si lo estás viendo? ¿Por qué seguir sufriendo si existe un medio para evitarlo? Igual que el calor del Sol y el frescor del agua, la alegría y la tristeza forman parte de la naturaleza de la vida. Así que ¿para qué desperdiciar todas tus fuerzas afligiéndote? ¿Por qué trabajar sin salario? Pero, si crees que la tristeza te hará bien, entonces no lo dudes, entristécete.

»Si te haces una herida, no te quedas sentado llorando; le aplicas un medicamento y la cubres para evitar que se infecte y te debilite. Quien comprende la esencia de la vida espiritual no se deja debilitar por cosas triviales. Si sabes que un petardo puede estallar en cualquier instante, no te sorprendes en el momento de la explosión. Pero, si no estás preparado, el susto puede ser tan grande que incluso puede afectar tu salud. El medio de evitar el sufrimiento consiste en fijar la mente en el Yo. Es verdad que es difícil controlar la mente y que no se consigue en un instante. Es difícil cruzar el mar; pero quienes hacen el esfuerzo necesario y aprenden el método indicado lo consiguen.

»Los mahātmās nos han enseñado la forma de cruzar el océano del saṁsāra. Las escrituras son las instrucciones que nos han dejado. Solo tenemos que seguirlas. Hay que asimilar los principios esenciales estudiando las escrituras y escuchando satsaṅgs. No perdamos nunca la ocasión de estar cerca de un mahātmā. Pongamos en práctica sus consejos y hagamos sādhanā con regularidad. Necesitamos la compañía de grandes almas. Debemos tener una actitud de entrega al guru. Si avanzamos con śhraddhā, nos liberaremos de todo sufrimiento».

El vehículo dio un fuerte bandazo. El brahmachārī había evitado por los pelos la colisión con un camión que venía en sentido contrario.

«Hijo, conduce con cuidado».

«Amma, ese camión venía en el carril equivocado».

Amma observó que uno de los brahmachārīs tenía las manos vendadas. Con gran ternura las tomó en las suyas. «¡Ah, tienes las manos completamente agrietadas! ¿Te duele, hijo?».

Brahmachārī: «No, Amma. Solo se ha caído la piel. Me he puesto un vendaje para evitar la suciedad, eso es todo».

Amma besó con amor sus manos estropeadas por el trabajo.

El programa terminó tarde y volvieron en plena noche. En el interior de la furgoneta, las soñolientas cabezas chocaban unas con otras. Amma se había tendido en el asiento con la cabeza apoyada en el regazo de una brahmachāriṇī. Por la ventana abierta, una brisa fresca acariciaba los rizos que le caían a Amma por la frente, que tenía la forma de media luna. A la luz de las farolas que pasaban, su adorno de la nariz brillaba como una estrella.

Sábado, 19 de abril de 1986

Abogados que buscan justicia

Eran las cuatro de la tarde y Amma aún no había terminado de dar darśhan a los devotos. Un abogado que venía al āśhram a menudo entró en la cabaña del darśhan con un amigo que nunca había visto a Amma. Después de postrarse ante de ella, ambos jóvenes se sentaron sobre una esterilla de paja.

Abogado: «Amma, este amigo trabaja conmigo. Tiene problemas familiares y ha decidido divorciarse. Pero su esposa no quiere la separación. Pretende entablar un juicio para obtener una pensión para ella y el pequeño hijo de ambos».

Amma: «Hijo, ¿por qué estás pensando abandonarla?».

Amigo: «Su comportamiento no es bueno. La he visto varias veces cometer actos realmente malos».

Amma: «¿Has sido testigo de ellos, hijo?».

Amigo: «Sí».

Amma: «No debes hacer nada si tú mismo no lo has visto, hijo, porque eso sería un grave pecado. El pecado de hacer llorar a una persona inocente es más dañino que ninguna otra mala acción. Si la abandonas, tu hijo crecerá sin padre. Y, si tu mujer vuelve a casarse, tampoco tendrá una verdadera madre[4]. Has traido a este mundo a una criatura. ¿No sería una pena hacer que esa vida inocente se convierta en una miseria sin fin? Si el mal comportamiento de tu mujer es tolerable, ¿no valdría más que intentaras vivir en armonía con ella?».

Amigo: «No, Amma, no es posible, al menos en esta vida. El solo hecho de pensar en ella me llena de odio. Ya no tengo ninguna confianza en ella».

---

[4] Hay que hacer notar que Amma se refiere a esta mujer en particular, no a todas las mujeres que se encuentren en esa situación.

Amma: «La solidez viene de la confianza. Cuando desaparece la confianza, todo se viene abajo. Si Amma habla así, es porque afirmas haber sido tú mismo testigo de su mal comportamiento y que te es imposible permanecer con ella. Hubiese sido preferible que os pudierais reconciliar de una u otra manera. Pero Amma no quiere intentar obligarte a que permanezcas con tu mujer. Reflexiona y después decide, hijo. Aunque rompas tu relación con ella, será necesario que le des dinero para vivir. Muchos han venido aquí con un problema parecido, y, en la mayoría de los casos, la mujer era inocente. Las sospechas del marido eran la única causa del problema».

Amigo: «Le he perdonado muchas veces, Amma. Ya no es posible. Incluso he pensado en suicidarme».

Amma: «No debes dar pábulo a semejantes pensamientos. ¿Depende tu vida de las palabras y acciones de otra persona? La fuente de todos tus problemas es que no estás firmemente centrado en ti mismo. Hijo, no pierdas el tiempo dándole vueltas a todo eso. En lugar de ello, lee libros espirituales siempre que puedas. Si adquieres algo de comprensión espiritual, no te sentirás afligido».

Amigo: «Hemos consultado a un astrólogo que ha dicho que puedo hacer japa, pero que la meditación sería muy contraproducente».

Amma (riéndose): «¡Qué interesante! ¿Así que nada de meditación? Desde luego, hay que tener cuidado: cuando compras un coche nuevo, no debes conducir demasiado rápido al principio. Y, si lo conduces durante un tiempo, debes dejar que descanse porque de lo contrario el motor se calentará. Del mismo modo, no es preciso meditar demasiado tiempo al principio porque el cuerpo sufrirá un calentamiento excesivo. Algunas personas, en su impulso inicial de vairāgya, meditan demasiado tiempo y eso no es bueno.

»Cuando practiques japa, intenta hacerlo con concentración. Cuando recites el mantra, visualiza a tu deidad amada, o concéntrate en las letras del mantra. La meditación no te hará ningún mal, hijo. Cuando veas claramente la forma de tu deidad amada, solo concéntrate en ella. Sin concentración no lograrás obtener ningún beneficio».

Amigo: «El astrólogo me sugirió que llevara anillos con determinadas piedras para contrarrestar la mala influencia de las posiciones planetarias».

Amma: «Es verdad que unas piedras están indicadas para cada planeta, pero nada puede beneficiarnos tanto como la meditación. Hijo, la recitación de tu mantra te protegerá de todos los peligros, como una armadura».

Los dos hombres se postraron y se levantaron. El abogado pidió a su amigo que le esperara afuera un momento. A continuación, le confió a Amma en privado: «Solo ha venido porque yo insistí. Cuando pienso en su pequeña, rezo para que la familia permanezca unida. Amma, te lo ruego, encuentra un medio para hacer que recuperen la sensatez».

Amma: «El corazón de este hijo está lleno de ira contra su mujer. En esa fase, nada de lo que podamos decir entrará en su corazón. Sin embargo, Amma hará un saṅkalpa».

El abogado conocía por experiencia el significado de esas palabras: «Amma hará un saṅkalpa». Su rostro se iluminó; sintió alivio, como si se le hubiese quitado un gran peso de encima. Amma siguió con una mirada compasiva a los dos amigos que se alejaban caminando juntos.

Sábado, 10 de mayo de 1986

Pruebas inesperadas

Eran las dos de la madrugada. Se acarreaba arena para poner los cimientos del edificio principal del āśhram. Algunos devotos y los brahmachārīs se habían unido a Amma para trabajar a esa hora avanzada de la noche. Todos querían aprovechar la ocasión para trabajar con Amma y recibir después su prasād[5].

Muchos de ellos habían intentado en vano disuadir a Amma cuando se había unido al trabajo después de los bhajans y había empezado a acarrear arena. Ella les contestó: «¿Puede quedarse Amma sentada viendo trabajar a sus hijos? Sería una carga doblemente pesada para ella. Antes Amma rogaba a Dios que le diera la ocasión de servir a los devotos. Dios es el servidor de los que sirven de manera desinteresada».

«Pero terminemos ahora, hijos. Habéis trabajado todo el día».

Amma llamó a una brahmachāriṇī y le preguntó: «Hija, ¿tenemos vadas (un sabroso aperitivo hecho de lentejas) para dar a los hijos?».

La brahmachāriṇī miró hacia las estrellas. Parecían sonreírle a su vez con un guiño y decirle: «Que tengas suerte para encontrar vadas a esta hora de la noche».

Amma dijo: «Ve a triturar unos guisantes partidos. Haremos vadas en un santiamén».

Mientras la brahmachāriṇī fue a preparar la pasta, se encendió una hoguera. Cuando la joven volvió un poco más tarde, Amma misma se puso a freír los vadas. Una vez fritos, los puso en un

---

[5] Amma acostumbraba a repartir un tentempié y una bebida caliente como prasād a todos los discípulos y devotos cuando acababan de trabajar muy avanzada la noche.

recipiente y le dio unos cuantos a un brahmachārī, diciéndole: «Ve a repartir los vadas equitativamente entre todos, hijo».

El reparto empezó con todos los que estaban cerca de Amma y después se fue para dárselos a otra gente que trabajaba en otra zona del āśhram. Amma dio un vada más a cada uno de los que estaban cerca de ella. El brahmachārī volvió enseguida. Después de tomar un vada para él, quedaba uno.

Amma: «¿No te ha dicho Amma que los repartieras entre todos?».

Brahmachārī: «Les he dado uno a cada uno y queda este. Podemos dividirla en trocitos y dárselo a todos».

Amma: «No, tómalo tú. Amma les ha dado a los demás una segunda vez y tú no has repetido. Amma quería ver si querías el último para ti en lugar de devolverlo.

»Si un sādhak está dispuesto a dar lo que tiene de manera desinteresada, esa actitud demuestra su bondad. También demuestra su madurez al superar pruebas que surgen inesperadamente. También en la escuela se hacen a veces exámenes sin previo aviso. Al llegar por la mañana te enteras de que hay un examen. Estos exámenes revelan lo que realmente sabe el alumno. Todos conocen las fechas de los otros exámenes y tienen tiempo para estudiarlos. ¿De qué sirve advertir de antemano que Amma va a examinar vuestra naturaleza? Si ella os avisara con tiempo y después os examinara, sería como si ensayarais un papel para después representarlo. No, hay que aprobar los exámenes por sorpresa. Ellos revelan vuestro grado de atención.

»Un verdadero buscador siempre actúa y habla con mucha atención y discernimiento. No pronuncia ninguna palabra inútil. Ejecuta con alegría todas las órdenes del guru porque sabe que cada una de las palabras del guru es por su bien. Un discípulo debe experimentar dicha al obedecer cada palabra del guru.

Debéis estar dispuestos a hacer cualquier trabajo, sabiendo que os llevará al objetivo».

Todos tomaron mentalmente la firme resolución de poner en práctica las palabras de Amma en su vida.

La brahmachāriṇī Lila preguntó: «Amma, ¿Rāvaṇa existió en realidad o simplemente representa un principio?».

Un brahmachārī: «Si Rāvaṇa no hubiese sido real, si solo fuese un símbolo, entonces habría que afirmar que Rāma también lo es».

Amma: «Rāma y Rāvaṇa son personas que han existido realmente. Pero la descripción de Rāvaṇa como un ser provisto de diez cabezas representa a un ser humano que es esclavo de los diez sentidos».

Brahmachārī Shakti Prasad: «Si los cabritos y los bebés humanos pueden nacer con dos cabezas, ¿por qué no un Rāvaṇa con diez?».

Amma: «Si esa es la voluntad de Dios, nada es imposible. Hijos, ahora id a dormir. Mañana tenéis que madrugar».

Domingo, 18 de mayo de 1986

Los domingos suele acudir una gran multitud al āśhram, sobre todo cuando el fin de semana coincide con una fiesta. Ese era el caso aquel domingo y la cabaña del darśhan estaba llena hasta los topes. No había corriente, y, sin ventilador, el calor en el interior era sofocante. Pero la gran multitud parecía alegrar aún más a Amma. Ella insistía en que se usaran los abanicos para refrescar a los devotos, no a ella; ordenó a los brahmachārīs que trajeran sillas para las personas enfermas o mayores y que dieran agua a los que tuvieran sed. Se preocupaba en especial por las personas que esperaban afuera, al sol. La multitud era tan grande que a Amma le resultaba difícil oír todo con detalle o responder a las penas y las quejas de los devotos. De modo que, antes incluso de que muchos de ellos empezaran a hablar de sus problemas, Amma, que podía leer sus pensamientos, les proponía soluciones y los consolaba asegurándoles que tenían su bendición.

«¡Venid rápido, hijos, no os preocupéis por postraros o hacer nada!», les decía. Y es que los devotos que esperaban afuera al sol solo podían entrar a sentarse en la cabaña si otros salían de ella.

Empatía con los pobres

Una devota le contó a Amma su problema llorando: «Amma, todos los pollos de nuestro vecindario están enfermos. Nuestra gallina también está enfermando. Amma, ¿querrías salvarla?».

Un brahmachārī que se hallaba de pie cerca de Amma no pudo evitar sentir desprecio por esa mujer que, en lugar de marcharse lo antes posible después haber recibido el darśhan de Amma, la molestaba con un asunto tan trivial con tal multitud de gente. Pero, al instante, Amma le lanzó una mirada tan severa que él se sintió avergonzado. Amma consoló amorosamente a la mujer y le dio un poco de bhasma para que se la aplicara a la gallina. La mujer se marchó muy feliz.

Cuando se fue, Amma llamó al brahmachārī. «Hijo, tú no comprendes su sufrimiento. ¿Sabes cuánto dolor hay en este mundo? Si tuvieras una mínima idea, no la habrías despreciado. Por la gracia de Dios, tú tienes todo lo que necesitas. Puedes vivir sin preocupaciones. El único ingreso de esa mujer proviene de los huevos de su gallina. Su familia pasará hambre si la gallina muere. Cuando Amma piensa en la vida de esa mujer, no considera trivial su sufrimiento. Esa mujer se gasta parte del escaso dinero que obtiene con la venta de huevos para venir aquí. Como Amma está al corriente de sus dificultades, de vez en cuando le da dinero para el autobús. ¡Mira cómo se entrega a Dios, incluso estando en la miseria! Amma se emociona cuando piensa en ello. El que come hasta la saciedad ignora el dolor que produce el hambre. Solo alguien que ha pasado hambre conoce ese dolor.

»Escucha siempre con mucha atención lo que cada persona te dice. No compares a una con otra. Debemos pensar desde el nivel de cada persona. Solo así podremos comprender sus preocupaciones, responder de manera adecuada y consolarlos».

Un joven miraba intensamente a Amma desde que entró en la cabaña. Era un profesor universitario de Nagpur que había llegado unos días antes. El día de su llegada dijo que tenía que irse inmediatamente después de ver a Amma porque debía volver a su ciudad con urgencia. Pero de eso hacía varios días y aún seguía allí. Amma dijo a los que la rodeaban: «Este hijo lleva aquí varios días. Amma le ha dicho varias veces que se vaya a casa y que vuelva después, pero no quiere escuchar. Aún no se ha ido».

Al no saber malayāḷam, el joven ignoraba lo que Amma estaba diciendo. Pero, como todos se volvían para mirarle, sabía que hablaba de él. Un hombre que estaba sentado a su lado le tradujo las palabras de Amma. El joven respondió: «No me voy a ir, así que ¿para qué hablar de volver?».

Amma (riéndose): «Amma sabe la manera de hacerte mar char corriendo».

Esa frase hizo reír a todos.

Amma pide limosna para sus hijos

Oh Annapūrṇā,
siempre rebosante
de los elementos que sostienen la vida.
Oh amada de Śhaṅkara,
concédeme la limosna de la sabiduría y la renuncia.

Śhrī Śhaṅkarāchārya

La campana del almuerzo había sonado hacía un rato, pero muchas personas aún no habían comido, incapaces de separarse de Amma. Se hacía tarde y un residente del āśhram fue a decirle a Amma que los que servían el almuerzo estaban esperando. Ante la insistencia de Amma, algunas personas fueron a comer, pero era imposible hacer que otros se fueran mientras Amma siguiera en la cabaña. No les preocupaba la comida. Su felicidad estribaba en no perderse ni un instante de la presencia de Amma. Los que sufrían las consecuencias eran los residentes del āśhram, ya que tenían que esperar a veces hasta las tres o las cuatro de la tarde para servir el almuerzo.

Eran más de las tres de la tarde cuando Amma por fin se levantó. Los devotos se amontonaban en torno a ella, se postraban, con lo cual inadvertidamente le bloqueaban el paso. Amma los agarraba y hacía que se levantaran, dando unas palmaditas y acariciando a algunos de ellos mientras se abría camino hacia la cocina.

Allí, Amma descubrió que los que servían el almuerzo tenían un problema. Como otros días de bhāva darśhan, habían cocinado más comida de la que parecía necesaria y, sin embargo, todo se había terminado enseguida. Habían puesto más arroz a cocer, que también fue devorado en un abrir y cerrar de ojos. Durante toda la tarde la gente seguía afluyendo al āśhram inesperadamente. Una tercera vez se hizo arroz, del que no quedaba casi nada, y aún había numerosas bocas que alimentar. Había arroz cociéndose al fuego, pero ya no quedaban verduras para acompañarlo. Los que trabajaban en la cocina se preguntaban qué hacer, cuando Amma entró. Ella, sin dejarse desconcertar por la situación, abrió unos recipientes que contenían tamarindo, semillas de mostaza y hojas de curri. En pocos minutos estaba listo algo de rasam (caldo de tomate y tamarindo con especias). Una devota había traído por la mañana un recipiente lleno de yogur. Se partieron algunas cebollas, tomates y chiles verdes, que se añadieron al yogur. Pronto todo estuvo listo, incluido el arroz. Amma misma sirvió el almuerzo a sus hijos. Los devotos comieron el prasād recibido de las manos sagradas de Amma con más deleite y satisfacción que si se tratara de un suntuoso banquete.

Un último grupo de fieles llegó para comer y Amma también les sirvió. Tras asegurarse de que todos los devotos seglares hubieran comido, los residentes del āśhram se sentaron a comer. Solo quedaba arroz y rasam. Tres brahmachārīs sirvieron a los demás y, cuando acabaron de servir, el arroz se había terminado. Amma no podía soportar la idea de que tres de sus hijos se quedaran sin comer cuando habían trabajado sin interrupción durante horas. En la cocina ya no había nada, excepto arroz crudo, pero llevaría tiempo cocerlo.

Al ver que Amma se preocupaba por ellos, los tres brahmachārīs dijeron con firmeza que no tenían hambre y no querían nada. Pero Amma no estaba de acuerdo. «Hijos, ¡esperad diez minutos!», dijo. «Amma vuelve enseguida». Y salió con un recipiente. ¿Fue a casa de Sugunacchan? ¿O tal vez a su habitación para ver si quedaba comida ofrecida por los devotos? Mientras esperaban, los brahmachārīs fregaron los cacharros y limpiaron la cocina.

Amma volvió enseguida, con una sonrisa en el rostro tan radiante como la luna llena. Debía de haber encontrado algo para dar de comer a sus hijos. Los brahmachārīs no podían reprimir su curiosidad. Al mirar el recipiente, vieron que estaba lleno de diferentes clases de arroz cocido mezcladas.

Los ojos de los brahmachārīs se llenaron de lágrimas. «¡Amma!», exclamó uno de ellos. Amma había ido a las cabañas de la vecindad a mendigar comida para sus hijos. Había vuelto con la bhikṣhā. Esa era la razón de la alegría que irradiaba su rostro.

Todos los vecinos eran pescadores pobres que apenas tenían para comer. Amma lo sabía y por eso solo había tomado un puñado de arroz en cada cabaña.

Los brahmachārīs miraron una imagen que adornaba la pared. Representaba a Śhiva mendigando comida a Dēvī Annapūrnēśhvarī[6], que estaba sentada en un trono. Hoy la misma Dēvī había tocado a la puerta de los pescadores para obtener una bhikṣhā para sus hijos. Amma se sentó en el suelo, apoyándose en la puerta, y los brahmachārīs se sentaron a su alrededor. Amma hizo bolas con el arroz y un poco de sāmbār que quedaba en el recipiente, y con ellas dio de comer a sus hijos con sus propias manos.

«¡Una más!», dijo Amma.

«No, Amma, tú también tienes que comer».

«Hijos, cuando hayáis comido bastante, Amma ya no tendrá hambre». Le sirvió a uno de ellos otra bola de arroz. Apenas quedaban dos puñados de arroz y un trozo de patata del sāmbār (sopa de verduras con especias). Esa fue toda la comida de Amma, que se levantó, plenamente satisfecha.

Jueves, 25 de mayo de 1986

Ramakrishnan estaba en cama con fiebre. Amma se hallaba a su lado. Un brahmachārī entró a la cabaña con una decocción de hojas de albahaca, pimienta negra y jengibre. En la pared había una antigua foto de Amma con un sari de color y una blusa. Amma dijo al verla: «En esa época, Damayanti tenía que obligar a Amma a usar un sari. Un día que Amma tenía que ir a alguna parte, recibió una buena paliza porque no se había puesto el sari. Así que se lo puso, pero se lo quitó en cuanto subió al bote y, enrollado, lo sostuvo en las manos». Amma se rió.

---

6 La diosa de la abundancia, una de las formas de Durga.

El primer alimento sólido

Una mujer había traído a su bebé para el darśhan de Amma. Durante años había deseado tener un hijo, sin poder concebir. Finalmente, después de su encuentro con Amma y gracias a su saṅkalpa, había dado a luz a un niño. Hoy había venido con su familia para el anna prāśhanam, el primer alimento sólido del bebé. Tenían prisa en realizar la ceremonia para poder volver a su casa.

La mujer dijo: «Ammachi (forma respetuosa de dirigirse a Amma), te lo ruego, toma enseguida a mi hijo y dale de comer. No podemos pasar la noche aquí con él porque no duerme sin una cuna. Y tampoco he traído leche para él. Si nos vamos ahora, estaremos en casa antes del anochecer».

Amma: «Hija mía, no hables así. Este hijo te ha venido gracias a la bendición de Dios. Has venido a un lugar de Dios. La gente tiene prisa repentinamente solo cuando vienen a un lugar como este. En cuanto llegan al templo o al gurukula, quieren volver a casa lo antes posible. Si llevas a un niño enfermo al hospital, ¿le dices al médico: "Tengo mucha prisa. Por favor, quiero irme enseguida", o bien le dices: "Doctor, no he traído la cuna del bebé, ni su leche, y tiene sueño, así que tienes que examinarlo rápidamente"? Cuando vamos al templo o a un āśhram, debemos tener una actitud de entrega. Hija, al realizar buenas acciones, ir al templo y a los āśhrams pensando en Dios, aliviamos nuestro prārabdha. ¿No lo entiendes?

»Si te marchas a toda prisa de aquí y el autobús tiene una avería, ¿a quién te quejarías? A Amma le entristece oírte hablar así cuando llevas mucho tiempo viniendo aquí. No debes hablar así nunca, hija mía. Déjalo a la voluntad de Dios. ¿Por qué no has pensado más bien: "Amma dará de comer al bebé cuando quiera"?

Eso es la entrega. Si te vas ahora, tendrás muchos contratiempos en el camino, y por eso Amma no va a dejar que te vayas todavía».

Era la primera vez que esta devota oía a Amma hablarle tan seriamente. Se puso pálida. Al verlo, Amma le hizo una seña para que se acercara y le dijo: «Si Amma te ha dicho eso es porque se siente libre contigo. No te sientas mal».

El rostro de la devota se iluminó al oír estas palabras.

Aunque al principio hubiese puesto objeciones, Amma le dio al bebé su primera comida de arroz sin tardanza y les dijo que partieran para que pudieran llegar a casa antes del anochecer.

Viernes, 30 de mayo de 1986

Era poco antes del mediodía. Amma estaba hablando con los devotos en la cabaña del darśhan. Entre ellos había un brahmachārī que había venido de visita desde otro āśhram, situado en Kidangur (población del interior de Kerala). Amma le dijo: «Hijo, comprar una medicina para una herida que tenemos en la mano o ir a comprarla para aliviar el dolor de otra persona no es lo mismo. En el segundo caso, muestra que hay amor en nuestro corazón. Eso es lo que necesita un buscador espiritual y es el objetivo de todas sus prácticas espirituales. La meta de nuestra sādhanā no debe ser obtener la propia liberación, sino adquirir suficiente amor, compasión y comprensión para eliminar el sufrimiento del mundo. ¿De qué sirve permanecer sentado en algún rincón con los ojos cerrados sin hacer nada más? Nuestro corazón debe abrirse hasta el extremo de sentir como propio el sufrimiento de los demás, y trabajar para aliviarlo».

Un tratamiento para Amma

Amma había estado sufriendo desde la mañana fuertes accesos de tos. Un brahmachārī fue a llamar a la Dra. Lila. La semana anterior, un devoto muy enfermo había venido al āśhram tosiendo mucho. Sus toses resonaban en todo el āśhram. Cuando fue al Kaḷari para postrarse ante Amma, había estado tosiendo y escupiendo; pero, cuando salió del pequeño templo después del darśhan, su tos había desaparecido. En el momento en que bebió el agua bendita que Amma le dio, quedó curado. Permaneció una semana en el āśhram, y esta mañana se había marchado, feliz.

Un día, Amma cayó enferma en Tiruvannamalai y Nealu decidió que tenía que verla un médico enseguida. Aunque había varios médicos devotos de Amma en Tiruvannamalai, él la llevó a otro distinto. Sin esperar la autorización de nadie, Amma, inocentemente, entró directamente a la consulta del médico. Este, furioso, le dijo que saliera. Amma se reía al recordarlo, diciendo: «No hay por qué echarle la culpa. Estaba examinando a otro paciente cuando de pronto irrumpió Amma. Ha debido de perder la concentración». Cuando salía, el médico y la enfermera la llamaron para que volviera. Ignoraban completamente quién era y a qué había ido. Amma dijo: «Amma no volverá nunca al médico; si necesitara uno, uno de sus hijos médicos tendrá que venir al āśhram».

Las palabras de Amma se hicieron realidad. El primer médico que se fue a vivir al āśhram de forma permanente fue la brahmachāriṇī Lila. Cuando conoció a Amma, trabajaba en un hospital dirigido por el Shri Ramakrishna Math en Thiruvanantapuram. Lila reconoció en Amma la meta última de su vida. Poco después, dejó su trabajo y se fue a vivir al āśhram. Ahora estaba a cargo de cualquier tratamiento que Amma necesitara. Como Lila sabía que las dolencias de Amma no se curaban solamente con medicamentos, nunca le preocupaba el que Amma estuviera enferma, ni siquiera cuando parecía muy débil. Veía en estas enfermedades la līlā de la amada consorte de Śhiva, que un día dio muerte al mismo señor de la muerte. En otras palabras, consideraba las dolencias de Amma como un simple juego de la Madre Divina.

«¿Quieres que vaya a buscarte unas píldoras, Amma?», preguntó Lila. Puso la mano en la frente de Amma y dijo: «No tienes fiebre; no es nada grave. Te sentirás bien dentro de un rato».

Amma se rió y repuso: «Aunque Amma estuviese muerta, mi hija Lila examinaría el cuerpo y diría: "No es nada grave. Estarás bien enseguida"». Todos se echaron a reír.

Sábado, 31 de mayo de 1986

La sādhanā debe brotar del corazón

Un brahmachārī acudió a Amma para pedirle consejos prácticos para su sādhanā. Amma le dio instrucciones sobre la meditación: «Hijo, concéntrate en el punto situado entre las cejas. Visualiza ahí a tu deidad amada, como ves tu imagen en un espejo». Puso el dedo entre sus cejas y añadió: «Imagina que ahí hay un santuario, y visualiza en su interior a tu deidad amada.

»Los que solo meditan según un horario, como si fuera un deber, nunca verán a Dios. Es preciso llorar por Dios noche y día, olvidándose de comer y de dormir. Solo los que han hecho esto han conocido a Dios. Ese es el grado de desapego que se requiere. Si alguien te frota todo el cuerpo con pasta de chile, piensa en cómo lucharías por calmar el ardor. Con esa misma intensidad debes desear la visión de Dios, llorando por obtenerla, sin desperdiciar un solo instante. Solo entonces se desvanecerán todos los demás pensamientos, como en el sueño profundo, y accederás al plano de la experiencia divina.

»Cuando los pescadores se hacen a la mar, cierran los ojos y con grandes gritos, reman con todas sus fuerzas para pasar la barrera de las olas. Todos reman sin parar un segundo, haciendo mucho ruido, hasta haber franqueado este obstáculo. Después, pueden soltar los remos y descansar. Es el mismo mar, pero mientras una parte está agitada por las olas, la otra está tranquila. Al principio no deberíamos tener un instante de reposo. Tenemos que estar alerta. Solo así alcanzaremos esa paz que está más allá.

»Totapuri[7] estaba instalado en el advaita. Sin embargo, permaneció en medio de un círculo de fuego e hizo tapas. Ramakrishna Deva logró el conocimiento mediante el recuerdo constante de Dios. Para lograr el conocimiento hay que tener constantemente a Dios en tus pensamientos. Un verdadero sādhak no practica meditación y japa únicamente según un programa. Su amor a Dios va más allá de todas las reglas. Al principio, un sādhak debe adoptar ciertas reglas, pero sin considerar las prácticas espirituales como un mero deber. Hay que llorar y suplicar por Dios. Llorar por Dios no es una debilidad. Solo debemos llorar por Dios, y por nada más. ¿No es eso lo que hicieron Ramakrishna y Mīrā (devota santa de Kṛiṣhṇa del siglo XVI)?».

La misma verdad con diferentes nombres

Un brahmachārī: «¿Esta mal que alguien que medita en Kṛiṣhṇa recite un mantra dedicado a Dēvī, o los mil nombres de Dēvī?».

Amma: «No pasa nada. Sea cual sea el mantra o el nombre santo que recites, tus pensamientos deben dirigirse hacia tu deidad predilecta».

Brahmachārī: «¿Cómo es posible? ¿No hay bījākṣharas (sílabas semilla) especiales para cada deidad? ¿Cómo es posible que esté bien recitar otro distinto?».

[7] Un gran asceta que seguía la vía de jñāna (la sabiduría suprema). Fue él quien inició a Shri Ramakrishna en sannyāsa.

Amma: «Sea cual sea el nombre que le des, el poder divino es el mismo. Llamar al coco "tenga"[8] o "coco" no cambia su esencia. Del mismo modo, según su saṁskāra, cada uno ama en su corazón una imagen distinta de Dios. Lo conocen con diferentes nombres, pero la conciencia omnipresente está más allá de todo nombre. Dios no es alguien que solo responde si oye el sonido de un determinado nombre. Él habita en nuestro corazón y conoce nuestro corazón. La cantidad de nombres de Dios es infinita. Todos los nombres son suyos.

»Cuando realizas una pūjā, debes dirigirla a la deidad particular a la que le pertenece esa pūjā, y con los mantras adecuados. Pero si tu meta es llegar al Yo, en realidad no importa si la forma en la que meditas es distinta de la deidad de tu mantra porque lo vemos todo como formas diversas del Yo Supremo. Tenemos que comprender que todo está contenido en Eso y que ese principio único existe dentro de todos nosotros. Es la misma conciencia que está presente en todo, que llena todas las formas, incluidos nosotros mismos. Aunque al principio es preferible centrar la mente en una forma y un nombre particular, a medida que avanzas en el camino, debes ser capaz de percibir el principio supremo y único en todos los nombres y formas.

»El objetivo del mantra japa es conducirnos al supremo silencio del Yo, de donde brotan todos los sonidos y todas las formas. Si lo practicamos con la comprensión correcta de este principio, el mantra japa terminará por conducirnos a la fuente y veremos entonces que la forma en la que meditábamos, al igual que todas las demás formas, existe en nosotros como manifestación del Yo único.

»Cuando Kṛiṣhṇa vivía con las gōpīs de Vṛindāvana, ellas deseaban verle en todo momento y no privarse nunca de su compañía. Ellas lo adoraban hasta el extremo de llamarle su

---

[8] Coco en malayāḷam.

hṛidayēśha, el señor de su corazón. Luego, un día, Kṛiṣhṇa se fue a Mathurā (la ciudad donde había nacido) y nunca más volvió. Algunos se burlaban de las gōpīs, diciéndoles: "¿Dónde está ahora vuestro hṛidayēśha? Parece que Kṛiṣhṇa merece más el nombre de hṛidyaśūnya (sin corazón) que el de hṛidayēśha". Las gōpīs respondían: "No, él sigue siendo nuestro hṛidayēśha. Antes solo veíamos a Kṛiṣhṇa en su forma física, y su voz solo la oíamos con nuestros oídos; pero ahora lo vemos en todas las formas: hasta nuestros ojos se han convertido en Kṛiṣhṇa. Ahora, lo oímos en todos los sonidos: nuestros mismos oídos se han convertido en Kṛiṣhṇa. En verdad, nosotras mismas nos hemos convertido en Kṛiṣhṇa".

»Así, aunque al principio veamos a Dios bajo el aspecto de una deidad particular y lo llamemos con un nombre determinado, cuando nuestra devoción madura y florece plenamente, llegamos a ver a Dios en todos los nombres y formas y en nosotros mismos».

Los bhajans vespertinos habían terminado. Para cenar se sirvieron dosas. Como la afluencia de devotos era mayor de la prevista, la cocción de dosas (crepes típicas del sur de la India) duró hasta las diez y media de la noche. Cada crepe se servía en cuanto estaba lista. Amma fue a la cocina y envió a un brahmachārī a buscar otra plancha de cocinar dosas a casa de sus padres. Cuando llegó, Amma la colocó sobre otro fogón y puso manos a la obra. ¿No dicen que Dios aparece en forma de pan ante los que tienen hambre, sea esta física o espiritual?

Realizar cada acción como una forma de adoración

Después de la cena, Amma se unió a los brahmachārīs para acarrear grava, que era necesaria para hacer cemento. Formaron una cadena y se pasaban la grava de unos a otros en bandejas redondas de acero. Los que antes de venir al āśhram se resistían incluso a lavarse su propia ropa participaban ahora en esta fiesta de duro trabajo en compañía de Amma. Estaban a punto de recibir algunas lecciones prácticas de espiritualidad.

En plena faena, Amma dijo: «Hijos, esto también es sādhanā. Aunque estéis trabajando, vuestros pensamientos deben estar puestos en Dios. Cualquier tarea que llevéis a cabo con la mente fija en Dios es karma yōga. Cuando os paséis la grava unos a otros, imaginad que se la estáis dando a vuestra deidad amada. Y, cuando la recibáis de vuestro compañero, imaginad que es vuestra deidad la que os la entrega».

Amma cantó un kīrtan. Todos se unieron a ella, sin interrumpir el trabajo.

Tirukathakal patam

Diosa Durgā, Kālī,
libérame de mi triste destino.
Te imploro todos los días la visión de tu forma.

Te lo suplico, concédeme una gracia,
permíteme cantar la gloria de tus hazañas sagradas,
y, mientras te alabo,
te suplico que vengas a mi corazón.

Oh, esencia de los Vēdas,
ignoro los métodos de meditación
y mi música no es nada melodiosa.
Ten misericordia de mí
y sumérgeme en la dicha.

Tú eres Gāyatrī,
eres la fama y la liberación,
Kātyāyanī, Haimavatī y Dākṣhāyanī[9].

9 Diferentes aspectos de la Diosa.

Tú eres el alma del conocimiento,
mi único refugio.

Dēvī,
Concédeme la capacidad de hablar
sobre los principios esenciales.
Comprendo que sin ti,
encarnación del universo,
Śhiva, el principio causal,
no existiría.

Era pasada la medianoche. Sobre el mar de copas de cocoteros la Luna tejía con hilos de luz plateada un delicado y resplandeciente velo. En esas horas silenciosas de la noche, una madre y sus hijos trabajaban para levantar una morada de paz que el día de mañana sirviera de refugio a innumerables miles de personas. La escena evocaba las palabras nectáreas de sabiduría de la Bhagavad Gītā: «Cuando es de noche para todos los seres, los que tienen autocontrol permanecen despiertos». Eso es lo que ocurría allí: mientras el mundo entero dormía, la madre del universo trabajaba, sin un instante de descanso, en la construcción de un mundo de luz eterna. Los momentos compartidos con esta gran arquitecta de una nueva era eran piedras preciosas que sus hijos guardaban con amor en el cofre del tesoro de su corazón. Enriquecían su vida de manera inconmensurable. Más tarde los recordarían.

Capítulo 9

Lunes, 9 de junio de 1986

Los ritos tradicionales para la iniciación de brahmachārya de Anish empezaron esta mañana. Un sacerdote había venido de Allepey (población situada 50 km al norte del āśhram) para realizar el hōma y los demás ritos para la iniciación. En el Kaḷari ardía el fuego sagrado y resonaban los mantras védicos, mientras la presencia divina de Amma llenaba de dicha a todos los presentes.

Amma se comportaba como una niña. Todas sus palabras y acciones llenaban a todos de gozo. Le divertía ver a Anish, que se había afeitado la cabeza, dejando solamente el tradicional mechón de cabello en la nuca, para recibir la túnica amarilla. Amma tomó una flor de hibisco y se la ató al mechón. Los espectadores no pudieron contener la risa.

Luego, en un instante, su humor cambió y su rostro adoptó una expresión seria. El ambiente se volvió súbitamente muy tranquilo. Solo el sonido de los mantras védicos y el crujir del fuego del hōma alimentado con madera de nanjea rompían el silencio. Se podía ver en la expresión del rostro de todos los asistentes que se habían transportado a un estado de otro mundo.

Amma le dio a su hijo un nuevo nombre: brahmachārī Satyatma Chaitanya[10]. Tras la iniciación, Satyātmā se postró ante ella y salió a recibir la bhikṣhā, de acuerdo con la tradición[11].

Una familia de devotos musulmanes llegó para el darśhan. Era un día festivo para los musulmanes y fueron a pasarlo con Amma. Después de la ceremonia de iniciación, Amma se fue a la cabaña con esa familia. Habló con ellos largamente antes de subir de nuevo a su habitación.

Ya por la tarde, Amma se sentó en la terraza que había en el tejado encima de su habitación con algunos brahmachārīs. Desde hacía unos días, estos intentaban que les diera permiso para hacerse una foto de grupo con ella, que se incluiría en su biografía. Hasta entonces ella se había negado. Un brahmachārī se lo pidió una vez más. «Amma, hemos oído hablar de numerosos mahātmās, pero de la mayoría de ellos no hay ninguna foto. Es una lástima no poder saber qué aspecto tenían. Si no podemos hacerte una foto, las futuras generaciones se sentirán defraudadas. Amma, aunque solo sea por eso, deberías darnos tu autorización».

Amma: «Si Amma acepta, a partir de ahora solo pensaréis en esta clase de cosas y eso perjudicará vuestra sādhanā. Además, no puedo vestirme como a vosotros os gustaría; esa no es mi manera de ser. No puedo posar para una foto». El tono serio de su rechazo obligó a los brahmachārīs a guardar silencio y les entristeció. Pero, ¿cuánto tiempo podía ella soportar ver tristes a sus hijos? Terminó diciéndoles: «Que vengan todos».

---

[10] El brahmachārī Satyatma Chaitanya recibió después su iniciación de sannyāsa y hoy lleva el nombre de Swami Amritagitananda.

[11] Tradicionalmente, los brahmachārīs y los sannyāsīs deben comer solo la comida que hayan recibido como limosna. Actualmente, salen a pedir bhikṣhā el día de su iniciación.

Los rostros se iluminaron y todos bajaron corriendo. La totalidad de los residentes del āśhram se reunieron para la foto en la terraza. También estaba el venerable Ottur Unni Nambudiripad, el más anciano de los hijos brahmachārīs de Amma. Hecha la foto, Amma le pidió a Ottur que diera un satsaṅg. Las līlās de Kṛiṣhṇa brotaron en ininterrumpida corriente de los labios de este tierno devoto, cuyo ser interior se había entregado desde hacía mucho tiempo al niño de Ambādi (la aldea donde nació Kṛiṣhṇa). Cautivada, Amma escuchaba con los demás las siempre historias nuevas de las travesuras de Kṛiṣhṇa, el pequeño ladrón de mantequilla. Terminado el discurso, Ottur insistió: «Ahora queremos oír el satsaṅg de Amma».

Amma: «Amma no sabe dar un satsaṅg. Cuando la gente le hace preguntas, ella responde cualquier locura que se le ocurre, eso es todo».

Ottur: «Tal vez sean locuras, pero es lo que queremos oír. Amma, nuestra devoción carece de la intensidad que tú describes. ¿Qué debemos hacer?».

Amma miró a Ottur y sonrió. Él puso la cabeza en su regazo. Ella lo abrazó con mucho cariño y lo llamó «Unni Kaṇṇa (bebé Kṛiṣhṇa)».

No basta con hacer sādhanā para nosotros mismos

Amma vio a un brahmachārī que estaba sentado detrás de ella. El brahmachārī bajó la cabeza, evitando su mirada. Como sabía lo que pensaba, Amma dijo: «Hijos, ¿sabéis lo que Amma espera de vosotros? Debéis ser como el Sol, no como una luciérnaga. La luciérnaga solo brilla para sí misma. No seáis así. Solo debéis desear ser altruistas. Sed los que tienden la mano a los demás para ayudarlos, incluso en el momento de vuestra muerte».

Esa declaración fue directamente al corazón del brahmachārī que estaba sentado detrás de ella. Había habido bhāva darśhan la víspera, con una gran afluencia de devotos. El brahmachārī que estaba encargado de servir la comida necesitaba ayuda desesperadamente y acudió a él, que era su compañero de cabaña, pidiéndole que le echara una mano. Pero él siguió meditando, sin mover un dedo para ayudarle. Amma se enteró y el brahmachārī la había estado rehuyendo toda la mañana.

Amma siguió: «Hijos, debemos asegurarnos de que todas nuestras acciones sean de utilidad a los demás y que contribuyan a su felicidad. Si eso es imposible, al menos debemos asegurarnos de que nuestras acciones no causen nunca dolor ni molestias a nadie. Pedirle a Dios que ninguno de nuestros pensamientos, palabras u obras dañen jamás a nadie, sino que sean siempre beneficiosas para los demás: esa es la verdadera oración. Debemos estar dispuestos a rezar por la elevación de nuestros semejantes, más que por nuestro propio progreso. Hijos míos, adquirir ese amor desinteresado es el mayor progreso que podemos hacer. La verdadera adoración consiste en percibir como nuestros el sufrimiento y la felicidad de los demás. Los verdaderos devotos se ven a sí mismos en los demás. Viven en un mundo de paz y satisfacción». Amma dejó de hablar. Su mirada estaba lejos, en otro lugar.

Pronto llegó la hora de los bhajans. Amma se dirigió seguida por todos al Kaḷari. Una vez allí, se sentó y un brahmachārī le puso delante una taṁbūrā. Ella se puso a tocarla, dando el tono del primer canto. Cantó un kīrtan que Krishnan Nair, uno de sus devotos seglares, había compuesto para ella y le había dedicado. Todos se unieron a su canto, olvidándose de todo lo demás en su presencia.

Katinnu katayi mannassin manasse

Amma, tú que resplandeces como el oído del oído,
la mente de la mente y el ojo del ojo,
tú eres la vida de la vida,
la vida de todo lo que vive.

Lo que es el mar para las olas,
eso eres tú para el alma.
Eres el alma de las almas,
el néctar del néctar de la sabiduría.

Amma, eres la perla del Yo inmortal,
la esencia de la felicidad.
Eres la gran māyā.
Eres lo Absoluto.

Los ojos no te pueden ver,
ni la mente comprenderte.
En tu presencia, las palabras se silencian, Amma.
Los que aseguran haberte visto, no te han visto,
porque tú, gran Diosa,
estás más allá del intelecto.

El Sol, la Luna y las estrellas
no brillan por sí mismas;
es tu resplandor el que las ilumina.
Solo los valerosos pueden,
con su discernimiento,
emprender el camino
que lleva a la morada de la paz eterna,
a la Verdad Suprema.

Después de los bhajans, todos meditaron un ratito antes de la cena. El dulce sonido de la taṁbūrā bajo los dedos de Amma y el canto de esta resonaban aún en la mente de todos.

Miércoles, 11 de junio de 1986

Los que se refugian totalmente en ella siempre están protegidos

Acababan de dar las dos de la madrugada. Un brahmachārī volvía en silencio de la playa donde acababa de estar meditando. Cuando llegó al Kaḷari y vio que estaba vacío, apagó la luz y dejó su āsana (esterilla de meditación) y su chal en el porche. Después despertó a otro brahmachārī, que estaba durmiendo en el porche del Kaḷari y había pedido que se le despertara a las dos para meditar. Este brahmachārī era el encargado de hacer sonar la campana a las cuatro de la mañana para despertar a todo el mundo para el archana. Cuando se dirigía a su cabaña para acostarse, el brahmachārī vio a un hombre y a una mujer sentados frente a la escuela de vēdānta.

«Hemos venido a ver a Amma», dijeron humildemente poniéndose en pie.

Brahmachārī: «Amma se retiró a su habitación a medianoche. Estaba subiendo las escaleras de su cuarto cuando me iba a la playa».

Visitantes: «Nosotros habremos llegado justo pasada la medianoche».

De pronto oyeron el sonido de unos pasos que se acercaban. Era Amma, sonriente, que venía hacia ellos. Los visitantes cayeron a sus pies con una mezcla de veneración y de sorpresa encantada.

Amma: «Hijos míos, ¿cuándo habéis llegado?».

Devoto: «Justo después de que subieras a la habitación, Amma. Estabamos sentados aquí, desalentados, ya que pensábamos que no te veríamos esta noche».

Amma: «Amma acababa de cerrar los ojos cuando de pronto pareció que estabais de pie delante de ella. Hijo, ¿se encuentra bien tu hija?».

Devoto: «La operación está prevista para pasado mañana. Los médicos dicen que su caso es complicado. Tu bendición es nuestra única esperanza, Amma. Por eso hemos venido».

Amma: «¿Por qué habéis llegado tan tarde, hijos? ¿Algún problema con el coche?».

Devoto: «Sí, Amma. Salimos al mediodía, pero el coche nos dio problemas. Tardaron varias horas en repararlo. Por eso llegamos tan tarde. De no ser por eso, para las ocho habríamos estado aquí».

Amma: «No te preocupes, hijo. Ven, sentémonos». Amma los tomó de la mano y los condujo al porche del Kaḷari, donde tomaron asiento. Habló con ellos largamente y después se fue a buscar un poco de bhasma al Kaḷari y se la dio como prasād. «Decidle a mi hija que no se inquiete, Amma está con ella». Ambos se postraron ante Amma mientras daban las cuatro. Esta pidió a un brahmachārī que les cruzara a la otra orilla del canal con la barca, y volvió a su habitación. En el momento de salir del āśhram, los visitantes se volvieron para echar una última mirada. En ese mismo instante, Amma, que subía por la escalera que conducía a su habitación, también miró hacia atrás y les sonrió; una sonrisa que era señal inequívoca de su protección.

Una suave brisa refrescaba agradablemente la atmósfera. Los visitantes subieron a la barca. Dejaban el āśhram sintiendo el frescor exterior del alba y el pacificador fresco interior de la gracia de Amma. La estrella de la mañana lucía brillante, reflejándose pálidamente en la superficie del canal.

Viernes, 13 de junio de 1986

Amma estaba sentada en los peldaños de la escalera, frente a la oficina, rodeada por algunas personas. Un brahmachārī intentaba explicarle que había que sustituir a los responsables de uno de los āśhrams por un nuevo equipo. Amma escuchó todo lo que este tenía que decir y, a continuación, dijo: «El objetivo de Amma es transformar el hierro y el óxido en oro. ¿Para qué sirve transformar el oro en oro?».

El brahmachārī repitió su sugerencia.

Amma: «Hijo, has de tener paciencia para escuchar. ¿Acaso no fue Amma la que nombró a los responsables? Has de entender que pudo designarlos por algún motivo. Al principio, Amma se conoció a sí misma, a continuación conoció el mundo entero y, solo después, adoptó este papel. Amma sabe cómo guiar a esas personas. ¿Acaso no ha visto Amma el sufrimiento y las dificultades de cientos de miles de personas? ¿Quién más ha tenido esa oportunidad? Amma ha visto también la naturaleza de muchas personas que han cambiado. Si sustituimos a los miembros del comité, sus vidas no serán útiles para los demás; pero, si los mantenemos, se ocuparán al menos de algunos asuntos del āśhram, y ese pequeño servicio les hará ganar el mérito que les corresponda. ¿No es mejor esto que dejarles ociosos? Amma sabe cómo lograr que sigan sus instrucciones.

»Mientras hacen su trabajo, su mente se va purificando, y eso los llevará a la salvación. No podemos dejarles abandonados en el camino. Tenemos el deber de salvarlos. Nuestro objetivo es ayudar a los demás para que adquieran devoción por Dios y disfruten de paz interior. Si tenemos este sincero deseo, les perdonaremos cualquier error que cometan, e intentaremos llevarlos al camino correcto.

»No podemos esperar que todo el mundo sea bueno. Algunos no lo serán. Pero, si los rechazamos y los abandonamos, cometerán más errores en el mundo. Por eso, nosotros, que sabemos más que ellos, debemos descender a su nivel. De este modo progresarán espiritualmente. No pienses que alguien es malo y debe ser apartado solo por haber cometido uno o dos errores.

»Amma no quiere decir que lo que estás diciendo sea del todo incorrecto. Mucha gente recoge dinero en nombre del āśhram, pero algunos solo entregan una cuarta parte. Amma lo sabe, pero hace como si no lo supiera y les da otra oportunidad para corregir sus errores. Si siguen sin aprender o no quieren cambiar su comportamiento, suelen acabar yéndose voluntariamente. Amma no ha tenido que obligar a nadie a irse, se van por sí mismos.

»¿Acaso no son también nuestros hermanos aquellos que cometen errores? Es posible que no hayan obtenido todavía suficiente sabiduría, pero podemos pedirle a Dios que la consigan. Esas plegarias también serán beneficiosas para nosotros porque harán que se nos expanda la mente».

El brahmachārī se postró y se retiró.

Una lección de śhraddhā

Amma se quedó observando a un brahmachārī que, absorto en sus pensamientos, se atusaba el bigote.

Amma: «Para ya. Esas costumbres no son buenas en un brahmachārī. Cuando estés sentado, no muevas el cuerpo o sus partes innecesariamente. Dar golpecitos con los pies, mover las manos o alisarse el bigote son costumbres que no van con un sādhak. Debes esforzarte en permanecer quieto».

Una brahmachāriṇī se acercó a Amma para decirle que habían desaparecido una gran cantidad de platos y vasos del āśhram. Amma dijo: «Traed aquí todos los vasos y los platos. No olvidéis ni uno. Traedlo todo».

Todos los residentes del āśhram habían recibido un plato y un vaso que guardaban en su cabaña. Amma dijo a los presentes: «Hijos, es necesario que prestéis más atención a estas cosas. Muchos se perdían porque la gente los dejaba en cualquier parte. Así que se dio a cada uno un plato y un vaso con su nombre. Y ahora muchos de ellos también han desaparecido. Cuando alguien pierde su plato, se limita a llevarse el de su vecino, sin pararse a pensar que él también lo necesita. ¿Cómo se las va a arreglar si no tiene plato? Al final, Amma es la que tiene que zanjar la disputa. ¡Estos hijos son peores que bebés!». Concluyó Amma, riéndose.

Los brahmachārīs llegaron con sus platos y sus vasos, y Amma puso cara seria.

Amma: «A partir de ahora, nadie debe utilizar el plato de otro. Si habéis perdido el vuestro, tenéis que reconocerlo. No mintáis jamás en vuestro propio beneficio, aunque os cueste la vida. Si por un descuido perdéis otra vez vuestros platos y otras cosas, Amma dejará de comer. No lo olvidéis, hijos».

En pocos minutos, todos los platos y los vasos fueron depositados delante de Amma, que los contó. Faltaban muchos.

Amma: «Hijos, ¿no es por descuido vuestro que hemos perdido tantos platos y vasos? Aquí vienen toda clase de personas. Si dejáis vuestras cosas aquí y allá después de haberlas usado, los que las necesiten se las llevarán. ¿Hay qué echarles la culpa a los demás cuando sois vosotros los que les dais la ocasión de hurtar? La culpa es vuestra. Si hubieseis sido más cuidadosos, esos platos no se habrían perdido. Como ninguno de vosotros es consciente del valor del dinero, la pérdida de esos objetos os deja indiferentes.

»Amma creció entre dificultades. Conoce el valor de cada paisa. Le ha costado conseguir suficiente leña para hacer té. Si no permite que se desperdicie absolutamente nada es porque conoce las dificultades de la pobreza. Si ve un trozo de madera, piensa en su valor y en la manera en la que puede ser útil. Pero vosotros, hijos, si encontráis ese trozo de madera en vuestro camino, solo lo apartáis de un puntapié. O, si lo veis abandonado bajo la lluvia, jamás pensáis en recogerlo y secarlo a fin de que sirva para algo. Pero Amma nunca lo tirará como algo inútil. Hijos, ¿tiramos una moneda de cinco paisas? No, porque son cinco paisas. Pero con cinco paisas no se podría comprar ni un pequeño trozo de leña. Y sin leña seca, ¿cómo podemos cocinar? Aunque tengamos cientos de rupias en las manos, seguimos necesitando leña para encender el fuego, ¿verdad? Hay que ser conscientes del valor y el posible uso de todo. De ese modo, ya no dejaremos que nada se desperdicie.

»Mirad lo que ocurre en los hospitales. No tienen agua pura para las inyecciones. Hay que comprarla fuera y eso cuesta una o dos rupias. Muchos pacientes sufren dolores durante horas porque carecen de ese dinero. Una inyección podría aliviarlos, pero no pueden permitírsela, y por eso se consumen de dolor. Para ellos, dos rupias tienen un valor inmenso. Hijos, Amma ha visto a muchos enfermos que se retorcían de dolor por no tener dinero para comprar un calmante. Debéis pensar en esas personas en todas vuestras acciones.

»Dios mora en todos. Los que padecen sufrimientos intolerables también son sus hijos, son nuestros hermanos y hermanas. Al pensar en ellos conseguiréis verdadera śhraddhā. Cuando por descuido malgastéis una rupia, acordaos de que alguien sufre dolores durante diez horas por vuestra culpa. Sois la causa del intolerable dolor de ese desdichado. Vuestro descuido es como el de alguien que echa basura en el agua potable comunitaria. Vuestro comportamiento hace que Amma piense en esos enfermos porque con el dinero que malgastáis, podríais comprarles medicamentos. Y, sobre todo, perdéis la oportunidad de hacer que nazca la preciosa joya que mora en vuestro interior por vuestra negligencia».

Amma llamó a la brahmachāriṇī que le había hablado de los platos que faltaban.

Amma: «A partir de hoy, eres la responsable de la vajilla. Por la mañana, darás a los que sirven la comida la cantidad de platos y vasos necesarios y, por la noche, recogerás la misma cantidad que repartiste por la mañana. Lo que se ha perdido hasta ahora, perdido está. Pero, si perdemos más, tú serás la responsable.

»La atención que ponemos en cada detalle puede acercarnos a Dios. La śhraddhā con la que realizamos nuestras acciones externas revela el tesoro oculto en nuestro interior. Así que, mis queridos hijos, prestad atención a todo a medida que avanzáis. Fijándose en las cosas pequeñas es como Amma conoce las importantes».

Amma salió de la cocina y se dirigió a la parte norte del āśhram. Al pasar, escupió a un lado y su saliva cayó sobre una espinaca silvestre. Había querido escupir donde no había plantas, pero el viento hizo que su saliva cayera sobre las hojas de la espinaca. Con un vaso de agua, Amma lavó cuidadosamente las hojas. Después se lavó las manos sobre la misma planta para aprovechar el agua.

Amma siempre tiene cuidado de no desperdiciar agua. Aunque haya un grifo de agua, se lavaba las manos y la cara con agua de un recipiente. Decía que cuando abrimos un grifo tendemos a utilizar más agua de la necesaria. Toda acción superflua es adharma (inmoral). También es adharma cuando dejamos de realizar una acción necesaria. Si se le pregunta qué es el dharma, Amma respondería: «hacer las acciones necesarias en el momento oportuno y de la manera adecuada».

El brahmachārī que acompañaba a Amma estaba pensando en esto, valorando el ejemplo que ella da. Sin embargo, en su mente surgió una duda y se preguntó: «¿Realmente era necesario que

Amma lavara las hojas de una planta por un poco de saliva que había caído en ellas?».

Mientras seguían andando, Amma respondió a la silenciosa pregunta del brahmachārī: «Las plantas también son seres vivos».

Amma miró a su alrededor y luego entró en el comedor. Algunas brahmachāriṇīs limpiaban y cortaban raíces de mandioca para la cena. Se sentó con ellas y se unió a su tarea.

Los brahmachārīs y los lazos familiares

Un brahmachārī inició la conversación: «Han llegado varias cartas de mi casa. No he contestado a ninguna. ¿Debo escribir, Amma?».

Amma: «Hijo, al principio no hay que escribir cartas a la familia. Si escribes, te contestarán, y tú tendrás que escribir de nuevo. Si realmente quieres escribir, por ejemplo, si tus padres están enfermos, envíales unas líneas para consolarlos. Confía a tu padre y a tu madre al Paramātman y escríbeles con esta actitud de entrega. De esa forma no te atará. Cuando recibas carta de tu familia, no las leas una y otra vez. Una vez leído el contenido, puedes tirarla. Las cartas te traen noticias de tu familia y tus amigos, y, al leerlas, no podrás evitar que tu mente se sienta un poco arrastrada hacia ellos. Hijos, no olvidéis nunca por qué habéis venido a vivir aquí.

»Imaginad que vais a visitar a un enfermo que está en cuidados intensivos y le contáis detalladamente los sufrimientos de su familia. ¿Cuál sería el resultado? Su salud se deterioraría aún más y podría incluso morir. Del mismo modo, en estos momentos estáis en tratamiento y hay que tener mucho cuidado. Cuando vuestra mente se haya desarrollado hasta el grado de no desfallecer o sucumbir en ninguna circunstancia, no habrá ningún problema. Pero, mientras tanto, sois como plantitas que crecen a la sombra de un árbol. Por eso es necesario que sigáis unas determinadas reglas y restricciones.

»Si un miembro de vuestra familia no tuviese a nadie que lo cuidara y su estado de salud fuese delicado, estaría perfectamente bien que fuerais a prestarle los cuidados y la ayuda que necesitara. Debéis ver a Dios en él y servirle. Pero, si mantenéis vivo en la mente el apego a la familia, ni ellos ni vosotros obtendréis ningún provecho de vuestra presencia en el āśhram. Si no lográis romper ese apego a la familia, es preferible que viváis en el hogar familiar y que os ocupéis de vuestros padres.

»Aunque no les hagáis una visita, por sus cartas recibiréis noticias y os pondrán al corriente de sus problemas, y todos vuestros pensamientos girarán en torno a ellos. Las dificultades familiares darán lugar a pensamientos que automáticamente echarán raíces en vuestro subconsciente. Pero la compasión que sentís no les sirve de nada. Cuando se llega a un determinado nivel con las prácticas espirituales, se puede hacer un saṅkalpa que les ayude. Pero no es posible en esta etapa. Al preocuparte por ellos, solo consigues perder la fuerza que has adquirido.

»Si la familia os escribe, no les alentéis a hacerlo. Un coco no puede germinar sin desprenderse antes del árbol que le dio la vida. El resultado del apego es que uno se aleja de Dios. Si se intenta hacer sādhanā conservando el apego a la familia y los amigos, no se avanza. Si hoy hacéis sādhanā en soledad, sin dejar que la mente se fije en otra cosa, podéis adquirir la fuerza necesaria para salvar no solo a vuestra familia, sino al mundo entero».

Brahmachārī: «Pero no podemos dejar de preocuparnos cuando nos enteramos de los problemas de casa, ¿verdad?».

Amma: «Hijo, cuando has elegido el camino espiritual, debes entregarle todo completamente al Yo Supremo y seguir hacia adelante. Cuando llenamos un tanque, se suministra agua a todas las tuberías que están conectadas a él. Igualmente, al amar a Dios amamos a todos, porque él mora en todos.

»Si vuestra familia viene de visita, saludadles con una sonrisa, postraos con respeto[12] y habladles un poco con cariño. Eso no supone ningún problema; de hecho, debéis hacerlo, pero nada más. Tened fe en que Dios se ocupará de todas sus necesidades. Después de todo, ¿eres realmente tú el que los protege? ¿Tienes la capacidad de hacerlo?».

Brahmachārī: «¿Por qué es tan importante romper los vínculos familiares?».

Amma: «Hijo, igual que la Tierra atrae todo hacia sí, nuestra familia atrae rápidamente nuestra mente. Es la característica especial de los vínculos de sangre. Un sādhak debe ser capaz de considerar a todos de la misma manera. Solo podremos conocer nuestra verdadera naturaleza si abandonamos todos nuestros apegos. Lo que nos vincula a "mi" padre, "mi" madre, "mi" hermano o "mi" hermana está profundamente grabado en nosotros. Si no lo eliminamos, nos resultará imposible expandirnos y beneficiarnos de nuestra sādhanā. Si os ponéis a remar cuando el barco está aún amarrado al muelle, nunca llegaréis a la otra orilla».

Brahmachārī: «Amma, yo no estoy escribiendo a nadie. Solo quería saber lo que hay que hacer».

Amma: «Si las circunstancias te obligan a ello, escribe no más de dos o tres frases. Asegúrate de que lo que escribas se refiere a asuntos espirituales. Entonces, al menos, al leer tu carta se purificará un poco su mente. Alguien que se entrega al camino espiritual puede tener una gran repercusión en su familia, en su manera de pensar. En tus cartas a ellos, escribe siempre sobre cosas positivas. Algunos miembros de la familia de Ramakrishnan empiezan a mostrarse ahora a favor de que esté aquí. Los contactos que han tenido con él han hecho que empiecen a aceptar que la espiritualidad es necesaria en la vida».

---

[12] En la India, es costumbre que los jóvenes se postren ante los mayores de la familia y les toquen los pies.

Brahmachārī: «Dices que ni siquiera debemos pensar que es "nuestra" familia; pero, ¿cómo podemos servirlos sin tener esta actitud? ¿No es cierto que solo podemos hacer algo realmente bien cuando pensamos que es algo "nuestro"?».

Amma: «El servicio de una persona espiritual también es su sādhanā. Su meta es liberarse de todas las ataduras. Aspira a una libertad total. Sirve a los demás para purificar su mente y dejar de estar apegado y, de ese modo, conocer el Yo Supremo. Al amar a Dios y entregarse a Él, es posible hacerlo todo perfectamente bien sin ningún sentimiento de "mi" o "mío". Nuestra actitud debe ser la de esforzarnos y dejar los resultados a su voluntad. Si estamos apegados, incluso servir a los demás se convierte en una atadura.

»Tenemos que servir a los demás sin esperar en absoluto nada a cambio. Si alguien nos arroja espinas, debemos ser capaces de devolverle flores. Si nos sirven veneno, sirvámosles pāyasam. Esa debe ser nuestra actitud. Servimos al mundo para adquirirla. Cuando servimos a los demás, debemos verlos como a Dios. Todas nuestras acciones deben ser formas de adorar a Dios. Así, toda acción se convertirá en un mantra divino».

Brahmachārī: «¿Qué hay de malo en servir a la familia de esta manera?».

Amma: «Cuando hayáis adquirido esta actitud mental, ya no supondrá un problema. Pero aún estáis apegados a vuestra familia. Por lo tanto, os resultará difícil ver lo que hacéis por ellos como una manera de servir a Dios. Al principio, os costará relacionaros con vuestra familia sin experimentar un cierto apego, cosa que no os pasa con los demás. Es natural sentirse apegado al hogar y a la familia. Eso solo puede superarse con mucha práctica. Por eso se recomienda que el buscador se desapegue de su familia. Cuando ha adquirido amor verdadero y apego a Dios, ya no podrá mantener vínculos con nada más.

»La semilla debe enterrarse completamente en el suelo y romper la cáscara que la envuelve para germinar. Un sādhak debe romper su identificación con el cuerpo y abandonar la idea de "mi padre y mi madre". Debe ver a todos como Dios mismo».

Mientras se levantaba, Amma recogió las peladuras de mandioca y pidió a alguien que las pusiera en la bebida de las vacas. Bendecidos por el néctar de sus palabras, los brahmachārīs se levantaron también para ir a trabajar.

Domingo, 15 de junio de 1986

Amma se hallaba en la cabaña del darśhan con unos devotos. Como había llovido toda la mañana, no había demasiada gente.

Amma (riéndose): «Los hijos del āśhram dicen que tenemos que modificar lo que está escrito en la Bhagavad Gītā. El Señor dijo: "Estoy aquí para los que se refugian en mí renunciando a todo lo demás". Dicen que aquí ocurre justamente lo contrario, que Amma ama a los seglares más que a los renunciantes. Pero, ¿necesita luz una lámpara encendida? Los que están en tinieblas son los que la necesitan. ¿Quién necesita agua fresca, sino quien viene del calor?

»Amma les dice a los hijos que viven aquí: "Los seglares sufren en el calor tórrido de la vida mundana, mientras que vosotros disfrutáis constantemente del frescor que hay aquí. Como Amma está cerca, acudís corriendo a ella ante cualquier problema. Es distinto para los demás. En medio de todas sus ocupaciones, se las arreglan para encontrar un día para venir a ver a Amma. Si ella no les presta la suficiente atención cuando vienen, se derrumban. Mientras que vosotros habéis renunciado a la vida mundana para conocer el Yo al venir aquí, ellos todavía tienen que ocuparse de su hogar, sus hijos y su trabajo. Están atados a sus responsabilidades y, no obstante, en medio de todo ello, buscan la espiritualidad. No les es posible romper esos vínculos de forma inmediata. Solo una sādhanā constante les permitirá adquirir el desapego necesario. Deben caminar en medio de las llamas sin quemarse: así es la vida de un seglar. Descalzos, tienen que andar sobre espinas sin lastimarse. El calzado representa la libertad respecto a los vínculos mundanos, y los seglares carecen de esa libertad. Por tanto, nuestro deber es consolarlos. Cuando los hijos oyen esto, se quedan callados», concluyó Amma, riéndose.

Un joven llamado Sudhir estaba sentado cerca de Amma. Cinco años antes, había aprobado una maestría en Ciencias, pero en lugar de buscar empleo, se había ocupado de su anciana madre porque no había nadie más que lo hiciera. Se ganaba la vida dando clases particulares a los niños del vecindario. Al morir su madre, comenzó a llevar una vida espiritual, dedicando su tiempo a servir a los demás y a la sādhanā. Pero muy pronto se dio cuenta de que le era imposible continuar sin un guru que le guiara adecuadamente. Empezó incluso a sentir cierta aversión respecto a las actividades espirituales. Al mismo tiempo, su interés por las cosas mundanas también disminuía.

Sudhir se hallaba en plena agitación interior cuando llegó al āśhram tres días antes para ver a Amma por primera vez. Le pidió permiso para quedarse un tiempo en el āśhram y ella se lo concedió. El segundo día, su tristeza había desaparecido. Participaba con mucho entusiasmo y śhraddhā en el trabajo del āśhram. Además, cantaba bien y ya había aprendido algunos kīrtans.

Sudhir: «Amma, ¿el servicio desinteresado es posible solo para quien cree en Dios?».

Amma: «Hijo, solo el que tiene fe en Dios puede realmente servir a los demás de manera desinteresada. Pero, si un no creyente es capaz de servir de manera verdaderamente desinteresada y perdonar a los demás sus errores e imperfecciones, poco importa que tenga fe o no. Los que son capaces de servir así, sin creer en Dios, merecen nuestro más profundo respeto».

Sudhir: «¿Cuál es la finalidad de la meditación?».

Amma: «Nuestras mentes son impuras por los distintos pensamientos que surgen constantemente. La meditación los lleva hacia un punto único de concentración.

»Somos como agua pura de lluvia que se ensucia al caer en un desagüe. El agua de la alcantarilla debe purificarse uniéndose a un río, y eso es lo que hace la sādhanā. Aunque nosotros somos, en realidad, el Ātman incontaminado, como estamos atados al mundo físico y tosco, tenemos en nuestro interior vāsanās impuras. Tenemos que purificar nuestra mente mediante el discernimiento entre lo eterno y lo efímero y por la meditación. A medida que nos purificamos por la meditación, nuestra fuerza crece».

Amma le pidió a Sudhir que cantara una canción. Él se puso a cantar:

Karunya murte, kayampu varna

Oh morada de compasión,
el de tez oscura,
dígnate abrir los ojos.
Destructor de toda pena,
elimina, por favor, mi sufrimiento.

Oh, luminoso,
con ojos como los pétalos de un loto rojo,
Tú eres mi refugio en este mundo.
Kṛiṣhṇa, te adoraré siempre
con las flores de mis lágrimas.

Gōpāla, encantador de la mente,
camino a tientas por la oscuridad.
Śhrīdhara, que llenas los catorce mundos,
abre los ojos y líbrame de mi dolor.

Una joven estaba meditando junto a Amma. Refiriéndose a ella, Amma dijo: «Esta hija también quiere venir a vivir al āśhram. Se niega a volver a casa, aunque está casada. Ha vuelto a la casa de sus padres, y la familia de su marido no le deja ver a su propio hijo. Ahora ya no desea a su esposo ni a su hijo. Amma le ha pedido que espere un poco, ya que su desapego actual procede de un desengaño, y no de una verdadera comprensión. Necesita el desapego que procede de una auténtica comprensión de los principios espirituales; de otro modo no será capaz de ajustarse a la vida del āśhram».

Un devoto pone a prueba a la Dēvī

Se oyó el toque de campana para comer. Después de haber dado darśhan a las pocas personas que quedaban, Amma se dirigió al comedor acompañada por estos. Ella misma sirvió la comida a todos y se quedó allí hasta que casi todos hubieron acabado de comer. A continuación, se fue; pero, de repente, después de unos cuantos pasos, dio media vuelta y volvió a entrar. Fue hacia un hombre que seguía sentado frente a su plato, tomó una bola de arroz que él había apartado y se la comió. El hombre se sintió inundado de emoción. Recitaba «Kālī, Kālī, Kālī...» mientras las lágrimas le rodaban por las mejillas. Amma se sentó a su lado y le acarició dulcemente la cabeza y la espalda. Después se levantó y se fue a su habitación.

Para ese hombre, el extraño comportamiento de Amma tenía un profundo significado. Había venido de Calcuta (ciudad del noroeste de la India) a Cochín en viaje de negocios, y allí un amigo le había hablado de Amma. Como muchos bengalíes, adoraba a la Madre Divina, y la descripción que su amigo había hecho del Dēvī bhāva (estado en que Amma revela su identidad con Dēvī) había despertado su curiosidad. Así que decidió ir a ver a Amma antes de regresar a Calcuta. Acompañado por su amigo, fue al āśhram por la mañana y recibió el darśhan en la cabaña. Poco más tarde, mientras Amma servía la comida, hizo una bola de arroz y la puso en un borde de su plato, pensando: «Si ella es realmente Kālī, agarrará la bolita de arroz y se la comerá. Si lo hace, me quedaré esta noche para ver el Dēvī bhāva. De lo contrario, me iré después de comer». Cuando Amma salió del comedor después de haber servido la comida, su corazón se hundió y le invadió un sentimiento de desesperación. Pero, cuando ella volvió a aparecer poco después y se comió la bola de arroz que había apartado para Kālī, perdió por completo el control de sí mismo. Las nubes que tenía acumuladas en su interior se liberaron como lágrimas. Se quedó al bhāva darśhan, mientras que el amigo volvió esa tarde.

Instrucciones a los discípulos

Aquella tarde llovía. A las cuatro, Amma fue al almacén y se puso a limpiarlo con la ayuda de algunos brahmachārīs. Afuera, bajo la lluvia, Nilakantan y Kunjumon construían una valla en la parte norte del āśhram.

«¡No os quedéis bajo la lluvia, hijos!», les gritó Amma.

«¡No pasa nada, Amma, casi hemos acabado el trabajo!», contestaron ellos, y siguieron trabajando más deprisa.

Al ver esto, Amma dijo: «Como hacéis el trabajo por Amma y ponéis en ello tanta alegría, sinceridad y dedicación, no os resfriaréis. Pero no ocurre lo mismo con los que trabajan para otro sin entusiasmo».

Algunos brahmachārīs, que se habían quedado bajo techo, se miraban unos a otros con cierta vergüenza.

La brahmachāriṇī encargada de recoger leña para la cocina había descuidado su obligación. Una de las residentes fue a quejarse a Amma de que no podía cocinar por falta de leña.

Amma: «El otro día Amma le recordó a esa hija que hacía falta leña, pero a pesar de ello no la trajo. ¿Dónde están su respeto y su devoción? Amma no quiere decir que todo el mundo deba respetarla o venerarla; pero hay que calentar la madera para poder curvarla y construir una canoa. Sin ello, no se podrá dar forma a la barca. Del mismo modo, mejoramos al "curvarnos" por temor y devoción al guru. De lo contrario, solo el ego crece y no hacemos ningún progreso espiritual. La humildad y la obediencia son esenciales para el desarrollo de un sādhak».

Cuando Amma acabó de reprender a la brahmachāriṇī, otra residente empezó a quejarse más de ella.

Amma: «Hija, esta hija ha sido desobediente, pero no nos enfademos con ella. No riñamos ni critiquemos jamás a una persona por hostilidad, sino únicamente con el objetivo de ayudarla a progresar. Si reñimos o criticamos a alguien por ira o envidia, cometemos un error mucho más grave que el suyo y eso solo hará que nuestra mente se vuelva más impura. Un sādhak no debe actuar así nunca. Un aspecto importante de la sādhanā consiste en ver solo lo bueno en los demás, pues solo así desaparecerá la negatividad que hay en nosotros.

»Si criticamos a otros con amor, pensando solo en su mejoramiento, eso lo llevará del error al acierto. Pero, si los criticamos solo por el placer de criticar, eso contaminará nuestra mente y reforzará la hostilidad de la otra persona, alentándola a cometer nuevos errores. Hijos, ¡no os fijéis en los defectos de los demás! Si os hablan de los defectos de alguien, señalad sus buenas cualidades, sin comentar sus errores. Decid a vuestro interlocutor: "Tú ves sus defectos, pero ¿no te has fijado que tiene tales o cuales virtudes?". Automáticamente dejará de criticar y no volverá a acercarse a vosotros para hablar mal de nadie. De esa forma, nosotros mejoramos y también ayudamos al murmurador a liberarse de esa costumbre. Las carnicerías y los bares funcionan gracias a su clientela, ¿verdad? Los murmuradores cambiarán de manera de ser si nadie los escucha».

Era la hora de los bhajans. Amma entró en el Kaḷari y los cantos dieron comienzo. Durante los bhajans se desató una tormenta y empezó a llover a cántaros. Los truenos parecían tambores que acompañaban la danza tāṇḍava (de la destrucción del universo al final del ciclo cósmico) de Śhiva.

Miércoles, 18 de junio de 1986

Amma quiere ver llorar a sus hijos

Eran las once de la mañana. Amma estaba en la sala de meditación con todos los brahmachārīs. Les estaba riñendo por su falta de atención a la sādhanā. Concluyó diciendo: «Queridos hijos míos, ¡lloradle a Dios! Amma no os reprende porque esté enfadada. Su corazón está lleno de amor por vosotros, pero si ella solo os muestra su amor, no creceréis. Además, cuando Amma os reprende, vuestros pecados se le transfieren a ella.

»Hijos, no os apeguéis al amor externo. Los que llevan una vida mundana tienen que demostrar su amor exteriormente porque solo así lo percibirán los demás. En la vida mundana, la paz mental de todos se basa en el amor exterior; sin este, no hay paz y reina la discordia. En la vida espiritual ocurre lo contrario: encontramos la dicha en nosotros mismos.

»Si estáis apegados a la idea de buscar solamente el amor externo, no llegaréis a descubrir en vuestro interior la esencia divina. Solo al encontrarla obtendréis la verdadera satisfacción. Si sois propietarios de vuestra casa, podéis vivir libremente. De lo contrario, si no pagáis puntualmente el alquiler, el propietario y su gente vendrán a importunaros. La felicidad de Amma es ver que encontráis la dicha en vosotros mismos. Amma se entristece cuando ve que dependéis del amor externo de Amma y otras cosas exteriores porque, si dependéis de eso, tendréis que sufrir en el futuro.

»Si Amma os muestra demasiado amor, eso supondrá un problema porque, en lugar de buscar dentro, solo os concentraréis en esta Amma exterior. Pero, si Amma se muestra enfadada, miraréis en vuestro interior pensando "Señor, ¿qué es lo que he hecho mal? Dame fuerza para actuar según los deseos de Amma". De este modo, os volvéis hacia vuestro Yo interior. Amma escucha a millares de personas que cuentan sus desgracias; sufren porque se han dejado engañar por el amor externo. Nadie ama a nadie más que a sí mismo.

»Además, Amma tiene millones de hijos. Si solo dependéis de su amor externo, sentiréis celos cada vez que ella demuestre cariño a otros. La Amma externa que ahora veis es como el reflejo de una flor en un recipiente lleno de agua. Es imposible apropiársela porque solo es una imagen. Tenéis que buscar lo que es verdadero para conocer la Verdad. No basta refugiarse en un reflejo; debéis refugiaros en la cosa real. Si amáis a Amma, amadla siendo conscientes del principio real. Cuando hayáis entendido plenamente ese principio, la mente no se apegará a nada externo. Por lo tanto, hijos, mientras estéis bajo la protección de Amma, intentad mirar en el interior. Solo así podréis disfrutar de la felicidad eterna.

»Amma está triste porque sus hijos no se esfuerzan lo suficiente para concentrar la mente. Lloradle a Dios. Solo si lloráis por él obtendréis concentración mental. Nada es posible sin devoción a Dios. Un verdadero devoto ni siquiera anhela la liberación. La devoción es incluso superior a la liberación. Un devoto está siempre experimentando la dicha de su amor a Dios. Por lo tanto, ¿para qué necesita la liberación? El devoto experimenta una dicha constante en este mundo, así que ¿para qué va a pensar en ningún otro mundo?».

Amma mostró la punta de uno de sus dedos. «Comparada con bhakti, mukti (la liberación) no es más que esto».

Un brahmachārī había puesto un vaso de café delante de Amma. Ella bebió un sorbo, tomó el vaso y vertió un poco en la boca de cada uno de los presentes. Mientras lo hacía, murmuraba al oído de cada uno: «Hijo, llama a Dios y llórale. Llora por Dios, hijo mío».

Después de darles a todos ese prasād, Amma volvió a sentarse y empezó a dar instrucciones sobre la meditación. «Hijos, rezad con el corazón dolorido. Atad vuestra mente al Paramātman sin dejarla vagar. Rezad así: "Yo Supremo, elimina la capa que nubla mi espejo interior. Déjame ver claramente mi verdadero rostro en ese espejo". Cuando la mente vague, haced que vuelva y atadla de nuevo a los santos pies de vuestra deidad amada».

Los brahmachārīs empezaron a meditar. Los consejos de Amma resonaban aún en su mente, facilitando la meditación. Su mente se quedó quieta porque solo tenían que saborear con sus ojos internos la forma de la esencia divina cuya encarnación física acababan de contemplar con sus ojos exteriores.

Miércoles, 25 de junio de 1986

Un desapego pasajero

Un mes antes, un joven había venido al āśhram con el deseo de vivir allí. Al principio, Amma no se lo había permitido. Pero, en vista de su insistencia, ella le dijo: «Hijo, la vida espiritual no es tan fácil. Es difícil perseverar sin discernimiento y desapego auténticos. Solo lo consiguen los que, en cualquier circunstancia, nunca pierden de vista la meta. Hijo, en el fondo de tu corazón aún estás apegado a tu familia, y por esa razón Amma no sabe cuánto tiempo serás capaz de permanecer aquí. Pero, si tu deseo es tan intenso, haz la prueba, hijo, Amma no se opone a ello».

Así que el joven empezó a vivir en el āśhram. A todos les encantó su manera de respetar las reglas del āśhram y el intenso desapego con el que realizaba su sādhanā. Un brahmachārī le mencionó un día a Amma su desapego, a lo que ella replicó: «Cuando plantamos un esqueje, aparecen algunas hojas. Eso no significa necesariamente que el árbol haya echado raíces, ya que estas hojas caerán muy pronto. Hay que observa y ver si después brotan hojas nuevas. Si es así, puedes pensar que la planta ha empezado a crecer. Esas hojas solo brotan cuando la planta ya ha echado raíces».

Poco después, llegaron al āśhram el padre y el hermano del joven. El padre le dijo: «Hijo, tu madre está muy triste de no poder verte. No come bien y habla constantemente de ti».

Los ojos del joven se llenaron de lágrimas y le preguntó a Amma: «¿Puedo volver a casa, solo una vez, para ver a mi madre?».

«Como quieras, hijo», le respondió Amma. Luego, igual que un médico suministra alguna medicina a un paciente que se niega a permanecer en el hospital, Amma añadió: «Haz también un poco de japa en tu casa, hijo».

Hoy, una semana más tarde, el joven aún no ha vuelto. Un brahmachārī que estaba sentado junto a Amma le preguntó: «¿Por qué tanta gente pierde su desapego inicial?».

Amma: «La mayoría de la gente empieza por un impulso de entusiasmo. Muchos de ellos sienten algún desapego al empezar, pero el secreto del éxito está en conservarlo. Cuando el entusiasmo inicial se disipa, las vāsanās latentes de innumerables vidas pasadas empiezan a levantar la cabeza una a una. La atención del sādhak se vuelve hacia lo externo. Trascender las vāsanās requiere un esfuerzo intenso y un gran sacrificio. La mayoría se desalienta cuando encuentran más dificultades de las que esperaban. Además, es común que el progreso en su sādhanā se debilite, y se sienten decepcionados. Pero los que poseen verdadero lakṣhya bōdha no abandonan. Vuelven a intentarlo una y otra vez, sin hacer caso de los obstáculos y los fracasos. Solo los que tienen ese intenso sentimiento de la meta final son capaces de conservar su desapego todo el tiempo».

Amma se levantó y se dirigió a las proximidades de la cocina, donde vio a un devoto extranjero que intentaba lavarse la ropa. Como no estaba acostumbrado a lavar ropa a mano, primero intentó hacerlo frotando un jabón entero en la ropa sobre la gran piedra de lavar. Amma lo estuvo observando unos momentos antes de acercarse a él y enseñarle a hacerlo. Un brahmachārī tradujo al inglés las instrucciones de Amma. El hombre estaba encantado de que Amma misma le enseñara a lavar la ropa.

Después, Amma se dirigió a la cabaña del darśhan. De camino, vio a un brahmachārī que llevaba ropa de color ocre.

Amma: «Hijo, no debes llevar eso. Todavía no estás preparado para eso. Muestra respeto por el color ocre siempre que lo veas, pero no te lo pongas. El color ocre significa que el cuerpo ha sido consumido por el fuego[13]. Cuando vemos este color, debemos recordar el linaje de los ṛiṣhis. Cuando honramos a una persona vestida de color ocre, estamos honrando ese linaje».

Un devoto extranjero escuchaba la conversación. Cuando supo por un brahmachārī que Amma hablaba de la ropa de color ocre, le preguntó a ella si él también podía vestir de ese color. En respuesta, Amma solo le sonrió; pero él volvió a hacer la petición en un tono muy serio.

Amma: «Hijo, esa no es la clase de ropa que se compra en una tienda. Primero hay que alcanzar la madurez necesaria».

Pero el devoto no estaba satisfecho. «Si otros lo llevan, ¿por qué yo no?».

---

13 Se refiere a quemar la conciencia del cuerpo en el fuego del conocimiento.

Amma: «Hijo, ¿se vuelve uno mujer por usar ropa femenina? ¿Se transforma una mujer en hombre por el hecho de vestir como hombre? Nadie se convierte en sannyāsī envolviéndose en un trozo de tela ocre. Lo primero que se requiere es sumergir la mente en el color ocre. Cuando lo hayas hecho, Amma te dará ropa color ocre».

El devoto se quedó en silencio.

Brahmachārī: «Hay algunos que huyen después de una discusión con su familia y se visten de ocre, ¿no es así?».

Amma: «Algunos dejan su hogar después de una pelea y, cuando empiezan a pasar hambre, se visten de ocre solo para conseguir comida. Otros se visten de ocre por desesperación cuando su mujer los abandona. El sentimiento de desapego es bueno, pero hay que comprender su verdadero objetivo; de lo contrario, no sirve para nada vestirse de ocre. Hoy en día es difícil encontrar verdaderos sannyāsīs. Hay que informarse para saber si han recibido la túnica ocre en un gurukula según los ritos establecidos. Los verdaderos gurus no se la conceden a cualquiera; examinan la madurez del receptor».

Querer aprobar sin estudiar

Amma entró en la cabaña del darśhan y todos se postraron antes de sentarse. Una familia de devotos había venido de Pattambi. Rajendran, el marido, era maestro, y Sarojam, su mujer, era costurera. Tenían dos hijos, un niño en octavo grado y una niña en tercero.

Rajendran: «Amma, nuestra hija no estudia nada».

Sarojam: «Dice que no necesita estudiar porque Amma la ayudará a aprobar el examen».

Amma acercó a sí a la niña y la acarició cariñosamente.

Amma: «Hija mía, si no aprendes nada, ¿no crees que todos le van a echar la culpa a Amma? ¿Cómo vas a aprobar si no estudias?».

Con su voz graciosa e inocente, la pequeña dijo: «¡Pero mi hermano pasó sin haber estudiado!».

Todo el mundo se echó a reír.

Amma: «¿Quién te ha dicho eso, hija?».

Pequeña: «Él mismo».

Sarojam: «Amma, así contesta cada vez que le decimos que estudie. Dice que cuando su hermano empezó a hacer el examen, apareciste tú. Te acercaste a él, te sentaste a su lado y le diste todas las respuestas. Cuando volvió a casa, dijo: "No he estudiado nada. Ammachi me lo dijo todo"».

Rajendran: «Él ha dicho la verdad, Amma. No estudia nunca; se pasa el tiempo jugando. Pero ha tenido buenas notas en los exámenes. El profesor estaba asombrado de sus notas».

Sarojam: «Ahora la pequeña dice que Ammachi hará que ella también apruebe». Amma se rió y besó cariñosamente a la pequeña. «Hija, si no estudias, Amma ya no te hablará. Prométeme que vas a estudiar».

La niña lo prometió, y Amma le dio una manzana de un paquete que tenía cerca. El encantador rostro de la niña irradiaba alegría.

Espiritualidad y mundanidad

Damodara Menon, un devoto, se acercó a Amma y se postró ante ella.

Amma: «¡Mira quién está aquí! ¡Mi hijo Damu!». El señor Menon sonrió y bajó la cabeza, poniéndola entre las manos de Amma.

Amma: «¿Has estado fuera unos días, hijo?».

Damu: «He estado de viaje, Amma. Acabo de regresar de Bangalore (capital del estado de Karnataka, al norte de Kerala). Ni siquiera he pasado por mi casa. Bajé del tren en Kayankulam, deseando ante todo ver a Amma».

Amma: «¿Están bien los niños, hijo?».

Damu: «Por la gracia de Amma, no hay problemas en casa. Pero me preocupa uno de mis amigos que acabo de ver».

Amma: «¿Por qué, hijo?».

Damu: «Lo he visto en Bangalore. En otro tiempo éramos compañeros en el trabajo. Un día se fue de su casa y dejó su trabajo para convertirse en sannyāsī. Cuando volvió, hace cinco años, vestía de ocre».

Amma: «¿Dónde vive ese hijo?».

Damu: «Estaba en Rishikesh, en un āśhram. Pero, esta vez, cuando he vuelto a verle, había cambiado por completo. La túnica ocre, los rudrākṣhas, los cabellos largos y la barba, todo había desaparecido. Tenía un aspecto estupendo. Abandonó el estado de sannyāsa hace cuatro años. Se enamoró de una joven que iba a menudo al āśhram y se casó con ella. Ahora viven en Bangalore. Tiene un trabajo, pero por lo que dice me parece que está profundamente decepcionado».

Amma: «El que abandona la vida espiritual para volver a la vida mundana cosecha sufrimiento interior y exterior. Una mente que se ha orientado hacia pensamientos espirituales ya no puede encontrar la felicidad en los objetos mundanos; solo siente agitación. Las prácticas espirituales crean un aura sutil en torno al cuerpo que es un obstáculo para el disfrute de los placeres físicos. Por compasión, la deidad amada del sādhak y los dioses que rodean a esa deidad le crean el doble de sufrimientos y obstáculos, ya que desean su vuelta a la vida espiritual. Esas dificultades no provienen del desagrado de Dios; son su bendición. Si el sādhak obtiene riquezas y felicidad, su ego crecerá y cometerá errores.

Tendrá que renacer una y otra vez. Dios le envía el sufrimiento para impedirlo, para apartar su mente de este mundo.

»La mente que ha probado realmente el sabor de la espiritualidad, aunque solo sea un poco, ya no puede encontrar la felicidad en las cosas mundanas. Si un hombre se casa con una mujer que no es a la que ama de verdad, será desdichado con ella porque su mente irá hacia la que ama. Del mismo modo, la mente que se ha vuelto hacia la espiritualidad ya no puede hallar satisfacción en el reino de la materia.

»Como el matrimonio ya se ha celebrado, tu amigo debe asegurarse de seguir con su sādhanā. Quien sigue correctamente el dharma de un seglar, puede llevar una vida llena de sentido. Al seguir sin interrupción las prácticas espirituales, se puede saborear la dicha espiritual en esta vida. Cuando nace el verdadero amor a Dios, la mente se aparta de los placeres físicos; los deseos disminuyen, y eso lleva automáticamente a la paz interior. El deseo es sinónimo de sufrimiento y dolor. Donde hay fuego, hay humo, y donde hay deseo, hay sufrimiento. Pero es imposible vivir sin deseos. Volvamos pues todos nuestros deseos hacia Dios.

»Al realizar sādhanā de forma regular, es posible vivir juntos y en perfecta armonía los aspectos espirituales y mundanos de la vida. Para lograrlo hay que realizar las acciones acordándose de que la meta de la vida es obtener la liberación. Esto os salvará.

»Sin embargo, el sannyāsa posee una grandeza especial. Un sannyāsī puede contemplar a Dios y disfrutar de la felicidad sin la carga de las preocupaciones mundanas. Aunque realice acciones como servicio, no lo sentirá como carga porque no está apegado a la acción.

»Un día, un sannyāsī iba andando por un camino cuando un hombre se acercó para preguntarle: “Swāmī, ¿qué es sannyāsa?”. El sannyāsī ni siquiera se volvió para mirarlo, pero el hombre siguió repitiendo la pregunta. De repente, el sannyāsī se detuvo, soltó el bulto que llevaba y siguió andando. No había caminado ni diez pasos cuando el hombre volvió a preguntarle: "¿Qué es sannyāsa?". El sannyāsī se volvió hacia él y dijo: "¿No has visto que he soltado mi carga? Sannyāsa significa abandonar la idea de 'yo' y 'lo mío' y desprenderse de todo lo que se posee".

»El sannyāsī reanudó su camino, pero el hombre siguió detrás de él, preguntándole: "¿Qué hay que hacer después de eso?". El sannyāsī dio media vuelta y volvió hacia el bulto. Lo tomó de nuevo en sus hombros y siguió caminando. El hombre tampoco entendió el sentido de este gesto, y repitió su pregunta. Sin dejar de caminar, el sannyāsī dijo: "¿Has visto? Hay que llevar así la carga del mundo. Pero solo cuando se renuncia a todo puede uno ponerse el mundo a las espaldas".

»Si cuidas de un animal salvaje, tienes que vigilarlo continuamente para estar seguro de que no se escape. Si lo dejas en libertad, debes seguirlo a todas partes, ya que de lo contrario podría huir. Cuando le das de comer, tienes que permanecer con él hasta que haya terminado su comida. Nunca tienes un instante de descanso. Pero el guardián de un jardín solo tiene que permanecer a la entrada y asegurarse de que nadie robe las flores. También puede disfrutar de su aroma. Del mismo modo, si corres tras la vida mundana, la mente te molestará constantemente. Nunca se calmará. Por el contrario, la espiritualidad te permite disfrutar de la belleza y el aroma de la vida. En ella no hay agitación ni molestias. Aunque tu prārabdha te conduzca al sufrimiento, tu entrega hará que no lo experimentes como tal. Incluso ese sufrimiento es una forma de gracia divina, que te tiende una mano para elevarte a un estado de paz».

Todos escuchaban atentamente la descripción detallada que Amma hacía de la naturaleza de la vida espiritual y la vida material. Cuando se levantaron, los rostros irradiaban una nueva comprensión sobre la manera de moldear su vida.

Sábado, 28 de junio de 1986

¿Era Kṛiṣhṇa un ladrón?

Amma estaba en una de las cabañas, discutiendo con uno de los brahmachārīs que era devoto de Kṛiṣhṇa.

Amma: «Tu Kṛiṣhṇa es un gran ladrón. ¿No es verdad que cuando robó la mantequilla fue cuando hizo su aparición el robo en este mundo? Piensa en lo que ha hecho».

El brahmachārī no podía soportar las palabras de Amma. Las lágrimas le rodaban por las mejillas mientras afirmaba: «¡Kṛiṣhṇa no es así en absoluto, Amma!».

Siguió llorando como un niño pequeño. Amma enjugó sus lágrimas, diciendo: «¡Qué infantil eres! Amma solo quería poner a prueba tu apego al Señor. Kṛiṣhṇa no era un ladrón. Era la verdadera encarnación de la honradez. Si robaba mantequilla y se dedicaba a hacer travesuras, era para alegrar a los demás. Al robar la mantequilla, les robaba el corazón. Solo el Señor podía hacer eso. Jamás actuó en su propio interés. No robaba la mantequilla para sí mismo, sino para los pobres pastorcillos, sus compañeros de juego. Y, a la vez, consiguió atar el corazón de las gōpīs a Dios.

»Antes, la mente de las gōpīs estaba apegada a su trabajo. Se dedicaban por completo a ganarse la vida vendiendo leche, mantequilla y yogur. Al robar esos productos, el Señor liberó su mente de ese apego e hizo que se concentrara en Él. Les robaba mantequilla, pero Él no se la comía. Se la daba a los pastorcillos cuando tenían hambre mientras cuidaban de las vacas. Con eso mataba dos pájaros de un tiro: daba de comer a sus compañeros hambrientos y liberaba a las gōpīs de su cautiverio.

»El Señor era un verdadero revolucionario. Los revolucionarios de la época moderna quieren quitar a los ricos para dar a los pobres. Pero pretenden eliminar a un grupo de personas para conseguirlo. Es el camino materialista. El camino espiritual es diferente. Kṛiṣhṇa enseñó la manera de salvar a todos, ricos y pobres, buenos y malos. Actualmente, la gente dice: "muerto el perro se acabó la rabia". Pero el Señor dice que lo que hay que hacer es transformar la mente "rabiosa". Esa era su clase de revolución. La solución no consiste en matar, sino en transformar y elevar la mente de la persona. Debe producirse un cambio en el individuo. La mente limitada y egoísta debe ensancharse hasta abarcar la totalidad, llena de amor y de compasión. Eso es lo que Kṛiṣhṇa nos enseñó.

»Ni siquiera el matrimonio de Kṛiṣhṇa fue elección suya. Accedió a casarse para hacer felices a sus seres queridos. Su meta era hacer disfrutar a todos de la felicidad del Yo y empleó muchos métodos distintos para conseguirlo. Una mente corriente es incapaz de comprenderlo. Solo una mente sutil que se encuentre en contemplación puede entender un poco del sentido profundo de su vida.

»Ahora canta un kīrtan, hijo».

El rostro del brahmachārī se iluminó con una sonrisa y, mientras cantaba, el amor que anidaba en su corazón desplegó sus alas.

Nilanjana miri nirada varna

Oh, Tú, que tienes el color de las nubes de lluvia,
el de los ojos azules realzados por el colirio.
Tú eres mi único refugio para toda la eternidad.
Esta es la verdad, Kṛiṣhṇa,
porque no hay nadie más que Tú para protegerme.

Hermoso Kṛiṣhṇa de tez oscura,
juguetón como un niño que nos roba el corazón,
que atrae el sonido de la taṃbūrā de Nārada.

Kṛiṣhṇa, eternamente radiante,
que bailas con los cantos devocionales.
que destruyes toda codicia,
el testigo eterno,
concédeme verte con claridad.

Tú, que concedes la liberación,
que nos encantas con tu māyā,
cuyos pies de loto sirven a la humanidad.
Kṛiṣhṇa, libérame de esta existencia mundana.

Mientras cantaba, otros brahmachārīs llegaron con un armonio, un gañjīra (pandero de sur de la India), crótalos y otros instrumentos musicales. La cabaña se llenó enseguida y otros se sentaron fuera, cantando todos en respuesta al brahmachārī que dirigía el kīrtan.

Amma no llegó a terminar el canto. Sus ojos se inundaron de lágrimas. Los cerró lentamente y permaneció inmóvil, formando una mudrā con la mano. Emanaban de ella oleadas del inconmensurable poder del estado divino en el que se había sumergido, que despertaban el corazón de los presentes. Al cabo de un rato, abrió los ojos y volvió a cerrarlos. Parecía luchar por salir de su elevado estado y bajar de nuevo. En otra ocasión, Amma había entrado en samādhi durante los bhajans y no había vuelto a su estado normal hasta después de varias horas. Entonces había dicho: «Si eso ocurre, hijos, cantad kīrtans; de lo contrario, Amma podría quedarse así durante meses, o convertirse en un avadhūta (santo que actúa al margen de las normas sociales)». Acordándose de ese incidente, los brahmachārīs siguieron cantando kīrtans hasta que Amma salió de su bhāva. Tardó un buen rato en recuperar completamente la conciencia de lo que la rodeaba.

Bhāva darśhan

Aquella noche un devoto de Chennai (o Madrás, gran ciudad del este de la India), Subrahmanian, estaba sentado al lado de Amma. Le pidió que explicara el sentido del bhāva darśhan.

Amma: «Hijo, la gente vive en un mundo de nombres y formas. Amma desempeña ese papel para guiarlos a la Verdad.

»Sin la mente, no hay mundo. Mientras tengáis mente, habrá nombres y formas. Cuando la mente desaparece, no queda nada. Los que han alcanzado ese estado no necesitan rezar o hacer japa. En ese estado no hay ni sueño ni vigilia: no se percibe ninguna existencia objetiva, solo una quietud, una felicidad y una paz perfectas. Pero es preciso avanzar para conseguirlo, y por eso hacen falta métodos como el bhāva darśhan».

Subrahmanian: «Algunos critican a Amma porque abraza a sus hijos».

Amma: «Hijo, pregúntales: "¿A tu edad tienes el valor de abrazar a la madre que te dio la vida? Y aun siendo capaz de hacerlo en casa, ¿lo harías en plena calle?". En realidad, son incapaces de hacerlo por sus inhibiciones[14]. Pero esos sentimientos no existen en Amma.

»Una madre siente mucho amor, ternura y cariño por su bebé; ningún deseo físico. Amma ve a todos como sus bebés. Puede ser una forma de locura y podéis encerrar a Amma si lo deseáis, pero así es ella. Si preguntáis por qué Amma abraza a la gente, la respuesta es que se trata del flujo hacia el exterior de su compasión intrínseca. Ese flujo se produce espontáneamente cuando alguien se acerca a ella, como las hojas de los árboles se agitan por el viento. Como el sabor dulce pertenece a la naturaleza de la fruta, el sentimiento maternal, la corriente de compasión, es la naturaleza intrínseca de Amma. ¿Qué puede hacer ella?

[14] En la India no es frecuente que la gente se abrace en público.

Para ella, eso es muy real. Una vaca puede ser negra, blanca o marrón, pero la leche siempre es blanca. Del mismo modo, hay un solo Yo, no muchos. La pluralidad solo existe a los ojos de los que piensan que son un alma individual. Eso es todo. Amma no siente esta diferencia, y por eso los hombres y las mujeres no le parecen diferentes.

»Lo que más falta en el mundo de hoy es el amor desinteresado. La esposa no tiene tiempo para escuchar las preocupaciones de su marido o para consolarlo, y el marido no consuela a su mujer, ni la escucha cuando ella necesita contarle sus problemas. La gente solo se ama por su propia felicidad. Nadie va más allá de eso ni ama a nadie hasta el punto de sacrificar su propia comodidad. No vemos en nadie esa actitud de sacrificio que les hace estar dispuestos a morir por los demás. En lugar de la actitud "estoy aquí para ti", lo que se da es la actitud contraria: "tú estás aquí para mí". Pero Amma no puede tener esa actitud.

»La gente que ve esto desde su nivel tal vez lo encuentre extraño, pero Amma no tiene la culpa. Ellos tienen su propia locura; esta es la locura de Amma. Para un vaquero, la hierba es alimento para el ganado; es un medicamento para un curandero errante. Cada uno ve las cosas en función de su saṁskāra.

»Un guru y su discípulo partieron un día en peregrinación. En el camino tuvieron que cruzar un río. En la orilla había una joven llorando. Tenía que cruzar el río, pero el agua era demasiado profunda para ella. El guru no titubeó. Cargó a la joven sobre sus hombros, cruzó el río y la depositó en la otra orilla. El guru y el discípulo continuaron su viaje. Esa noche, cuando se sentaron para cenar, el discípulo parecía preocupado. El guru lo notó y le preguntó: "¿Qué te ocurre?".

»El discípulo dijo: "Tengo una duda. ¿Era correcto que llevaras a esa joven a hombros?".

»El guru se rió y repuso: "Bueno, yo la dejé en la otra orilla del río. ¿Sigues tú llevándola encima?"».

Subrahmanian: «Hago sādhanā desde hace varios años, y, sin embargo, no he tenido ninguna experiencia especial. ¿Por qué?».

Amma: «Si mezclas diez platos diferentes, ¿puedes disfrutar del sabor de alguno de ellos? Avanza con un único anhelo, el anhelo de ver a Dios. Entonces tendrás experiencias».

Algunos jóvenes habían venido para el darśhan de Amma. Amma se sentó un momento con ellos, hablándoles de asuntos espirituales. Terminaron postrándose a sus pies, antes de levantarse. Cuando ya se iban, uno de los jóvenes dijo: «¡Amma, dame tu bendición para que aumente mi fe en ti!».

Amma: «La fe no debe ser ciega, hijo. Antes de decidir en quien la pones, debes examinar las cosas cuidadosamente. Todos vosotros sois jóvenes. No creáis de forma instantánea. Lo que veis no es la naturaleza real de Amma. Ella es una loca. ¡No creáis ciegamente que es buena!».

El joven: «El hijo es el que decide si la madre es buena».

Sus palabras provocaron oleadas de risa. Acababa de conocer a Amma y, sin embargo, se sentía muy próximo a ella. Pero, ¿quién puede escapar al desbordante afecto que brota de Amma, que es el mar del amor?

Capítulo 10

Martes, 1 de julio de 1986

Los que cometen errores también son sus hijos

Amma y los brahmachārīs habían ido a Ernakulam. Volvieron al āśhram al mediodía. Muchos devotos que la esperaban se postraron ante ella mientras caminaba hacia el āśhram. Sin ir a su habitación para descansar, Amma fue a sentarse en el porche de la escuela de vēdānta y empezó a dar darśhan a los devotos.

En la recepción que había tenido lugar la víspera en Ernakulam, los organizadores evitaron que un hombre le pusiera a Amma una guirnalda. Un brahmachārī, refiriéndose a ese incidente, dijo: «Ayer, ese hombre estaba deshecho. Cuando Amma lo llamó y le dio un poco de prasād, se sintió algo mejor. Se habría derrumbado si ella no lo hubiese hecho. Los organizadores temían que la gente criticara a Amma si un hombre de tan mala reputación se acercaba a ella».

Amma: «Ese hijo tal vez haya cometido muchas faltas, pero ayer vino a ver a Amma por primera vez. ¿Cómo se comportará a partir de ahora? Eso es lo único en lo que debemos fijarnos. No es la luz la que necesita iluminación, sino las tinieblas. Si Amma rechaza a este hijo, ¿cuál será su suerte? Por ignorancia, ha cometido graves errores; pero sigue siendo uno de sus hijos para Amma. ¿Hay alguien aquí que nunca haya cometido ningún error? El error más grave es hacer el mal sabiendo lo que está bien. Realizamos prácticas espirituales para aprender a perdonar a los demás sus errores y a amarlos, no para rechazarlos. Cualquiera puede rechazar a los demás, pero lo difícil es aceptarlos. Solo con amor lograremos llevarlos del mal al bien. Si rechazamos a alguien por sus malas acciones, seguirá cometiéndolas.

»El sabio Vālmīki era un personaje que vivía en el bosque y que llevaba una vida de robos y asesinatos. Un día, se disponía a despojar y a matar a unos sabios que estaban atravesando el bosque. Estos respondieron perdonándole y tratándole con mucho amor. Si no le hubiesen mostrado compasión, no habría existido Vālmīki, y, en consecuencia, tampoco el Rāmāyaṇa, esa obra que ha iluminado a tantos[15]. Fue la compasión de esos sabios la que engendró tanto a Vālmīki como el Rāmāyaṇa. Por tanto, hijos, hay que perdonar los errores de los demás, y mostrarles con amor el camino recto. No habléis una y otra vez de los errores que alguien haya podido cometer en el pasado porque eso solo animará a la persona a cometer más errores.

»Ayer, ese hijo le dijo a Amma: "Hasta que te he conocido, no podía pensar más que en el suicidio. Pero hoy eso se acabó. De repente he sentido que quiero vivir, e incluso anoche dormí bien. Pensaba que mi familia me apoyaría siempre, pasara lo que pasara; pero, cuando llegaron las dificultades, todos me abandonaron, uno a uno. Algunos incluso han renegado de mí. Ahora sé que solo Dios es verdadero y eterno. Si hubiese hecho amistad con Dios desde el principio, no habría tenido que sufrir tanto".

»Hijos, refugiémonos en Dios. Cualquiera, incluso un hombre de negocios que esté muy ocupado, puede pasar una hora al día

---

[15] Ratnadāsan —el nombre del ladrón— se convirtió después en el gran sabio Vālmīki, encarnación del amor y de la compasión. Escribió el Rāmāyaṇa, el primer poema épico en sánscrito. Esta obra ejerce aún hoy en día una profunda inspiración e influencia en la cultura de la India.

con la mente enfocada en Dios. Dios se ocupa de los que confían en él. En los momentos difíciles, nuestra deidad amada vendrá en nuestro rescate. Dios cambia incluso la mente de nuestros enemigos a favor nuestro. Pero, actualmente, ¿quién necesita a Dios?».

Un devoto: «He oído decir que el mundo entero acabará convirtiéndose al hinduismo».

Amma: «Eso no parece probable, pero la mayoría de las personas asimilarán los principios del sanātana dharma (la religión eterna)».

Otro devoto: «Es posible que eso ocurra porque los occidentales, que no aceptan nada sin haberlo comprobado, no podrán evitar adherirse al sanātana dharma, que se basa en los principios más lógicos».

Amma: «Pero las comprobaciones tienen sus límites. No tiene sentido afirmar que no creeremos en algo hasta haberlo comprobado. La fe y la experiencia son los requisitos fundamentales».

Devoto: «En la actualidad, la gente no tiene una gran consideración por los mahātmās. Su fe se limita a los templos».

Amma: «Eso es porque no valoran las escrituras o los principios espirituales. Son los seres humanos los que construyen el templo, esculpen e instalan la imagen, y también ellos son los que adoran la imagen y se postran ante la misma. El poder de cualquier templo procede de los devotos que rinden culto allí. Y, cuando es un mahātmā el que insufla la vida a un templo, este posee un poder mayor, infinitamente mayor, porque el mahātmā ha conocido plenamente a la Divinidad en su interior. Sin embargo, la gente no tiene fe en el poder divino que reside en el ser humano. ¿Qué poder puede tener un templo si un mahātmā no le da la vida o si la gente no acude allí para adorar?».

Como la multitud de devotos aumentaba, Amma entró en la cabaña del darśhan. Un devoto trajo un racimo de cocos tiernos. Los dejó fuera de la cabaña, entró y se postró ante Amma.

Devoto: «Son los primeros frutos de nuestro nuevo cocotero. Desde el principio tuve la intención de dárselos a Amma».

Amma: «¿No se ha burlado de ti la gente en el autobús al verte cargado con estos cocos?».

Devoto: «¡Y qué más da! Por Ammachi estoy dispuesto a soportar todas las burlas. ¿Puedo abrir para ti uno de estos cocos, Amma?».

Amma aceptó. El devoto fue a la cocina con el coco y Amma prosiguió su conversación con los devotos.

El hogar debe convertirse en un āśhram

Un devoto: «¿Es posible conocer a Dios sin dejar de ser un gṛihasthāśhramī[16]? ».

Amma: «Sí, es posible. Pero hace falta ser un verdadero gṛihasthāśhramī y pensar en el hogar propio como un āśhram. Pero, ¿cuántos gṛihasthāśhramīs existen actualmente? Un verdadero gṛihasthāśhramī le entrega su vida a Dios y no está apegado a nada. No se apega a ninguna de sus acciones. El dharma es lo más importante para él. Aunque vive con su familia, su mente siempre está en Dios. Nunca descuida a su mujer y sus hijos, ni se olvida de servir al mundo porque lo considera un deber que Dios le ha confiado, y cumple ese deber con toda su atención, pero sin apegarse a sus acciones como hace hoy la mayoría de la gente.

»Si comprendéis los principios espirituales, podéis hacer sādhanā constantemente, incluso en el hogar. Pero no siempre

[16] Un gṛihasthāśhramī es un seglar que vive en el mundo y asume sus responsabilidades al mismo tiempo que lleva una vida auténticamente espiritual.

resulta tan fácil como podéis pensar. Si la televisión está encendida delante de nosotros mientras intentamos trabajar, acabaremos mirando la pantalla. Nuestro desapego tiene que ser extraordinariamente fuerte para resistir y vencer esta vāsanā. Es maravilloso ser capaces de llamar a Dios en medio del prārabdha familiar. Muchos de los hijos seglares de Amma meditan y hacen japa y archana con regularidad en su casa. Muchos de ellos han hecho voto de no comer o no irse a dormir antes de haber terminado el archana. Cuando Amma piensa en ellos, su corazón se desborda de amor».

Amma se dirigió después a los brahmachārīs: «Vosotros, brahmachārīs, estáis aquí para dedicaros totalmente al mundo. Vuestra mente debe estar completamente centrada en Dios. No dejéis espacio para ningún otro pensamiento. El hecho de pensar en vuestra familia y en vuestros amigos solo creará más vāsanās. Basta con sentarse en una habitación llena de carbón para que el cuerpo quede cubierto de polvo de carbón. Del mismo modo, el cariño y el apego que un sādhak siente por su familia tirarán su mente hacia abajo».

El Dēvī bhāva darśhan estaba en marcha. Los brahmachārīs estaban sentados en el maṇḍapam del Kaḷari cantando kīrtans. La naturaleza misma parecía haber renunciado al sueño, cautivada por los bhajans. La corriente de devotos no había disminuido desde el comienzo del darśhan, horas antes.

Los hombres entraban en el pequeño Kaḷari por el lado izquierdo de la puerta y las mujeres por la izquierda. Se postraban ante Amma, sentada en un pīṭham, y dejaban sus penas en sus sagrados pies. Cada persona se arrodillaba ante Amma, ponía la cabeza en su regazo maternal y recibía su abrazo. Ella les daba prasād y agua bendita, y se marchaban del templo con una sensación de profunda satisfacción. Amma acogía a sus pies las montañas de prārabdha de sus devotos. Como el Ganges sagrado que purifica a los que han caído, ella lavaba sus pecados en la corriente de su amor. Como el dios del fuego, Agni, que todo lo devora, los limpiaba en su fuego sagrado quemando sus vāsanās.

Como de costumbre, a Amma no le impresionaba el tamaño de la multitud. De hecho, cuanto mayor era la cantidad de devotos, más radiante estaba. La presencia invisible del Yo Supremo, que protege los innumerables reinos cósmicos, brillaba a través de ella; sin embargo, al mismo tiempo se reía con la inocencia de una niña, contagiando su risa a los demás.

Un devoto, acompañado por su hijo de cuatro años, entró en el Kaḷari. El padre se postró ante Amma. Justo en ese momento, el niño se puso a hacer travesuras, golpeando la espalda de su padre y tirándole de la camisa. En vista de que este permanecía humildemente arrodillado ante Amma, el pequeño lo tomó como una invitación para saltar a su espalda y hacer como si cabalgara un elefante.

Amma disfrutaba con los juegos del pequeño. Quiso hacerle rabiar echándole agua bendita en la cara y el cuerpo. El niño saltó hacia atrás para esquivar el agua. Amma fingió que dejaba el recipiente de agua, y el niño volvió a acercarse. Ella aprovechó para salpicarle una vez más y el pequeño volvió a escabullirse. El juego continuó durante un rato, para gran placer de todos. Cuando salió del Kaḷari con su padre, el diablillo iba completamente empapado.

Cada uno según su saṁskāra

El Dēvī bhāva terminó a la una de la madrugada. La mayor parte de los devotos fueron a acostarse, pero Amma, los brahmachārīs y algunos devotos se quedaron para acarrear los ladrillos que se emplearían al día siguiente en la construcción del edificio principal. Como era la estación de las lluvias, los canales que rodeaban el āśhram se habían desbordado y el patio del āśhram estaba inundado de agua. Entre los devotos que ayudaban en la tarea se encontraba una joven de Delhi. Había llegado la víspera con su madre; era la primera vez que veía a Amma. Se puso a hablar con los brahmachārīs y su charla no acababa nunca. Ellos se sentían incómodos. Al final, la joven terminó por marcharse. Cuando el trabajo se hubo acabado, Amma se sentó en un lugar seco con algunos de sus hijos, al sur del Kaḷari. Los brahmachārīs le hablaron de la excesiva familiaridad de la joven.

Brahmachārī: «Habla demasiado y no sabe lo que debe decir. Dijo que, al verme, se había acordado de su marido. Me dieron ganas de darle una bofetada».

Amma: «Hijo, ese defecto que tiene se debe a su ignorancia. Pero tú tendrías que haber actuado con la fuerza de la sabiduría. En una situación semejante, mira en tu interior. Si ves la menor debilidad en tu mente, aléjate. Quien ha madurado realmente es capaz de dar a la gente consejos adecuados. De nada sirve enfadarse. Esta mujer solo expresaba su saṁskāra. No sabe nada de espiritualidad. En cambio, vosotros debéis tener el saṁskāra de indicarle la forma correcta de comportarse, pues ella lo necesita. Antes de disponerse a castigar a alguien, hay que tener en cuenta su cultura y el medio en el que ha crecido. Al mostrarle amablemente el camino recto, podemos eliminar su ignorancia».

Contacto con mujeres

Un devoto: «¿No dijo Shri Ramakrishna que un sādhak no debe hablar con mujeres y ni siquiera mirar la imagen de una mujer?».

Amma: «Quien tiene un guru no debe temer. Le basta con seguir las instrucciones del guru. El propio discípulo de Ramakrishna, Vivekananda, fue a Estados Unidos y aceptó a mujeres como discípulas. Pero, al principio, un buscador debe alejarse todo lo posible de las mujeres. Ni siquiera debe contemplar la foto de una mujer; y las mujeres sādhaks deben guardar la misma distancia respecto a los hombres. Este grado de vigilancia es necesario. Durante el período de sādhanā, es preferible renunciar completamente a los sentidos y permanecer en soledad. Después, el sādhak tendrá que enfrentarse a diferentes situaciones mientras esté junto al guru. Debe considerar que esas situaciones forman parte de su sādhanā y vencer esos obstáculos. Por ejemplo, es imposible alcanzar la meta sin trascender la atracción sexual. Un sādhak que se haya entregado al guru será capaz de ello; pero quien no tiene guru debe observar una estricta disciplina externa, de lo contrario puede caer en cualquier momento.

»Un sādhak debe estar alerta en sus contactos con mujeres. Pero evitarlas por miedo es inútil. Después de todo, hay que vencer el temor. ¿Cómo vais a llegar a Dios sin adquirir la fuerza mental necesaria para trascenderlo todo? Nadie llega al autoconocimiento sin aprender primero a ver el Yo Supremo en todas partes. Pero, durante el período de sādhanā, el buscador debe abstenerse de relacionarse estrechamente con mujeres. Debe guardar una cierta distancia. Por ejemplo, no debe sentarse en una habitación hablando con una mujer cuando no hay nadie más presente, ni estar a solas con una mujer en un lugar solitario. Sin que os deis cuenta, la mente empezará a encontrar placer en esas situaciones y, si no tenéis la suficiente fuerza, sucumbiréis. Si es necesario que habléis con alguien del sexo opuesto, invitad a otra persona a que os acompañe. Si una tercera persona está presente, estaréis más alerta.

»La combinación de hombre y mujer es como la que existe entre la gasolina y el fuego; la gasolina se inflama si está cerca del fuego. Tenéis que estar siempre alerta. Si sentís la menor debilidad en vuestro interior, reflexionad y preguntaos: "¿Qué tiene de atractivo un cuerpo lleno de orina y excrementos?". Sin embargo, al final también hay que vencer esa aversión y verlo todo como una forma de la Madre del universo. Intentad adquirir fuerza viendo en todos la Conciencia omnipresente. Pero, mientras no tengáis esa fuerza, debéis ser muy prudentes. El sexo opuesto es como un remolino que os arrastra hacia abajo. Es difícil superar esas circunstancias complicadas sin una sādhanā constante, lakṣhya bōdha, y sobre todo, una actitud de entrega al guru».

Un devoto: «¿No acaban agotados los brahmachārīs de acarrear tantos ladrillos, hacer los demás trabajos y viajar?».

Amma: «Aún en las noches de bhāva darśhan, los hijos acarrean ladrillos al final del darśhan. Tal vez se hayan acostado después de haber cantado bhajans durante todo el darśhan, y después se les llama de repente para acarrear ladrillos. Amma quiere ver cuántos de ellos tienen espíritu de abnegación o si solo viven para la comodidad del cuerpo. Es en esos momentos cuando se ve si su meditación está dando fruto. Tenemos que estar dispuestos a ayudar a los demás cuando tienen dificultades. ¿De qué sirve hacer tapas si no?».

Devoto: «Amma, ¿llegará un día en que todos los seres del mundo sean buenos?».

Amma: «Hijo, si hay bien, también habrá mal. Imagina que una madre tiene diez hijos. Nueve de ellos son buenos como el pan y uno solo es malo. Ese hijo malo basta para echar a perder a todos los demás. Pero, por su presencia, los demás se sentirán impulsados a llamar a Dios. El mundo no puede existir sin opuestos».

Se había hecho ya muy tarde. Sumergidos en las palabras de Amma, nadie se había percatado del paso del tiempo.

Amma: «Hijos, es muy tarde. Id ahora a dormir. Amma os verá mañana».

Amma se levantó; los devotos se postraron ante ella antes de levantarse también. Amma le indicó a cada visitante dónde iba a dormir. Al verla chapotear en el agua que inundaba el terreno, los devotos dijeron: «Amma, no tienes por qué venir, ya encontraremos nuestras habitaciones».

Amma: «Hay tanta agua que os costará encontrar el camino, hijos. Amma irá con vosotros».

Cuando finalmente subió a su habitación, después de haber acompañado a los devotos, eran las tres de la madrugada. Los devotos se acostaron para un breve descanso antes del amanecer.

Jueves, 10 de julio de 1986

Era día de bhāva darśhan. En toda la mañana no había dejado de llegar gente. Hacia las dos de la tarde, Amma se postró ante la Madre Tierra y se disponía a salir de la cabaña cuando llegó un nuevo grupo. Venían de Nagercoil en un autobús de alquiler, esperando ver a Amma aquella tarde y marcharse inmediatamente después.

Con una sonrisa, Amma volvió a sentarse en el catre. Los devotos recién llegados se acercaron a Amma y se postraron ante ella. Los que llevaban un rato en la cabaña se levantaron para cederles el sitio. Entre los que acababan de llegar había tres niños pequeños que cantaban bien, así que Amma les pidió una canción. Ellos cantaron:

Pachai mamalai

Gente de Śhrīraṅgam[17],
¡cómo me gusta la dulzura de Achyuta,
cuyo cuerpo es como una verde y exuberante montaña,
cuya boca es como el coral y sus ojos como lotos!
El pastorcillo, a quien las grandes almas anhelan ver.
Amo esa dulzura más aún que el sabor del cielo.

---

[17] Famoso templo de Viṣṇu en el estado de Tamil Nadu.

Hacia las tres de la tarde, después de haber dado darśhan a todos los devotos de Nagercoil y de indicar a un brahmachārī que les sirviera el almuerzo, Amma se fue finalmente a su habitación. Allí la esperaba un brahmachārī. Amma se sentó en el suelo y una brahmachāriṇī le sirvió la comida. Al lado de Amma había un montón de cartas del correo del día. Sosteniéndolas con la mano izquierda, las leía mientras comía. De pronto, sin ningún preámbulo, empezó a hablarle al brahmachārī, respondiendo a su pregunta; ella sabía lo que le preocupaba sin necesidad de que él se lo dijese.

La meditación debe practicarse con concentración

Amma: «Hijo, cuando te sientas a meditar, mantén la mente perfectamente centrada en Dios y asegúrate de que no se desvíe hacia otras cosas. Solo tu deidad amada debe estar en tu mente. Hay que conseguir esa clase de desapego.

»Un día, cuando un sannyāsī estaba meditando, un hombre pasó delante de él corriendo a toda velocidad. Eso no le gustó nada al sannyāsī. Poco más tarde, el mismo hombre volvió llevando de la mano a un niño. El sannyāsī, airado, le preguntó: "¿Por qué no tienes más consideración? ¿No ves que estoy meditando?". Con mucha deferencia, el hombre le dijo: "Lo lamento mucho, no sabía que estabas sentado aquí". "¿Y cómo es posible? ¿Estás ciego?", preguntó el sannyāsī. El hombre respondió: "Mi hijo se fue a jugar con un amigo, y, como no había vuelto, temí que se hubiese caído en el estanque que hay aquí cerca, así que fui corriendo a buscarlo. Por eso no me di cuenta de tu presencia".

»Aunque el hombre se estaba disculpando, el sannyāsī seguía enfadado y exclamó: "¡Es sumamente descortés molestarme cuando medito en el Señor!". El hombre repuso: "Meditabas en Dios y me has visto pasar corriendo, pero yo no te he visto cuando corría buscando a mi hijo, a pesar de que estabas sentado ahí mismo delante de mí. Tu relación con Dios parece mucho menos fuerte que la que yo tengo con mi hijo. ¿Qué clase de meditación es esa? Y, si no tienes paciencia, ni humildad, ¿de qué te sirve meditar?”.

»Nuestra meditación no debe ser como la del sannyāsī de la historia. Cuando nos sentamos a meditar, debemos ser capaces de concentrar la mente completamente en nuestra deidad amada. Ocurra lo que ocurra en torno a nosotros, la mente no debe dejarse arrastrar. Y, aunque suceda, tenemos que hacerla volver de inmediato y atarla al objeto de nuestra meditación. Si hacemos eso constantemente, la mente no se irá a vagar a ningún lugar.

»Cuando te sientes a meditar, toma la firme decisión de no abrir los ojos ni moverte durante unas determinadas horas. Pase lo que pase, no te apartes de tu decisión. Eso es verdadero vairāgya (desapego)».

Brahmachārī: «Amma, muchos pensamientos se deslizan por la mente, creando mucha agitación. A veces me parece que mi único deseo es ver a Dios y amarle con todo mi corazón. Otras veces quiero conocer los secretos del universo; quiero desentrañarlos mediante la sādhanā. Y otras veces no deseo nada de eso. Solo quiero conocer el poder que actúa en mí. Esos pensamientos diferentes dan cierta inestabilidad a mi sādhanā».

Amma: «Cuando descubras el Yo, ¿no crees que comprenderás espontáneamente todos esos secretos? ¿Y si, al intentar descubrir los secretos del universo, te quedaras sumergido en ellos? Cuando viajas en autobús, ves desfilar ante tus ojos muchos paisajes que luego desaparecen. Del mismo modo, todo lo que ves hoy desaparecerá. Por lo tanto, no prestes atención a esos misterios ni te apegues a ellos. Muchos expertos se esfuerzan por penetrar los secretos del universo y, sin embargo, hasta el momento presente no lo han conseguido, ¿verdad? Pero, si conoces a Dios, entenderás el universo entero. Así que emplea todo el tiempo del que dispones en conocer a Dios. De nada sirve pensar en ninguna otra cosa».

Adorar una forma

Brahmachārī: «Amma, ¿Dios está en el interior o en el exterior?».

Amma: «Piensas en términos de interior y exterior porque tienes conciencia del cuerpo. En realidad, no hay interior ni exterior. ¿No crees que es el sentimiento de "yo" el que te hace pensar que "yo" y "tú" están separados? Pero, mientras subsista la sensación de "yo", no podemos decir que la separación sea irreal. Dios es el poder vital que mora en todo. Cuando visualizas a Dios fuera de ti, debes saber que en realidad estás visualizando lo que está en ti. Sin embargo, esos medios ayudan a purificar la mente».

Brahmachārī: «Hay un poder especial que rige el universo, pero es difícil creer que sea un Dios con una determinada forma».

Amma: «Todas las formas de poder no son otra cosa que Dios. Él es el todopoderoso y el que lo controla todo. Si aceptas la idea de que Dios es el poder que rige todo, ¿por qué ese poder, que todo lo controla, no va a poder adoptar una forma que le agrade al devoto? ¿Por qué cuesta creerlo?». Con voz firme, Amma añadió: «En este universo hay un poder primordial. A ese poder lo considero mi Madre, e incluso si elijo renacer un centenar de veces, ella será siempre mi Madre y yo seré su hija. Por tanto, no puedo afirmar que Dios no tenga forma.

»Para la mayor parte de la gente es difícil aquietar la mente sin una deidad predilecta. Es preciso intentar cruzar a la otra orilla valiéndose de la deidad amada como de un puente. Sin ella no puedes conseguirlo, no puedes cruzar a nado. ¿Qué ocurre si te quedas sin fuerza en plena travesía? Necesitas un puente. El guru estará contigo para mostrarte el camino en los momentos difíciles o de crisis. Debes tener fe en ello y entregarte. ¿Por qué luchar innecesariamente? Pero no te quedes ocioso con el pretexto de que hay alguien que te guía y te lleva a la otra orilla. Hay que trabajar duro.

»Cuando el agua entra en el barco por un agujero, no basta con rezarle a Dios para que el agujero se tape. Mientras rezas, debes tratar de taponar el agujero. Tienes que realizar el esfuerzo y, a la vez, pedir la gracia de Dios».

Brahmachārī: «¿Cuánto tiempo necesitaré para conseguir el autoconocimiento?».

Amma: «Hijo, no es tan fácil alcanzar el conocimiento porque has acumulado una gran cantidad de tendencias negativas. ¿Qué ocurre cuando lavamos a ropa después de un largo viaje? No hemos bajado en ningún punto del camino, no nos hemos sentado en ningún lugar sucio y, sin embargo, cuando la lavamos, la ropa está llena de suciedad. Del mismo modo, la suciedad se acumula en la mente sin darnos cuenta de ello. Habéis venido aquí llevando encima lo que habéis acumulado no solo en esta vida, sino también en vuestras vidas pasadas. No podéis conocer el Yo solo estando sentados con los ojos cerrados durante uno o dos años. Eso no basta para purificaros interiormente.

»Antes de plantar un árbol, tienes que talar el bosque y despejar el terreno. Si tu mente todavía no está limpia, ¿cómo vas a poder ver el Yo? Es imposible aplicar una capa de un producto cualquiera sobre un cristal sucio y convertirlo en un espejo. Primero hace falta limpiar la mente. Y, mientras haces ese esfuerzo, entrégale todo a Dios».

El brahmachārī se postró ante Amma y se levantó. Amma terminó su comida, leyó algunas cartas más y después bajó para los bhajans que precedían siempre el bhāva darśhan.

Al atardecer empezó a llover un poquito. La lluvia arreció al avanzar la noche, y, a las dos de la madrugada, cuando concluyó el bhāva darśhan, ya llovía a torrentes. Los devotos se refugiaron en la escuela de vēdānta y en el porche del Kaḷari. La gente dormía donde podía. Cuando Amma salió del Kaḷari después del Dēvī bhāva, se dio cuenta de que muchos de los devotos no habían encontrado un sitio donde dormir. Los condujo hasta las cabañas de los brahmachārīs, mientras una brahmachāriṇī intentaba protegerla de la lluvia con un paraguas. Amma instaló a tres o cuatro personas en cada cabaña. Al indicarle a cada devoto su lugar, le secaba la cabeza con una toalla. Ante esta oleada de amor maternal, todos se volvían como niños.

Un devoto le preguntó: «Amma, ¿dónde dormirán los brahmachārīs? ¿No les estamos causando demasiadas molestias?».

Amma: «Ellos están aquí para serviros. Estos hijos han venido aquí para aprender altruismo. Estarán contentos de padecer una pequeña incomodidad por vosotros».

Los brahmachārīs fueron a esperar el amanecer sentados en el maṇḍapam del Kaḷari. Con el porche abierto por tres de sus lados, las ráfagas de viento hacían entrar la lluvia y hacían imposible dormir. Al menos no faltaba mucho para que amaneciera.

Amma descubrió que aún quedaban cuatro devotos ancianos que no habían encontrado dónde dormir. Los llevó a una habitación situada en la parte norte del Kaḷari. La puerta estaba cerrada. Amma llamó y dos brahmachārīs somnolientos abrieron. Se habían ido a acostar antes de terminar el darśhan y, como dormían profundamente, no se habían dado cuenta de nada.

«Hijos, dejad que estas personas duerman aquí». Al decir esto, Amma dejó a los devotos a su cargo y se fue a su habitación. Los brahmachārīs les cedieron sus camas y luego fueron a sentarse al porche de la sala de meditación, cerca de la puerta, donde no estaban expuestos a la lluvia, que ya había amainado un poco.

Todos los brahmachārīs habían ido a vivir en presencia de la encarnación de la abnegación. Le habían entregado su vida. Y ahora, en todo momento, ella les enseñaba a vivir.

Jueves, 7 de agosto de 1986

Vairāgya

Hacia las dos y media de la tarde, Amma salió de la cabaña del darśhan y fue a su habitación, donde vio que le estaba esperando la brahmachāriṇī Saumya[18]. Hacía varios días que Saumya, de origen australiano, deseaba hablar con ella. Amma le había pedido que fuera aquel día. Se sentó en el suelo y Saumya le sirvió la comida.

Saumya: «Hace ya tiempo que quiero hacerle algunas preguntas a Amma. ¿Puedo hacerlas ahora?».

Amma: «De acuerdo, hija, pregunta».

Saumya: «Cuando siento que me he apegado a alguna cosa, decido no comprarla o no aceptarla. ¿Es eso vairāgya (desapego)?».

Amma: «Si ese apego te lleva a lo que es irreal, eso es vairāgya. Debemos conocer la verdadera naturaleza de cada cosa y comprender que las cosas materiales nunca pueden proporcionarnos la verdadera felicidad. Tal vez nos proporcione una satisfacción pasajera, pero al final siempre nos lleva al sufrimiento. Si lo entendemos plenamente, nuestra pasión por los objetos de los sentidos disminuirá automáticamente. Entonces nos será fácil apartar la mente de ellos.

»Un hombre al que le encantaba el pāyasam fue invitado a una fiesta de cumpleaños de un amigo. El pāyasam era el plato principal del banquete, así que nuestro hombre estaba muy contento. Tomó un tazón lleno de arroz con leche y lo probó: estaba delicioso. Las proporciones de arroz, leche y azúcar eran perfectas, y el cocinero le había añadido cardamomo, pasas y anacardos. Cuando estaba a punto de tomar otra cucharada, un geco cayó del techo directamente en el tazón. Aunque le encantaba el pāyasam, lo tiró entero. En el instante en que vio que el geco caía dentro,

[18] Swamini Krishnamrita Prana.

volviéndolo incomestible, perdió todo su interés en el dulce. Del mismo modo, cuando comprendamos que apoyarnos en los sentidos solo nos traerá sufrimiento, seremos capaces de evitar incluso aquello que normalmente tiene un gran atractivo para nosotros. Nos resultará fácil controlar la mente. Eso es vairāgya. Al ver una cobra, un niño, ignorando que es muy venenosa, tal vez intente atraparla; pero nosotros no lo haríamos, ¿verdad?

»Hija, es preferible adquirir desapego respecto a las cosas aprendiendo a conocer sus buenas y malas cualidades, en lugar de intentar apartar de ellas la mente a la fuerza. Entonces, el control de la mente vendrá de un modo natural».

Saumya: «Me parece que la verdadera felicidad viene del desapego, no de la dependencia de los objetos, de acumularlos o de disfrutarlos».

Amma: «¿Crees que la felicidad viene del desapego? No, no es así. La felicidad nace del Amor Supremo. Lo que hace falta para conocer el Yo, Dios, es el amor. Solo por el amor experimentarás el desapego total».

Saumya: «¿Entonces no tenemos que renunciar a nada?».

Amma: «No basta con tyāga (la renuncia). ¿Sientes alguna paz interior si estás enfadada con alguien? ¿Y no es verdad que solo estás verdaderamente en paz cuando amas? Eres feliz cuando aspiras el suave perfume de una flor. ¿Sentirías esa misma alegría si te taparas la nariz? ¿No es verdad que saboreas mejor el dulzor del azúcar cuando dejas que se funda en la boca? ¿Procede esa felicidad de vairāgya hacia el azúcar? No, procede del amor.

»Cuando ves excrementos, te tapas la nariz. Eso es aversión. Ahí no hay amor, ni felicidad alguna. Puedes llamarlo vairāgya cuando renuncias a las cosas mundanas, pensando: "Todo el gozo que me dan las cosas externas es transitorio y más adelante me hará sufrir. La felicidad que me proporcionan los objetos de este mundo no es duradera, es momentánea y, por lo tanto, irreal".

Pero para conocer la verdadera felicidad no basta con renunciar con vairāgya a las cosas ilusorias del mundo; también es necesario alcanzar lo Real por medio del amor. Esa es la vía que conduce a la felicidad eterna.

»No es necesario detestar el mundo ilusorio. A través del mundo irreal se puede aprender a llegar al mundo real, eterno. Lo que deseamos es el mundo eterno, y solo mediante el amor podemos expandirnos hacia ese estado. Cuando la Luna sale, todas las aguas de los lagos y de los mares de la Tierra se elevan hacia ella, por amor. La flor se abre para deleitarse con la caricia del viento, y eso también es por amor. Así que, ¿qué es lo que nos da felicidad? No el desapego, sino el amor».

Saumya (algo inquieta): «Yo no deseo la felicidad que viene de amar algo».

Amma: «Un buscador no ama algo separado de sí mismo. Ama a su propio Yo, presente en todo lo que le rodea. A medida que crece su amor a lo Eterno, su deseo de conocerle también aumenta en intensidad. De ese modo, cuando amamos lo Eterno, el verdadero vairāgya crece.

»Imagina que nos llega la noticia de que un amigo que vive lejos viene de camino para vernos . En cuanto sabemos que está viniendo y que puede llegar en cualquier momento, lo esperamos sin comer ni dormir. ¿No es nuestro amor por él el que nos hace esperarlo sin preocuparnos de comer ni de dormir?».

Saumya: «¿Qué es más importante, el autocontrol o el amor?».

Amma: «El verdadero autocontrol nace del amor. Sin amor, no puede haber autocontrol. El autocontrol sin amor nunca dura demasiado tiempo porque la mente se cansa y vuelve a su estado original. En cuanto supimos que nuestro amigo venía, renunciamos al alimento y al sueño por nuestro intenso deseo de verlo. Eso nace de nuestro amor por él. El autocontrol aparece naturalmente, y, gracias al amor, no nos parece un sacrificio o una prueba. Pero, sin amor, el autocontrol nos parecería una prueba terrible. Si nos saltamos una comida porque nos hemos impuesto esa restricción, solo pensaremos en la comida.

»Para desapegarse de una cosa, hace falta amar otra. Hija, si eres capaz de vivir aquí con paciencia y aceptación, es solo porque tienes amor por la meta del autoconocimiento. Las personas tienen en su interior deseos, ira, codicia, envidia y orgullo. ¿Cómo es posible, pues, que algunas personas sean capaces de controlar esas cualidades negativas y vivir aquí con una actitud de perdón y de fortaleza? Lo haces solo por amor al autoconocimiento. De lo contrario, se manifestarían todos esos rasgos negativos. Pero, gracias a ese amor, esos rasgos no pueden vivir y crecer en tu mente. Tu amor a la meta los mantiene a raya».

Saumya: «Si eso es así, ¿por qué eres tan estricta en lo concerniente a las reglas del āśhram? ¿No debería el desapego producirse espontáneamente?».

Amma: «Amma no ha dicho que tú no tengas necesidad de vairāgya. Tienes que practicar vairāgya, pero solo será completo por medio del amor. Al principio, las restricciones son absolutamente esenciales. En estos momentos aquí hay unos treinta renunciantes. Todos desean el conocimiento, pero su mente es esclava de su cuerpo. Desean conocer el Yo, pero les resulta difícil prescindir de las comodidades físicas. Por eso es necesario imponer algunas reglas.

»Si alguien tiene que marcharse muy temprano, pero no logra despertarse, tenemos que sacarle de su sueño, ¿verdad? Si un niño quiere ver salir el Sol, pero no consigue levantarse porque está preso de la comodidad corporal, su madre lo despierta.

»Tienes que estar de pie y alerta, dispuesta a encontrarte con el alba de lo divino. El tiempo no espera. Pero mis hijos no cumplen su deber. Si no están alerta, Amma tiene que despertarlos. De lo contrario, los estaría engañando gravemente. Amma encuentra que su severidad en este aspecto es su mayor acto de amor hacia sus hijos del āśhram».

Las reglas son importantes en un āśhram

Saumya: «A veces, las reglas del āśhram parecen muy severas».
Amma: «Las reglas son necesarias en un āśhram en el que viven muchas personas y es frecuentado por un gran número de visitantes. Por ejemplo, los chicos y las chicas no deben hablarse con demasiada libertad. Los residentes del āśhram deben dar ejemplo a los demás. Además, no todos los residentes tienen la misma naturaleza. Los hijos que acaban de llegar aún no tienen tanto autocontrol. Acaban de iniciar la sādhanā. Pero los hijos que están aquí desde el principio han adquirido un cierto control de su mente. Los recién llegados pueden confiarles sus dudas, no hay nada malo en ello; pero lo que dice Amma es que debe haber un límite. Hablad cuando sea necesario, no más».

Saumya: «Los días que tú nos despiertas estamos muy despabilados, Amma».

Amma: «Los hijos que aman a Amma y aspiran al conocimiento se levantan sin esperar a que los llamen. Cuando Amma vuelve a su habitación por la noche, tiene muchas cartas que leer. Después de eso, no puede acostarse antes de averiguar si hay suficiente verdura, arroz, dinero, etc. para el día siguiente. Si falta algo, tiene que dar instrucciones, decir lo que hay que comprar o hacer. También tiene que ocuparse de los visitantes, así como del programa diario de los hijos que viven aquí y de sus necesidades. Con todo eso, ¿cómo se puede esperar que Amma vaya habitación por habitación para despertaros?

»Si amáis a Amma, basta con que cumpláis cuidadosamente sus instrucciones. Amar a Amma es obedecerla. Debéis tener sed. Cuando tienes un guru, tu amor a él y a su institución y tu relación con él te ayudan a olvidarte de todo lo demás y a crecer hacia lo Infinito. La semilla tiene que enterrarse en el suelo para transformarse en árbol».

Saumya: «Amma, tú no sueles reñirme. ¿Por qué?».

Amma: «¿De verdad? ¿No te riño en el Kaḷari durante el Dēvī bhāva[19]?».

Saumya: «Solo un poco».

Amma (riéndose): «Hija, Amma solo encuentra un defecto en ti: no te levantas temprano por la mañana. Te acuestas después de haber trabajado mucho por la noche. Y te pasas toda la noche de pie en el Kaḷari durante el Dēvī bhāva. Además, te empeñas con sinceridad en alcanzar la meta del conocimiento. Deseas seguir la disciplina del āśhram con regularidad y nunca tratas de escapar de ella ocultándote o evitándola. Por tanto, no hay ninguna razón para reñirte».

Cómo eliminar los defectos

Saumya: «Aquí hay tanto chicos como chicas. ¿No es tu deseo que seamos amorosos con todos?».

Amma: «No es necesario plantarte delante de cada uno de ellos y mostrarle tu amor. Basta con no tener ningún sentimiento negativo, sea el que sea. El amor verdadero es la completa ausencia de sentimientos negativos hacia nadie. Al eliminarlos, brillará el amor, que siempre está presente en ti. Entonces no habrá distinciones, ninguna sensación de diferencia. ¿No has observado que los que ayer se amaban hoy se desprecian? Así que su amor nunca fue real. Donde hay apego, también hay ira. Nuestro objetivo es no tener ni apego ni ira. Ese es el verdadero amor. Además, hacemos servicio desinteresado, y ese es el amor más grande».

---

[19] Swamini Krishnamrita es quien suele servir a Amma durante el Dēvī bhāva.

Saumya: «Intento no tener sentimientos negativos hacia nadie».

Amma: «El apego y la aversión no son cosas que podamos simplemente elegir o descartar. Las burbujas que hay en el agua estallan si tratamos de recogerlas; es imposible agarrarlas. Del mismo modo, no podemos expulsar de nuestra mente los pensamientos y las emociones. Si intentamos reprimirlos, su fuerza se duplicará y nos crearán problemas. Solo la reflexión nos ayuda a eliminar nuestras emociones negativas. Examinemos nuestras tendencias negativas y debilitémoslas con buenos pensamientos. Es imposible eliminarlas por la fuerza.

»Si vertemos agua dulce en un vaso de agua salada y la seguimos vertiendo después de llenarlo, el contenido de sal disminuirá y acabaremos teniendo un vaso de agua dulce. Del mismo modo, solo cultivando buenos pensamientos podremos llegar a eliminar los malos.

»Es imposible desarraigar emociones como la ira y el deseo, pero podemos tener cuidado de no dejarles espacio alguno en nuestra mente. Hay que reconocer que somos instrumentos de Dios y cultivar la actitud de un servidor.

»De hecho, debemos pensar que somos unos mendigos. Un mendigo llega a una casa para pedir bhikṣhā. La gente de la casa puede decirle: "Aquí no hay bhikṣhā. ¡Márchate! ¿Por qué has venido aquí?". Pero, digan lo que digan, él no abre la boca. Piensa: "Solo soy un mendigo. No tengo a nadie en esta tierra a quien contarle mis penas. Solo Dios conoce mi corazón".

»Si intentara explicarle esto a esa familia, no lo entenderían, y él lo sabe. Si alguien se enfada con él, se aleja sin decir nada y va a la siguiente casa. Si ellos también se enfadan, prueba suerte con la casa siguiente, sin quejarse. Así debemos ser nosotros. En cuanto adoptamos la actitud de un mendigo, el ego desaparece en gran medida. Entonces sentimos que Dios es nuestro único refugio y las vāsanās negativas caen por sí solas. Solo nos volvemos más grandes que el más grande cuando intentamos ser más pequeños que el más pequeño. Cultivando la actitud de ser el servidor de todos, nos convertimos en el Señor del universo. Solo el que se inclina incluso ante un śhava (cadáver) se convierte en Śhiva».

Saumya: «Si tenemos algo que alguien necesita, ¿tiene algo de malo dárselo?».

Amma: «No lo hagas, hija. Eres una brahmachāriṇī. Has venido aquí para hacer sādhanā. Si quieres darle algo a alguien, dáselo a la oficina o a Amma, y ella se lo hará llegar a la persona que lo necesite. Si tú lo das directamente, tendrás la actitud de "yo doy", y te apegarás a esa persona. Por lo tanto, no lo des tú misma. Cuando llegues al nivel de un guru, ya no supondrá un problema porque en la mente no surgirán más pensamientos sobre esa persona. Pero, en esta etapa, no hay que mostrar el amor exteriormente, hay que alimentarlo en el interior. Cuando ya no hay más aversión u hostilidad, eso es el amor. Cuando desaparece de la mente hasta el menor rastro de aversión, la mente se convierte en amor. Se vuelve como el azúcar: cualquiera puede tomar un poco y saborear su dulzura, sin que tengas que dar nada.

»Si una mosca cae en el jarabe, muere. En la etapa en la que estás, los que acuden a ti para pedirte algo con un motivo impuro en la mente, que no percibes, son como las moscas. El acercarse a ti no los beneficia en absoluto. Solo se hacen daño a sí mismos y eso también te perjudica a ti.

»La polilla que se acerca a la lámpara busca alimento. La función de la lámpara es iluminar, pero las polillas acuden para comérsela. Perecen en su intento y pueden hacer que la lámpara también se apague. Por lo tanto, no hay que dar a los demás la ocasión de destruirse a sí mismos y a nosotros. Estamos llenos de compasión, pero los que acuden a nosotros tal vez sean muy diferentes. Si en el futuro ocupas un puesto de responsabilidad en un āśhram o gurukula, algunos podrán acudir a ti con intenciones no muy puras. Si para entonces has progresado lo suficiente, tu amor destruirá sus pensamientos impuros. Aunque un elefante caiga en un incendio forestal, este no se ve afectado[20]. Pero, en la etapa en la que estás, tu amor solo alentará la debilidad de los demás».

Saumya: «¿Entonces debemos tener mucho amor dentro de nosotros, pero sin manifestarlo?».

Amma: «Amma no dice que no tengas que mostrarlo, sino que tienes que comportarte según el dharma de un āśhram. Debes tener siempre en cuenta las circunstancias. Si los visitantes ven que los brahmachārīs y las brahmachāriṇīs hablan entre sí, ellos harán lo mismo. Ignoran cuán puro es vuestro corazón. Además, no tenéis que hablar entre vosotros, el amor no implica eso. Amar significa no tener absolutamente ningún sentimiento negativo».

Saumya: «Cuando hablamos entre nosotros, es sobre temas espirituales, preguntas que tenemos sobre las enseñanzas».

Amma: «Pero la gente no lo sabe, hija. Los testigos solo ven una conversación entre un brahmachārī y una brahmachāriṇī. Cuando la gente ve a un hombre y a una mujer hablando, lo interpretan mal. Así es el mundo de hoy».

(Saumya tenía tanta compasión que daba todo lo que le pedían. Muchos visitantes habían empezado a pedirle dinero para el viaje de vuelta en autobús. Amma le prohibió a Saumya que siguiera dando de esa forma porque algunos habían intentado aprovecharse de ella. Además, pedir dinero a los residentes iba contra las normas del āśhram. Al principio Saumya estaba contrariada, pero ahora estaba satisfecha con la explicación de Amma).

---

[20] El fuego simboliza aquí al sādhak avanzado, mientras que el elefante representa los pensamientos impuros de los demás.

Cómo distinguir entre el bien y el mal

Saumya siguió haciendo preguntas: «He hecho cosas creyendo que estaban bien, pero resultó que estaban mal, y en el momento no lo sabía. ¿Cómo puedo distinguir el bien del mal y actuar correctamente?».

Amma: «Por el momento, sigue las instrucciones de Amma. Escribe tus sentimientos, por ejemplo: "He tenido este mal pensamiento" o "me he enfadado con tal persona". Después pídele a Amma que te ayude, y corrígete.

»Amma dice a los hijos que viven aquí que al principio los brahmachārīs y las brahmachārinīs no deben hablar entre sí. Sin embargo, al cabo de un cierto tiempo de sādhanā, ya no constituye un problema. Amma no es tan estricta prohibiendo a sus hijos occidentales hablar entre ellos porque vienen de otro mundo. En su cultura, no existe la misma diferencia entre hombres y mujeres».

Saumya: «Cuando obtenemos el resultado previsto de una acción, ¿se debe a que la actitud interior es la correcta, o es solo el fruto de la acción externa?».

Amma: «Se debe a la pureza de nuestra resolución mental. Pero tenemos que prestar atención a la acción en sí y observar el resultado. Hace falta práctica para actuar con una actitud mental pura».

Saumya: «¿Nos perdonará Dios todas nuestras faltas?».

Amma: «Él nos perdona hasta cierto punto, pero no más allá. Nos perdona las faltas que cometemos sin saberlo porque, después de todo, no somos conscientes de esos errores. Pero, si hiciésemos el mal de forma consciente, Él no lo toleraría más allá de cierto límite. Entonces nos castigaría. El bebé llama a su padre "da, da". El padre sabe que su pequeño le llama y eso le hace reírse. Pero, si el niño sigue llamándole así cuando ya ha crecido lo suficiente para saber hablar, su padre ya no se reirá; le dará un azote. Del mismo modo, si obramos mal sabiendo perfectamente que lo estamos haciendo, Dios nos castigará con toda seguridad. Pero hasta ese castigo es una forma de gracia. Dios puede castigar a un devoto hasta por una ligera falta, para que no la repita nunca más. Ese castigo viene de la compasión ilimitada de Dios por el devoto y su finalidad es salvarle. Es como una luz en las tinieblas.

»Un muchacho tenía la costumbre de saltar por encima de una valla de alambre de púas para ir a casa del vecino. Su madre le advirtió: "Hijo, no saltes la valla porque, si te resbalas, te vas a cortar. Toma el camino normal, aunque sea un poco más largo". El chico protestó: "Pero mamá, hasta ahora no me ha pasado nada", y siguió tomando el atajo. Un día, al saltar la valla, se cayó y se hirió en el pie. Fue a su madre llorando. Ella lo consoló con mucho amor, le curó la herida e insistió en que no volviera a saltar la valla. Pero el muchacho le desobedeció, volvió a caerse y de nuevo se hirió. Acudió de nuevo a su madre llorando, pero esta vez le dio unos azotes antes de curarle las heridas.

»Si el muchacho hubiese sentido verdadero dolor la primera vez que se cayó, no habría repetido su error. La segunda vez que llegó llorando, su madre le dio unos azotes, no por estar enfadada, sino por amor. Del mismo modo, los castigos que Dios nos envía por su compasión tienen como fin impedirnos seguir actuando mal.

»Hay lápices que tienen una goma en uno de los extremos para poder borrar enseguida nuestras faltas. Pero si nos equivocamos siempre en el mismo punto, a fuerza de intentar borrarlos, el papel terminará por romperse».

Amma acabó de comer. Se lavó las manos y volvió a sentarse.

Saumya: «Cuando pienso en algo, al principio me parece bien, pero poco después pienso que tal vez estuviera mal. Me resulta difícil tomar decisiones. Siempre tengo dudas sobre lo que está bien y lo que está mal».

Amma: «Si no somos capaces de distinguir entre el bien y el mal, pidamos la opinión de un guru o de alguna otra persona sabia. Entonces veremos con claridad el camino recto. Es difícil hacer progresos sin entregarse a una persona que pueda guiarnos hasta la meta, o tener fe en ella. Cuando conocemos a un ser así, capaz de indicarnos cómo actuar, debemos cultivar una actitud de entrega a él y seguir sus consejos. Si no encontramos a una persona así, debemos leer libros espirituales para informarnos sobre la meta de la vida y el camino que hay que seguir. Si nuestro anhelo es sincero, encontraremos sin duda a un guru. Pero no basta con haber encontrado a un guru. Si queremos progresar, tenemos que entregarnos completamente a él. Es imposible avanzar si criticamos al guru cuando nos señala nuestros errores o nos riñe».

Saumya: «¿De qué modo se convierten los deseos en obstáculos para las prácticas espirituales?».

Amma: «Imagina que la tubería conectada a un grifo está llena de agujeros. Por el grifo saldrá solamente un hilo de agua. Del mismo modo, si la mente contiene deseos egoístas, no llegaremos a concentrarnos totalmente en Dios y no conseguiremos acercarnos a él. ¿Cómo va a cruzar el mar alguien que no puede ni cruzar un arroyo? Es imposible alcanzar el estado supremo sin renunciar a todo egoísmo».

Saumya: «Entre el japa, la meditación y la oración, ¿cuál de estas prácticas es la más eficaz para eliminar las vāsanās?».

Amma: «Todos esos métodos nos ayudan a superar las vāsanās. Si oramos con una concentración total, eso basta. Pero algunos oran todo el tiempo, sin concentración. Por eso empleamos otros métodos como el japa, la meditación y el canto devocional. De esa forma, podemos mantener constantemente vivo el recuerdo de

Dios. Si plantamos semillas, tenemos que abonarlas, regarlas con regularidad, protegerlas de los animales y destruir los gusanos e insectos que las atacan. Todo eso sirve para mejorar la cosecha. Del mismo modo, las diferentes prácticas espirituales que realizamos sirven para acelerar nuestro avance hacia la meta».

Saumya: «Amma me pidió que recitara Ōm namaḥ Śhivāya de siete a ocho de la tarde, así que no podré participar en los bhajans».

Amma: «No te preocupes, hija. Amma le pedirá a otra persona que se ocupe de ese turno».

Amma miró el reloj que estaba en la pared. Eran las cinco menos cuarto. Dijo: «Pronto será la hora de los bhajans. Ahora Amma se bañará. Hija, siempre que tengas problemas, ven a hablar de ellos con Amma».

Saumya se postró ante Amma, con el rostro radiante por la alegría de haber podido hablar tanto tiempo con ella y haber aclarado sus dudas.

Poco después, Amma fue al Kaḷari y comenzaron los bhajans que siempre precedían el Dēvī bhāva. La misma Amma que, bajo el aspecto de guru, había dedicado tanto tiempo a responder pacientemente a las preguntas de su discípula, adoptaba ahora el papel de una devota que derramaba el anhelo de su corazón en forma de canciones. Cantaba con todo su ser, olvidando todo lo demás en el éxtasis de la devoción.

Miércoles, 20 de agosto de 1986

Venced la ira

Todos habían trabajado sin descanso desde la mañana en el āśhram. Era el final de la tarde. Había que limpiar el terreno del āśhram y transportar los materiales de construcción necesarios para hacer cemento para el nuevo edificio. Amma estaba ayudando a llevar unas barras de acero. Su sari blanco estaba todo manchado de algas verdes de las barras húmedas.

Un devoto que trabajaba en Rajastán (estado del noroeste de la India) había llegado la noche anterior. Tenía mal carácter y había estado rezando para que Amma le ayudara a dominar su ira. Amma, que vive dentro de todos, lo sabía. Se volvió hacia él con una sonrisa y dijo: «Hijo mío, Amma siente que en tu interior hay demasiada ira. Si te enfadas de nuevo, pon una foto de Amma delante de ti y ríñela. Dile: "¿Esta ira es todo lo que obtengo al adorarte? ¡Tienes que quitármela ahora mismo! Si no, voy a..." Luego tomas una almohada y la golpeas con los puños, imaginando que es Amma. Si lo deseas, puedes incluso tirarle barro a Amma. Pero no te enfades con los demás, hijo».

El amor de Amma hizo que se le saltaran las lágrimas.

Al atardecer, el trabajo estaba casi terminado. Ahora Amma acarreaba piedras. Sus hijos protestaron al verla levantar la piedra más grande y colocársela sobre la cabeza. Intentaron disuadirla, insistiendo en que solo cargara las piedras más pequeñas. Pero ella sufría al ver que sus hijos levantaban las más pesadas. Les dijo: «Ningún dolor físico es tan terrible como el sufrimiento mental».

El duro trabajo se transformaba en una forma de adoración. Todos intentaban llevar cargas más pesadas de lo que podían levantar. Las gotas de sudor caían como flores de adoración a los pies de la Madre del universo, flores que contenían las semillas doradas de una era nueva.

Sábado, 23 de agosto de 1986

Amma se encontraba en el maṇḍapam del Kaḷari con algunos devotos seglares. Entre ellos estaba una mujer, Vijayalakshmi, casada desde hacía alrededor de un año. Uno de sus amigos la había llevado recientemente a conocer a Amma. Desde el primer momento la adoró y tuvo una completa fe en ella. Desde entonces iba a visitarla con regularidad, pero su marido no tenía mucha fe en Amma. Aunque la espiritualidad no le interesaba, no se oponía a las visitas de su mujer. Después de conocer a Amma, a Vijayalakshmi dejó de interesarle su apariencia externa. Guardó sus adornos y sus saris lujosos para vestir solamente de blanco. Pero su marido no estaba de acuerdo, ya que era un ingeniero de éxito que contaba con un amplio círculo de amistades.

Amma: «Hija, si solo te vistes de blanco, ¿no se disgustará mi hijo?».

Vijayalakshmi: «No importa, Amma. He guardado todos los demás saris y blusas. Quiero darlo todo a la gente que lo necesite. Tengo mucha ropa que no me hace falta».

Amma: «No hagas eso por ahora, hija. No hagas nada que pueda lastimar a tu marido. Tienes un determinado dharma, no lo descuides. De todas formas, mi hijo no se opone a tus visitas. ¿No es eso estupendo?».

Vijayalakshmi: «Amma, él tiene tiempo para un centenar de cosas, pero no tiene tiempo para venir a verte, ni una sola vez. Durante años me he arreglado y lo he acompañado a todas partes, pero se acabó. Estoy cansada de esos lujos y esa parafernalia. Este sari y esta blusa de algodón me van perfectamente».

Amma: «No hables así, hija. Es verdad que no viene a ver a Amma; sin embargo, tiene mucha devoción».

Vijayalakshmi: «¿Qué quieres decir? Se niega a ir a ningún templo. Cuando le pedí que me acompañara al templo de Guruvayūr, respondió: "Cuando era estudiante, decidí no poner jamás un pie en un templo; pero por tu culpa he roto esa promesa una vez. Tu familia es tan piadosa que me he visto obligado a romperla". Amma, tengo que soportar que se queje del hecho de habernos casado en el templo».

Amma se rió y repuso: «Hija, tal vez no viene aquí ni va al templo, pero tiene buen corazón. Es compasivo con los que sufren, y eso basta. Hija, no hagas nada que le contraríe».

En el rostro de Vijayalakshmi se leía la decepción.

Amma: «No te preocupes. ¿No es Amma la que te da este consejo? Si solo te vistes de blanco, él se enfadará. ¿Qué les dirá a sus amigos? Usa el color blanco solo para venir aquí, pero en casa o cuando viajes con él, usa tu ropa y tus adornos acostumbrados. De lo contrario, la gente le culpará, ¿no es así? Tu marido también es hijo de Amma. No te preocupes, hija».

Vijayalakshmi no respondió, pero la expresión de su rostro mostraba que había aceptado las palabras de Amma.

Realizar acciones

Otro devoto, Ramachandran, hizo una pregunta: «Muchos libros dicen que en los antiguos gurukulas daban mayor importancia a realizar acciones que a hacer sādhanā. Las upaniṣhad afirman que el karma yōga no basta para obtener el autoconocimiento; no obstante, los gurus confiaban a los nuevos discípulos la tarea de cuidar del ganado o cortar leña durante los diez o doce primeros años. ¿Por qué lo hacían?».

Amma: «Es imposible purificar la mente sin dedicarse a la acción desinteresada. El altruísmo es la primera cualidad necesaria para una persona espiritual. Ciertas tareas le eran confiadas al discípulo para comprobar su desinterés. Si realizaba el trabajo con un espíritu de altruismo y de sacrificio, demostraba la firmeza de su resolución de alcanzar la meta. Si el discípulo se entrega a las palabras del guru, se convierte en rey de reyes; esta actitud hace de él el soberano de los tres mundos.

»Antes de aceptar a un aspirante como discípulo en el verdadero sentido de la palabra, es preciso ponerlo a prueba adecuadamente. Un maestro auténtico solo aceptará a un nuevo discípulo después de esas pruebas.

»Después de todo, alguien que se ha pasado la vida vendiendo cacahuetes está a punto de encargarse de una tienda de diamantes. Antes, si perdía un cacahuete no importaba mucho, pero un diamante es infinitamente más valioso. Una persona espiritual sirve para proporcionar paz y felicidad al mundo. El deber del guru es poner a prueba al discípulo y ver si posee la śhraddhā y la madurez necesarias; de lo contrario, el discípulo hará más daño que bien.

»Un joven llegó un día a un āśhram, esperando quedarse a vivir allí. El guru trató de disuadirlo, diciéndole que aún no era el momento para ello; pero el joven se negó a volver a casa. El guru acabó cediendo. Le asignó al nuevo discípulo la tarea de cuidar de un huerto de frutales que no estaba lejos del āśhram.

»Cuando el joven volvió por la noche al āśhram después de haber cumplido con su misión, el guru le preguntó: "¿Qué has comido hoy?". El discípulo respondió: "He comido algunas manzanas que cogí de los árboles". El maestro le reprendió: "¿Quién te ha dado permiso?". El discípulo no contestó.

»Al día siguiente, el discípulo volvió al trabajo. Esta vez, no tomó ningún fruto, se conformó con recoger lo que había caído de los árboles. Por la noche, el guru volvió a reñirle. Al día siguiente, no comió nada de fruta. Cuando se sintió muy hambriento, comió los frutos de una planta silvestre; pero resultó que era venenosa. Se desmayó y se quedó tumbado en el huerto, incapaz de levantarse.

»Ahí tumbado, imploró a gritos el perdón de su guru. Al oír sus gritos, acudieron algunos discípulos y lo encontraron. Le dieron un poco de agua, pero él la rechazó, diciendo que no aceptaría nada de beber ni de comer sin la autorización del guru. Entonces Dios apareció y le dijo: "Te devolveré tu fuerza y te llevaré hasta tu guru". El discípulo replicó: "¡No, Dios! Solo quiero que me des fuerza si mi guru está de acuerdo". El discípulo había llegado a tal grado de entrega que el propio guru acudió a él y lo bendijo. El discípulo recuperó enseguida sus fuerzas. Se postró ante el guru y se levantó.

»Esa es la clase de pruebas a las que los gurus de otros tiempos sometían a los que aspiraban a convertirse en sus discípulos».

La paciencia

Ramachandran: «Amma, al observar la forma de comportarte con tus hijos, da la sensación de que tus reprimendas les ayudan más a crecer que tus elogios».

Amma: «El discípulo debe sentir tanto devoción al guru como sobrecogimiento ante él para adquirir una disciplina y una humildad adecuadas. Al principio, los niños pequeños aprenden sus lecciones por temor al maestro. Cuando inician los estudios superiores, estudian por iniciativa propia porque tienen un objetivo claro en la vida.

»La paciencia es la única cualidad indispensable desde el principio hasta el final de la vida espiritual. Antes de que el árbol pueda crecer, la cáscara que envuelve la semilla tiene que romperse. Del mismo modo, antes de conocer la realidad tenéis que desembarazaros del ego. El guru somete al discípulo a muchas pruebas para ver si este ha acudido a él movido por un entusiasmo momentáneo o por verdadero amor a la meta. Igual que los exámenes sorpresa de la escuela, el guru realiza sus pruebas sin avisar. El deber del guru es comprobar el grado de paciencia, desinterés y compasión del discípulo. Observa si el discípulo se siente impotente en determinadas situaciones o si tiene la fortaleza necesaria para sobrevivir a diferentes situaciones difíciles. El discípulo está destinado a guiar al mundo en el futuro. Millares de personas pondrán en él su confianza y debe poseer un determinado grado de fortaleza, madurez y compasión para no decepcionarles. Si el discípulo se presenta ante el mundo desprovisto de esas cualidades, le estará traicionando gravemente.

»El guru somete al alumno a numerosas pruebas para moldearlo. Un guru le dio un día una gran roca a su discípulo y le pidió que hiciera una imagen con ella. En poco tiempo, renunciando incluso a comer y a dormir, este había esculpido una estatua. La depositó a los pies del guru, se postró con las palmas unidas y se apartó.

»El guru miró la escultura y la arrojó al suelo, haciéndola pedazos. "¿Es así como se hace una estatua?", preguntó encolerizado. El discípulo miró la escultura rota y pensó: "He trabajado durante días para esculpir esta estatua, sin parar a comer ni a dormir, y, sin embargo, no ha dicho ni una palabra de elogio". Conociendo sus pensamientos, el guru le dio otra roca y le pidió que lo intentara de nuevo.

»El discípulo trabajó con gran ahínco y esculpió una estatua aún más bella que la anterior; se la llevó al guru, seguro de que esta vez quedaría satisfecho. Pero el rostro del guru enrojeció de cólera al ver la nueva escultura. "¿Es que te burlas de mí? ¡Esta es aún peor que la primera!". Diciendo esto, al guru arrojó la estatua al suelo, y de nuevo se hizo añicos. El guru observó el rostro del discípulo; este mantenía baja la cabeza, en señal de humildad. No estaba enfadado sino triste. El guru le dio otra roca para que hiciera una nueva estatua.

»El discípulo obedeció y se puso manos a la obra con gran cuidado. El resultado fue espléndido. Una vez más, puso la escultura a los pies del guru. En cuanto la vio, el guru la tomó y la lanzó contra un muro, reprendiendo duramente al discípulo. Sin embargo, esta vez este no sintió resentimiento ni tristeza ante la reacción del guru porque había adquirido una actitud de completa entrega. Pensó: "Si esa es la voluntad de mi guru, que así sea; todo lo que hace mi guru es por mi bien". El guru le dio otra roca y el discípulo la recibió con alegría. Volvió con otra magnífica estatua, y de nuevo el guru la hizo pedazos. Pero esta vez, no hubo ningún cambio emocional en el discípulo. El guru estaba satisfecho. Abrazó al discípulo, le puso las manos sobre la cabeza y lo bendijo.

»Una tercera persona, al observar las acciones del guru, se habría asombrado por su crueldad o habría pensado que estaba loco. Solo el guru y el discípulo, que se entregó a él, podían saber lo que realmente ocurría. Cada vez que rompía una estatua, el guru esculpía en realidad una verdadera imagen de Dios en el corazón del discípulo. Lo que rompía era su ego. Solo un sadguru es capaz de ello, y solo un verdadero discípulo puede saborear el gozo que de ello se deriva.

»El discípulo debe comprender que el guru sabe mejor que él lo que le conviene o le perjudica, y lo que está bien o mal en general. No hay que acudir nunca a un maestro por un deseo de gloria, sino con el objeto de entregarse a él. Si nos enfadamos con el guru porque no nos elogia, debermos reconocer que aún no estamos preparados para ser discípulos y roguemos para que él elimine esa ira. Comprendamos que cada una de sus acciones es por nuestro bien.

»Si el discípulo de la historia hubiese dejado al guru, sintiendo que su trabajo no recibía los elogios que merecía, las puertas de la felicidad eterna habrían quedado cerradas para él. Los gurus encargan distintos trabajos a sus discípulos porque saben que la meditación sola no les ayudará a desarrollar la paciencia y madurez requeridas. Las cualidades que se consiguen mediante la meditación deben manifestarse en nuestras acciones. Si solo estamos en paz cuando meditamos y no en otros momentos, eso no demuestra una verdadera espiritualidad. Debemos ser capaces de ver toda acción como una forma de meditación. De ese modo el karma (acción) se convierte en verdadero dhyāna (meditación)».

Vijayalakshmi: «Amma, uno de mis amigos acaba de recibir mantra dīkṣhā (iniciación al mantra) en el Ramakrishna Ashram. Amma, ¿qué objeto tiene la mantra dīkṣhā?».

Amma: «La leche no se convierte por sí sola en yogur. Para que el proceso empiece, hay que añadirle un poco de yogur, de lo contrario nunca obtendremos yogur. Del mismo modo, el mantra dado por un guru despierta el poder espiritual en el discípulo.

»De hecho, igual que el hijo recibe la vida de la semilla de su padre, el discípulo vive gracias al prāṇa del guru. El prāṇa (aliento vital) que el guru infunde en el discípulo y la resolución que adopta en el momento de iniciación ayudan al discípulo a alcanzar la perfección. Durante la iniciación, el guru conecta al discípulo al hilo que está en el interior del guru».

Vijayalakshmi: «¿Amma, me darías un mantra?».

Amma: «La próxima vez que vengas, hija».

Un grupo de devotos llegó, se unió al grupo y se sentó alrededor de Amma. Uno de ellos mencionó a un sannyāsī que acababa de llegar al mahāsamādhi (dejar su cuerpo).

Devoto: «Fui a ver cuando lo enterraban; construyeron una celda llena de sal, alcanfor y cenizas sagradas, y en ella depositaron el cadáver».

Ramachandran: «¿Se comerán los gusanos el cadáver, a pesar de la sal y el alcanfor?».

Otro devoto: «He oído decir que Jñānadēva (santo y poeta místico del siglo XIII) dio su darśhan a un devoto en sueños muchos años después de su mahāsamādhi. En el sueño, Jñānadēva le pedía al devoto que abriera la tumba donde reposaban sus restos. Él obedeció y descubrió que las raíces de un árbol envolvían el cuerpo y lo estaban presionando. El cuerpo no mostraba signos de descomposición. Retiraron las raíces y volvieron a cerrar la tumba del samādhi».

Amma: «Cuando la vida se ha ido, ¿qué más da? ¿Nos afecta si los gusanos aparecen en los excrementos que nuestro cuerpo desecha? El cuerpo es justo así, es perecedero. Solo el alma es eterna».

Un devoto le contó a continuación a Amma una historia sobre el āśhram que había leído en un periódico. Se trataba del caso de Shakti Prasad, un joven que había venido al āśhram para hacerse brahmachārī. Su padre, musulmán, intentaba obligarle a volver al hogar y había entablado un juicio en el Tribunal Supremo para impedir que se fuera a vivir al āśhram[21].

Amma susurró «¡Śhiva!», y después guardó silencio un ratito. Al final, riéndose, dijo: «Contémoselo al Antiguo. Pero está en profunda meditación y nada de esto le afecta. Tiene un ojo más que todos los demás, pero no parece mirar lo que ocurre. No baja hasta nosotros, de modo que somos nosotros los que tenemos que luchar».

Devoto: «Amma, ¿qué quieres decir?».

Amma: «El tercer ojo de Śhiva es el ojo de jñāna, el Conocimiento Supremo. Él está en jñāna bhāva (el estado de Conocimiento). Nada lo afecta. Sin embargo, Amma es la Madre. Ve a todos los seres como a sus propios hijos y le mueve la compasión».

Mientras Amma hablaba, un brahmachārī se sentó a su lado. Las lágrimas le caían por la cara. Estaba preocupado porque le habían dicho que Amma se iría de gira a los Estados Unidos. No se sentía desdichado porque Amma fuese a otro país; simplemente no podía soportar la idea de estar separado de ella durante tres meses. La noticia del viaje de Amma al extranjero había

---

[21] El padre de Shakti Prasad perdió este juicio. El dictamen del Tribunal Supremo sentó jurisprudencia en la India, concediendo al individuo el derecho de elegir libremente su religión.

sembrado la tristeza en todo el āśhram. Era la primera vez que se ausentaría tanto tiempo. Aún quedaban varios meses para la gira, pero muchos residentes del āśhram rompían a llorar cada vez que se acordaban.

Amma se volvió hacia el brahmachārī y le enjugó suavemente las lágrimas. Le dijo: «Hijo mío, en esos momentos es cuando Amma ve y se da cuenta de quienes de entre vosotros están a la altura. Quiere saber si seréis capaces de mantener vuestro lakṣhya bōdha y vuestra disciplina, incluso en su ausencia».

En ese instante, el amor maternal de Amma cedía el paso a su deber como guru que instruye a sus discípulos. Y, sin embargo, la corriente divina de su amor parecía a punto de desbordarse, porque su corazón siempre se conmovía al ver llorar a sus hijos. Incluso su papel como guru quedaba muy suavizado por su cariño maternal.

Capítulo 11

Lunes, 25 de agosto de 1986

Kuttan Nair, de Cheppad (una población situada a unos 20 km al norte del āśhram), era un seglar devoto de Amma. Al principio, cuando conoció a Amma, creía como muchos otros que durante el Dēvī bhāva la Madre divina venía a ocupar el cuerpo de Amma. Pero, al observar el comportamiento de Amma después de cada Dēvī bhāva, poco a poco se fue convenciendo de que la presencia de la Madre divina brillaba siempre en ella. Cuando su hijo mayor Srikumar se fue a vivir permanentemente al āśhram, Amma hacía visitas frecuentes a la casa del señor Nair. Siempre era una fiesta para los hijos de esa familia. Amma se alojaba en una habitación en la parte sudeste de la casa, en la que meditaba a menudo. Siempre que iban, Amma y sus hijos cantaban bhajans en la sala de pūjā de la casa y Amma realizaba una pūjā.

Amma había aceptado pasar esa mañana en casa de los Nair de camino a Kodungallur. Pero ya era cerca del mediodía y Amma y sus hijos no habían llegado. Nadie había comido, esperando la llegada de Amma. Casi al final de la mañana, llegaron a la conclusión de que Amma había decidido no visitarlos. ¿Qué iban a hacer con toda la comida que habían hecho para Amma y su grupo?

Kuttan Nair fue a la sala de pūjā y cerró la puerta. Oyó gritos afuera, pero los ignoró. Miró la foto de Amma y se quejó mentalmente: «¿Por qué nos has hecho esperarte en vano?».

Justo entonces oyó la voz de Amma, clara como el tañido de una campana.

«¿Cómo podíamos haber llegado antes? Mira lo difícil que es para una familia, con solo dos hijos, salir de viaje. Había muchas cosas que solucionar en el āśhram, sobre todo si vamos a estar fuera dos días. Multitud de cosas reclaman atención. Hay obreros, y había que tamizar la arena. También había que consolar a los hijos que no venían. ¡Tantas cosas qué hacer...!».

Un brahmachārī explicó: «Amma salió de su habitación a las siete de la mañana y dio darśhan muy temprano a los devotos. Después vino a ayudarnos a descargar dos barcas de arena y transportarlas al āśhram. Para entonces ya eran las once, y deberíamos haber salido para Kodungallur por la mañana temprano. Salimos volando, sin comer siquiera».

Tampoco en ese momento tenían tiempo para comer. Amma fue directamente a la sala de pūjā, cantó algunos kīrtans e hizo una pūjā. Cuando salió, los niños la rodearon.

Ella solo les dijo: «Amma volverá en otra ocasión. Ahora no tiene tiempo». Los niños parecían desilusionados. En esta época ya no tenían ocasión de jugar con Amma como antes. Amma acarició y consoló a todos y les dio caramelos. Le empaquetaron el desayuno y lo subieron a la furgoneta. Amma dio darśhan a todos y reanudó el viaje con sus discípulos. Su idea era desayunar durante el viaje.

El brahmachārī Balu esperaba a Amma en los alrededores de Ernakulam. Había ido allí la víspera para resolver algunos asuntos del āśhram. Le comunicó a Amma que un devoto de Ernakulam la esperaba, confiando que fuese a visitarle a su casa.

Amma: «¿Cómo vamos a ir allí? Los hijos de Kodungallur querían que Amma viniese el viernes y el sábado pasados, pero hemos tenido que posponer la visita hasta hoy porque uno de mis hijos tenía que volver a Europa el domingo. Mañana tenemos que ir a Ankamali (una población situada unos 150 km al norte del āśhram), y por eso la visita de dos días ha quedado reducida a una jornada. Si no llegamos a Kodungallur lo antes posible, estaremos causando un perjuicio a las personas de allí. Así que es imposible ir a ningún otro lugar. Hemos traído provisiones para comer por el camino y ahorrar el tiempo de detenernos en la casa de alguien».

La furgoneta se puso en marcha; los brahmachārīs no perdieron tiempo y empezaron a hacerle preguntas a Amma.

Brahmachārī: «Amma, ¿es posible alcanzar la meta solo con la sādhanā y el satsaṅg, sin la ayuda de un guru?».

Amma: «No se puede aprender a reparar una máquina solo leyendo un libro. Hay que ir a un taller y ser formado por alguien que conozca el trabajo, una persona experimentada. Del mismo modo, necesitas un guru que pueda indicarte los obstáculos que vas a encontrar en el curso de la sādhanā y la manera de superarlos para alcanzar la meta».

Brahmachārī: «Las escrituras hablan constantemente de esos obstáculos. ¿No basta con leerlas y hacer la práctica siguiendo sus indicaciones?».

Amma: «La etiqueta de un medicamento puede señalar la dosis, pero no hay que tomar la medicina sin la orientación directa del médico. La etiqueta contiene indicaciones generales, pero un médico elige el medicamento que te conviene, la cantidad que debes tomar y la forma de hacerlo, según tu constitución y tu estado de salud. Si no tomas la medicina correctamente, puede hacerte más mal que bien. Del mismo modo, los satsaṅgs y los libros te proporcionan ciertos conocimientos de espiritualidad, pero puede resultar peligroso hacer una práctica espiritual seria sin la ayuda de un guru. Es imposible alcanzar la meta sin un sadguru».

Brahmachārī: «¿No basta con tener un guru? ¿Es necesario vivir cerca de él?».

Amma: «Hijo, cuando transplantamos un retoño, llevamos un poco de la tierra donde ha crecido para ayudarle a aclimatarse a sus nuevas condiciones de vida; de lo contrario le puede costar echar raíces en el nuevo terreno. La presencia del guru es como la tierra del suelo de origen que ayuda a la planta a adaptarse. Al principio, el buscador tendrá dificultades para hacer la sādhanā con regularidad. La presencia del guru le da fuerza para vencer todos los obstáculos y permanecer con firmeza en la vía espiritual.

»Los manzanos solo crecen en determinadas condiciones climáticas. Hay que regarlos, abonarlos y destruir las plagas que atacan a los árboles. Igualmente, en un gurukula, un sādhak se encuentra en el entorno más propicio para las prácticas espirituales y el guru le protege de todos los obstáculos».

Brahmachārī: «¿No basta con hacer el tipo de sādhanā que más nos guste?».

Amma: «El guru indica la sādhanā que más le conviene al discípulo. Decide si el discípulo debe practicar contemplación o servicio desinteresado, o si bastarán el japa y la oración. Algunos carecen de la constitución idónea para las prácticas yóguicas y otros no pueden meditar mucho tiempo. Si ciento cincuenta personas suben a un autobús con capacidad para veinticinco, ¿qué ocurrirá? No podemos usar una pequeña batidora del mismo modo que una trituradora industrial. Si la hacemos funcionar sin parar durante mucho tiempo, se calentará y se averiará. El guru indica las prácticas espirituales adecuadas para la constitución física, mental e intelectual de cada uno».

Brahmachārī: «Pero, ¿meditar no es bueno para todo el mundo?».

Amma: «El guru conoce mejor que nosotros el estado de nuestro cuerpo y de nuestra mente. Da instrucciones adecuadas según las capacidades del aspirante. Si no lo entendéis y os ponéis a hacer sādhanā partiendo de informaciones sacadas de aquí y de allá, puede ocurrir que perdáis vuestro equilibrio mental. Demasiada meditación recalienta la cabeza y también puede provocar insomnio. El guru instruye al discípulo según su naturaleza, le indica en que parte del cuerpo debe concentrarse durante la meditación y cuanto tiempo debe meditar.

»Si vamos a un lugar y viajamos con un compañero que vive allí y conoce el camino, llegaremos fácilmente a nuestro destino. Si no, un trayecto de una hora puede durar diez. Incluso teniendo un mapa podemos extraviarnos, o incluso ser atacados por ladrones. Pero, si viajamos con alguien que conoce el camino, no tenemos nada que temer. Su papel se parece al que desempeña el guru en nuestra práctica espiritual. En cualquier etapa de la sādhanā puede surgir un obstáculo y nos resultará difícil continuar sin un guru. Estar en presencia de un sadguru es el verdadero satsaṅg».

Al oír a Amma hablar de temas espirituales, sus hijos perdían la noción del tiempo; pero Amma se daba cuenta mejor que ellos del hambre que tenían. «¿Qué hora es, hijos?», preguntó.

«Las tres, Amma».

«Detén la furgoneta cuando veas un lugar con sombra».

Se detuvieron para comer al borde de la carretera, a la sombra de un árbol. Los brahmachārīs recitaron el decimoquinto capítulo de la Gītā. Incluso viajando, Amma insistía en la costumbre de recitar la Gītā antes de comer. Después les sirvió a todos el almuerzo, consistente en arroz y chammandi (chutney de coco). Fueron a buscar agua a una casa vecina.

Durante la comida, una pareja pasó en moto a gran velocidad. Señalando a la pareja, Amma preguntó: «¿Queréis viajar así con alguien? Esos deseos tal vez podrán surgir; pero, si aparecen, desechadlos de inmediato con la ayuda de la contemplación.

Podéis imaginar que lanzáis a la mujer de vuestra fantasía a un pozo profundo y seguís vuestro camino. ¡Así, no volverá nunca más!». Amma se echó a reír.

Darśhan al borde de la carretera

En vista del mal estado de la calzada, algunos brahmachārīs propusieron tomar una ruta alternativa que pasaba por la ciudad de Aluva. Pero, al no estar de acuerdo Amma, siguieron el itinerario que ella había elegido. Un poco más tarde, encontraron un pequeño grupo que esperaba a Amma junto a la carretera. Tal vez por ellos se había negado Amma a cambiar de camino.

«Amma, ¡deténte aquí un poco antes de seguir!», le pidieron.

«Queridos hijos, no tenemos tiempo. Será la próxima vez», respondió Amma con mucha ternura, y ellos cedieron a sus palabras. Pero, cuando el vehículo iba a ponerse en marcha, una mujer llegó corriendo, suplicando que esperaran.

La mujer: «Amma, a las diez de la mañana hice café para los brahmachārīs y llevo esperando aquí desde entonces. Justo tuve que ir a casa un momento. Amma, te lo ruego, entra un instante a mi casa antes de seguir el viaje».

Amma respondió que era ya muy tarde y que no podía detenerse.

La mujer: «¡Tienes que hacerlo, Amma! Por favor. Será solo un momento».

Amma: «Prometimos llegar a Kodungallur a las tres, y ya son las cuatro. Otra vez será, hija. Amma tiene que volver a Kodungallur».

La mujer: «Entonces te ruego que esperes solo un minuto. He preparado leche para ti en un termo y mandaré a mi hijo a buscarla. Al menos bebe eso antes de marcharte».

Amma cedió a esa petición, expresada con tanta devoción, y la mujer envió a su hijo a buscar la leche corriendo. Durante ese rato, una anciana que estaba al lado de la furgoneta le puso a Amma una guirnalda en el cuello, y ella la bendijo tomándola de las manos. A la anciana se le llenaron los ojos de lágrimas de devoción.

Mientras tanto, el niño había vuelto con la leche. Su madre la vertió en un vaso y se la tendió a Amma. Pero entonces se acordó de los plátanos que había cocinado para los brahmachārīs. De nuevo envió a su hijo a buscarlos corriendo. No dejó que se fuera Amma hasta que los plátanos estuvieron en la furgoneta. ¡Verdaderamente, Dēvī es la esclava de sus devotos!

Llegaron a Kodungallur a las cinco y los bhajans comenzaron a las siete. Como siempre, el dulce canto de Amma levantó oleadas de devoción en el ambiente.

Martes, 2 de septiembre de 1986

Amma estaba en la cabaña del darśhan recibiendo a los visitantes; un médico había venido de Kundara (población situada a unos 40 km al sudeste del āśhram), acompañado por su familia. La joven hija del médico estaba sentada junto a Amma meditando.

Amma hablaba del alboroto que uno de los vecinos del āśhram había armado la víspera contra los brahmachārīs.

Amma: «Ayer, los hijos pudieron oír auténticos mantras védicos. ¡Nuestro vecino no se ha mordido la lengua! Como los hijos no querían oírle, pusieron un cassette de bhajans a todo volumen. No podían responderle al vecino, ¿verdad? Después de todo, tienen que honrar sus vestiduras».

Amma se dirigió después a los brahmachārīs: «Somos mendigos, hijos. Los mendigos soportan todo lo que oyen. Esa es la actitud que necesitamos. Si perdemos nuestro discernimiento al oír unas cuantas palabras de un vecino y entonces hacemos mucho ruido, perderemos nuestra paz interior. ¿Vamos a desperdiciar el poder que hemos obtenido al consagrar tanto tiempo a la sādhanā por una cosa tan trivial? Si no le hacemos caso al vecino, sus palabras se quedarán con él. Solo podrán afectarnos a nosotros si las tomamos en serio. A través de sus palabras, Dios nos pone a prueba dándonos la oportunidad de ver hasta qué punto hemos asimilado lo que hemos aprendido: que no somos este cuerpo, mente o intelecto. ¿Qué pueden hacernos las palabras de ese hombre? ¿Dependen de otras personas la paz y la tranquilidad de nuestra mente?

»¿Se comportaría de esta manera con un bandido? Si ha osado tratar tan mal a estos hijos, es porque son amables como niños pequeños. ¿Sabéis lo que han dicho? Han dicho: "Amma, por mucho escándalo que hiciera y nos insultara, no teníamos ganas de responderle. Nos parecía que quien hablaba era una persona trastornada y ¿quién se toma en serio las palabras de un loco?"».

El médico dijo: «La familia que vive al lado de nuestro hospital no nos da ni una gota de agua potable. Aunque les prometamos sacar nosotros mismos el agua del pozo con un cubo y una cuerda, no nos lo permiten. Dicen que, al hacerlo, removeremos el fango que hay en el fondo del pozo. No nos dan agua ni para los enfermos del hospital. Es triste que haya personas con una mente tan mala».

Amma: «Recemos para que se vuelvan mejores personas».

El médico: «Dios transforma para nosotros el agua del mar en lluvia. Es una pena que algunos pretendan apropiarse de esa agua».

Amma (mirando a la hija del médico): «Mi hija está meditando desde que se sentó. ¿Qué le ha pasado?».

El médico: «Amma, la primera vez que te vio, le dijiste: "Debes meditar; Dios te volverá tan inteligente que irás muy bien en los estudios". Desde entonces, medita todos los días». Amma sonrió y miró a la joven con amor.

Una mujer se postró y se levantó. Amma le hizo una pregunta: «Hija, ¿has venido porque mi hijo Satish te habló de Amma?».

Amma se rió con inocencia, como una niña, y la mujer se sentó junto al catre de ella.

Meditación a orillas del canal

Algunos brahmachārīs habían ido a Ernakulam a comprar suministros. Era muy tarde y aún no habían vuelto. Amma se sentó a esperarlos a orillas del canal y los brahmachārīs se sentaron a su alrededor. Si un residente del āśhram se marchaba a algún sitio y no volvía a la hora prevista, Amma le esperaba en el muelle, por tarde que fuera, y no se iba a dormir hasta que volvía.

Una lancha de motor pasó por el canal, levantando olas que rompieron contra la orilla. El sonido pronto se alejó.

Amma: «Pueden volver muy tarde; así que no os quedéis sin hacer nada, hijos. Meditad». Todos se sentaron más cerca de Amma.

Amma: «Recitemos primero Ōm varias veces. Cuando recitéis Ōm, imaginad que el sonido surge del mūlādhāra y se eleva hasta el sahasrāra[22], para después extenderse por todo el cuerpo, hasta disolverse finalmente en el silencio».

Amma recitó Ōm tres veces. Cada vez dejaba una pausa antes de volver a recitarlo, para que todos pudiesen responder y recitar después de ella. La sílaba sagrada resonaba como el sonido de una caracola en la quietud de la noche y lentamente se disolvía en el silencio. Todos entraron en meditación. Todo estaba en silencio, salvo el rugido del mar cercano y la brisa pasando entre las palmeras.

---

[22] En el cuerpo sutil hay siete chakras o centros de energía. El mūlādhāra es el inferior, situado en el perineo, y el sahasrāra el superior, en la parte superior de la cabeza.

Pasaron dos horas. Nuevamente recitaron juntos Ōm. Amma cantó un kīrtan y el grupo cantó cada verso después de ella.

Adbhuta charitre

Oh Tú, a la que adoran los seres celestiales,
cuya leyenda está repleta de maravillas,
concédeme fuerza para entregarme a tus pies.
Te ofrezco todas las acciones que he realizado
en las tinieblas de la ignorancia.
Oh, protectora de los desamparados,
perdóname todas las faltas cometidas por ignorancia.

Reina del universo,
Madre, te ruego que brilles en mi corazón
como el Sol al amanecer.
Ayúdame a ver a todos como iguales,
líbrame de toda idea de diferencia.

Oh, Gran Diosa,
causa de todas las acciones, pecaminosas y virtuosas,
liberadora de toda atadura,
dame tus sandalias
que protegen las virtudes fundamentales
del camino de la liberación,
del camino del dharma.

El canto acababa de terminar cuando oyeron un claxon en la otra orilla y vieron los faros de una furgoneta.

Amma se levantó enseguida y preguntó: «Hijos, ¿es nuestra furgoneta?». Poco después, el barco que transportaba a los brahmachārīs se deslizaba por las aguas y llegaba a la ribera del āśhram. Los bramachārīs recién llegados rebosaban de alegría al ver que Amma les estaba esperando. Saltaron a tierra y se postraron ante ella con entusiasmo, como si no la hubiesen visto durante semanas.

Mientras descargaban el barco, Amma preguntó: «¿No ha vuelto con vosotros mi hijo Ramakrishnan?».

«Llegará enseguida. Ha tenido que llevar a un hombre al hospital. En el camino de vuelta, un grupo de personas nos detuvo; llevaban a un hombre al que habían apuñalado en una pelea. Querían que lo lleváramos al hospital. Lo primero que les dijimos es que teníamos que consultarlo contigo, Amma; pero como no había ningún otro vehículo disponible, Ramakrishnan lo llevó».

Amma: «En esas circunstancias, no hace falta preguntar a Amma. Si alguien está enfermo o herido, debéis intentar llevarlo al hospital lo antes posible. Ni siquiera hay que preguntarse si es amigo o enemigo. Si no podemos ayudar a la gente en esas situaciones, ¿cuándo vamos a poder?».

Eran las dos y media de la madrugada cuando Ramakrishnan volvió finalmente al āśhram. Solo entonces Amma se retiró a su habitación.

Domingo, 14 de septiembre de 1986

Debido a la construcción del nuevo edificio, había un gran desorden en el terreno del āśhram. Había ladrillos y piedras diseminados por todas partes. Aunque los residentes trataran de poner todo en orden, al día siguiente todo volvía a estar como antes. A Amma no le gustaba ver el āśhram en estas condiciones, así que, siempre que salía de su habitación, se ponía a ordenar.

Hoy Amma bajó temprano y pidió a los brahmachārīs que trajeran palas y cestas. Empezaron a quitar un enorme montón de arena que había en un rincón del patio y lo transportaron bastante lejos de allí. Amma se ató una toalla a la cabeza y empezó a llenar las cestas. Trabajaba con gran vigor y su entusiasmo era contagioso.

Amma observó que un brahmachārī no dejaba de hablar mientras trabajaba, y dijo: «Hijos, no habléis durante el trabajo. Recitad vuestro mantra. Esto no es solo trabajo, es sādhanā. En cualquier trabajo que realicéis, intentad recitar mentalmente el mantra. De lo contrario, no es karma yōga. No basta con leer libros sobre la vida espiritual, con oír hablar o conversar sobre ella; hay que ponerla en práctica. Esa es la razón por la que necesitamos hacer esta clase de trabajo. La mente no debe apartarse de Dios ni un instante».

Amma empezó a cantar, y todos se le unieron:

Nanda Kumāra Gōpāla

Oh, hijo de Nanda, protector de las vacas,
hermoso niño de Vṛindāvana,
que encantas a Rādhā,
Gōpāla de tez morena.
Gōpāla, que levantaste la montaña Gōvardhana
y que juegas en la mente de las gōpīs.

El montón de arena desapareció en pocos minutos. Después, las tareas de lavar la gravilla y tamizar la arena se iniciaron en dos lugares distintos.

Un devoto que había llegado con su familia quería que Amma hiciera el anna prāśhanam (toma del primer alimento sólido) de su bebé. Cuando esta acabó de trabajar, fue al Kaḷari con esa familia. Todo estaba dispuesto para la ceremonia. Amma puso al bebé en su regazo. Le aplicó pasta de sándalo en la frente y esparció algunos pétalos sobre la cabeza, y después hizo una ārati con alcanfor para el bebé. Se sentó sosteniendo al pequeño, lo acarició y le dio arroz. La escena evocaba a Yaśhōdā alimentando al bebé Kṛiṣhṇa y jugando con él. Para Amma no era un bebé corriente; en él veía al querido niño de Ambādi.

Aquella tarde, cuando Amma salió de su habitación durante la meditación, dos brahmachārīs estaban enfrascados en un candente debate frente a la sala de meditar. Amma se quedó de pie escuchándolos. En el calor de la discusión, no se percataron de la presencia de Amma.

Brahmachārī: «La verdad última es el advaita (no dualidad). No hay nada más que Brahman».

Segundo brahmachārī: «Si solo existe Brahman, ¿cuál es la base del universo que experimentamos?».

Primer brahmachārī: «La ignorancia. El universo es un producto de la mente».

Segundo brahmachārī: «Si no hay dos entidades, ¿a quién le afecta la ignorancia? ¿A Brahman?».

«¡Hijos!». Los llamó Amma. Ellos se volvieron rápidamente y se quedaron callados al verla.

Amma: «Hijos, está bien hablar del advaita, pero para experimentarlo es preciso hacer sādhanā. ¿De qué sirve guardar la riqueza de otro? En lugar de perder el tiempo discutiendo, a esta hora deberíais estar meditando. Es la única riqueza que tenéis. Haced japa constantemente. Es el único medio de lograr algo, de eliminar al impostor, el ego individual, que se ha instalado en vuestro interior.

»La abeja busca miel dondequiera que va. Ninguna otra cosa la atrae. Pero una mosca prefiere los excrementos, incluso en un jardín de rosas. Actualmente, nuestra mente se parece más a una mosca común. Eso debe cambiar. Hay que desarrollar una mente que solo busque el bien en todo, como la abeja solo busca la miel allí donde va. Los debates no nos ayudan a lograrlo, hijos. Tenemos que poner en práctica lo que hemos aprendido.

»La no dualidad es la verdad, pero hay que llevarla a la vida. Debemos ser capaces de permanecer firmemente en esa verdad en cualquier circunstancia».

Amma consuela a un joven ciego

Amma fue a la casa reservada a los visitantes, donde se alojaba un joven que estaba ciego, y entró en su habitación. En cuanto percibió la presencia de Amma, este se postró a sus pies. Llevaba varios días en el āśhram y en ese momento se sentía muy contrariado.

Desde el día en que llegó, los brahmachārīs se habían ocupado de él. Le acompañaban al comedor y le ayudaban en todas sus necesidades personales cotidianas. Ese día habían venido muchos devotos a almorzar, y el arroz se había terminado enseguida. Habían puesto a cocer más arroz. En vista de la multitud, el brahmachārī que debía ayudar al joven no había podido ir a buscarlo para acompañarle al comedor al comenzar el almuerzo. Cuando finalmente fue a buscarlo, vio que el joven bajaba por las escaleras con la ayuda de un devoto. «Te ruego que me perdones», dijo el brahmachārī, «Con las prisas me he olvidado de venir a buscarte antes. Hoy ha venido una cantidad inmensa de gente y se nos ha terminado el arroz. Pero están cocinando más arroz, que no tardará en estar listo».

Sin embargo, el joven no aceptó las explicaciones del brahmachārī. «Tengo dinero. ¿Por qué voy a tener dificultad para conseguir arroz si puedo pagarlo?». Tras decir esto, subió de nuevo a su habitación. El brahmachārī atribuyó la dureza de sus palabras al hambre. Fue a buscar fruta y se la llevó. «El arroz estará listo enseguida» dijo el brahmachārī, «y yo te lo traeré. Mientras esperas, te ruego que comas esta fruta». Pero el joven le gritó y rechazó la fruta.

Cuando supo lo que había ocurrido, Amma fue a visitarlo. Le dijo en tono severo al brahmachārī: «¡Qué descuido el tuyo! ¿Por qué no le has llevado la comida a la hora a este hijo? ¿No comprendes que no ve y no puede acudir por sí solo al comedor? Si este hijo no fuese ciego, hubiera ido a comer en cuanto sonó la campana. Si estabas tan ocupado y no tenías tiempo para venir a buscarlo, deberías haberle traído la comida a la habitación. Si no muestras compasión por personas como él, ¿por quién la vas a sentir?

»Hijos, no perdáis ninguna ocasión de servir a los devotos. Tal vez no siempre haya alguien para recibir vuestra ayuda en el momento que os convenga. Servir a personas así es la verdadera adoración».

Amma acarició suavemente la espalda del joven. «¿Estás muy enfadado, hijo? Si no vino a buscarte cuando sonó la campana de la comida, es solo porque tenía demasiado trabajo. Hoy no está el brahmachārī que suele llevarte al comedor, y este otro hijo al que había confiado la responsabilidad de ocuparse de ti fue a ayudar a los que servían la comida porque el número de personas era muy considerable. Estaba tan metido en el trabajo, que se olvidó de ti. Por eso nadie vino a buscarte a la hora; no creas que fue intencionado, hijo.

»Dondequiera que estés, debes adaptarte a las circunstancias. La paciencia es indispensable para todo. Aquí, en el āśhram, tenemos la ocasión de aprender a vivir con espíritu de sacrificio. Solo así podremos recibir la gracia de Dios. Hijo, comprende que estás en un āśhram. Si alguien comete una falta, perdónale; es una manera de manifestar tu verdadero vínculo con Amma y con el āśhram».

El joven se echó a llorar. Con gran ternura, Amma le enjugó las lágrimas y le preguntó: «¿Has comido algo, hijo mío?». Él negó con la cabeza. Amma pidió a un brahmachārī que trajera algo de comida, que ya estaba lista. Después se sentó en el suelo, tomó de la mano al joven e hizo que se sentara a su lado. El brahmachārī trajo un plato lleno de arroz y curri. Amma hizo bolas de arroz y le dio de comer al joven con sus propias manos. Disfrutando del amor de Amma, se convirtió en un niño pequeño. Ella le dio toda la comida del plato. Después le hizo levantarse, lo acompañó hasta el grifo y le ayudó a lavarse las manos. Finalmente, lo condujo de vuelta a su habitación.

Cada latido de su corazón parecía declarar: «Aunque sea ciego, hoy he visto a Amma con los ojos del corazón».

Lunes, 15 de septiembre de 1986

La fiesta de Ōṇam en el āśhram

La fiesta de Ōṇam (la fiesta nacional de Kerala) es un día de gran alegría para el pueblo de Kerala. Por tradición es un día en el que las familias se reúnen para celebrarlo. De todas las partes del país, los hijos de Amma vinieron a pasar Ōṇam con ella. Muchos niños pequeños llegaron con sus padres. Amma jugaba con ellos. Los niños y las niñas formaban un corro alrededor de Amma, como si la tuvieran prisionera. Normalmente se instalaba un columpio varios días antes, y Amma se columpiaba con ellos durante Ōṇam. Pero, debido a la construcción del nuevo edificio, este año no había lugar donde instalarlo. Ahora, al ver reunidos a todos los niños, Amma quería un columpio para ellos. Entonces, los brahmachārīs Nedumudi y Kunjumon sujetaron una viga entre dos columnas de la obra y colgaron allí el columpio. Los niños hicieron que Amma se sentara en él y la empujaron, para deleite general.

Amma también participó en la preparación de la fiesta de Ōṇam para sus hijos cortando verduras, ayudando a encender los fuegos de la cocina y supervisando la buena marcha de todo. Al mediodía, hizo que se sentaran todos los niños en la esquina noroeste del comedor y, sentada en medio de ellos, les hizo recitar «Ōm». Ella lo recitaba primero y ellos repetían. Durante un rato, todo a su alrededor vibraba con el sonido sagrado. Al brotar de los corazones puros de los niños, el sonido llenaba la atmósfera de una refrescante dulzura.

Después, Amma pidió que delante de los niños se pusieran hojas de plátano que servían como platos. Toda la comida estaba lista, pero aún no se habían llenado las fuentes y no se habían freído los pappadams (torta fina crujiente hecha de legumbres). Sin embargo, Amma tenía prisa en darles de comer a los niños, de modo que puso los diversos alimentos en pequeños recipientes y les sirvió. Pero, no contenta con esto, se inclinó delante de cada niño, hizo bolas con el arroz que tenían en la hoja de plátano y se las metió en la boca a cada niño con sus propias manos.

Cuando Amma terminó de dar de comer a los niños, sus hijos adultos, tanto seglares como brahmachārīs, ya estaban sentados en las dos salas adyacentes. Amma les sirvió a ellos también. Los hijos seglares habían dejado atrás a sus familias y acudido a ella para este momento. Al servirles con sus propias manos, Annapūrnēśhvarī[23] les colmaba de felicidad.

Mientras comía, alguien exclamó: «Ayyo (¡Oh no!)». Tal vez había mordido una guindilla. Al oírlo, Amma comentó: «Pase lo que pase, los niños pequeños nunca dicen "¡ayyo!". Siempre gritan "¡Amma!". Este "ayyo" se introduce cuando crecemos. Sea cual sea la edad que tengáis, en toda circunstancia, vuestra lengua debería pronunciar el nombre de Dios antes que ninguna otra palabra. Para ello, la mente necesita práctica, y por eso se nos dice que recitemos el mantra constantemente. Hijos, vuestra mente

---

[23] La Madre divina bajo el aspecto de la que da de comer.

debe estar entrenada para decir "¡Kṛiṣhṇa!" o "¡Śhiva!", cuando os lastiméis el dedo del pie u os ocurra cualquier otra cosa».

Una devota: «Dicen que al gritar "¡ayyo!" estamos llamando al dios de la muerte».

Amma: «Exactamente, porque siempre que no pronunciamos el nombre de Dios, nos acercamos a la muerte. Decir cualquier cosa que no sea el nombre de Dios es invitar a la muerte. Por lo tanto, si no queremos morir, basta con recitar continuamente el nombre de Dios». Amma se rió.

Después de servir el pāyasam a sus hijos, les repartió trozos de limón, aprovechando incluso esta ocasión para sembrar en su mente las semillas de la espiritualidad: «Hijos, el pāyasam y el limón son como la devoción y el conocimiento. El limón os ayuda a digerir el pāyasam. Del mismo modo, el conocimiento os ayuda a asimilar la devoción comprendiendo correctamente sus principios. Es indispensable la sabiduría para degustar plenamente la devoción. Pero el conocimiento sin devoción es amargo, carece de dulzura. Los que dicen "yo soy todo", raras veces muestran compasión; pero la devoción incluye la compasión».

Amma no se olvidó de preguntar a cada uno si había comido. Como la matriarca de un gran clan, prestaba atención a todos los detalles relacionados con sus hijos. Una familia que normalmente llegaba pronto para Ōṇam, este año llegó tarde. Amma les preguntó la razón de su retraso y se informó sobre los estudios de los niños.

Después de la comida, los brahmachārīs y los devotos seglares empezaron a limpiar el āśhram. Debido a las obras de construcción que se estaban realizando, el terreno estaba abarrotado de cosas desordenadas, y el trabajo de limpieza se prolongó hasta la noche. Después de los bhajans, Amma se unió a los limpiadores. Llenaron de tierra los agujeros y las zanjas que había delante de la obra y cubrieron la zona de arena blanca y limpia. Todo esto se hacía preparando el cumpleaños de Amma, que sería una semana después. Para ese día se esperaban miles de devotos.

Después de la cena, otras personas llegaron y se reunieron en torno a Amma. Ella les habló durante un rato y después se tendió sobre la arena con la cabeza en el regazo de una de las devotas. Amma miró a Markus, un joven alemán, y se rió: «¡Mirad su cabeza!», dijo.

Markus estaba bastante calvo. Solo una delgada corona de cabello rubio rodeaba el gran espacio desierto de su cráneo. «Trabajo, trabajo, él trabaja todo el tiempo, llueva o haga sol, noche y día», dijo Amma señalando a Markus.

Markus: «Todo el terreno se ha utilizado para la celebración del cumpleaños. No queda ni un solo hueco libre. Así que aquí es donde vamos a cultivar», dijo, tocándose la cabeza. Todo el mundo se rió.

Un devoto: «¿Es porque hay mucha suciedad allí dentro?». Amma y los demás, incluido Markus, se rieron de buena gana.

Otro devoto: «Se llama Chertala[24]».

Un brahmachārī que volvía de casa de sus padres se postró y se sentó al lado de Amma. Amma le dijo: «Hijo, ¿no te prometió Amma cuando estabas a punto de irte que te serviría pāyasam si volvías hoy?».

Brahmachārī: «Pero seguramente ya no queda pāyasam, Amma. Todo lo que se sirvió al mediodía debe de haberse terminado».

Amma: «Dios proveerá. ¡Cómo va a permitir Él que la palabra de Amma no se cumpla!».

En ese momento, una familia que acababa de llegar de Kollam se acercó a Amma y le dio un plato de pāyasam que habían traído.

---

[24] Chertala es una ciudad costera situada al norte del āśhram. La palabra significa literalmente en malayāḷam «cabeza llena de suciedad» (cher: suciedad y tala: cabeza).

Amma se lo sirvió al brahmachārī y a todos los demás. Ella solo comió unos pocos anacardos que un niño sacó del pāyasam para ella.

Amma: «En realidad, a Amma no le gustan mucho los anacardos. Hay muchos en su habitación que le han traído sus hijos. Amma no los suele comer, pero a veces le gustan en el pāyasam o en determinados curris».

Amma tomó del pāyasam una uva, un cardamomo y un trozo de anacardo y, poniéndoselos en la palma de la mano, dijo: «Esto da sabor al pāyasam, igual que la espiritualidad le añade dulzura a la vida».

Renunciantes que van a casa

Amma dijo al brahmachārī que acababa de volver de ver a su familia: «Hijo mío, tú dices que no tienes parientes, posesiones, etcétera, y sin embargo vas a casa. A la vez, los que proclaman que te quieren mucho no vienen aquí casi nunca. Examina tus acciones con mucho cuidado. Nuestro Ōṇam es una fiesta espiritual. Si adoptamos un papel en este mundo, hagámoslo bien. Hemos venido a la vida espiritual para liberarnos del sentido del "yo". "Mis padres, mi hermano, mi hermana, mi familia", todo eso está incluido en ese "yo". Cuando el "yo" desaparece, todos ellos también desaparecen. Solo queda el "Tú", es decir, Dios. Debemos entregarle todo a su voluntad y vivir de acuerdo con ello. Solo entonces cosecharemos los beneficios de haber abrazado la vida espiritual.

»Siempre que sales del āśhram, pierdes un poco de tu tiempo de sādhanā. Cada instante de tu vida es precioso. Si tu padre y tu madre desean tanto celebrar la cena de Ōṇam con su hijo, pueden venir aquí. Lo tenemos todo preparado para que vengan. Si sigues yendo a tu casa, perderás todo el saṁskāra que has alimentado aquí, y solo quedarán tus apegos.

»Al principio, los sādhaks deben permanecer alejados de la familia. De lo contrario, el apego que sienten por ella les impedirá avanzar en su sādhanā. Si sigues apegado a la familia, es como si guardaras un producto ácido en un recipiente de aluminio: saldrán agujeros y ya no podrás meter nada en él. El apego a cualquier cosa que no sea Dios disminuye nuestra fuerza espiritual. El apego es el enemigo del sādhak. Debe verlo como un enemigo y permanecer lejos de esas relaciones. Si remas en un bote amarrado a la orilla, no irás a ninguna parte.

»Somos hijos del Yo Supremo. Debemos tener con nuestra familia la misma relación que con las demás personas. Si nuestros padres son mayores y están enfermos, no tiene nada de malo vivir con ellos para cuidarles. Pero, incluso en ese caso, si tenemos el sentimiento de que se trata de "mi" padre o "mi" madre, todo está perdido. Debemos sentir compasión por los que sufren y tratarlos como a Dios. Esa misma debe ser nuestra actitud en casa. Si los que hablan de "mi" hijo y de "mi" hija os quisieran de verdad, ¿no vendrían aquí a veros? Si venís al āśhram como buscadores espirituales, tenéis que vivir como tales. De lo contrario, no beneficiaréis ni a vuestra familia ni al mundo. ¡Y eso no sirve, hijos!

»Regamos las raíces del árbol y no su follaje, ya que solo de ese modo el agua llega a todas las partes del árbol. Del mismo modo, si realmente amamos a Dios, amaremos a todos los seres vivos del universo porque Dios mora en el corazón de todos ellos. Dios es el fundamento de todo. Veamos pues a Dios en todas las formas, amémosle y adorémosle en todas ellas».

Dios está en el templo

Uno de los devotos habló de Dayananda Saraswati[25]. Describió la lucha de Dayananda contra la adoración de las imágenes y relató cómo había llegado a adoptar ese punto de vista:

«Un día, Dayananda vio que un ratón se llevaba un dulce colocado como ofrenda frente a una imagen de Dēvī. Pensó: "¿Qué poder puede tener esta imagen si ni siquiera es capaz de impedir que un ratón robe la comida que le ha sido ofrecida? Entonces ¿cómo podemos esperar que esa estatua resuelva nuestros problemas?". Y a partir de ese día, Dayananda se opuso firmemente al culto de las imágenes».

Amma, que había escuchado en silencio, repuso: «Cuando un hijo mira el retrato de su padre, ¿piensa en el artista que pintó el retrato o se acuerda de su padre? Los símbolos de Dios nos ayudan a concentrarnos más en Él. A un niño le enseñamos la imagen de un loro y le decimos que es un loro. Cuando el niño crece, es capaz de reconocer a un loro sin ayuda de la imagen. Si Dios está en todas partes y todo es Dios, ¿no está también en la imagen de piedra? Entonces, ¿cómo podemos rechazar la imagen? Y, si el ratón tomó lo que le habían ofrecido a Dēvī, podemos interpretarlo así: la pequeña criatura tenía hambre y tomó lo que le habían ofrecido a su propia madre. Después de todo, ¿no es Dēvī la madre de todos los seres?».

Devoto: «Muchos brahmanes han practicado japa y efectuado pūjās durante años, sin conocer el Yo».

Amma: «Lo que importa es el desapego y el anhelo de conocer la Verdad. Es imposible llegar a Dios solo mediante tapas. Para llegar a Dios, hay que tener un corazón puro y hay que amar».

Devoto: «La Gītā dice que el cuerpo es un kṣhētra (templo)».

---

[25] El fundador del Arya Samaj, el movimiento hindú de reforma. Intentó revivir las prácticas védicas y criticó la adoración de imágenes.

Amma: «Hacemos afirmaciones como: "Dios está en nosotros y no en el exterior" porque aún diferenciamos entre interior y exterior. Debemos considerar todos los cuerpos como templos y todas las cosas como nuestro propio cuerpo».

Las diferencias de casta carecen de sentido

El devoto: «Todavía hoy hay personas que siguen la costumbre del ayitham (intocabilidad) basado en las castas. Incluso hay doctos gurus que la practican».

Amma: «¿Conoces la historia del barrendero de casta baja que se acercó a Śhrī Śhaṅkarāchārya? Śhaṅkarāchārya le dijo: "Quítate de mi camino". El barrendero preguntó: "Qué debo mover, mi cuerpo o mi alma? Si quieres que mueva mi alma, ¿dónde voy a ponerla? La misma alma está en todas partes. Si quieres que mueva mi cuerpo, ¿qué diferencia hay entre mi cuerpo y tu cuerpo? Están hechos con los mismos materiales. La única diferencia es el color de la piel"».

Un devoto cantó un pareado: «Algunos están tan orgullosos de ser brahmanes (sacerdotes) que ni el mismo Brahmā los iguala». Amma se rió.

Amma: «Un brahmán auténtico es el que tiene el conocimiento de Brahman, el que ha hecho subir la Kuṇḍalinī (la energia universal latente en el ser humano) hasta el sahasrāra (el loto de mil pétalos), en la cima de la cabeza. Si a las personas que tienen un saṁskāra muy evolucionado y elevado se les pide que eviten mezclarse con los que tienen un saṁskāra sin refinar, es porque eso afectará su propio saṁskāra. Pero, ¿dónde encontrar hoy a un verdadero brahmán? Las escrituras dicen que durante el Kali Yuga (la edad degenerada) los brahmanes se convertirán en śhūdras (siervos) y viceversa. De modo que, en la época actual, las instrucciones en relación con las castas carecen de sentido.

» En los viejos tiempos, a la gente se le daba el trabajo más adecuado para su saṁskāra. Pero eso no se hace en la actualidad. Antes, a los brahmanes eminentes se les confiaba el culto en los templos. Hoy en día es imposible llamar "brahmán" al hijo de un brahmán o "kṣhatriya" (guerrero) al hijo de un kṣhatriya. Muchas personas nacidas en la casta tradicional de los pescadores de esta región han estudiado y tienen buenos empleos. Desconocen por completo el trabajo tradicional de su comunidad».

Un joven hizo una pregunta: «¿No dijo el Señor en la Gītā: "Yo mismo he establecido los cuatro varṇas (castas principales)?". En ese caso, ¿no es Él el responsable de todas las injusticias cometidas actualmente en nombre de las castas y de la religión?».

Otro devoto repuso: «¿Por qué no citar también el versículo que viene a continuación? Dice: "Según los guṇas (cualidades de la naturaleza)". Eso significa que alguien es brahmán o chāṇḍāla (descastado) por sus acciones y su conducta, no por su nacimiento».

Amma: «Nadie es brahmán antes de la ceremonia del cordón sagrado (upanayana), igual que nadie es cristiano antes del bautismo. Los musulmanes también tienen otros rituales parecidos. Hasta que el niño pasa por esa ceremonia, ¿qué es realmente? ¿Veis? Son los hombres los que han instaurado las castas, no Dios. Es inútil echarle la culpa a Dios de las injusticias cometidas en nombre de las castas y de la religión».

Las palabras de Amma pusieron fin al debate. Ya era muy tarde, pero ni los niños pequeños se habían acostado. Una multitud se había reunido no lejos de allí, alrededor del columpio. Algunos adultos trataban de convencer a una pequeña para que cantara una canción de Ōṇam. Tímida, se hizo un poco de rogar, y al final cantó con su inocente voz:

Māveli nadu vanīdum kālam

Cuando Māveli[26] *regía el país*
todos los hombres eran iguales.
No había ni robos ni engaños,
ni una sola palabra falsa.

A los que rodeaban a Amma y contemplaban el rápido paso de las nubes otoñales por el cielo iluminado por la Luna les parecía que, si Ōṇam conmemoraba la época antigua en la que el mundo era hermoso porque en él reinaba la igualdad, en presencia de Amma todos los días eran Ōṇam porque personas de diferentes razas, castas y credos vivían juntas, como hijos de una misma y amorosa Amma.

Miércoles, 17 de septiembre de 1986

Los brahmachārīs estaban en clase. Amma bajó de su habitación y se dirigió al establo. El tanque que se había construido para recoger los excrementos de las vacas estaba lleno. Amma llenó un cubo en el tanque y lo vació bajo los cocoteros. Poco después, llegaron los brahmachārīs, una vez terminada la clase. Cogieron el cubo y continuaron con el trabajo que Amma había empezado. Insistieron tanto, que ella dejó lo que estaba haciendo y se fue.

Tenía los pies, las manos y la ropa manchados con las salpicaduras del excremento de las vacas. Una devota abrió el grifo y quiso lavarle los pies y las manos, pero ella no se lo permitió. «No, hija, Amma misma lo hará. No hace falta que tú también te ensucies las manos».

---

[26] Māveli o Mahābalī era un rey demonio con fama de gobernar el país con justicia y rectitud. La tradición de Kerala cuenta que visita la tierra todos los años, durante Ōṇam, para ver como les va a sus antiguos súbditos.

La devota: «Amma, ¿por qué haces esa clase de trabajo? ¿No están aquí tus hijos para hacerlo?».

Amma: «Hija, si Amma solo mira sin participar en el trabajo, ellos la imitarán y se volverán perezosos; serán una carga para el mundo. Eso no debe ocurrir. Amma es feliz trabajando. Solo lo siente por la brahmachāriṇī que está con ella. Cuando Amma hace estas cosas, su ropa se ensucia y es ella quien la lava. Incluso si Amma trata de lavarlas, no se lo permite; pero a veces Amma actúa con astucia y lo consigue». Amma se rió.

Otra mujer se adelantó para postrarse.

Amma: «¡No te postres ahora, hija! La ropa de Amma está llena de excrementos de vaca. Primero, Amma irá a bañarse y volverá enseguida».

Amma fue a su habitación y unos minutos después volvió. Los devotos, que habían estado esperando alrededor del Kaḷari, la rodearon. También se acercaron los brahmachārīs.

El satsaṅg es importante; la sādhanā, indispensable

Un brahmachārī preguntó: «Amma, ¿por qué das tanta importancia al satsaṅg?».

Amma: «El satsaṅg nos enseña a vivir adecuadamente. Si viajamos a un destino lejano, un mapa nos sirve para no perdernos y llegar a la hora. Del mismo modo, el satsaṅg nos ayuda a orientar nuestra vida por el buen camino, evitando todos los peligros. Si aprendes a cocinar, puedes preparar fácilmente una comida. Si estudias agricultura, serás granjero fácilmente. Si comprendes la verdadera meta de la vida y actúas de la forma correcta para alcanzarla, tu vida se llenará de gozo. Para eso sirve el satsaṅg.

»Podemos utilizar el fuego para incendiar una casa o para cocinar. Con una aguja podemos perforarnos un ojo o coser ropa.

Por tanto, hay que encontrar el uso correcto de cada cosa. El satsaṅg nos ayuda a entender el verdadero sentido de la vida y a vivir en consecuencia. Lo que obtenemos con la ayuda del satsaṅg es un tesoro que nos acompañará en todas nuestras vidas».

Brahmachārī: «¿El satsaṅg en sí basta para conocer a Dios?».

Amma: «No basta con escuchar un discurso teórico sobre el arte culinario para sentirse saciado. Después hay que cocinar y comer. No basta con estudiar agricultura para que la fruta crezca; hay que plantar los frutales y cuidarlos.

»Por mucho que sepáis que hay agua en determinado lugar, si no caváis un pozo, no tendréis agua. Es imposible calmar la sed mirando la imagen de un pozo. Es necesario extraer el agua de un pozo de verdad y beberla. ¿Basta con mirar un mapa dentro de un coche parado? Para llegar al punto de destino hay que recorrer la carretera que aparece en el mapa. De la misma forma, no basta con participar en satsaṅgs o leer las escrituras. Hay que vivir de acuerdo con esas enseñanzas para experimentar la Verdad.

»Solo por la sādhanā podemos evitar que las circunstancias nos esclavicen y asimilar en nuestra vida lo que hemos aprendido. Hay que aprender los principios espirituales escuchando satsaṅgs, y después vivir según esos principios. Liberémonos de todo deseo y adoremos a Dios, sin esperar nada ni desear nada a cambio.

»Aunque las escrituras digan: "Yo soy Brahman", "Tú eres Eso", etc., antes de que brille en nosotros el conocimiento de la realidad, hay que disipar la ignorancia que hay en nosotros. Si repetimos "Yo soy Brahman" sin hacer ninguna sādhanā, es como ponerle el nombre "Prakāśham" (Luz) a un niño ciego.

»Un hombre dio un día un discurso en el que hacía el siguiente razonamiento: "Somos Brahman, ¿no es verdad? Entonces, ¿para qué hacer sādhanā?". Después del discurso, le sirvieron la cena. El camarero puso delante de él un plato con trozos de papel en los que estaban escritas las palabras "arroz", "sāmbār", y "pāyasam". En el plato no había alimento alguno. El orador se enfadó. "¿Qué es esto? ¿Tratas de insultarme?", preguntó.

»El camarero respondió: "He escuchado tu discurso hace un rato. He oído que declarabas ser Brahman y que ese pensamiento bastaba, que la sādhanā no era necesaria. Así que he pensado que seguro que estarías de acuerdo en que el pensamiento de la comida bastaría para saciar tu apetito; es obvio que no hace falta comer".

»Las palabras no bastan, hijos. Hay que actuar. Solo la sādhanā nos ayudará a conocer la Verdad. Si una persona no hace ningún esfuerzo, el satsaṅg tiene para él el mismo valor que un coco para un chacal: seguirá hambriento. Un tónico mejora nuestra salud, siempre y cuando sigamos las instrucciones que aparecen en el frasco y tomemos la dosis correcta. El satsaṅg es como leer las instrucciones, la sādhanā, como tomar el tónico. El satsaṅg nos enseña a distinguir entre lo eterno y lo efímero, pero solo la sādhanā nos permitirá experimentar y conocer lo que hayamos aprendido.

»Si montamos correctamente las diferentes piezas de una radio y la conectamos a una pila, podemos escuchar el programa emitido por una emisora de radio lejana, sin abandonar nuestro hogar. Entrenemos correctamente nuestra mente con la sādhanā, vivamos de acuerdo con las enseñanzas de los mahātmās y podremos gozar de la dicha eterna mientras aún estemos en este cuerpo. Dediquémonos a la sādhanā y al servicio desinteresado y no necesitaremos nada más.

»Por mucho que estudiemos vēdānta, sin sādhanā nunca experimentaremos la realidad. Lo que buscamos está en nosotros, pero tenemos que hacer sādhanā para encontrarlo. Para que la semilla se convierta en árbol, hay que plantarla, regarla y fertilizarla. No basta con tenerla en la mano».

Escuchando las nectáreas palabras de Amma, nadie se daba cuenta del tiempo que pasaba. Finalmente, les recordó: «Es muy tarde, hijos, id a la cama. ¿No hay que levantarse mañana para el archana?».

Con escaso entusiasmo se levantaron y se fueron. Un poco más lejos, se detuvieron para mirar hacia atrás y vieron la forma encantadora de Amma iluminada por la claridad de la Luna. ¿No era la luz de su rostro la que se reflejaba en la Luna, el Sol y las estrellas?

tamēva bhāntam anubhati sarvaṃ
tasya bhāsā sarvamidaṃ vibhāti

Cuando él brilla, todo brilla en su estela.
Por su luz, todo resplandece.

Kaṭhōpaniṣhad

Glosario

abhiṣhēka: baño ceremonial que comúnmente se da a las deidades en los templos.

acchamma: abuela paterna en malayāḷam.

āchāras: costumbres y observancias tradicionales.

Achyuta: «el imperecedero; el eterno». Uno de los nombres de Viṣhṇu.

adharma: maldad, apartarse de la armonía natural.

advaita: no dualismo. La filosofía que enseña que la realidad suprema es «una e indivisible».

ahiṁsā: no causar daño, no violencia, abstenerse de dañar a cualquier ser vivo en pensamiento, palabra y obra.

Ambādi: pueblo en el que creció Kṛiṣhṇa. Significa «pueblo de vaqueros» en malayāḷam.

Ambādī Kaṇṇa: «pequeño Kṛiṣhṇa de Ambādī».

Ambarīṣha: rey y gobernante devoto conocido por su devoción inquebrantable por Viṣhṇu, su adhesión al dharma (rectitud) y su humildad.

Ambikā: madre, la Madre Divina.

ananta: el aspecto infinito y eterno de Dios, con frecuencia asociado con la serpiente divina Śheṣha, sobre la cual descansa Viṣhṇu.

anna prāśhana: ceremonia en que se da el primer alimento sólido a un bebé; uno de los rituales que Amma realiza a menudo.

Annapūrṇēśhvarī: la diosa del alimento y la nutrición.

āratī: ritual tradicional que consiste en hacer círculos con una lámpara encendida frente al guru o la deidad y que, generalmente, se realiza hacia el final de la pūjā o adoración. En algunos programas de Amma, varios devotos se turnan para hacer círculos con la lámpara encendida hacia Amma, mientras ella los rocía de pétalos de flores y se canta la canción del āratī.

archana: recitar los ciento ocho o los mil nombres de una deidad en particular (p. ejem: el Lalitā Sahasranāma, los 1000 nombres de la Madre Divina).

ariyunda: bolas dulces de Kerala hechas de panela y coco.

Arjuna: gran arquero y uno de los héroes de la epopeya Mahābhārata. Es Arjuna a quien Kṛiṣhṇa se dirige en la Bhagavad Gītā.

āsana: una esterilla cuadrada que se pone en el suelo para sentarse en una postura de meditación. Se utiliza a menudo durante los programas de Amma en el āśhram.

āśhram: «lugar de esfuerzo». Lugar en que los buscadores y aspirantes espirituales viven o en el que pasan un tiempo para llevar una vida espiritual. Suele ser el hogar de un maestro espiritual, un santo o un asceta que guía a los aspirantes.

āśhrama: el sanātana dharma ha dividido la vida en cuatro etapas (āśhramas). La vida de estudiante se llama brahmachārya. Durante la etapa de la vida como persona de hogar, conocida como gṛihastha, se adquiere riqueza y se satisfacen los deseos mientras se lleva una vida virtuosa. Cuando los hijos han crecido, el marido y la mujer pasan a otros las responsabilidades mundanas y se concentran en propagar el dharma y realizar prácticas espirituales. Esto se llama vānaprastha (vida de retiro). Sannyāsa es la etapa final de la vida, marcada por la renuncia total y el desapego de todos los vínculos mundanos. El sannyāsī se centra en mōkṣha (la liberación) y lleva una vida solitaria.

ātmā (ātman): el verdadero Yo. La naturaleza esencial de nuestra existencia verdadera. Uno de los principios fundamentales del sanātana dharma es que no somos el cuerpo físico, los sentimientos, la mente, el intelecto o la personalidad. Somos el Yo eterno, puro e inmaculado.

avadhūta: persona iluminada cuyo comportamiento es a menudo excéntrico y en desacuerdo con las normas sociales.

aval: copos de arroz.

avatār: de la raíz sanscrita «ava–tarati» («descender»). Encarnación divina.

ayitham: intocabilidad.

āyurvēda: sistema tradicional indio de medicina.

backwaters (canales): red de ríos salobres que se extienden casi todo a lo largo del estado de Kerala. El āśhram de Amma está parcialmente bordeado por los backwaters.

Bādarāyaṇa: otro nombre de Vēda Vyāsa, el autor de los Brahma Sūtras.

bhaga: las seis cualidades benditas, a saber: jñāna (conocimiento), aiśhvarya (soberanía), śhakti (energía), bala (poder), vīrya (valor) y tējas (esplendor espiritual). Al que posee todas estas cualidades se le conoce como Bhagavān (Dios) o Bhagavatī (Diosa).

Bhagavad Gītā: una de las tres obras fundamentales que nos llevan a la meta final de la vida. La Bhagavad Gītā (lit: canción del Señor) consta de dieciocho capítulos en verso en los que Kṛiṣhṇa aconseja a Arjuna en el campo de batalla de Kurukṣhētra, justo antes de que los rectos Pāṇḍavas se enfrenten a los malvados Kauravas. Contiene la esencia de la sabiduría védica y es al mismo tiempo una guía práctica para superar las crisis en la vida personal o social.

Bhagavān: Dios, el que tiene las seis cualidades divinas que forman parte de bhaga; véase bhaga.

Bhāgavatam: uno de los dieciocho purāṇas, conocido también como el Śhrīmad Bhāgavatam. El Bhāgavatam es una composición devocional en sánscrito que narra la vida, los juegos y las enseñanzas de varias encarnaciones de Viṣhṇu, principalmente la de Kṛiṣhṇa.

bhajan: canción o himno devocional en alabanza de Dios.

bhakti: devoción a Dios.

bhakti yōga: «unión mediante la bhakti». El camino de la devoción. La manera de alcanzar el autoconocimiento mediante la devoción y la entrega total a Dios.

Bharata: personaje de la epopeya Rāmāyaṇa y hermano de Rāma, alabado por su amor y lealtad inquebrantables hacia su hermano y considerado un símbolo del dharma y la devoción.

bhasma: ceniza sagrada.

bhāva: estado de ánimo divino.

bhāva darśhan: visión de la divinidad; una audiencia con un santo que revela unidad e identidad con una deidad. Amma, durante el Dēvī bhāva, revela su unidad con la Madre Divina. Amma, durante el Krishna bhāva, revelaba su unidad e identidad con Kṛiṣhṇa.

bhāvanā: manifestación para el ojo interior.

bhikṣā: pedir limosna con el objetivo de vencer el ego.

Bhīṣhma: personaje del Mahābhārata; patriarca del clan de los Pāṇḍava y los Kaurava. Aunque luchó en el bando de los Kauravas durante la guerra del Mahābhārata, defendió el dharma y simpatizaba con los virtuosos Pāṇḍavas.

bījākṣhara: sílabas semilla o sonidos fonéticos que están cargadas de potencia energética; también se utilizan como mantras.

Brahmā: Señor de la creación en la trinidad de Brahmā, Viṣhṇu (Señor de la conservación) y Śhiva (Señor de la destrucción).

brahma muhūrta: el periodo comprendido entre las tres y las seis de la mañana. Durante ese tiempo, las cualidades que predominan en la naturaleza son sáttvicas (puras y serenas); la mente está clara y el cuerpo energizado. Es el momento más adecuado para realizar la práctica espiritual personal.

Brahma Sūtras: un texto filosófico central que sintetiza las enseñanzas de las upanișhad, conocido también como Vēdānta Sūtras.

brahmachārī: discípulo célibe varón que practica disciplinas espirituales bajo la guía de un guru.

brahmachāriṇī: el equivalente femenino del brahmachārī.

brahmacharya: celibato; la etapa estudiantil de la vida en la que uno se dedica al estudio de los Vēdas con disciplina bajo la guía de un āchārya (profesor); véase «āśhrama».

Brahman: la Realidad Absoluta, el Yo Supremo; el Todo; aquello que abarca está presente en todo y es uno e indivisible.

brāhmaṇa (español, brahmán): miembro de la casta sacerdotal cuyo deber es estudiar y enseñar los Vēdas; véase «varṇa».

brahmārpaṇam: estrofa del capítulo cuarto de la Śhrīmad Bhagavad Gītā, llamada el bhōjana mantra; es decir, la invocación de antes de la comida. Es una ofrenda del alimento al Señor antes de empezar a comerlo. El alimento consumido se convierte en prasād (ofrenda consagrada).

Buddha (español, Buda): de «budh», que significa «despertar»; Gautama Buddha fue un maestro espiritual cuyas enseñanzas forman la base del budismo

Chaitanya Mahāprabhu: santo vaișhṇava del siglo XV que promovió la práctica de la recitación del mantra Harē Kṛiṣhṇa y el canto devocional fervoroso.

chakra: centros de energía en el cuerpo sutil.

chammandi: chutney de coco en malayāḷam.

Chāmuṇḍā: una forma feroz de la diosa Dūrga.

Chāmuṇḍēśhvarī: una forma feroz de la diosa Dūrga.

Chaṇḍa: personaje demoniaco del Dēvī Māhātmyam que simboliza la atracción, la búsqueda apasionada de todo lo que es atractivo para los sentidos.

chāṇḍāla: un descastado, una persona incivilizada.

Chāṇḍikā: la Diosa Suprema Mahiṣhāsura Mardinī; el aspecto feroz de la Diosa Madre que mató a los demonios.

chandrakānta: piedra de la Luna; se dice que la piedra de la Luna crece bajo la influencia de la Luna absorbiendo sus poderes mágicos.

Chattampi Swami: líder espiritual (1853 - 1924) que tuvo un impacto significativo en el panorama espiritual y cultural de Kerala, esforzándose por reformar la sociedad fuertemente ritualista de finales del siglo XIX.

chēchi: «hermana mayor» en malayāḷam.

chembu: planta también llamada «oreja de elefante»; sus raíces se comen como tentempié en Kerala.

Misión Chinmaya: misión establecida por devotos de Swami Chinmayananda para difundir la sabiduría del vēdānta y medios prácticos para el crecimiento espiritual.

dakṣhiṇa: ofrendas hechas al guru en dinero o en especie.

Damayanti: la madre de Amma.

dāna: la práctica de dar o generosidad.

darśhan: audiencia con una persona santa o una visión de lo Divino. El darśhan característico de Amma es un abrazo.

Daśharatha: personaje de la epopeya Rāmāyaṇa; padre de Rāma y rey de Kōśhala.

dayā: compasión.

Dayananda Saraswati: líder espiritual (1824-1883); fundador del Arya Samaj, un movimiento de reforma. Trató de revivir las practicas védicas y criticó la adoración de imágenes.

Dēvakī: madre de Kṛiṣhṇa.

Dēvī: la Madre Divina.

Dēvī bhāva: «el estado divino de Dēvī»; ocasión en la que Amma revela su unidad con la Madre Divina.

dhārā: flujo constante; una forma de baño ceremonial de las deidades en los templos.

dharma: «lo que sostiene (la creación)». Generalmente se refiere a la armonía del universo, un código de conducta recto, el deber sagrado o la ley eterna.

dhōti: prenda exterior tradicional india que llevan los hombres alrededor de la cintura y las piernas.

Dhṛitarāṣhṭra: personaje de la epopeya Mahābhārata, el rey ciego y padre de los Kauravas.

dhyāna: meditación.

dīkṣhā: iniciación. Transferencia de poder espiritual del guru al discípulo.

dosa: crepe fino y salado.

Durgā: una manifestación de la Madre Divina, representada a menudo empuñando varias armas y montando un león o un tigre.

Durvāsa: célebre sabio de la mitología hindú conocido por su mal genio. Durvāsa significa literalmente «alguien con quien es difícil vivir».

Duryōdhana: personaje de la epopeya Mahābhārata; el hijo mayor del rey ciego Dhṛitarāṣhṭra y principal antagonista.

Dvārakā: antigua capital del reino de Kṛiṣhṇa, ahora en Gujarat occidental.

ēkāgrata: concentración en un solo punto.

Gaṇēśha: deidad con cabeza de elefante y cuerpo humano, hijo del dios Śhiva y la diosa Pārvatī.

Gaṅgā: el río más sagrado de la India. Conocido como el río Ganges en español.

gañjā: marihuana o cánnabis.

gañjīra: instrumento similar al pandero.

ghī: mantequilla clarificada, originaria de la India. Por lo general se utiliza para cocinar, como medicina tradicional y para los rituales religiosos.

Gītā: véase «Bhagavad Gītā».

gōpī: joven lechera de Vṛindāvan. Las gōpīs eran conocidas por su ardiente devoción a Kṛiṣhṇa. Su devoción ejemplifica el amor más intenso a Dios.

Gōvardhana: montaña mencionada en el Bhāgavata Purāṇa. Es famosa porque Kṛiṣhṇa la sostuvo en alto como un paraguas para proteger a los habitantes de Vriṇdāvan de las lluvias torrenciales enviadas por Indra.

Gōvinda: uno de los nombres entrañables de Kṛiṣhṇa. «Protector de las vacas»; «el que proporciona alimento espiritual».

gṛihasthāśhrama: vida de seglar casado; véase «āśhrama».

gṛihasthāśhramī: seglar que realiza sus responsabilidades en el mundo mientras se dedica plenamente a la vida espiritual.

guṇa: cada una de las tres cualidades: sattva, rajas y tamas. Los seres humanos expresan una combinación de esas cualidades. Las cualidades sáttvicas están asociadas con la calma y la sabiduría; las rajásicas con la actividad y la inquietud; las tamásicas con el embotamiento o la apatía.

guru: maestro espiritual.

gurukula: escuela de la India precolonial donde los niños vivían con un guru que los instruía en el conocimiento académico y de las escrituras mientras les inculcaba valores espirituales.

Hari: un nombre de Viṣhṇu o Kṛiṣhṇa.

Hariśhchandra: rey conocido por su inquebrantable compromiso con la Verdad.

haṭha yōga: ejercicios físicos o āsanas (posturas) diseñados para mejorar el bienestar general tonificando el cuerpo y abriendo los diversos canales de este para facilitar el libre flujo de la energía.

Himalaya: inmensa cadena montañosa considerada sagrada en la tradición del sanātana dharma. El monte Everest, el punto más alto de la Tierra, es uno de los picos del Himalaya.

Hiraṇyakaśhipu: malvado rey demonio, padre de Prahlāda.

hōma: ritual en el que se realizan ofrendas en un fuego consagrado, práctica sagrada y tradicional en el sanātana dharma.

hṛidayaśhūnya: desalmado.

hṛidayēśha: el Señor del Corazón.

Īśhāvāsya Upaniṣhad: también conocida como Īśha Upaniṣhad, una de las principales upaniṣhad.

Jaganmōhinī: un nombre de la diosa Durgā, que significa encantadora del universo.

Jānakī: otro nombre de la diosa Sītā, la consorte de Rāma. Jānakī deriva de su relación con el rey Janaka, su padre y gobernante de Mithilā.

japa: recitación repetida de un mantra.

jāppy: sustituto a base de hierbas del té y del café.

Jarāsandha: personaje del Mahābhārata; rey que se opuso a Kṛiṣhṇa.

jīvanmukta: el que está liberado espiritualmente en vida.

jivātman: alma o yo individual. A veces solo se le llama «jīva».

jñāna: conocimiento de la Verdad Absoluta.

jñānī: una persona que ha conocido a Dios o el Yo; el que conoce la Verdad Absoluta.

jñāna bhāva: estado de conocimiento, típicamente asociado con Śhiva; un estado de desapego.

Kabīrdās: místico, poeta y santo del siglo XV. También conocido como Sant Kabīr.

kachil: un tubérculo morado.

kadi: agua en que se ha lavado arroz.

Kaikēyī: personaje de la epopeya Rāmāyaṇa; segunda esposa amada de Daśharatha y madre de Bharata.

Kaḷari: pequeño templo original donde Amma celebraba los darśhan de Kṛiṣhṇa bhāva y Dēvī bhāva.

maṇḍapam del Kaḷari: zona especialmente diseñada para la práctica del kalaripayattu, un arte marcial tradicional de Kerala; porche del Kaḷari.

Kālī: diosa de aspecto temible; se la representa con piel oscura, llevando una guirnalda de calaveras y un cinturón de manos humanas; femenino de kāla (tiempo).

kampāṭṭi: árbol cuya savia quema la piel.

Kaṁsa: el tío demoniaco de Kṛiṣhṇa.

kañji: gachas de arroz.

Kaṇṇa: «el que tiene ojos hermosos». Un apodo de Kṛiṣhṇa de bebé. Hay muchas historias sobre la infancia de Kṛiṣhṇa, por lo que a veces se le adora bajo la forma de un niño divino.

kapha: las tres fuerzas vitales primarias, según el āyurvēda, se llaman vāta, pitta y kapha, y se corresponden con los elementos aire, fuego y agua. El predominio de uno o más de estos elementos en el individuo determina su naturaleza psicofísica.

karma: acción; actividad mental, verbal o física; cadena de efectos producidos por nuestras acciones.

karma yōga: «unión mediante la acción». El camino espiritual del servicio desapegado y desinteresado y del dedicar los frutos de todas nuestras acciones a Dios.

karma yōgī: aspirante espiritual que sigue el camino de la acción desinteresada.

Kātyāyanī: unos de los nombres de la Madre Divina Pārvatī.

Kāṣhī: lugar de culto en la India relacionado con Śhiva.

Kauravas: los cien hijos del rey Dhṛitarāṣhṭra y la reina Gāndhārī, de los cuales el malvado Duryōdhana era el mayor. Los Kauravas eran enemigos de sus primos, los virtuosos Pāṇḍavas, contra quienes lucharon en la guerra del Mahābhārata.

kaustubha: la joya de Viṣhṇu. Se cree que es el rubí más magnifico de la mitología hindú.

kiṇḍi: recipiente tradicional de bronce o de latón con una espita, que se suele utilizar para el culto.

kīrtan: canto devocional en comunidad o recitación de himnos y nombres divinos, a menudo acompañados de música y danza.

Kōvilakam: residencia de miembros de la familia real de Kerala.

Kṛiṣhṇa: de «kṛiṣh», que significa «atraer» o «eliminar el pecado»; principal encarnación de Viṣhṇu. Nació en una familia real, pero lo criaron padres adoptivos. Vivió como vaquero en Vṛindāvan, donde sus devotos compañeros, las gōpīs (lecheras) y los gōpas (vaqueros), lo amaron y adoraron. Más tarde, Kṛiṣhṇa fundó la ciudad de Dwāraka. Era amigo y consejero de sus primos, los Pāṇḍavas, especialmente de Arjuna, al cual sirvió como auriga durante la guerra del Mahābhārata y al que reveló sus enseñanzas como la Bhagavad Gītā.

Kṛiṣhṇa bhāva: «el estado divino de Kṛiṣhṇa», ocasión en la que Amma revela su unidad con Kṛiṣhṇa.

Krishnamurti: filósofo, orador y escritor (1895–1986) conocido por sus profundas intuiciones sobre la naturaleza de la mente, la conciencia y la condición humana.

kṣhatriya: gobernarte o guerrero; uno de los cuatro varṇas (clases sociales) de la antigua sociedad hindú; véase «varṇa».

kṣhētra: templo.

Kuchēla: amigo de la infancia y gran devoto de Kṛiṣhṇa, cuya historia aparece en el Śhrīmad Bhāgavatam.

kumkum: polvo naranja-rojizo, hecho de cúrcuma y otras substancias naturales, que a menudo se aplica como un punto o bindi en la frente.

kuṇḍalinī: energía femenina latente que se cree se encuentra enroscada en la base de la columna vertebral. Se despierta mediante intensas practicas espirituales. Véanse las enseñanzas de Amma sobre la Kuṇḍalinī śhakti.

Kurūr Amma: gran devota de Kṛiṣhṇa tal como se ha manifestado en el templo de Guruvāyūr. Hay muchas historias en las que Kṛiṣhṇa acudió en su ayuda en momentos de necesidad.

lakṣhya bōdha: concentración decidida y constante en la meta (de la liberación).

Lalitā Sahasranāma: los mil nombres de la Madre Divina bajo la forma de Lalitāmbikā.

līlā: juego divino.

Mahābhārata: antigua epopeya india que compuso el sabio Vyāsa, que describe la guerra entre los rectos Pāṇḍavas y los malvados Kauravas.

mahāsamādhi: el acto de abandonar consciente e intencionadamente el cuerpo en el momento de la muerte.

mahātmā: «gran alma»; término que se utiliza para describir al que ha alcanzado el conocimiento espiritual.

mahāvākya: «los grandes dichos»; afirmaciones profundas que resumen la esencia de la naturaleza no dual de la realidad. Hay cuatro mahāvākyas principales, uno en cada uno de uno de los cuatro Vēdas. Tat Tvam asi (Tú eres Eso) es un ejemplo de uno de los cuatro mahāvākyas.

mālā: guirnalda; rosario, generalmente hecho de cuentas de semillas de rudrākṣha o madera de tulasī o sándalo.

malayāḷam: idioma oficial del estado indio de Kerala.

Mānasarōvar: combinación de dos palabras sanscritas: «mānasa» (mente) y «sarōvar» (lago o estanque grande). Lago que se encuentra a los pies del monte Kailāsa en el Himalaya.

mānasa pūjā: adoración realizada mentalmente.

mantra: sonido, sílaba, palabra o palabras de contenido espiritual. Según los comentadores védicos, los mantras son revelaciones de los ṛiṣhis surgidas de una contemplación profunda.

mantra japa: repetición del mantra del guru, una frase sagrada, con el fin de crecer espiritualmente y adquirir concentración y comprensión.

mantra siddhi: el logro de la perfección en la repetición y la práctica de un mantra.

Mārkaṇḍeya: personaje de la mitología hindú. Destinado a morir joven, Mārkaṇḍeya le rezó fervientemente en sus momentos finales a Śhiva pidiéndole protección. Cuando Yama se acercaba, Mārkaṇḍeya abrazó el Śhiva liṅgam y siguió rezando. Así, la gracia de Śhiva le concedió la inmortalidad.

Mātajī: Madre; el sufijo «jī» denota respeto.

Matruvani: la publicación insignia del āśhram dedicada a difundir las enseñanzas de Amma y hacer una crónica de su misión divina. Actualmente se publica en diecisiete idiomas (incluidos nueve idiomas indios); lit: «la voz de la Madre».

Māveli: Māveli o Mahābalī era un rey demonio que gobernaba su reino con justicia y rectitud. La tradición de Kerala sostiene que visita la Tierra anualmente en la época de Ōṇam para ver cómo les va a sus antiguos súbditos.

māyā: «ilusión». El poder divino o velo con el que Dios, en su juego divino de la creación, se oculta y da la impresión de pluralidad, creando así la ilusión de separación. Como māyā vela la realidad, nos engaña haciéndonos creer que la perfección se encuentra fuera de nosotros. Sin embargo, la finalidad última de māyā es facilitar el crecimiento y el conocimiento espiritual.

Mayiamma: avadhūta conocida como la diosa de Kanyakumari.

Mīrā, Mīrābāī: gran devota de Kṛiṣhṇa que vivió en el siglo XVI.

mōḷ: hija en malayāḷam. Mōḷe es el vocativo de mōḷ.

mōn: hijo en malayāḷam. Mōne es el vocativo de mōn.

mudrā: gestos místicos realizados con las manos que expresan energías o poderes específicos.

Mūkāmbikā: la Madre Divina, tal como es adorada en un famoso templo de Devī en Kallur, en el sur de la India.

mukti: liberación del ciclo de nacimiento y muerte.

Mukunda: uno de los nombres entrañables de Kṛiṣhṇa; «el que concede la liberación».

mūlādhāra: chakra (centro energético) raíz, ubicado en la base de la columna vertebral.

Muṇḍa: personaje demoniaco del Dēvī Māhātmya que simboliza la aversión.

Nanda: padre adoptivo de Kṛiṣhṇa.

Narasiṃha: hombre-león; la cuarta encarnación de Viṣhṇu.

Nārāyaṇa: uno de los nombres de Viṣhṇu; significa «Yo Supremo que es el fundamento de todos los seres humanos».

Narayana Guru: líder espiritual (1856 -1928) de Kerala cuyas enseñanzas inspiran a las personas a luchar por una sociedad más equitativa, armónica y compasiva.

nasyam: tratamiento ayurvédico que normalmente implica administrar en las fosas nasales aceites medicinales o preparaciones a base de hierbas, que luego se inhalan profundamente.

ōjas: una esencia sutil del cuerpo que representa la vitalidad, la inmunidad, la fuerza y el bienestar general. Se cree que reside en el corazón y es responsable del resplandor de la salud y del brillo que se observa en las personas que poseen buena salud física, mental y emocional.

ōm: sonido primordial del universo; la semilla de la creación. El sonido cósmico que se puede oír en meditación profunda; la palabra sagrada que se enseña en las upaniṣhad, que significa el Brahman, el fundamento divino de la existencia.

ōm namaḥ śhivāya: uno de los mantras más conocidos y venerados en la tradición del sanātana dharma; saludo estándar de veneración en el āśhram de Amma y en organizaciones de todo el mundo.

Ōṇam: el festival más grande de Kerala, que tiene lugar en el mes de chiṅṅam (agosto-septiembre).

pāda pūjā: lavado ceremonial de los pies como forma de adoración.

Pāṇḍavas: los cinco hijos del rey Pāṇḍu y primos de Kṛiṣhṇa, que son los principales protagonistas de la gran epopeya Mahābhārata.

Pañchadaśhi: texto escrito en el siglo XIV que presenta la doctrina central de la filosofía del advaita vēdānta.

pañchāmṛitam: postre dulce y aromático hecho de leche, plátanos, azúcar sin refinar, pasas y azúcar piedra.

pappadam: torta frita fina y crujiente, hecha de harina de lentejas.

Paramātman: Yo Supremo, Brahman.

Pārvatī: «hija de la montaña». Consorte de Śhiva. Un nombre de la Madre Divina.

pāyasam: postre dulce.

piṇṇāk: la pulpa que queda después de extraer el aceite de los cocos u otras semillas.

pīṭham: pequeña plataforma; asiento del guru; un centro de aprendizaje y poder.

pitta: véase «kapha».

pradakṣhiṇam: circunambulación; se practica en el sanātana dharma para recordarnos que Dios es el centro de nuestra vida. Un objeto o persona sagrada se circunambula generalmente en el sentido de las agujas del reloj, como señal de veneración y conexión espiritual.

prakāśham: luminosidad, brillo.

prāṇa: fuerza vital.

prāṇāyāma: técnica para controlar la mente mediante el control de la respiración.

prārabdha: también conocido como prārabdha karma, los resultados de acciones pasadas que se han de experimentar en esta vida.

prasād: ofrenda bendecida o regalo de un santo o un templo, por lo general en forma de comida.

prēma: amor profundo.

prēma bhakti: la forma más elevada de amor a Dios, comparable a la parabhakti o devoción suprema.

pūjā: culto o veneración ritual que se realiza para honrar, adorar y buscar las bendiciones de lo divino.

purāṇa: compendio de historias, incluyendo biografías e historias de dioses, santos, reyes y grandes personajes; alegorías y crónicas de grandes acontecimientos históricos que tienen como objetivo hacer que las enseñanzas de los Vēdas sean sencillas y accesibles para todos.

pūrṇa (pūrṇam): lleno o entero / plenitud espiritual.

Rādhā: compañera eterna de Kṛiṣhṇa, gōpī que ejemplifica la forma de devoción más elevada.

rajas: actividad; pasión. Uno de los tres guṇas o cualidades fundamentales de la naturaleza; véase «guṇa».

Rāma: héroe divino del Rāmāyaṇa. Es una encarnación de Viṣhṇu y se le considera el hombre ideal del dharma y la virtud. «Ram» significa «deleitarse»; el que se deleita en sí mismo; el principio de la dicha interior; el que alegra el corazón de los demás.

Ramakrishna Paramahamsa: maestro espiritual (1836 - 1886) de Bengala Occidental, aclamado por su contribución a la armonía religiosa. Generó un renacimiento espiritual que sigue influyendo en la vida de millones de personas.

Ramana Maharshi: maestro spiritual (1879 - 1950) que vivió en Tiruvannamalai (Tamil Nadu). Recomendó la autoindagación como camino hacia la liberación, aunque aprobó diversos caminos y prácticas espirituales.

rāmarājya: «el reino ideal de Rāma»; el concepto rāmarājya se refiere a un modelo ideal de gobierno en el que el deber principal del gobernante es servir y proteger al pueblo, subrayando la importancia de los valores morales, la integridad y el bienestar de todos los ciudadanos.

Ramatirtha: uno de los primeros maestros notables del sanātana dharma en dar conferencias en los Estados Unidos, donde viajó en 1902, precedido por Swami Vivekananda en 1893 y seguido por Paramahansa Yogananda en 1920.

Rāmāyaṇa: una de las dos principales epopeyas en sanscrito de la antigua literatura india, siendo la otra el Mahābhārata. El Rāmāyaṇa consta de 24.000 estrofas y es un poema sobre la vida y la época de Rāma.

rāmāyaṇa yajña: un discurso sobre el Rāmāyaṇa que dura varios días.

rasam: tamarindo hervido con agua, sal, chile, cebolla, etc.

Rāvaṇa: poderoso demonio y principal antagonista en la epopeya Rāmāyaṇa.

ṛiṣhi: vidente al que se le revelan mantras estando en meditación profunda.

Rishikesh: ciudad sagrada ubicada a lo largo del río Ganges en el norte de la India.

rudrākṣha: una semilla (cuenta) sagrada que posee valor espiritual y medicinal.

sadguru: «maestro verdadero». Todos los sadgurus son mahātmās, pero no todos los mahātmās son sadgurus. El sadguru es el que, mientras experimenta la dicha del Yo, elige descender al nivel de la gente común para ayudarlos a crecer espiritualmente.

sādhak (sādhaka): aspirante o buscador espiritual; el que se dedica a alcanzar la meta espiritual; el que practica sādhanā.

sādhanā: régimen de práctica espiritual disciplinada y dedicada que conduce a la meta suprema del autoconocimiento.

sādhu: asceta religioso, mendicante (monje) o cualquier persona santa que ha renunciado a la vida mundana.

Sahasranāma: véase «Lalitā Sahasranāma».

sahasrāra: el loto de mil pétalos situado en la cabeza.

samādhi: unidad con Dios; un estado de concentración profunda y unidireccional en el que todos los pensamientos se aquietan.

sāmbār: plato del sur de la India hecho de lentejas y verduras.

saṁsāra: ciclo de nacimientos y muertes; la rueda del nacimiento, el deterioro, la muerte y el renacimiento.

saṁskāra: huellas o impresiones que quedan en la mente debido a las experiencias, acciones y pensamientos pasados. Estas huellas modelan el carácter, las tendencias y las reacciones de un individuo en situaciones futuras. Por esa razón, los ritos tradicionales del sanātana dharma también se denominan saṁskāras.

Sanaka: uno de los cuatro kumāras que permanecieron célibes y en forma de niños durante toda su existencia, encarnando la esencia de la pureza, el conocimiento y la experiencia espiritual.

sanātana dharma: «modo de vida eterno»; el nombre original y tradicional del hinduismo.

sandhyā: la hora del crepúsculo o conjunción del día y la noche; «san» significa bueno y «dhya» significa meditar; una buena hora para prácticas espirituales como la meditación, el japa o los bhajans.

saṅkalpa: resolución divina, por lo general usada en relación con los mahātmās.

sannyāsa: etapa de la vida caracterizada por la renuncia a los apegos mundanos y la búsqueda plena de las metas espirituales; véase «āśhrama».

sannyāsī: monje que ha hecho votos de renuncia.

sannyāsinī: monja que ha hecho votos de renuncia.

Saraswatī: diosa del saber y las artes.

sat-chit-ānanda: lit. «existencia-conciencia-dicha», una descripción de la naturaleza de la Realidad Última o Suprema.

satsaṅg: «comunión con la Verdad Suprema»; estar en compañía de mahātmās, estudiar las escrituras y escuchar las charlas esclarecedoras de un mahātmā; una reunión de personas para escuchar y/o conversar sobre asuntos espirituales; un discurso espiritual.

sattva: bondad, pureza serenidad. Uno de los tres guṇas o cualidades fundamentales de la naturaleza; véase «guṇa».

sáttvico: perteneciente al sattva guṇa; de cualidad pura; bondad.

sēvā: servicio desinteresado, cuyos resultados están dedicados a Dios.

Śhabarimala: templo famoso de Kerala dedicado a Ayyappa.

śhakti: la fuerza dinámica que mueve el universo entero, a menudo representada bajo diversas formas como Durgā, Kālī, etc; véase también «māyā».

Sharada Devi: maestra espiritual (1853–1920) y consorte de Sri Ramakrishna Paramahamsa, a quien sus devotos llamaban con veneración la Santa Madre.

śhāstrī: un estudioso o persona docta, típicamente en los campos de los estudios védicos o la literatura sanscrita.

Śhiva: el aspecto estático de Brahman como principio masculino. Adorado como el primero en el linaje de los gurus y como el substrato sin forma del universo en relación con la creadora Śhakti. Es el Señor de la destrucción en la trinidad de Brahmā (el Señor de la creación), Viṣhṇu (Señor de la conservación) y Śhiva. Generalmente se le representa como un monje, con ceniza por todo el cuerpo, serpientes en el cabello, vistiendo solo un taparrabos y con un cuenco de mendigar y un tridente en las manos.

śhraddhā: atención plena en todas las acciones. En sanscrito, śraddha significa fe arraigada en la sabiduría y la experiencia, mientras que el mismo término en malayāḷam significa dedicación al trabajo y atención plena en cada acción. Amma suele utilizar el término en este último sentido.

Śhrīmad Bhāgavatam: véase «Bhāgavatam».

Śhrī Śhaṅkarācārya: venerado como santo, filósofo y líder espiritual (788-820 a.C.), se le atribuye la revitalización y sistematización de la filosofía advaita vēdānta. Desempeñó un papel importante en la configuración del curso del sanātana dharma.

śhūdras: el cuarto de los varṇas o clases sociales tradicionales, compuesta por artesanos y trabajadores que se encargan de las tareas de apoyo; véase «varṇa».

siddhi: logro pleno o perfección (en una práctica o materia); poder sobrenatural (generalmente se mencionan ocho).

Sītā: personaje de la epopeya Rāmāyaṇa; consorte de Rāma, considerada el ideal de la feminidad.

sudarśhana chakra: una de las armas más poderosas e icónicas de la mitología védica, empuñada por Viṣhṇu para mantener el orden cósmico y proteger la virtud (dharma).

Sugunacchan: el padre de Amma.

tablā: un par de tambores de mano indios.

tāli: pequeño colgante que tradicionalmente llevan las mujeres casadas.

tamas: oscuridad; estatismo; apatía; ignorancia. Tamas es uno de los tres guṇas o cualidades fundamentales de la naturaleza.

tamásico: de la naturaleza de tamas.

taṁbūrā: instrumento de cuatro cuerdas y mástil largo, originario de la India, parecido al laúd.

tāṇḍava: la danza de Śhiva que simboliza los ciclos cósmicos de la creación, la conservación y la destrucción. Representa el ritmo eterno y el dinamismo del universo, con Śhiva como el bailarín cósmico que orquesta el ciclo del nacimiento, la vida y la muerte.

tapas (tapasya): ascesis; penitencia; la práctica de una disciplina emprendida con el objetivo de purificarse y alcanzar la comprensión espiritual.

tāpasvī: el que realiza tapas o prácticas ascéticas espirituales.

tattva: principio; principio que hay tras una deidad.

tattvattile bhakti: devoción basada en la comprensión de los principios espirituales más profundos y las prácticas devocionales.

tenga: coco, en malayāḷam.

tīrtham: agua bendita relacionada con un templo o deidad. Según la creencia religiosa hindú, el principal mecanismo de purificación es el agua.

Totapuri: un gran asceta que seguía el camino del jñāna (sabiduría suprema), que inició a Sri Ramakrishna en sannyāsa.

tulasī: planta sagrada relacionada con la albahaca.

Tulsīdās: santo del siglo XVI que escribió el Rāmcharitmānas, el Hanumān Chālīsā y otras obras.

tyāga: renuncia; el acto de renunciar voluntariamente o abandonar los apegos mundanos y los deseos en pos de la meta espiritual.

uṇṇiyappam: tentempié dulce hecho de harina de arroz, panela, plátano, trozos de coco tostado, ghi, semillas de sésamo tostadas, frito en aceite.

upādhi: instrumento que condiciona alguna otra cosa transfiriéndole sus propiedades por la proximidad entre ellos. El ejemplo habitual es una flor roja que transfiere la cualidad de rojo a un cristal transparente. En este caso la flor roja es el upādhi del cristal. Este ejemplo representa la relación entre el yo individual (jīva) y la realidad última (Brahman): el jīva, debido a su proximidad, aparentemente le transfiere sus limitaciones al ilimitado Brahman.

upanayana: «iniciación». Es uno de los saṁskāras o ritos de paso tradicionales que señalaban la aceptación de un estudiante por parte de un preceptor como un guru o un āchārya.

upaniṣhad: partes de los Vēdas que tratan sobre el autoconocimiento.

vada: sabroso tentempié hecho de lentejas.

vairāgya: desapego.

Vālmīki: sabio y autor del Rāmāyaṇa.

vānaprastha: vida retirada dedicada a las prácticas espirituales; la tercera de las cuatro etapas de la vida; véase «āśhrama».

varṇa: el esquema cuádruple de la antigua sociedad india destinado a mantener el orden, el progreso y la armonía sociales. Cada individuo perteneciente a uno de los cuatro varṇas —brāhmaṇas, kṣhatriyas, vaiśhyas y śhūdras— era considerado un miembro de la sociedad y un responsable ciudadano del mundo.

vāsanā: tendencia latente o deseo sutil que se manifiesta como pensamiento, motivo y acción; impresión subconsciente que se obtiene a partir de la experiencia.

Vasudēva: padre de Kṛiṣhṇa.

vāta: véase «kapha».

Vēda(s): escrituras atemporales que surgieron de Dios; los Vēdas no fueron compuestos por ningún autor humano, sino que fueron «revelados» en meditación profunda a los antiguos videntes. Estas revelaciones de sabiduría llegaron a conocerse como los Vēdas, que son cuatro: Ṛig, Yajur, Sāma y Atharva.

vēdānta: «final del Vēda». La filosofía de las upaniṣhad, la parte final de los Vēdas, que sostiene que la verdad última es «el Uno sin segundo».

vēdāntin: seguidor del vēdānta.

vibhūti: ceniza sagrada.

Vijayadaśhamī: el último día de la fiesta de Navarātri (nueve días dedicados a la Diosa); «Vijayadaśhamī» significa «el décimo día de la victoria». La fiesta conmemora la victoria del bien sobre el mal, de la verdad sobre la falsedad y de la rectitud sobre la maldad.

vīṇā: instrumento de cuerda que siempre se ve en el regazo de Saraswatī, la diosa del conocimiento.

Viṣhṇu: «el omnipresente», el Señor de la conservación en la trinidad de Brahmā (Señor de la creación), Viṣhṇu y Śhiva (Señor de la destrucción).

Vivekananda: discípulo principal (1863–1902) de Shri Ramakrishna Paramahamsa, pionero en la introducción de la filosofía hindú en Occidente y fundador del Ramakrishna Math y la Ramakrishna Mission.

Vṛindāvan: lugar sagrado del distrito de Mathura, en Uttar Pradesh, celebrado como el lugar en el que Kṛiṣhṇa pasó su infancia como vaquero.

Vyāsa: el compilador de los Vēdas y autor de los dieciocho purāṇas, los Brahma Sūtras, el Mahābhārata y el Śhrīmad Bhāgavatam. Como dividió el único Vēda en cuatro, también se le conoce como Vēda Vyāsa; padre de Śhuka.

yajña: considerada una de las formas más antiguas de culto descrito en escrituras antiguas como los Vēdas. Pueden variar mucho en complejidad, desde simples rituales domésticos hasta ceremonias elaboradas dirigidas por sacerdotes. El concepto de yajña se extiende más allá del acto físico de hacer ofrendas hasta un simbolismo espiritual más profundo. Representa la idea del sacrificio de sí, la purificación y las relaciones armoniosas entre los seres humanos, la naturaleza y lo divino.

yamas y niyamas: reglas de conducta formuladas por el sabio Patañjali. Los yamas son: ahiṁsā (no violencia), satya (veracidad), astēya (no robar), brahmacharya (castidad) y aparigraha (no codicia).

Yaśhōdā: la madre adoptiva de Kṛiṣhṇa.

yōga: «unir». Unión con el Yo Supremo. Término amplio que también se refiere a los diversos métodos de prácticas mediante las cuales se puede alcanzar la unidad con lo Divino. Un camino que conduce al autoconocimiento.

yōgī: practicante o experto en yōga

yōginī: practicante o experta en yōga.

yuga: según la cosmovisión hindú, el universo (desde el origen hasta la disolución) pasa por un ciclo que consta de cuatro yugas o eras. Se dice que las eras se deterioran progresivamente en cuanto a valores morales y éticos, esperanza de vida y calidad de vida en general. Los cuatro yugas son: Kṛita o satya yuga, trētā yuga (durante el cual reinó Rāma), dvāpara yuga (la era en la que nació Kṛiṣhṇa) y la cuarta es la época actual, que se conoce como kali yuga.

Guía de pronunciación de las lenguas indias

Utilizamos un sistema «híbrido» de transliteración. Lo llamamos «híbrido» porque se basa en el alfabeto internacional de transliteración del sánscrito (IAST), modificado para facilitar la pronunciación e incluir sonidos de otras lenguas indias:

- Las vocales *a*, e, *i*, o, *u*, *ṛi* y *ḷi* son breves; la *ā*, *ī*, *ū*, *ṝi*, *ē* y *ō*, largas, igual que los diptongos *ai* y *au*.
- *ṁ* es una nasalización de la vocal a la que sigue. Su sonido se asimila al de la consonante que venga después; ante una *t*, por ejemplo, suena como una *n*; ante una *p*, como una *m*. Si después hay una vocal o no hay ninguna palabra, suena como una *m*.
- *ḥ* es una ligera aspiración, muda en final de palabra, excepto cuando no hay palabras detrás, que se pronuncia repitiendo brevemente el sonido de la vocal anterior (*aḥ* = «aha»).
- La *g* siempre es gutural y sonora, como en *gato*.
- La *ṅ* también es gutural, como la *n* de *tango*.
- La *j* se pronuncia como en inglés (*John*).
- Las consonantes retroflejas —*ṭ*, *ṭh*, *ḍ*, *ḍh*, *ṇ*, *ṣh*, *ḷ*— se pronuncian con la lengua doblada hacia atrás y tocando el paladar.
- Las consonantes aspiradas —*kh*, *gh*, *chh*, *jh*, etc.— son fonemas simples, aunque se transcriban con una *h* detrás. Se pronuncian igual que las correspondientes consonantes no aspiradas seguidas de una aspiración en el mismo golpe de voz.
- La *r* siempre es suave, como en *cara*, incluso al principio de una palabra (Ej: *Rāma*).

- La *v* es labiodental, como en inglés o francés; pero cuando va tras una consonante se pronuncia como la *w* inglesa; por eso, a veces la escribimos como *w* (ej: *swāmī*)
- La *śh* equivale a la *sh* inglesa (*shock*)
- La *h* siempre es aspirada, como en inglés (*house*).
- La letra *zh* suena como una *r* en el inglés de Estados Unidos.
- Las consonantes dobles se pronuncian prolongando el sonido de la letra; por ejemplo: *ll* no es una elle sino dos eles.
- Las demás letras se pronuncian aproximadamente como en castellano.

Empleamos el sistema híbrido en las palabras indias en general, excepto en dos casos: 1) Las palabras que ya son corrientes en español, como sari, Benarés, etc., las dejamos tal como las decimos en español. 2) Los nombres propios modernos de personas, ciudades, etc. los transcribimos como suele hacerse en inglés; pero si la transcripción inglesa es demasiado distinta de la pronunciación en español, la españolizamos ligeramente, por ejemplo cambiando alguna letra (ej: en lugar de Kodungalloor escribimos Kodungallur).

www.ingramcontent.com/pod-product-compliance
Lightning Source LLC
Chambersburg PA
CBHW060829190426
43197CB00039B/2530
* 9 7 8 1 6 8 0 3 7 9 3 5 8 *